Le droit constitutionnel en 12 thèmes

Tout le programme de la licence 1

LE DROIT CONSTITUTIONNEL EN 12 THÈMES

TOUT LE PROGRAMME DE LA LICENCE 1

Aude Thevand

ellipses

ISBN 9782340-042278

32, rue Bargue 75740 Paris cedex 15

www.editions-ellipses.fr

Introduction

Le droit constitutionnel est l'étude des règles de droit qui régissent les organes à qui est confié le **pouvoir politique**, c'est-à-dire le pouvoir d'édicter les règles de vie en société.

Dans nos sociétés modernes, ce pouvoir politique est confié à des organes qui forment l'État.

L'État étant une personne morale, il permet l'**institutionnalisation** du pouvoir politique et, par suite, la continuité du pouvoir, malgré le changement des gouvernants.

L'État est **souverain**, c'est-à-dire qu'il détient le pouvoir suprême d'édicter, sur l'intégralité de son territoire, les règles de droit qui s'imposent à l'ensemble de la population qui s'y trouve, et d'en imposer le respect par le biais de sanctions, et, au besoin, en recourant à la force dont il détient le monopole.

Ce droit de l'État qu'est le droit constitutionnel trouve sa source essentielle dans la **Constitution** de l'État qui encadre le pouvoir politique et protège les droits et libertés, afin de garantir la démocratie (partie 1). Le pouvoir politique est **limité** s'il est organisé de telle façon qu'il est **divisé** (partie 2) et **contrôlé** par un organe indépendant de lui (partie 3).

Introduction

Partie 1

Présentation générale de l'État

Quelle que soit l'explication de l'origine de l'État que l'on retient (et les théories en la matière divergent : est-il apparu par la volonté des individus ou au contraire s'est-il imposé comme une nécessité à partir du moment où les hommes vivent en société ?), les individus acceptent au final de lui confier le pouvoir politique. Ce **consentement** s'explique par le fait que les membres de la société attendent de l'État qu'il agisse dans l'intérêt général, pour protéger la liberté de tous. Les philosophes Thomas Hobbes et John Locke au XVIIe siècle puis Jean-Jacques Rousseau, surtout, au siècle suivant, ont théorisé cette idée d'un **contrat social** par lequel les individus abandonnent le pouvoir politique à l'État parce qu'ils ont vu en lui un moyen de mieux préserver leurs libertés. Il en résulte que la **légitimité** de l'État est fondée sur son caractère démocratique (thème 1) impliquant l'encadrement du pouvoir par une Constitution adoptée par le peuple (thème 2) et qui garantit les droits et libertés (thème 3).

Thème 1

La démocratie

1. Les théories : souveraineté populaire, souveraineté nationale, démocratie directe et démocratie représentative

La démocratie, définie comme le **gouvernement du peuple, par le peuple et pour le peuple**, pour reprendre la célèbre formule d'Abraham Lincoln, apparaît comme l'organisation idéale d'un État en ce qu'elle fait du peuple, destinataire des règles de droit, le détenteur du pouvoir d'édicter ces règles qui serviront donc l'intérêt général. Par conséquent, une démocratie reconnaît que la souveraineté appartient au peuple. Cependant, la question du titulaire de la souveraineté a fait l'objet de deux théories dont découlent deux modalités d'exercice de cette souveraineté :

- La théorie de la **souveraineté populaire** a été développée par Jean-Jacques Rousseau dans son œuvre *Du contrat social* de 1762. Elle signifie que chaque individu composant la population de l'État est titulaire d'une portion de souveraineté et l'exerce ; ainsi, les règles de droit sont le résultat de la prise en compte de l'opinion de chaque individu.

Cette théorie implique donc que le peuple se gouverne lui-même (**démocratie directe**). Concrètement, l'ensemble de la population doit se réunir pour délibérer et adopter les règles de droit.

Le nombre d'habitants des États est tel toutefois que ce fonctionnement apparaît impraticable. De ce fait, la théorie rousseauiste admet que le peuple désigne un petit nombre de représentants chargés d'exercer sa souveraineté, à condition que ces représentants appliquent strictement la volonté des citoyens : ceux-ci peuvent adresser des instructions aux représentants et en sanctionner le non-respect en révoquant l'élu qui exerce ainsi un **mandat impératif**.

Puisque chaque citoyen détient une part de la souveraineté, il a le droit de voter (on parle d'électorat-droit), pour la prise des décisions comme pour l'élection des représentants, et il est libre d'exercer ce droit (on parle de **vote facultatif**). Dans ces conditions, le **suffrage universel** est le seul possible.

– Montesquieu (dans *De l'esprit des lois* de 1748) et l'abbé Sieyès (dans *Qu'est-ce que le Tiers-État?* de 1789) ont pour leur part théorisé la **souveraineté nationale**, selon laquelle le titulaire de la souveraineté n'est pas le peuple, qu'ils n'estiment au demeurant pas capable de gouverner, mais la **nation**, entité abstraite, dépassant la somme des individus de l'État. Par conséquent, la nation ne peut exprimer sa volonté que par le biais de représentants qui agissent en son nom. Ces représentants peuvent être élus, mais l'élection ne sera ici qu'une fonction nécessaire à la désignation des représentants et non pas une modalité d'exercice de la souveraineté, puisqu'elle n'appartient qu'à la nation (on parle d'électorat-fonction). Le vote peut alors être réservé à certains (par un **suffrage restreint**) et il est **obligatoire.**

Les représentants de la nation ont un **mandat représentatif** en ce qu'ils n'ont pas à respecter la volonté du peuple qui ne détient pas la souveraineté.

Cette théorie exclut logiquement toute idée de démocratie directe : seuls les représentants exercent la souveraineté, au nom de la nation.

Seule la théorie de la souveraineté populaire apparaît parfaitement conforme à la démocratie de par le rôle donné au peuple, mais sa mise en œuvre nécessite l'élection de représentants du peuple ; la théorie de la souveraineté nationale suppose également la désignation de représentants mais qui se trouvent coupés du peuple qu'ils ne représentent pas. Finalement, quel que soit le titulaire de la souveraineté (le peuple ou la nation), il ne peut directement exercer le pouvoir ; un système représentatif s'impose donc et peut être démocratique si l'on admet que l'élection des représentants permet au peuple de prendre part à l'exercice du pouvoir : par l'élection, le peuple choisit ses représentants à qui il délègue le pouvoir de gouverner pour lui (on parle de **démocratie représentative**). Les élus représentent donc l'ensemble du peuple ou de la nation puisqu'ils sont supposés agir conformément à la volonté générale ; ils ne représentent pas seulement ceux qui les ont élus : autrement dit, ils exercent un mandat représentatif.

Pour résumer

La démocratie est un système politique qui admet que les gouvernants tirent leur pouvoir du peuple et l'exercent dans son intérêt et donc en permettant les libertés, à l'inverse d'une dictature, dans laquelle une ou plusieurs personnes détiennent le pouvoir qu'elles ne tirent pas du peuple (mais qu'elles estiment fondé sur la volonté divine, sur l'hérédité, sur la richesse, sur la force par ex.) et qui peut donc s'exercer à son détriment. La démocratie assure autrement dit un lien entre gouvernants et gouvernés à l'inverse des dictatures.

Dans une démocratie représentative, la désignation des gouvernants par les gouvernés assure la participation du peuple au pouvoir. Pour que ce lien entre le peuple et ses représentants ait une substance, le **suffrage** est forcément :

- un droit et, partant, ne peut qu'être **universel** ;
- égal : cela implique un découpage des circonscriptions électorales basé sur des considérations démographiques ;
- **libre**, ce qu'assure son caractère secret, ainsi que la liberté de candidater pour donner un choix au citoyen : les candidats doivent refléter le pluralisme des courants d'idées et d'opinion. Les règles relatives au déroulement et au financement des campagnes électorales contribuent à garantir une diversité des candidats et une égalité des chances entre eux ;
- exercé périodiquement afin de permettre l'**alternance**, qui traduit la faculté du peuple de changer d'élus s'il estime que leurs actions ne reflètent plus sa volonté.

Un **contrôle juridictionnel** (indépendant du pouvoir politique), portant sur les règles encadrant les suffrages et sur le déroulement des élections, doit permettre de faire respecter l'ensemble de ces conditions.

Notions clés

Suffrage universel : alors que le suffrage restreint réserve le droit de vote à une partie de la population, par ex. en fonction de la richesse des individus (suffrage censitaire) ou selon le niveau d'instruction des individus (suffrage capacitaire), le suffrage universel offre le droit de vote à tous les individus, même si en pratique, il admet des limites tenant à l'âge (le droit de vote peut être subordonné à la condition d'avoir atteint la majorité électorale, qui peut ou non coïncider avec la majorité civile), à la nationalité, à la capacité juridique (permettant par ex. d'exclure du droit de vote les majeurs incapables ou ayant commis une infraction grave).

Suffrage égal : le suffrage est égal si le vote de chaque électeur vaut une voix ; il s'oppose au vote plural (qui octroie plusieurs voix à certains électeurs) ou multiple (lorsqu'un électeur peut voter dans plusieurs endroits ou plusieurs fois).

Suffrage direct : le suffrage est direct lorsque le vote des citoyens conduit directement à la désignation des représentants ; il peut être indirect si le vote des citoyens permet d'élire ceux qui vont désigner les représentants.

Le point sur les modes de scrutin

– Le scrutin se déroule dans le cadre de **circonscriptions électorales** qui désignent des aires géographiques plus ou moins grandes.

– **Scrutin uninominal ou plurinominal**

Cette distinction permet de savoir combien de personnes doivent être élues.

Lorsqu'un scrutin est uninominal, un seul siège est à pouvoir dans chaque circonscription : l'électeur choisit un bulletin de vote sur lequel figure le nom d'un seul candidat.

Lorsqu'un scrutin est plurinominal, plusieurs sièges sont à pouvoir et l'électeur choisit un bulletin sur lequel figure une liste de candidats. Les listes peuvent être bloquées (l'électeur vote pour la liste entière) ou bien au contraire l'électeur peut avoir le droit de changer l'ordre des noms sur la liste (**vote préférentiel**) voire d'ajouter ou de supprimer des noms (**panachage**).

– **Scrutin majoritaire et représentation proportionnelle**

Cette distinction permet de savoir combien de votes (c'est-à-dire de voix ou encore de suffrages exprimés) le candidat ou la liste de candidats doit obtenir pour être élu(e).

À noter : *les voix ou les suffrages exprimés correspondent au nombre de votes desquels sont retirés les votes nuls (bulletin annoté par ex.), et en général également les votes blancs (enveloppe vide, bulletin sans nom).*

Un scrutin majoritaire attribue le(s) siège(s) à pourvoir au candidat ou à la liste de candidats ayant obtenu le plus grand nombre de voix.

Le scrutin majoritaire peut comporter deux tours : dans ce cas, pour être élu dès le premier tour, le candidat ou la liste doit obtenir la **majorité absolue** des suffrages exprimés, c'est-à-dire plus de la moitié des voix ; à défaut un second tour est organisé (il peut exister des conditions tenant au nombre de voix obtenu au premier tour pour que le candidat ou la liste puisse se maintenir au second tour) à l'issue duquel est élu le candidat ou la liste ayant remporté la **majorité relative** des voix, c'est-à-dire le plus grand nombre de voix.

La représentation proportionnelle (le scrutin se déroule alors forcément à un seul tour), attribue à chaque liste un nombre de sièges proportionnel au nombre de voix obtenues par la liste.

À noter : *le scrutin uninominal est forcément majoritaire tandis que le scrutin plurinominal peut être majoritaire ou à la représentation proportionnelle.*

La représentation proportionnelle impose de transformer le nombre de voix en nombre de sièges attribués à chaque liste dans chaque circonscription électorale :

Première étape – attribution des sièges par application du quotient électoral (QE)

Le QE permet de savoir combien il faut obtenir de suffrages exprimés (SE) pour obtenir un siège.

Autrement dit, QE = SE / nombre de sièges à pourvoir.

Il conviendra ensuite de diviser les SE pour chaque liste par le QE pour connaître le nombre de sièges obtenus par chaque liste.

Ex. : circonscription électorale où 7 sièges sont à pourvoir, 4 listes s'affrontent, 70 000 suffrages ont été exprimés

QE = 70 000/7 = 10 000

SE pour chaque liste :

A : 28 500

B : 24 000

C : 13 000

D : 4 500

Nombre de sièges attribués à chaque liste par application du QE :

A : 28 500/10 000 = 2 sièges (8 500 SE n'ont donc pas été traduits en sièges)

B : 24 00/10 000 = 2 sièges (il reste 4 000 SE)

C : 13 000/10 000 = 1 siège (il reste 3 000 SE)

D : 4 500 / 10 000 = 0 siège (il reste 4 500 SE)

=> 5 sièges sont pourvus, 2 restent donc à pourvoir.

Deuxième étape – attribution des sièges restant à pourvoir

2 méthodes principales peuvent s'appliquer :

– les plus forts restes : les sièges restant à pourvoir sont attribués à la liste qui a le plus de SE restants.

Dans l'ex., le 6e siège est attribué à A (8 500 SE restants) et le 7e siège à D (4 500 SE restants).

Comme dans l'exemple, ce système **favorise plutôt les listes des petits partis** (D qui n'a remporté que 4 500 SE obtient finalement 1 siège, autant que C qui a obtenu bien plus de SE).

– la plus forte moyenne : pour chaque siège restant à pourvoir, on attribue fictivement le siège à chaque liste puis on divise le nombre de SE obtenu par chaque liste par ce nombre de sièges fictif ; on obtient le nombre de SE remporté en moyenne par chaque élu de la liste : la liste qui obtient la plus grande moyenne remporte effectivement le siège.

A : 2 sièges + 1 fictif = 3 ; 28 500 SE / 3 = 9 500 (chacun des 3 élus de la liste doit obtenir en moyenne 9 500 SE)

B : 2 + 1 = 3 ; 24 000/3 = 8 000

C : 13 000/2 = 6 500

D : 4 500/1= 4 500

=> Le 6e siège est attribué à A

A : 3 sièges + 1 fictif = 4 ; 28 500 / 4 = 7 125

B : 8 000

C : 6 500

D : 4 500

=> le 7e siège est attribué à B

Comme dans l'exemple, ce système **avantage en principe les listes des grands partis** (A et B ont obtenu le plus grand nombre de SE).

– **Les conséquences des modes de scrutin**

Le scrutin uninominal favorise une certaine proximité entre l'électeur et l'élu qui est unique, tandis que, dans le cadre d'un scrutin plurinominal, bien souvent seule la tête de liste bénéficie de cette proximité, l'électeur connaissant beaucoup moins bien les autres membres de la liste.

Surtout, le mode de scrutin a des effets sur le système partisan, mis en évidence par Maurice Duverger.

Le **scrutin majoritaire** ne permet pas la représentation d'une opposition dans la circonscription, car les suffrages exprimés pour les candidats perdants ne sont tout simplement pas pris en compte. En contrepartie, ce scrutin permet de dégager une majorité nette au sein d'une assemblée qui pourra plus facilement adopter les décisions ; il a ainsi l'avantage de permettre aux élus de mener une politique avec **efficacité**.

Ce scrutin favorise un **bipartisme** s'il est à un seul tour : deux partis politiques s'imposent pour éviter l'éparpillement des voix, et eux seuls ont vocation à accéder au pouvoir. S'il est à deux tours, il conduit à une **bipolarisation** (ou **multipartisme tempéré**) : au second tour au moins, les partis concluent des alliances pour empêcher l'éparpillement des voix, et ont ainsi tendance à se ranger aux côtés de l'un des deux plus grands partis afin d'avoir une chance d'accéder au pouvoir ; pour leur part, les électeurs seront tentés par un vote « utile » (en faveur d'une grande formation politique) au moins au second tour pour avoir des chances de voir le candidat le moins éloigné de leurs opinions accéder au pouvoir.

Inversement, la **représentation proportionnelle** permet une représentation de multiples courants politiques mais ne permet pas forcément de dégager une majorité nette, et risque de rendre délicate la prise des décisions. Ce système proportionnel favorise en effet un **multipartisme intégral** (plusieurs partis indépendants) : puisqu'il permet l'attribution de sièges même aux petits partis, il encourage les multiples candidatures et n'incite pas à des accords entre partis, d'autant qu'il n'y a qu'un tour. Par suite, il risque de conduire à une instabilité politique si les élus des divers partis ne parviennent pas à s'entendre de manière pérenne pour former une coalition majoritaire.

Des **scrutins mixtes** sont parfois pratiqués pour allier les avantages des deux modes de scrutin tout en limitant leurs inconvénients : ils organisent la désignation d'une partie des élus au scrutin majoritaire et d'une autre partie à la représentation proportionnelle.

2. • Les applications : démocratie représentative et démocratie semi-directe

Si le fonctionnement des **cités grecques** à Athènes dans l'Antiquité est souvent évoqué en exemple de mise en œuvre d'une démocratie directe, le peuple se réunissant sur l'*agora* pour débattre et décider des affaires publiques, il faut souligner qu'une part minoritaire de la population était considérée comme faisant partie des citoyens aptes à participer à la décision politique (suffrage restreint). Il en était de même dans la **Rome antique**. Ces expériences ont eu le mérite de servir de bases de réflexion sur le fonctionnement de la démocratie pour les philosophes de l'Antiquité, Platon et Aristote en particulier.

La démocratie s'est imposée face à la monarchie absolue – régime où le roi concentre tout le pouvoir au détriment des libertés – et sous la forme d'un régime représentatif : le peuple est représenté par des élus au sein d'un Parlement. L'**Angleterre** est considérée comme étant le berceau de la démocratie représentative. En 1265 se réunit le premier Parlement britannique. Progressivement, jusqu'au XVIIIe siècle, il s'affirme face au roi qui accepte de partager ses compétences avec lui. Ainsi, le roi concède au Parlement, et donc aux représentants du peuple, le droit de consentir à l'impôt. Puis, le Parlement, qui obtient le droit d'être réuni périodiquement (sessions parlementaires) est associé au pouvoir législatif de manière plus générale en proposant des lois (initiative législative) au roi que ce dernier a fini par se contenter d'entériner. S'impose donc l'idée que le pouvoir du roi doit être exercé dans l'intérêt du peuple.

Au XVIIIe siècle, les révolutions américaine et française, imprégnées par les idées des philosophes des Lumières (en particulier Montesquieu et Jean-Jacques Rousseau), exaltent l'idéal démocratique permettant l'épanouissement des libertés. Les démocraties dites libérales, fondées sur l'égalité de droit entre les individus, la liberté, le pluralisme des courants d'idées et le principe des décisions prises à la majorité, se généralisent ensuite après la Seconde Guerre mondiale.

La démocratie se traduit donc avant tout et essentiellement par le droit des citoyens d'élire leurs représentants qui siègent au Parlement, voire, parfois, le chef de l'État (*cf.* thème 6). De plus en plus, cette démocratie représentative est, dans de nombreux États, corrigée par des outils de démocratie directe, qui donnent au peuple le pouvoir de participer directement à l'exercice du pouvoir. On parle alors de démocratie **semi-directe** ou **semi-représentative**. Sa pratique est très variable selon les États, en fonction des outils mis à disposition du peuple pour prendre part au pouvoir, de l'étendue du pouvoir ainsi confié directement au peuple et de la fréquence d'utilisation de ces outils.

De façon générale, ces mécanismes de démocratie directe, bien qu'aujourd'hui très fréquemment prévus par les Constitutions des États, sont assez peu mis en œuvre, mis à part en Suisse, dans les États fédérés américains ou en Italie. Le référendum est quasi généralisé (à l'exception, notamment en Europe, de la Belgique, en raison des divisions nationales ou de l'Allemagne, pour des raisons historiques), et se pratique même dans des États traditionnellement attachés à la démocratie représentative, comme le Royaume-Uni, à propos de la question de l'appartenance à l'Union européenne, en 1975, puis en 2016 (« *Brexit* »). Les traités internationaux et en particulier européens donnent fréquemment lieu à des consultations populaires de type référendaire. Cependant, le procédé est le plus souvent facultatif, à l'initiative des autorités politiques et consultatif.

Les principaux outils de démocratie directe

Le **référendum** donne au peuple le droit d'exprimer son opinion sur une question portant sur la vie politique. Ex : « Le Royaume-Uni doit-il rester membre de l'Union européenne ou quitter l'Union européenne ? » ; « Approuvez-vous le projet de loi constitutionnelle fixant la durée du mandat du président de la République à cinq ans ? ».

Il peut revêtir plusieurs caractères qui se combinent :

Il est **obligatoire** si les gouvernants sont contraints de l'organiser, sinon, il est **facultatif**.

Quant à sa portée, il peut être **consultatif** lorsque l'opinion majoritairement exprimée par le peuple ne lie pas juridiquement les gouvernants ; il est **décisionnel** lorsque la réponse du peuple lie les gouvernants (par ex., une loi est adoptée si une majorité s'est prononcée en sa faveur au référendum).

À noter : *même lorsqu'il est juridiquement consultatif, politiquement, il est délicat pour les gouvernés d'ignorer la réponse exprimée directement par le peuple. Par ex., alors que le référendum sur le « Brexit » était consultatif, le Premier ministre David Cameron, qui était favorable au maintien du Royaume-Uni dans l'Union européenne, a tiré les conséquences politiques du résultat majoritairement favorable à la sortie de l'Union en démissionnant.*

Quant à son objet, le référendum peut porter sur une orientation de la politique, sur une action ou sur un texte : on parle de **référendum législatif** s'il porte sur une loi ou de **référendum constituant** s'il porte sur l'adoption ou la modification de la Constitution.

Quant à son origine, l'initiative du référendum peut appartenir aux gouvernants ou au peuple lui-même, et l'on parle alors de **référendum d'initiative populaire**. Il permet par ex. au peuple de demander, par le biais d'une pétition, que la question de l'adoption d'une loi ordinaire ou constitutionnelle soit soumise au référendum.

Le **veto populaire** législatif ou **référendum abrogatif** a pour objet de permettre au peuple d'empêcher l'application d'une loi ou de demander son abrogation. Il est déclenché par une pétition signée par un certain nombre de citoyens demandant l'organisation d'un référendum sur le texte en cause. Lorsqu'il existe (par ex. dans plusieurs États américains, en Suisse, en Italie), il est assez fréquemment utilisé.

Beaucoup plus rare est la **révocation populaire** : initiée par voie de pétition, elle conduit à l'organisation d'un référendum sur la question de la révocation ou de la poursuite du mandat d'un élu (elle existe par ex. dans quelques États américains mais est rarement utilisée).

Le recours aux procédés de démocratie directe contribue à maintenir un lien entre les gouvernants et les gouvernés, et, à ce titre, apparaît indispensable pour préserver la légitimité du système de démocratie représentative. Malgré tout, ils sont délicats à manier car ils peuvent être instrumentalisés par les gouvernants pour manipuler l'opinion, et finalement être utilisés de manière démagogique. Les conditions juridiques encadrant leur utilisation peuvent en édulcorer l'utilité en ne laissant qu'un rôle secondaire au peuple, les gouvernants maîtrisant la procédure (initiative, rédaction de la question posée et du texte soumis au peuple, nombre très élevé de signatures requises pour présenter une pétition). L'abstention peut aussi remettre en cause la légitimité de la décision prise à l'issue d'une votation populaire. En fonction du contexte, le peuple pourrait même se montrer liberticide et, alors, les outils de démocratie directe seraient paradoxalement en contradiction avec l'idée de démocratie libérale. Par ex., on dit fréquemment que si la question du rétablissement de la peine de mort était posée au peuple par référendum en France, la majorité se prononcerait en sa faveur. Autrement dit, il est nécessaire d'expliquer au peuple l'ensemble des enjeux de la question qui lui est soumise pour éviter qu'il ne se prononce en fonction de ses seules émotions du moment.

Quelques exemples

Constitution de la Suisse

Art. 138 : « Initiative populaire tendant à la révision totale de la Constitution »

« 100 000 citoyens et citoyennes ayant le droit de vote peuvent, dans un délai de 18 mois à compter de la publication officielle de leur initiative, proposer la révision totale de la Constitution ».

Le nombre de signatures requises pour l'initiative est assez faible au regard du nombre total d'électeurs suisses (environ 5 400 000).

« Cette proposition est soumise au vote du peuple ».

Il s'agit donc d'un référendum obligatoire.

Art. 139 : « Initiative populaire tendant à la révision partielle de la Constitution »

« 100 000 citoyens et citoyennes ayant le droit de vote peuvent, dans un délai de 18 mois à compter de la publication officielle de leur initiative, demander la révision partielle de la Constitution.

Les initiatives populaires tendant à la révision partielle de la Constitution peuvent revêtir la forme d'une proposition conçue en termes généraux ou celle d'un projet rédigé.

Les citoyens peuvent donc proposer au référendum un texte qu'ils ont rédigé.

« (...) Si l'Assemblée fédérale approuve une initiative populaire conçue en termes généraux, elle élabore la révision partielle dans le sens de l'initiative et la soumet au vote du peuple et des cantons. Si elle rejette l'initiative, elle la soumet au vote du peuple, qui décide s'il faut lui donner suite. En cas d'acceptation par le peuple, l'Assemblée fédérale élabore le projet demandé par l'initiative.

Toute initiative revêtant la forme d'un projet rédigé est soumise au vote du peuple et des cantons. L'Assemblée fédérale en recommande l'acceptation ou le rejet. Elle peut lui opposer un contre-projet ».

On constate que les élus sont en grande partie liés par l'opinion du peuple : même si l'Assemblée rejette l'initiative de forme générale, elle doit rédiger le projet de texte si le peuple le souhaite ; pour les initiatives rédigées, l'Assemblée doit organiser le référendum, elle peut seulement donner son avis et proposer un texte alternatif. Le peuple, associé à l'ensemble du processus, a un pouvoir décisionnel. Mise en œuvre plusieurs fois par an, l'initiative est en pratique souvent rejetée par le peuple.

Art. 140 : « Référendum obligatoire »

« Sont soumises au vote du peuple et des cantons : a. les révisions de la Constitution ; b. l'adhésion à des organisations de sécurité collective ou à des communautés supranationales... » ;

« Sont soumis au vote du peuple : a. les initiatives populaires tendant à la révision totale de la Constitution ; b. les initiatives populaires conçues en termes généraux qui tendent à la révision partielle de la Constitution et qui ont été rejetées par l'Assemblée fédérale ; c. le principe d'une révision totale de la Constitution, en cas de désaccord entre les deux conseils ».

La Constitution prévoit donc un grand nombre de référendums obligatoires, notamment, pour toutes les révisions de la Constitution.

Art. 141 : « Référendum facultatif »

« Si 50 000 citoyens et citoyennes ayant le droit de vote ou huit cantons le demandent dans les 100 jours à compter de la publication officielle de l'acte, sont soumis au vote du peuple : a. les lois fédérales ; b. les lois fédérales déclarées urgentes dont la durée de validité dépasse un an ; c. les arrêtés fédéraux, dans la mesure où la Constitution ou la loi le prévoient ; d. les traités internationaux qui : 1. sont d'une durée indéterminée et ne sont pas dénonçables, 2. prévoient l'adhésion à une organisation internationale, 3. contiennent des dispositions importantes fixant des règles de droit ou dont la mise en œuvre exige l'adoption de lois fédérales ».

Il s'agit d'un veto populaire permettant au peuple de s'opposer à l'entrée en vigueur d'une loi, de certains arrêtés fédéraux ou de certains traités. Ce référendum est mis en œuvre en moyenne une ou deux fois par an.

Constitution de l'Italie

Art. 71 al. 2 : « Le peuple exerce l'initiative des lois au moyen de la proposition, présentée par cinquante mille électeurs au moins, d'un projet rédigé en articles ».

Une petite portion du peuple peut donc être à l'initiative d'une loi qui devra ensuite être votée par le Parlement comme toute autre loi. Ce mécanisme est toutefois peu utilisé.

Art. 75 : « Un référendum populaire est fixé pour décider l'abrogation, totale ou partielle, d'une loi ou d'un acte ayant valeur de loi, lorsque cinq cent mille électeurs ou cinq Conseils régionaux le demandent.

Le référendum n'est pas admis pour des lois fiscales et budgétaires, d'amnistie et de remise de peine, d'autorisation de ratifier des traités internationaux.

Tous les citoyens appelés à élire la Chambre des députés ont le droit de participer au référendum.

La proposition soumise au référendum est approuvée si la majorité des électeurs a participé au scrutin, et si la majorité des suffrages valablement exprimés a été atteinte.

La loi détermine les modalités d'application du référendum ».

Ce référendum abrogatif est très encadré, par la Constitution (exclusion de certaines lois, double majorité) et par la loi qui organise un contrôle par des magistrats de la Cour de cassation et par la Cour constitutionnelle. L'utilisation et l'aboutissement assez fréquents de cette procédure depuis la fin des années 1980 sont contestés.

Art. 138: « Les lois de révision de la Constitution (...) sont soumises à un référendum populaire lorsque, dans les trois mois suivant leur publication, un cinquième des membres de l'une des deux Chambres ou cinq cent mille électeurs ou cinq Conseils régionaux en font la demande. La loi soumise à référendum n'est pas promulguée si elle n'est pas adoptée à la majorité des suffrages valablement exprimés.

Il n'y a pas lieu à référendum si la loi a été adoptée au second tour de scrutin par chacune des deux Chambres à la majorité des deux tiers de ses membres ».

Cette procédure organise un veto populaire en matière constitutionnelle : le peuple peut s'opposer à l'entrée en vigueur d'une modification de la Constitution. Toutefois, le Parlement peut tenir en échec la procédure par une adoption de la révision à une majorité qualifiée. Ce procédé est peu utilisé.

Constitution de l'Espagne

Art. 87: « (...) 3. Une loi organique réglemente les formes d'exercice et les conditions de l'initiative populaire pour la présentation de propositions de loi. En tout cas, il faudra au moins 500 000 signatures accréditées. Cette initiative ne s'applique pas pour les matières relevant de la loi organique, les lois fiscales ou les questions internationales, ni en ce qui concerne la prérogative de grâce ».

Il s'agit d'une initiative populaire tendant à faire examiner une proposition de loi par le Parlement ; certaines matières en sont exclues. L'initiative est peu utilisée.

Art. 92: « 1. Les décisions politiques de grande importance peuvent être soumises au référendum consultatif de tous les citoyens ».

Il s'agit d'un référendum consultatif et facultatif, en matière législative, à l'initiative des gouvernants ; son utilisation est rare.

Art. 167: « 3. La révision approuvée par les Cortès générales est soumise à ratification par référendum, à la demande du dixième des membres de l'une des deux chambres, présentée dans les quinze jours suivant son adoption ».

Art. 168: « 1. Si on propose la révision totale de la Constitution ou une révision partielle qui affecte le titre préliminaire, le chapitre second, section première, du titre premier ou le titre II (...) 3. La révision approuvée par les Cortès générales, sera soumise à ratification par référendum ».

Le référendum constituant est soit facultatif, en cas de révision partielle de la Constitution et il est alors à l'initiative des parlementaires (art. 167 C), soit obligatoire (le peuple est appelé à ratifier ou à rejeter le projet des gouvernants), en cas de révision totale de la Constitution ou en cas de révision partielle mais portant sur certaines parties de la Constitution (touchant notamment aux libertés et à la forme de l'État) : art. 168 C.

Constitution de la Californie

Art. 2, sect. 13 : « *Recall is the power of the electors to remove an elective officer* ».

Sect. 14 : « *(a) Recall of a state officer is initiated by delivering to the Secretary of State a petition alleging reason for recall. Sufficiency of reason is not reviewable. Proponents have 160 days to file signed petitions…* ».

Sect. 15 : « *(a) An election to determine whether to recall an officer and, if appropriate, to elect a successor shall be called by the Governor and held not less than 60 days nor more than 80 days from the date of certification of sufficient signatures… (c) If the majority vote on the question is to recall, the officer is removed and, if there is a candidate, the candidate who receives a plurality is the successor…* ».

La Constitution californienne prévoit la révocation des élus (*recall*). La procédure est initiée par le dépôt d'une pétition motivée. Si, dans le délai imparti, la pétition est signée par le nombre requis de citoyens, les gouvernants doivent soumettre la révocation au vote des citoyens. L'élu est révoqué si la majorité des électeurs vote en faveur de sa révocation.

3. La démocratie en France

A. La démocratie dans l'histoire constitutionnelle française

En 1789, la monarchie absolue est remise en cause, la souveraineté est transférée du roi à la nation, ainsi que l'affirme l'art. 3 de la Déclaration des Droits de l'Homme et du Citoyen (DDHC) qui sera placée en tête de la **Constitution des 3 et 4 sept. 1791** (entrée en vigueur le 14 sept.).

Art. 3 de la DDHC

« Le principe de toute Souveraineté réside essentiellement dans la Nation. Nul corps, nul individu ne peut exercer d'autorité qui n'en émane expressément ».

Constitution de 1791, titre III

Art. 1 : « La Souveraineté est une, indivisible, inaliénable et imprescriptible. Elle appartient à la Nation ; aucune section du peuple, ni aucun individu, ne peut s'en attribuer l'exercice ».

Art. 2: « La Nation, de qui seule émanent tous les Pouvoirs, ne peut les exercer que par délégation. La Constitution française est représentative : les représentants sont le Corps législatif et le roi ».

La souveraineté nationale conduit à la mise en place d'un régime représentatif dans la Constitution de 1791, mais dont le caractère démocratique doit être relativisé eu égard au faible rôle du peuple. Des deux organes politiques, le roi qui accède au pouvoir selon le principe de l'hérédité, ne peut être considéré comme un représentant du peuple et les membres du Corps législatif – le Parlement – sont élus au **suffrage indirect** (les citoyens actifs se forment en assemblées primaires pour désigner les électeurs, qui, à leur tour, désignent les représentants au Parlement) et **restreint** (il existe un nombre considérable de citoyens qui ne sont pas considérés comme actifs et qui ne peuvent donc ni être membres des assemblées primaires, ni électeurs), l'électorat étant considéré comme une fonction et non un droit.

Suffrage restreint dans la Constitution de 1791

Titre III, ch. 1, sect. 2, art. 2: « Pour être citoyen actif, il faut :

– Être né ou devenu Français ;

– Être âgé de vingt-cinq ans accomplis ;

– Être domicilié dans la ville ou dans le canton depuis le temps déterminé par la loi ;

– Payer, dans un lieu quelconque du Royaume, une contribution directe au moins égale à la valeur de trois journées de travail, et en représenter la quittance ;

– N'être pas dans un état de domesticité, c'est-à-dire de serviteur à gages ;

– Être inscrit dans la municipalité de son domicile au rôle des gardes nationales ;

– Avoir prêté le serment civique ».

Cette disposition énumère les nombreuses conditions qui permettent d'être un citoyen actif pouvant participer aux assemblées primaires ; la 4e condition illustre le ***suffrage censitaire****, c'est-à-dire conditionné au* ***paiement d'un certain montant d'impôt (le cens)****.*

Les assemblées primaires désignent ensuite les électeurs, mais ne peuvent être désignés électeurs que ceux des membres des assemblées primaires qui satisfont à des exigences supplémentaires liées toujours au montant d'impôt payé (suffrage censitaire) :

Titre III, ch. 1, sect. 2, art. 7 : « Nul ne pourra être nommé électeur, s'il ne réunit aux conditions nécessaires pour être citoyen actif, savoir :

– Dans les villes au-dessus de six mille âmes, celle d'être propriétaire ou usufruitier d'un bien évalué sur les rôles de contribution à un revenu égal à la valeur locale de deux cents journées de travail, ou d'être locataire d'une habitation évaluée sur les mêmes rôles, à un revenu égal à la valeur de cent cinquante journées de travail ;

– Dans les villes au-dessous de six mille âmes, celle d'être propriétaire ou usufruitier d'un bien évalué sur les rôles de contribution à un revenu égal à la valeur locale de cent cinquante journées de travail, ou d'être locataire d'une habitation évaluée sur les mêmes rôles à un revenu égal à la valeur de cent journées de travail ;

– Et dans les campagnes, celle d'être propriétaire ou usufruitier d'un bien évalué sur les rôles de contribution à un revenu égal à la valeur locale de cent cinquante journées de travail, ou d'être fermier ou métayer de biens évalués sur les mêmes rôles à la valeur de quatre cents journées de travail ;

À l'égard de ceux qui seront en même temps propriétaires ou usufruitiers d'une part, et locataires, fermiers ou métayers de l'autre, leurs facultés à ces divers titres seront cumulées jusqu'au taux nécessaire pour établir leur éligibilité. »

En revanche, étonnamment, les conditions pour être élu sont moins strictes : peuvent être élus tous les citoyens actifs, quel que soit le montant de leur imposition, leur état et leur profession (Titre III, ch. 1, sect. 3, art. 3).

Bien que n'ayant jamais été appliquée, la **Constitution de l'An I du 24 juin 1793** (Ire République), dite Constitution montagnarde, a marqué les esprits car elle donnait un rôle étendu au peuple : elle se fondait sur la souveraineté populaire (art. 7), consacrait le suffrage universel (masculin), le Parlement était élu directement et même les membres de l'Exécutif étaient élus par l'Assemblée (art. 62 et 63) ; des mécanismes de démocratie directe étaient prévus : le référendum pour l'adoption de la Constitution et le référendum législatif (art. 59).

Constitution de 1793

Art. 4 : « Tout homme né et domicilié en France, âgé de vingt et un ans accomplis ; – Tout étranger âgé de vingt et un ans accomplis, qui, domicilié en France depuis une année – Y vit de son travail – Ou acquiert une propriété – Ou épouse une Française – Ou adopte un enfant – Ou nourrit un vieillard ; – Tout étranger enfin, qui sera jugé par le Corps législatif avoir bien mérité de l'humanité – Est admis à l'exercice des Droits de citoyen français ».

Le corps électoral est large pour l'époque et inclut les étrangers.

Art. 7 : « Le peuple souverain est l'universalité des citoyens français ».

Art. 59 : « Quarante jours après l'envoi de la loi proposée, si, dans la moitié des départements, plus un, le dixième des Assemblées primaires de chacun d'eux, régulièrement formées, n'a pas réclamé, le projet est accepté et devient loi ».

Ainsi, la loi adoptée par l'Assemblée est proposée au peuple : soit il ne s'y oppose pas, et elle devient loi définitivement, soit une partie du peuple oppose son veto et déclenche un référendum permettant au peuple de décider de l'adoption ou du rejet de la loi.

Art. 62 : « Il y a un Conseil exécutif composé de vingt-quatre membres ».

Art. 63 : « L'Assemblée électorale de chaque département nomme un candidat. Le Corps législatif choisit, sur la liste générale, les membres du Conseil ».

La Constitution de **l'An III (22 août 1795, Directoire)**, tout en conservant l'idée de souveraineté populaire, renoue avec le suffrage restreint (censitaire) et indirect (les citoyens membres des assemblées primaires désignent les électeurs qui désigneront les parlementaires) ; le cens qui permet d'être électeur est plus élevé que celui qui permet d'être citoyen des assemblées primaires.

Constitution de 1795

Art. 2 : « L'universalité des citoyens français est le souverain ».

Art. 8 : « Tout homme né et résidant en France, qui, âgé de vingt et un ans accomplis, s'est fait inscrire sur le registre civique de son canton, qui a demeuré depuis pendant une année sur le territoire de la République, et qui paie une contribution directe, foncière ou personnelle, est citoyen français ».

Art. 35 : « Nul ne pourra être nommé électeur, s'il n'a vingt-cinq ans accomplis, et s'il ne réunit aux qualités nécessaires pour exercer les droits de citoyen français, l'une des conditions suivantes, savoir : – Dans les communes au-dessus de six mille habitants, celle d'être propriétaire ou usufruitier d'un bien évalué à un revenu égal à la valeur locale de deux cents journées de travail, ou d'être locataire, soit d'une habitation évaluée à un revenu égal à la valeur de cent cinquante journées de travail, soit d'un bien rural évalué à deux cents journées de travail ; Dans les communes au-dessous de six mille habitants, celle d'être propriétaire ou usufruitier d'un bien évalué à un revenu égal à la valeur locale de cent cinquante journées de travail, ou d'être locataire, soit d'une habitation évaluée à un revenu égal à la valeur de cent journées de travail, soit d'un bien rural évalué à cent journées de travail ; – Et dans les campagnes, celle d'être propriétaire ou usufruitier d'un bien évalué à un revenu égal à la valeur locale de cent cinquante journées de travail, ou d'être fermier ou métayer de biens évalués à la valeur de deux cents journées de travail. – À l'égard de ceux qui seront en même temps propriétaires ou usufruitiers d'une part, et locataires, fermiers ou métayers de l'autre, leurs facultés à ces divers titres seront cumulées jusqu'au taux nécessaire pour établir leur éligibilité ».

Dans la **Constitution de l'An VIII (13 déc. 1799, Consulat)**, le rôle du peuple est très amoindri, à tel point que la **démocratie n'est qu'apparence**. Si le texte consacre le suffrage universel (masculin), il est largement virtuel : les citoyens ne font que désigner les membres de listes de confiance mais ces membres n'élisent pas les représentants ; les membres du Parlement sont en effet choisis dans les listes de confiance par le Sénat conservateur (dont les membres sont nommés à vie par lui-même).

L'appel direct au peuple par le Premier consul Napoléon 1er (membre de l'Exécutif) ne sert qu'à renforcer son pouvoir personnel : le peuple adopte la Constitution qui organise une concentration du pouvoir entre les mains du Premier consul ; puis le peuple accorde à Napoléon 1er le Consulat à vie (Constitution de l'An X du 4 août 1802). L'action de l'Exécutif ne servait aucunement l'intérêt du peuple. Ces consultations directes du peuple n'avaient donc rien de référendaire, mais constituaient des plébiscites.

Par plébiscite, le régime devient le Ier Empire (Constitution de l'An XII du 18 mai 1804), où toute trace de démocratie disparaît.

Le soutien direct du peuple à un homme qui a mené une dictature a pendant longtemps discrédité en France les outils de démocratie directe.

Référendum et plébiscite

Le référendum assure une démocratie directe en permettant au peuple d'exprimer son opinion sur l'action politique des élus. Le plébiscite est un détournement du référendum : sous couvert de consulter directement le peuple, le plébiscite le manipule pour qu'il exprime son soutien au pouvoir personnel d'un gouvernant.

Si, dans le cadre d'un référendum, le peuple est indirectement appelé à soutenir la politique menée par les gouvernants, l'expression du peuple est libre, grâce aux garanties du suffrage existant dans un régime démocratique ; par conséquent, les gouvernants ne sont jamais assurés d'obtenir que la majorité du peuple donne une réponse positive à la question posée. Au contraire, le plébiscite se détecte par le fait que le vote n'est pas libre, les gouvernants organisant les conditions pour leur assurer que le peuple réponde très majoritairement en leur faveur (des pressions sont exercées sur les électeurs).

À l'Empire succède la Restauration. La Charte du 4 juin 1814 instaure de nouveau une monarchie absolue qui rend la souveraineté au roi et rétablit un suffrage censitaire. En 1830, la Charte est actualisée et consacre la souveraineté nationale ; le suffrage censitaire, maintenu, est assoupli (doublant ainsi le nombre d'électeurs). Les pouvoirs du Parlement (dont l'une des deux chambres est composée d'élus du peuple) s'accroissent en matière législative et de contrôle de l'Exécutif.

La Constitution de la **IIe République (4 nov. 1848)** instaure une démocratie représentative. Elle consacre le **suffrage universel direct** (qui restera masculin jusqu'à l'ordonnance du 21 avr. 1944), par le biais duquel seront élus l'Exécutif et l'Assemblée. Aucun outil de démocratie directe n'est cependant prévu, pas même un référendum pour la révision de la Constitution.

Constitution de 1848

Art. 1 : « La souveraineté réside dans l'universalité des citoyens français. Elle est inaliénable et imprescriptible. Aucun individu, aucune fraction du peuple ne peut s'en attribuer l'exercice ».

Art. 18 : « Tous les pouvoirs publics, quels qu'ils soient, émanent du peuple. Ils ne peuvent être délégués héréditairement ».

Art. 24 : « Le suffrage est direct et universel. Le scrutin est secret ».

Art. 34 : « Les membres de l'Assemblée nationale sont les représentants, non du département qui les nomme, mais de la France entière ».

Art. 35 : « Ils ne peuvent recevoir de mandat impératif ».

Art. 45 : « Le président de la République est élu pour quatre ans ».

Le coup d'État du 2 déc. 1851 débouche sur le Second Empire (Constitution du 14 janv. 1852), régime similaire à celui de 1804, par l'utilisation du plébiscite en particulier ; les électeurs élisent les parlementaires, mais le vote n'est pas libre.

Les **lois constitutionnelles de 1875** (IIIe République) confirment la démocratie représentative amorcée en 1848. Le peuple élit ses représentants au suffrage universel (masculin toujours), soit directement (pour les membres de la chambre basse du Parlement), soit indirectement (pour les membres de la chambre haute du Parlement). Le référendum n'est en revanche toujours pas prévu, ni en matière législative, ni en matière constitutionnelle.

La IIIe République révèle aussi en pratique les possibles dérives de la démocratie représentative. Le multipartisme qui règne à la Chambre des députés provoque des majorités très changeantes et une très forte instabilité politique. Dans un tel contexte, les citoyens, en désignant leurs représentants, ne savent pas quel programme politique ils mettront en œuvre : l'élection ne traduit pas vraiment une participation du peuple au pouvoir. Peu à peu, les parlementaires se coupent des électeurs et agissent comme s'ils étaient titulaires de la souveraineté et non pas seulement délégataires de la souveraineté du peuple.

Avec la **Constitution du 27 oct. 1946** (IVe République), qui met fin au régime de Vichy, la démocratie est célébrée. L'opposition entre souveraineté nationale et populaire est dépassée (art. 3). La démocratie reste résolument représentative : le référendum est consacré, mais il est facultatif et cantonné aux révisions de la Constitution (art. 3 et 90). Le peuple exerce la souveraineté par le biais de ses représentants à la chambre basse, dotée de plus de pouvoirs que la chambre haute dont les membres sont élus indirectement.

En pratique toutefois, le régime souffre des mêmes défauts que le précédent. Son caractère démocratique est atténué par un Parlement tout-puissant qui se coupe de l'électeur.

Constitution de 1946

Art 2 : « (...) La devise de la République est : "Liberté, Égalité, Fraternité".

Son principe est : gouvernement du peuple, pour le peuple et par le peuple ».

Art. 3 : « La souveraineté nationale appartient au peuple français.

Aucune section du peuple ni aucun individu ne peut s'en attribuer l'exercice.

Le peuple l'exerce, en matière constitutionnelle, par le vote de ses représentants et par le référendum.

En toutes autres matières, il l'exerce par ses députés à l'Assemblée nationale, élus au suffrage universel, égal, direct et secret ».

B. La démocratie sous la Ve République

Comme dans la Constitution de 1946, le principe même de la démocratie est affirmé dès l'art. 2 de la Constitution de 1958.

Art 2 al. 4 et 5 C

« La devise de la République est "Liberté, Égalité, Fraternité".

Son principe est : gouvernement du peuple, par le peuple et pour le peuple ».

L'art. 3 de la Constitution de 1958, comme celui de la Constitution de 1946, rend compte de la conciliation désormais acquise entre souveraineté nationale et populaire : le peuple détient la souveraineté ; il l'exerce au moins en partie par des représentants qu'il a le droit d'élire (et non l'obligation) et qui n'ont pas de mandat impératif (art. 27 C) dans la mesure où ils représentent l'ensemble des citoyens.

Par rapport à la Constitution de 1946 en revanche, l'idée de **démocratie semi-directe** apparaît et l'art. 3 C érige le référendum en mode d'exercice de la souveraineté au même titre que l'exercice par le biais des représentants.

Art. 3 C

« La souveraineté nationale appartient au peuple qui l'exerce par ses représentants et par la voie du référendum.

Aucune section du peuple ni aucun individu ne peut s'en attribuer l'exercice.

Le suffrage peut être direct ou indirect dans les conditions prévues par la Constitution. Il est toujours universel, égal et secret.

Sont électeurs, dans les conditions déterminées par la loi, tous les nationaux français majeurs des deux sexes, jouissant de leurs droits civils et politiques ».

En pratique toutefois, l'utilisation des procédures référendaires est rarissime, largement limitée à la présidence de Charles de Gaulle qui accordait un rôle essentiel à ce procédé de démocratie directe pour entretenir une proximité entre lui et le peuple. Le général de Gaulle n'hésitait pas à engager sa responsabilité politique par le biais des référendums par lesquels il posait en quelque sorte une question de confiance au peuple. Un tel engagement du chef de l'État a suscité de nombreuses critiques quant à la dérive plébiscitaire qu'il était supposé attester. Il est néanmoins difficile d'adhérer à ces reproches dans la mesure où les élections étaient libres et où le général de Gaulle n'a manifestement pas agi dans le but de se forger un pouvoir personnel. Lors des quatre premiers référendums organisés par de Gaulle, deux éléments pouvaient éventuellement corroborer la thèse du plébiscite : l'abstention plutôt faible et la réponse à la question très largement positive. En revanche, au référendum de 1969, la majorité des électeurs a répondu négativement à la question posée et de Gaulle en a tiré les conséquences en démissionnant, alors même que la Constitution ne lui en fait aucune obligation. Ces deux derniers éléments éliminent la thèse du plébiscite.

L'utilisation du référendum par le général de Gaulle

- référendum du 28 sept. 1958 pour l'approbation de la Constitution,
- référendum du 8 janv. 1961 relatif à l'autodétermination de l'Algérie,
- référendum du 8 avr. 1962 relatif aux accords d'Évian et à l'indépendance de l'Algérie,
- référendum du 28 oct. 1962 relatif à l'élection du président de la République au suffrage universel direct,
- référendum du 27 avr. 1969 relatif à la réforme du Sénat et à la régionalisation,

Soit, **cinq référendums (législatifs) en dix ans.**

L'utilisation du référendum après de Gaulle

Depuis 1969, quatre référendums législatifs ont été organisés et un référendum constituant :

- référendum du 23 avr. 1972 relatif à l'élargissement de la Communauté économique européenne,
- référendum du 6 nov. 1988 relatif au statut de la Nouvelle-Calédonie,
- référendum du 20 sept. 1992 relatif à la ratification du traité de Maastricht (Union européenne),
- référendum du 24 sept. 2000 relatif au quinquennat (référendum constituant),
- référendum du 29 mai 2005 relatif à la ratification du traité établissant une Constitution pour l'Europe,

Soit **cinq référendums en cinquante ans.**

Le peuple a majoritairement répondu positivement aux référendums qui se sont tenus en 1972, 1988, 1992 et 2000. En revanche, en 2005, la majorité des électeurs a rejeté la ratification du « traité constitutionnel », et, depuis lors, plus aucun référendum n'a été organisé. L'échec du référendum est nécessairement interprété comme un désaveu du peuple à l'encontre de la politique menée, ce que redoutent les gouvernants. Si la Constitution n'attache aucune conséquence juridique au rejet par le peuple de la question posée par référendum, les gouvernants sont politiquement contraints d'en tenir compte, le peuple s'étant exprimé directement. Or, les successeurs de de Gaulle ont refusé d'endosser une quelconque responsabilité politique en pareil cas. En 2005, la victoire du « non » a été une surprise, l'Exécutif ne proposant des référendums que lorsque ce risque est faible. Le Président Jacques Chirac n'a pas estimé devoir démissionner, mais il a révoqué son Premier ministre. L'échec de 2005 a sans doute encore renforcé la méfiance des gouvernants dans le référendum.

Les procédures de participation directe du peuple au pouvoir

Le référendum constituant pour réviser la Constitution – art. 89 C

Al. 1 « L'initiative de la révision de la Constitution appartient concurremment au président de la République sur proposition du Premier ministre et aux membres du Parlement ».

*L'initiative est donc **réservée aux gouvernants.***

Al. 2 « Le projet ou la proposition de révision doit être examiné dans les conditions de délai fixées au troisième alinéa de l'article 42 et voté par les deux assemblées en termes identiques. La révision est définitive après avoir été approuvée par référendum ».

*Les représentants du peuple discutent du projet ou de la proposition de loi constitutionnelle puis l'adoptent ; le texte ainsi voté est soumis au peuple pour approbation, et, ainsi, **en principe, le peuple exerce directement le pouvoir constituant dérivé** en décidant des révisions constitutionnelles qui doivent être adoptées.*

Al. 3 « Toutefois, le projet de révision n'est pas présenté au référendum lorsque le président de la République décide de le soumettre au Parlement convoqué en Congrès ; dans ce cas, le projet de révision n'est approuvé que s'il réunit la majorité des trois cinquièmes des suffrages exprimés. Le bureau du Congrès est celui de l'Assemblée nationale ».

*Cet alinéa prévoit une **procédure dérogatoire, pour les projets** de loi constitutionnelle et **sur décision du chef de l'État**, consistant à ne pas soumettre le texte au référendum pour approbation définitive mais aux **représentants du peuple** réunis pour l'occasion en **Congrès** (les deux chambres réunies à Versailles) et devant se prononcer à une **majorité qualifiée**.*

*En pratique, cette **exception est devenue la règle**, puisque sur les vingt-deux révisions constitutionnelles menées sur le fondement de l'art. 89 C, une seule a été adoptée directement par le peuple au référendum (loi constitutionnelle n° 2000-964, du 2 oct. 2000, relative à la durée du mandat du président de la République, modifiant l'art. 6 C pour instaurer le quinquennat). Le peuple exerce donc exceptionnellement le pouvoir constituant dérivé.*

Le référendum législatif pour adopter des lois ordinaires – art. 11 C

*Il permet au peuple **d'exercer directement le pouvoir législatif**, à la place de ses représentants, conformément à l'art. 11 al. 7 C qui donne un pouvoir lié au Président pour promulguer la loi adoptée par référendum :*

Al. 7 « Lorsque le référendum a conclu à l'adoption du projet ou de la proposition de loi, le président de la République promulgue la loi dans les quinze jours qui suivent la proclamation des résultats de la consultation ».

Ce référendum législatif peut se dérouler selon deux modalités :

– **première modalité : art. 11 C al. 1 et 2**

« Le président de la République, sur proposition du Gouvernement pendant la durée des sessions ou sur proposition conjointe des deux assemblées, publiées au Journal officiel, peut soumettre au référendum tout projet de loi portant sur l'organisation des pouvoirs publics, sur des réformes relatives à la politique économique, sociale ou environnementale de la nation et aux services publics qui y concourent, ou tendant à autoriser la ratification d'un traité qui, sans être contraire à la Constitution, aurait des incidences sur le fonctionnement des institutions.

Lorsque le référendum est organisé sur proposition du Gouvernement, celui-ci fait, devant chaque assemblée, une déclaration qui est suivie d'un débat ».

***L'initiative** du référendum est ici réservée aux représentants du peuple et, en pratique, à l'Exécutif seulement, les parlementaires n'ayant jamais utilisé la possibilité qui leur est ouverte. Les Assemblées doivent être en session afin qu'elles puissent éventuellement contrôler l'Exécutif (ex : en 1962, la mise en œuvre de l'art. 11 a provoqué une motion de censure) qui, au demeurant, l'informe de la procédure par une déclaration.*

*Il appartient en tout état de cause au **Président de décider** de la tenue d'un référendum sur un **projet** de loi (rédigé donc par l'Exécutif) portant sur l'un des objets mentionnés dans l'art. 11 C, et pouvant être largement appréciés par les gouvernants.*

– **seconde modalité : le référendum d'initiative partagée : art. 11 C al. 3 à 6**

« Un référendum portant sur un objet mentionné au premier alinéa peut être organisé à l'initiative d'un cinquième des membres du Parlement, soutenue par un dixième des électeurs inscrits sur les listes électorales. Cette initiative prend la forme d'une proposition de loi et ne peut avoir pour objet l'abrogation d'une disposition législative promulguée depuis moins d'un an.

Les conditions de sa présentation et celles dans lesquelles le Conseil constitutionnel contrôle le respect des dispositions de l'alinéa précédent sont déterminées par une loi organique.

Si la proposition de loi n'a pas été examinée par les deux assemblées dans un délai fixé par la loi organique, le président de la République la soumet au référendum.

Lorsque la proposition de loi n'est pas adoptée par le peuple français, aucune nouvelle proposition de référendum portant sur le même sujet ne peut être présentée avant l'expiration d'un délai de deux ans suivant la date du scrutin ».

Cette procédure est issue de la révision constitutionnelle du 23 juill. 2008. Si elle a voulu s'inspirer de l'initiative populaire pratiquée en Suisse ou en Italie, elle n'en est pas une, le rôle du peuple restant très secondaire. L'initiative appartient à une minorité de parlementaires (185) par le biais d'une ***proposition de loi*** *devant être soutenue par un nombre élevé d'électeurs (plus de 4,5 millions) dans un délai de 9 mois. Une fois ces soutiens réunis, ce n'est qu'à défaut d'avoir été examinée une fois par chaque chambre dans un délai de six mois que la proposition est soumise au référendum par le président de la République (loi organique du 6 déc. 2013, art. 9). Le référendum est donc très simple à éviter.*

La procédure a été initiée pour la première fois en 2019 mais s'est rapidement terminée : la proposition de loi tendant à affirmer le caractère de service public national de l'exploitation d'Aéroport de Paris n'a recueilli qu'un peu plus d'1 million de soutiens populaires entre le 13 juin 2019 et le 12 mars 2020.

Le Cons. const. contrôle la constitutionnalité de la proposition (art. 2 de la loi organique préc.) afin d'éviter que par référendum ne soit adoptée une loi contraire à la Constitution (aucun contrôle n'est en revanche prévu pour les projets de l'art. 11 al. 1 avant leur soumission au référendum).

La démocratie en France est donc essentiellement représentative. Les garanties du suffrage (universel, égal et secret) sont consacrées dans l'art. 3 C.

Le droit de vote et d'éligibilité est reconnu à tous les nationaux à condition qu'ils soient majeurs, de nationalité française et qu'ils jouissent de leurs droits civils et politiques.

La condition de **nationalité** a été tranchée par le Conseil constitutionnel (Cons. const.) dans sa décision n° 92-308 DC du 9 avr. 1992. Saisi de la question de la constitutionnalité du traité de Maastricht sur le fondement de l'art. 54 C (*cf.* thème 11), le juge a considéré qu'en mentionnant « tous les nationaux français», l'art. 3 C implique une limitation du droit de vote et d'éligibilité aux seuls nationaux français, et non une inclusion de tous les nationaux français au moins. Par suite, il a exclu de ce droit les étrangers. Le juge considère que cet art. 3 s'applique aux élections locales car elles ont une incidence sur l'élection des sénateurs qui participent à l'exercice de la souveraineté nationale (les grands électeurs qui les élisent sont des élus locaux en grande partie). Pour ratifier le traité de Maastricht (du 7 févr. 1992) autorisant les étrangers originaires d'un État membre de l'Union européenne (UE) à voter et être élus aux élections municipales de l'État dans lequel ils résident, il a donc fallu réviser la Constitution de 1958 pour écarter la condition de nationalité française. Pour empêcher toute participation de non nationaux français à l'exercice de la souveraineté nationale, le constituant de 1992 a interdit aux ressortissants de l'UE de prendre part à la désignation des grands électeurs chargés d'élire les sénateurs et d'être maires ou adjoints (le maire ayant des fonctions qu'il exerce au nom de l'État et qu'il peut déléguer à ses adjoints).

Art. 88-3 C, issu de la révision constitutionnelle du 25 juin 1992

« Sous réserve de réciprocité et selon les modalités prévues par le Traité sur l'Union européenne signé le 7 février 1992, le droit de vote et d'éligibilité aux élections municipales peut être accordé aux seuls citoyens de l'Union résidant en France. Ces citoyens ne peuvent exercer les fonctions de maire ou d'adjoint ni participer à la désignation des électeurs sénatoriaux et à l'élection des sénateurs. Une loi organique votée dans les mêmes termes par les deux assemblées détermine les conditions d'application du présent article ».

Par ailleurs, pour renforcer la représentation des femmes parmi les élus, le législateur, compétent en matière de régime électoral des assemblées nationales et locales, avait dès 1982 tenté d'introduire, pour les élections municipales, une limitation du droit d'éligibilité en fonction du sexe en interdisant aux listes de candidats de comporter plus de 75 % de personnes du même sexe. Saisi de la loi, le Cons. const. a déduit de la combinaison des art. 3 C et 6 DDHC (relatif à l'égalité devant la loi) que, pour tout suffrage politique (dont font partie les élections locales comme nationales), « toute division par catégories des électeurs ou des éligibles » est inconstitutionnelle (décision n° 82-146 DC du 18 nov. 1982, *Quota par sexe*). Mais la Constitution a été révisée le 8 juill. 1999 pour introduire à l'art. 3 C (et depuis la révision du 23 juill. 2008, à l'art. 1 al. 2 C) **l'objectif de parité**. Ainsi, pour tous les scrutins de liste, désormais l'alternance entre un homme et une femme est imposée par la loi.

Art. 1 al. 2 C

« La loi favorise l'égal accès des femmes et des hommes aux mandats électoraux et fonctions électives, ainsi qu'aux responsabilités professionnelles et sociales ».

4. Exercice – dissertation (1)

Conseils méthodologiques

La dissertation juridique (1) : objectif et travail préalable de réflexion

La dissertation juridique consiste à construire une **démonstration** correspondant au sujet proposé. Le sujet contient explicitement ou implicitement une **problématique** à laquelle il convient d'apporter une **réponse argumentée.**

Cet exercice permet à l'enseignant de tester la capacité de l'étudiant à **maîtriser ses connaissances**, c'est-à-dire à les mobiliser rapidement et à les utiliser pour étayer un point de vue. L'exercice suppose donc, pour l'étudiant, de connaître parfaitement son cours afin de faire des liens entre ses connaissances et d'avoir du recul sur ces connaissances.

La dissertation juridique n'est donc pas un exposé du droit positif, ni une simple restitution du cours magistral, mais une **prise de position** argumentée. L'étudiant doit utiliser ses connaissances (tirées notamment du cours magistral qui lui a été dispensé, complété de manuels) pour trouver des arguments appuyant la réponse à la problématique qu'il doit démontrer.

Pour rendre pertinente l'argumentation, elle doit être **synthétique et organisée** grâce à un plan, comportant traditionnellement deux parties dont chacune se subdivise en deux sous-parties. Ce plan et les développements ne doivent donc pas contenir des propos contradictoires ou laissant de côté des éléments qui pourraient remettre en cause ou affaiblir la démonstration.

La dissertation étant une démonstration personnelle, il n'existe **jamais un seul plan possible** pour traiter le sujet proposé, ni de bonne réponse au sujet. Il n'en reste pas moins que l'étudiant sera nécessairement influencé dans sa réponse au sujet par le contenu du cours magistral et des travaux dirigés qui lui auront été dispensés.

Un conséquent **travail de réflexion, préalable** à la rédaction, est nécessaire (« au brouillon »). Son premier objet est d'**analyser le sujet** à traiter afin d'écarter tout risque de hors-sujet ou, à l'inverse, de traitement partiel du sujet. Il convient donc de **définir** précisément les termes du sujet, qu'ils soient juridiques ou non, et de porter une attention à la manière dont le sujet est rédigé pour bien le **délimiter.**

Après avoir compris le sujet et en avoir cerné les contours, il faut **recenser** tous les éléments de connaissance en lien avec le sujet et noter en quoi ces éléments peuvent répondre au sujet et dans quel sens. Autrement dit, à cette étape, l'étudiant doit **tirer de ses connaissances des idées**, des arguments nécessaires pour apporter une réponse au sujet.

À l'issue de ce travail de recensement, un ensemble d'idées est noté sur le brouillon et il revient à l'étudiant d'en dégager **l'idée principale qui formera sa réponse à la problématique**, puis d'ordonner les idées en deux grands arguments (qui constitueront les deux parties du devoir), lesquels doivent être découpés en deux sous-ensembles d'idées (qui seront les sous-parties).

Sujet : « La crise de la démocratie représentative en France : quels remèdes ? »

Remarques sur l'analyse du sujet

Le sujet porte sur les remèdes : il s'agit dès lors de consacrer les développements aux solutions possibles à la crise de la démocratie représentative. Les causes et manifestations de cette crise doivent quant à elles être étudiées en introduction, puisqu'elles permettront d'en déduire les remèdes.

Si le sujet porte sur le cas français, il n'est bien sûr pas interdit de s'inspirer d'exemples et d'expériences étrangers.

Corrigé

Taux d'abstention record aux élections présidentielle et législatives de 2017, mouvement des « gilets jaunes » depuis novembre 2018, déliquescence des grands partis traditionnels et montée de l'extrême droite, faible popularité du président de la République, autant de symptômes d'une crise profonde de la démocratie représentative en France. Face à ce malaise, les réponses apportées par les gouvernants apparaissent insatisfaisantes aux yeux des citoyens. Un projet de loi constitutionnelle ayant pour ambition d'assurer un « renouveau de la vie démocratique » (août 2019) fait suite au retrait d'un précédent, dont l'objectif était d'établir « une démocratie plus représentative responsable et efficace » mais qui n'avait pas été examiné par les parlementaires, l'Exécutif ayant donné la priorité à d'autres dossiers. Un rejet des institutions représentatives émane du peuple qui les juge trop éloignées de ses préoccupations et de ses opinions. Parallèlement, les citoyens français aspirent à participer davantage au pouvoir, en revendiquant l'application de procédés de démocratie directe utilisés dans les États voisins (l'initiative citoyenne en particulier). En France, ces procédés sont marginaux. Le référendum, dont l'idée a émergé à l'époque révolutionnaire, n'a été pratiqué que lors des régimes napoléoniens. Bien que consacré dans la Constitution de 1958, le référendum constituant comme législatif n'est qu'exceptionnel. Traditionnellement, une méfiance à l'égard de la participation directe du peuple domine, eu égard aux précédents. Cependant, aujourd'hui, cette expérience historique ne suffit plus à justifier une telle relégation de la démocratie directe. Certes, une démocratie exclusivement directe reste très improbable : même si les moyens de communication actuels ne la rendent plus inconcevable en théorie, elle supposerait de repenser totalement notre conception de l'exercice du pouvoir, et, au-delà, il reste tout de même difficile d'imaginer que l'intégralité des lois émane directement du peuple. Le système représentatif est voué à perdurer, mais il doit être notablement amélioré. La Ve République a réussi à éviter la confiscation par les parlementaires de la souveraineté du peuple à laquelle avaient abouti les deux Républiques précédentes ; pourtant, la coupure entre les élus et les électeurs s'est tout de même produit. Si, au début de la Ve, un certain équilibre entre le pouvoir des représentants et l'expression directe du peuple avait été instauré par le général de Gaulle, qui consultait régulièrement le peuple pour sonder sa confiance, les Présidents suivants n'ont plus assumé de responsabilité vis-à-vis du peuple au cours de leur mandat. Quant aux parlementaires, les citoyens les voient comme des privilégiés, qui ne sont pas représentatifs de la population et ne seraient donc pas aptes à agir dans l'intérêt du plus grand nombre. Il s'est donc produit, durant la Ve, un déséquilibre entre démocratie représentative et démocratie directe, qui doit être corrigé afin de remédier à la crise de la démocratie représentative. Par suite, il apparaît nécessaire de raviver la démocratie semi-directe, de lui donner une réalité, à la fois en corrigeant les faiblesses des institutions représentatives (I) mais aussi en rendant plus effectifs les outils de démocratie directe (II).

I. Corriger les faiblesses des institutions représentatives

Les citoyens ont perdu confiance en leurs institutions représentatives, et le mouvement des « gilets jaunes » a cristallisé ce sentiment, en dénonçant notamment le poids des impôts dont une partie du peuple, qui les juge injustes, ne perçoit plus en quoi ils servent au financement des services publics. Le non-respect des promesses de campagne est également fréquemment dénoncé par les citoyens, illustrant que, malgré l'absence de mandat impératif, la coupure avec le peuple est trop forte. Or, il revient principalement aux représentants d'exercer la souveraineté et, partant, l'élection reste un moyen essentiel de participation du peuple au pouvoir. Pour restaurer le lien entre élus et électeurs, il faudrait envisager de redonner un sens au vote (A) et une légitimité aux élus (B).

A. Redonner un sens au vote

La dernière élection présidentielle a enregistré un record d'abstention au second tour (25 %) alors même que cette élection clé de la Ve se caractérisait jusque-là par une forte implication des électeurs. Il conviendrait d'agir pour restaurer le lien entre le vote et la participation au pouvoir du citoyen. Plusieurs mesures pourraient être envisagées. Par ex., si, depuis la loi du 21 févr. 2014, les votes blancs sont décomptés, ils ne font pas partie des suffrages exprimés. Pourtant, une partie au moins de ces votes blancs exprime un choix, celui de refuser de choisir parmi les candidats. Également, certains représentants du peuple, les sénateurs, restent élus au suffrage indirect. Une modification du mode de suffrage supposerait une révision de la Constitution, impliquant l'accord du Sénat (*cf.* thème 2). Une prise de conscience des élus quant à la nécessité de rénover la représentation est donc indispensable. Le mode de scrutin pour l'élection des députés pourrait être modifié pour renforcer leur représentativité, beaucoup remise en cause par les citoyens. L'introduction d'un scrutin mixte, consistant à élire une petite portion des députés à la représentation proportionnelle, serait de nature à corriger les excès du scrutin majoritaire sans retomber dans les excès des IIIe et IVe Républiques, ainsi d'ailleurs que le prévoit l'actuel projet de loi organique accompagnant le projet de loi constitutionnelle précité. Quant à l'élection présidentielle, une évolution vers un système de sélection des candidats par les citoyens et non par des élus (*cf.* thème 6), les impliquerait davantage.

Des réflexions concernant l'expression même du vote mériteraient d'être menées. Le vote consistant à choisir un nom ou une liste n'est pas la seule possibilité : à l'étranger on connaît par ex. un système de classement des candidats par ordre de préférence (élection à la chambre basse en Australie).

En plus d'agir pour que le citoyen ait le sentiment que son vote compte, il est aussi nécessaire d'améliorer le statut de l'élu dont la représentativité est contestée.

B. Redonner une légitimité à l'élu par son statut

Les citoyens expriment leur défiance à l'encontre des élus qu'ils soupçonnent d'agir essentiellement dans leur intérêt personnel. Le système représentatif a donc créé une élite politique, une petite classe dirigeante qui monopolise le pouvoir. Ce manque de représentativité sociologique des élus est souvent dénoncé par les citoyens. En réponse à ces préoccupations du peuple, on assiste depuis quelques années à une multiplication des textes de nature diverse (lois, par ex. lois sur la transparence de la vie publique du 13 oct. 2013 puis lois sur la confiance dans la vie politique du 15 sept. 2017, mais aussi simples chartes de déontologie sans valeur juridique contraignante) tendant à garantir l'intégrité, l'exemplarité des élus, notamment en évitant les conflits d'intérêts (par ex. déclaration de patrimoine et d'intérêt, obligation d'abstention). Toutefois, ces textes n'empêchent pas la révélation d'« affaires » qui entretiennent le sentiment de rejet des élus.

La progression du non-renouvellement et du non-cumul des mandats, amorcée par ex. par la loi organique du 14 févr. 2014, relative au non-cumul des mandats de parlementaire et d'exécutif local, contribue en revanche à renouveler les élus, et doit être approuvée. Le projet de loi constitutionnelle évoqué prévoit aussi un non-renouvellement au-delà de trois mandats successifs pour les députés et sénateurs notamment.

Il serait également souhaitable de renforcer la responsabilité politique des élus devant le peuple. La sanction que constitue l'absence de réélection semble insuffisante. Cela supposerait de renforcer les outils de participation directe du peuple au pouvoir.

II. Rendre effectifs les moyens de démocratie directe

La France est une démocratie semi-directe en droit mais pas en pratique. Le délaissement du référendum est sans doute l'un des facteurs principaux de la crise des institutions représentatives. Les moyens de participation directe du peuple au pouvoir permettent de préserver la légitimité des institutions représentatives dans la logique d'une démocratie semi-directe. Face à la contestation du pouvoir il semble assez urgent de favoriser l'utilisation des mécanismes de démocratie directe institutionnalisés (A) et, en complément, de mécanismes non institutionnalisés (B).

A. Favoriser le recours aux mécanismes institutionnalisés

Même si les moyens de démocratie directe doivent être maniés avec prudence pour éviter l'instrumentalisation du peuple, ils ne doivent pas être oubliés. Le lien entre élu et électeur doit être maintenu durant le mandat de l'élu. Ce dernier doit tester de temps en temps le soutien du peuple à la politique menée. Le référendum constituant devrait redevenir le principe dans la pratique et le référendum législatif doit être réactivé. Le projet de loi constitutionnelle précité prévoit d'en étendre l'objet aux questions d'ordre social. Cette modification serait positive mais elle doit surtout s'accompagner d'une volonté des gouvernants d'y recourir. Également, le référendum d'initiative partagé (prévu depuis la révision constitutionnelle du 23 juill. 2008 mais dont la loi organique permettant son application n'a été votée qu'en 2013) est largement inutile pour renforcer la participation du peuple au pouvoir. L'unique utilisation en 2019 montre qu'il est détourné par les élus : l'opposition l'a initié pour s'opposer à la loi pour la croissance et la transformation des entreprises (PACTE) du 22 mai

2019 autorisant la privatisation d'Aéroport de Paris. On voit donc les parlementaires tenter de faire se prononcer le peuple directement pour contester la loi votée par les représentants.

Il conviendrait sans doute de s'inspirer réellement des exemples étrangers afin d'introduire une initiative citoyenne, mais aussi de réfléchir à une procédure conduisant à une révocation des élus désavoués par le peuple. Un lien devrait à tout le moins être fait entre référendum et révocation. La pratique qui a consisté, pour le président de la République, à changer de Gouvernement suite au rejet d'une question posée par référendum ne suffit pas.

Encadrées par les textes, de telles procédures ne seraient pas un facteur de déstabilisation des institutions représentatives mais au contraire, une condition de légitimation des gouvernants.

En complément, les citoyens doivent pouvoir aujourd'hui dialoguer davantage avec les gouvernants. Les moyens de communication actuels permettent de tels échanges qui favorisent également la formation politique des citoyens et donc leur implication dans la vie politique.

B. Encourager l'expression des citoyens par des moyens non institutionnalisés

Sans associer le citoyen à la prise des décisions politiques directement, des outils de discussion, et même seulement d'expression du citoyen, sont utiles afin de créer une « démocratie continue » pour reprendre une expression qui se répand dans la doctrine.

Les pétitions en ligne se multiplient et témoignent du besoin des citoyens de dialoguer avec les gouvernants (par ex., le Sénat a créé une plateforme pour déposer des pétitions en ligne). Sous la pression des « gilets jaunes », le président de la République a engagé le « Grand débat national » (annoncé dans une lettre aux français du 13 janv. 2019). Ce Grand débat a généré plus de dix mille réunions publiques, près de deux millions de contributions sur le site Internet dédié et près de trente mille courriels. Il est important de permettre au citoyen de s'exprimer, même s'il n'élabore pas par ce biais de décision, ni même de projet concret. Le lien avec les gouvernants est entretenu par ce biais. Au-delà des limites du procédé (seuls certains citoyens font la démarche) il doit être renouvelé car il vivifie la démocratie.

D'autres techniques de démocratie participative sont expérimentées mais ne sont pas généralisées. Par ex., certains élus ont pu expérimenter des ateliers législatifs citoyens permettant à ces derniers, lors de réunions publiques, de s'exprimer sur des textes en discussion au Parlement, ou sur la mise en œuvre de certains textes (*cf.* C. Untermaier, *Le Parlement du futur*, 2016). La Convention citoyenne sur le climat, mise en place après le Grand débat national (oct. 2019), composée de 150 citoyens tirés au sort pour délibérer lors de rencontres régulières a rendu son rapport en juin 2020 contenant près de 150 propositions pour réduire les émissions de gaz à effet de serre. Le projet de loi constitutionnelle qui envisage de créer un Conseil de la participation citoyenne permettant d'organiser des consultations publiques avec des citoyens tirés au sort serait également un progrès.

Il convient au final de repenser la démocratie pour mettre en œuvre une réelle démocratie semi-directe. Le régime représentatif seul conduit nécessairement à un éloignement du peuple par rapport au pouvoir, et, par suite, à une fragilisation de la démocratie. Il serait temps d'abolir définitivement cette traditionnelle méfiance vis-à-vis de la participation directe du peuple au pouvoir.

Thème 2

La Constitution

1. Définition, élaboration et révision de la Constitution

La Constitution est étroitement liée à la démocratie, dans la mesure où elle est apparue comme l'instrument juridique par lequel le peuple souverain **limite le pouvoir** des gouvernants et les contraint à respecter ses **droits et libertés**. Cette norme juridique traduit le **consentement** du peuple à l'État et constitue le fondement du pouvoir des gouvernants. Elle représente le pacte social, au sens des théories contractualistes de T. Hobbes, J. Locke et J.-J. Rousseau, à l'origine de l'État (*cf.* introduction). Ainsi, à partir du XVIIIe siècle, conformément aux idées développées par les philosophes des Lumières, le **constitutionnalisme** émerge : afin d'éviter l'arbitraire du pouvoir, il apparaît nécessaire d'écrire les règles encadrant son exercice.

Pour manifester leur opposition à l'absolutisme royal, treize colonies britanniques de la côte Est de l'Amérique du Nord se révoltent. Peu avant la proclamation de leur indépendance par la **Déclaration d'indépendance du 4 juill. 1776**, l'État de Virginie adopte, le 29 juin, un texte considéré comme étant la première Constitution moderne, parce qu'il prévoit non seulement une séparation des pouvoirs comme moyen de limiter le pouvoir, mais contient également la **Déclaration des droits** de l'État de Virginie, qui avait été adoptée le 12 juin. Prenant modèle sur l'État de Virginie, les États nouvellement indépendants se dotent d'une Constitution.

À la même époque, en Europe, les Constitutions s'opposent aussi aux monarchies absolues, fondées sur des règles coutumières (par ex. les Lois fondamentales du royaume en France), fort imprécises et incertaines, laissant un large pouvoir discrétionnaire permettant aux gouvernants d'abuser du pouvoir. Ainsi, par ex., la Constitution de Suède de 1720, est considérée en Europe, comme la première Constitution écrite remettant en cause l'absolutisme royal.

La Constitution est en somme le symbole de la démocratie, brandie pour récuser les régimes fascistes après la Seconde Guerre mondiale (par ex., l'Italie adopte sa Constitution en 1947 et consacre la République et la démocratie ; la Loi fondamentale allemande de 1949 entend de même rompre avec le nazisme, tout comme la Constitution française de 1946 s'est imposée par la voie démocratique, en rupture avec le régime de Vichy). Un peu plus tard, à partir de 1991, les anciens États de l'Union soviétique accédant à l'indépendance adoptent une Constitution, cherchant à démontrer leur adhésion aux valeurs démocratiques en réaction au régime communiste à parti unique, ne consacrant donc que formellement les libertés. Plus tard encore, le « Printemps arabe » (fin 2010) s'accompagne de réformes constitutionnelles pour consacrer la séparation des pouvoirs et les libertés (par ex., Constitution de juill. 2011 au Maroc, Constitutions de janv. 2014 en Tunisie et en Égypte).

Constitution et règles non écrites

Le caractère écrit de la Constitution est en général propre à assurer son caractère contraignant, mais il faut noter le cas particulier du **Royaume-Uni,** qui dispose d'une **Constitution coutumière.** Historiquement en effet, le pouvoir royal a été limité par le biais des **conventions de la Constitution**, règles non écrites et pourtant respectées, régissant l'exercice du pouvoir par les gouvernants, nées d'un consensus entre eux. Ces règles non écrites ont permis d'instaurer une monarchie constitutionnelle faisant du roi un détenteur formel du pouvoir. Le besoin s'est fait sentir d'écrire au moins certaines règles, en particulier celles qui consacrent les droits fondamentaux (*cf. infra*), pour garantir stabilité et sécurité juridiques. Malgré tout, ces textes très généraux ont été précisés par la jurisprudence afin de donner des garanties effectives aux citoyens.

Même lorsqu'elle est écrite, la Constitution laisse une place aux règles non écrites, parce que ce texte contient des dispositions assez générales voire ambiguës ou lacunaires. Les règles non écrites résultent donc d'une **interprétation** du texte constitutionnel par les acteurs politiques. Ces règles s'appliquent avec la force de véritables règles écrites alors même qu'elles peuvent être très différentes de ces dernières, allant parfois jusqu'à être en contradiction avec la lettre du texte (*contra legem*). Par suite, il est toujours indispensable, pour connaître le fonctionnement réel d'un régime politique, de ne pas se contenter d'une étude de la Constitution écrite, mais de chercher également à en connaître la **pratique**.

Il n'en demeure pas moins que les règles non écrites ne sont pas sanctionnées (elles ne peuvent être invoquées devant un juge), si bien que le texte peut s'appliquer de nouveau à tout moment, en dépit de la force juridique que les acteurs prêtent aux règles non écrites. Autrement dit, des règles non écrites ne peuvent jamais être considérées comme ayant modifié la Constitution écrite.

Au sein des règles non écrites, on peut distinguer, selon la force juridique que les acteurs politiques leur accordent :

- les **coutumes constitutionnelles**, qui naissent d'une pratique ancienne et constante, qui ne souffre d'aucune exception, qui s'est répétée depuis assez longtemps pour faire naître le sentiment qu'elles sont obligatoires au même titre qu'une règle écrite ;
- les **conventions de la Constitution**, qui, pour une partie de la doctrine, peuvent exister ailleurs qu'au Royaume-Uni, et se distinguent des coutumes par le fait que le caractère durable n'a pas à être vérifié ;
- les simples **pratiques constitutionnelles** qui n'ont, à l'inverse des normes précédentes, pas d'effet contraignant.

Il reste cependant difficile en réalité de déterminer si une règle relève davantage d'une coutume ou d'une convention de la Constitution. Cette distinction est assez subjective, puisqu'elle dépend de la durée qu'on estime nécessaire pour qu'une convention de la Constitution devienne une coutume. Par ex., pour le cas de la France, la doctrine désigne parfois comme coutume, parfois comme convention de la Constitution la dissolution tombée en désuétude sous la IIIe République, ou l'apparition des décrets-lois qui n'étaient pas prévus dans les Constitutions des IIIe et IVe Républiques, le président du Conseil sous la IIIe République, en l'absence de mention dans la Constitution.

En tout état de cause, il convient de retenir que le texte écrit peut être modelé, distordu, complété par des pratiques qui, parfois, sont réitérées par les gouvernants, et semblent constituer des conventions de la Constitution ou des coutumes, mais qui juridiquement n'ont jamais la force de la règle écrite.

Par ailleurs, le texte constitutionnel est aussi interprété par les juges, et, dans ce cas, l'effet de leurs jugements est attaché à ces interprétations.

La Constitution étant indissociable de la démocratie, il en résulte une procédure d'élaboration spécifique, un contenu particulier et une valeur juridique spéciale :

- Quant à son élaboration, la Constitution doit être le fait du peuple et/ou de ses représentants, exerçant alors le **pouvoir constituant originaire** (qui est donc souverain, *cf.* thème 1), pour encadrer les pouvoirs constitués (les gouvernants). Une **assemblée constituante** peut avoir été élue par le peuple spécialement pour élaborer une nouvelle Constitution. Le peuple peut aussi directement être appelé à ratifier définitivement, par la voie du **référendum**, la Constitution rédigée par ses représentants. En revanche, une Constitution rédigée par l'Exécutif a peu de chances de s'inscrire dans le cadre d'un régime démocratique, sauf si le peuple est appelé à la ratifier par un authentique référendum (et non par un plébiscite, *cf.* thème 1).

– Quant à son contenu, la Constitution organise le pouvoir politique de l'État de façon à assurer une séparation des pouvoirs, et consacre les droits et libertés fondamentaux des individus, qui peuvent figurer dans une Déclaration des droits faisant partie intégrante de la Constitution (par ex. le bloc de constitutionnalité français, *cf.* thème 3). Cette **définition politique** de la Constitution correspond à l'acception moderne de la notion de Constitution qui suppose une **démocratie libérale**. La **définition juridique** de la Constitution conduit à l'inverse à se borner à relever que ce texte contient les règles relatives à l'attribution et à l'exercice du pouvoir, et, en cela, ne garantit en rien le caractère démocratique du régime.

– Quant à sa valeur juridique, la Constitution est le texte **suprême** dans la hiérarchie des normes de l'État au sens de la théorie de Hans Kelsen. Cela implique une **protection** de la Constitution, qui se fait de deux manières :

  - D'une part, un **contrôle de constitutionnalité, de nature juridictionnelle**, doit assurer la sanction de toutes les normes inférieures qui ne seraient pas conformes à la Constitution, en les faisant disparaître de l'ordonnancement juridique, et garantissant ainsi un **État de droit** (*cf.* thème 11). Par ex., en France, le juge administratif contrôle la constitutionnalité des actes administratifs et annule ceux d'entre eux qui seraient contraires à la Constitution. Le Conseil constitutionnel contrôle la constitutionnalité des lois et empêche l'entrée en vigueur des lois inconstitutionnelles (par un contrôle *a priori*) ou les abroge (par un contrôle *a posteriori*).

La place de la Constitution par rapport aux normes internationales

Le débat sur la primauté de l'ordre juridique interne sur l'ordre juridique international ou inversement est classique. Les juridictions internationales considèrent que le droit international prime sur le droit interne et, par conséquent, sur la Constitution, norme de droit interne. Au contraire, les Constitutions étatiques qui règlent la question de la place des traités internationaux dans l'ordre juridique interne considèrent souvent, selon diverses modalités, que le traité prime sur la loi interne mais pas sur la Constitution. Ainsi, en France, selon l'art. 55 C, « Les traités ou accords régulièrement ratifiés ou approuvés ont, dès leur publication, une autorité supérieure à celle des lois, sous réserve, pour chaque accord ou traité, de son application par l'autre partie ». Sous réserve du respect des conditions indiquées (ratification, publication, réciprocité), les traités priment donc sur la loi ; une loi contraire à un traité n'est toutefois pas annulée mais son application est écartée, par le juge administratif ou judiciaire, dans le litige qui a soulevé cette question de la conventionnalité de la loi. En revanche, la Constitution reste l'acte suprême en droit français (CE, 30 oct. 1998, *Sarran* ; Cour de cass., 2 juin 2000, *Fraisse* ; Cons. const., 20 déc. 2007, *Traité de Lisbonne*). Le Conseil constitutionnel ne contrôle pas la conventionnalité des lois, mais peut être saisi, sur le fondement de l'art. 54 C, du contrôle de la constitutionnalité du traité : si le juge constitutionnel considère qu'une clause du traité est inconstitutionnelle, l'autorisation de ratifier ou d'approuver le traité ne peut pas intervenir sans la révision préalable de la Constitution, ce qui permettra au pouvoir constituant dérivé d'accepter ou de refuser une évolution de la Constitution.

Il faut noter qu'en matière de droits et libertés, le Conseil constitutionnel prend soin de consacrer, en droit constitutionnel français, un équivalent de la très protectrice Convention de sauvegarde des droits de l'homme et des libertés fondamentales (Conv. EDH), traité international conclu dans le cadre du Conseil de l'Europe (*cf.* thème 3).

- D'autre part, la Constitution doit être **rigide**, c'est-à-dire qu'elle ne peut être révisée que par le biais de l'adoption de **lois constitutionnelles**, distinctes des **lois ordinaires** sur deux points : un organe spécial, représentant le peuple, les adopte (le **pouvoir constituant dérivé**) ; il est différent de l'organe législatif qui adopte les lois ordinaires ; en outre, les lois constitutionnelles sont adoptées au terme d'une **procédure spéciale, plus complexe** que celle qui permet d'adopter une loi ordinaire. Une Constitution **souple** à l'inverse, qui peut être modifiée par l'adoption d'une loi ordinaire, ne bénéficie pas d'une protection particulière. Aujourd'hui, la majorité des Constitutions est rigide. La Constitution du Royaume-Uni, du fait de son caractère non écrit, est nécessairement souple, si bien qu'aucune distinction n'est faite entre les lois (ordinaires) et les lois constitutionnelles. Inversement toute Constitution écrite n'est pas forcément rigide, encore faut-il en effet qu'elle prévoie une procédure de révision assez complexe.

Le pouvoir constituant dérivé, compétent pour réviser la Constitution, est le plus souvent le Parlement, mais il doit respecter des règles de majorité qualifiée pour adopter la révision, afin que la modification de la norme fondamentale de l'État soit le résultat d'un certain consensus dépassant le clivage politique entre la majorité et l'opposition du moment. Une assemblée spéciale peut être élue pour procéder à la révision et parfois, le peuple peut être appelé à ratifier définitivement la modification par la voie du référendum. Cependant, l'initiative de la révision appartient rarement au peuple : elle est plus souvent partagée entre l'Exécutif et le Parlement, sachant qu'en vertu du fait majoritaire, en pratique, l'Exécutif porte la plupart du temps le projet qu'il rédige et qu'il soumet à la délibération des représentants du peuple.

Le pouvoir constituant dérivé peut être limité afin d'empêcher les révisions à certaines périodes troublées ou instables (crise politique, vacance du pouvoir, guerre). Parfois, les Constitutions empêchent aussi de réviser certains articles en raison de leur contenu (par ex. les dispositions qui protègent les droits fondamentaux). Ces limites n'ont toutefois de sens que si le pouvoir constituant dérivé est contrôlé, et qu'une « **supraconstitutionnalité** » est ainsi reconnue. Cela suppose autrement dit un contrôle des lois constitutionnelles par le juge constitutionnel. Cette question soulève alors celle de la place accordée au juge constitutionnel : un tel organe, institué par le souverain, est-il légitime pour contrôler le pouvoir constituant dérivé, souverain ? Le juge constitutionnel ne prend-il pas alors la place du souverain, ou en tout cas ne s'octroie-t-il pas un pouvoir politique qu'il n'a pas (risque d'un gouvernement des juges) ? En France, le Conseil constitutionnel refuse de contrôler les lois constitutionnelles (Cons. const., n° 2003-469 DC, 26 mars 2003) et laisse ainsi sans effets juridiques les limites posées à l'art. 89 C en préservant la souveraineté du pouvoir constituant dérivé (*cf. infra*).

Le caractère rigide de la Constitution évite des révisions trop fréquentes du texte de nature à remettre en cause la volonté du pouvoir constituant originaire et à attenter à la cohérence de la Constitution. La possibilité de réviser la Constitution reste néanmoins indispensable pour permettre des adaptations du texte en fonction de l'évolution de la société. Mais l'équilibre entre rigidité et souplesse est souvent délicat à trouver.

Constitution matérielle et formelle

Dans un sens matériel, peut être considérée comme faisant partie de la Constitution toute règle relative au pouvoir politique (l'attribution du pouvoir et son exercice).

Dans un sens formel, ne peuvent être considérées comme faisant partie de la Constitution que les règles adoptées et modifiées selon une procédure spéciale.

Dans une démocratie, deux acceptions – matérielle et formelle – de la Constitution se combinent, étant entendu que la conception matérielle doit en outre inclure une définition politique de la Constitution. En effet, la suprématie de la Constitution implique d'en adopter une définition formelle qui consiste à considérer qu'une règle constitutionnelle doit être élaborée et modifiée seulement en vertu de procédures spéciales, plus complexes que la procédure législative. Mais cette conception formelle doit être complétée par une dimension matérielle, consistant à considérer non seulement que doivent faire partie de la Constitution les règles relatives au pouvoir politique (au moins les plus importantes), mais également que ces règles assurent une séparation des pouvoirs, afin de préserver les droits et libertés fondamentaux, dont la consécration se trouve également dans la Constitution.

Autrement dit, une conception purement formelle de la Constitution ne garantit pas son caractère démocratique si cette Constitution ne contient pas de droits et libertés ou donne aux gouvernants un pouvoir absolu (*cf. infra* les Constitutions napoléoniennes en France). De même, une conception matérielle de la Constitution qui n'inclut pas une dimension politique ne garantit pas non plus une démocratie.

Au final, la Constitution est un acte fondateur, marquant la création d'un État ou l'avènement d'un nouveau régime politique dans un État voulant symboliser une rupture avec les précédents régimes, et s'inscrire dans le respect de la démocratie libérale. Cependant, elle est une garantie fragile de la démocratie : elle n'est qu'un texte, qui plus est général et qui doit être précisé et interprété par les gouvernants, par les juges, par d'autres règles écrites (lois organiques, règlements des assemblées, lois ordinaires…) et non écrites (coutumes, pratiques…).

2. Illustrations : caractéristiques de quelques Constitutions étrangères

A. Royaume-Uni

Il n'existe pas de Constitution au sens formel, aucun texte n'étant protégé par une procédure spéciale, différente de celle qui permet l'adoption des lois ordinaires. La plupart des règles relatives au pouvoir politique est d'ailleurs non écrite. Quelques lois, formant une Constitution au sens **matériel**, contiennent les règles considérées comme les plus importantes concernant l'affirmation des droits et libertés fondamentaux ainsi que l'organisation des organes politiques. Cependant, tous ces textes ont **valeur de simples lois ordinaires** et peuvent donc être modifiés ou abrogés par l'adoption d'une autre loi ordinaire par le

Parlement; aucun contrôle de constitutionnalité n'assure leur suprématie dans la hiérarchie des normes en permettant d'invalider les normes qui ne seraient pas conformes à ces textes. Politiquement, cette souplesse ne signifie pas que les modifications sont forcément faciles à mener.

Principaux textes relatifs aux droits et libertés:

– Grande Charte de Jean Sans Terre de 1215 (ou ***Magna Carta***)

Par ce texte, les nobles obligent le roi à accepter une liste de leurs privilèges, et ce faisant, imposent une limitation du pouvoir royal; ce texte est à l'origine du régime représentatif et parlementaire. Il contient aussi des garanties individuelles comme l'interdiction des arrestations arbitraires.

– La **Pétition des Droits** de 1628

Rédigée par le Parlement, elle met en avant ses pouvoirs qui bornent les prérogatives du roi; elle réaffirme également les libertés déjà consacrées.

– L'***Habeas Corpus*** de 1679

Ce texte consacre la liberté individuelle par une procédure permettant d'éviter les arrestations arbitraires.

– Le ***Bill of Rights*** de 1689

Il réaffirme les pouvoirs du Parlement et les affermit.

– Le ***Human Rights Act*** de 1998

Il introduit dans le droit britannique la Conv. EDH.

Principaux textes relatifs aux organes politiques:

– Les ***Parliament Acts*** de 1911 et 1949

La loi de 1911, modifiée en 1949, définit les pouvoirs des deux chambres du Parlement et leurs relations ainsi que le régime des sessions.

– Le ***Fixed-Term Parliaments Act*** de 2011

Cette loi concerne la dissolution de la chambre basse.

B. Allemagne

La Loi fondamentale allemande adoptée en 1949 montre, dans le contexte de rejet du nazisme, le fort attachement à la consécration des droits et libertés qui font l'objet d'un long premier titre (une vingtaine d'articles).

Le texte de la Constitution est lui-même plutôt long (plus de 140 articles).

La Loi fondamentale prévoit une procédure de révision constitutionnelle qui suppose une adoption par le Parlement, selon une majorité qualifiée dans chacune des deux chambres (art. 79 al. 2). La Constitution peut donc être considérée comme rigide. Cependant, cette procédure spéciale reste faiblement contraignante et n'empêche pas de nombreuses révisions du texte (une soixantaine depuis 1949).

Art. 79 C : « Modifications de la Loi fondamentale

(1) La Loi fondamentale ne peut être modifiée que par une loi qui en modifie ou en complète expressément le texte. En ce qui concerne les traités internationaux ayant pour objet un règlement de paix, la préparation d'un règlement de paix ou l'abolition d'un régime d'occupation, ou qui sont destinés à servir la défense de la République fédérale, il suffit, pour préciser que les dispositions de la Loi fondamentale ne font pas obstacle à la conclusion et à la mise en vigueur des traités, de compléter le texte de la Loi fondamentale en se limitant à cette précision.

(2) Une telle loi doit être approuvée par les deux tiers des membres du Bundestag et les deux tiers des voix du Bundesrat.

(3) Toute modification de la présente Loi fondamentale qui toucherait à l'organisation de la Fédération en Länder, au principe de la participation des Länder à la législation ou aux principes énoncés aux articles 1 et 20, est interdite ».

*L'alinéa 3 interdit de procéder à certaines modifications de la Constitution : une révision de la Constitution ne pourrait remettre en cause l'organisation fédérale de l'*État *; une révision ne pourrait remettre en cause la dignité de l'être humain et, par conséquent, l'obligation pour l'ensemble des pouvoirs publics de respecter les droits fondamentaux du titre I (art. 1 C) ; enfin aucune révision ne pourrait remettre en cause les principes fondamentaux de l'État consacrés dans l'art. 20 C (démocratie, souveraineté du peuple, respect du principe de légalité). Par conséquent, le pouvoir constituant est limité et les principes constitutionnels sont hiérarchisés.*

La Cour constitutionnelle fédérale accepte de contrôler la conformité des lois de révision de la Constitution à l'art. 79 al. 3 même si elle n'a jamais annulé de loi constitutionnelle sur ce fondement, laissant en suspens la théorie de la supraconstitutionnalité.

L'art. 20 al. 3 soumet la loi à la Constitution et l'art. 93 institue la **Cour constitutionnelle fédérale** qui, par le biais du contrôle de constitutionnalité des lois, assure l'affectivité du principe de primauté de la Constitution.

Art. 20 al. 3 C: « Le pouvoir législatif est lié par l'ordre constitutionnel, les pouvoirs exécutif et judiciaire sont liés par la loi et le droit ».

Art. 93 C: « Compétences de la Cour constitutionnelle fédérale

(1) La Cour constitutionnelle fédérale statue :

(...) 2. en cas de divergence d'opinion ou de doutes sur la compatibilité formelle et matérielle, soit du droit fédéral ou du droit d'un Land avec la présente Loi fondamentale, soit du droit d'un Land avec toute autre règle du droit fédéral, sur demande du Gouvernement fédéral, d'un Gouvernement de Land, ou d'un quart des membres du Bundestag ; (...) ».

C. États-Unis

La Constitution américaine de 1787, rédigée par la Convention de Philadelphie (réunissant les représentants élus des Parlements de douze des treize États proclamés indépendants), est l'une des premières Constitutions écrites, au sens moderne ; elle prévoit une séparation des pouvoirs et consacre les droits fondamentaux dans ses amendements, en particulier dans les dix premiers ratifiés en 1791, qui sont considérés comme la Déclaration des droits américaine.

Il s'agit d'un texte bref qui, par suite, est largement façonné par la pratique et par les interprétations qu'en fait la Cour suprême.

La Constitution américaine peut être révisée par le biais d'amendements dont l'adoption se fait au terme d'une procédure spéciale, témoignant de la rigidité du texte.

L'initiative d'une révision appartient exclusivement au pouvoir législatif, soit aux deux chambres du Parlement fédéral (le Congrès) à la majorité qualifiée dans chaque chambre, soit à la majorité qualifiée des Parlements des États fédérés (les législatures) qui peuvent ainsi demander au Congrès de réunir une assemblée spéciale (Convention) pour rédiger une proposition de modification de la Constitution. En pratique, l'initiative est toujours revenue au Congrès.

Pour entrer en vigueur, les révisions doivent être ratifiées par une majorité qualifiée des Parlements des États fédérés (c'est en pratique la voie presque toujours choisie) ou des assemblées spécialement désignées dans ce but dans les États fédérés (les Conventions). Depuis 1917 (dix-huitième amendement), les ratifications doivent avoir lieu dans les sept ans au plus tard à compter de la transmission du projet de révision aux États, afin d'éviter que les modifications proposées par le Congrès entrent en vigueur tardivement.

Les majorités très renforcées qui sont exigées durant le processus donnent une forte rigidité à la Constitution et expliquent le faible nombre de révisions (vingt-sept amendements).

Art. V C: « Le Congrès, quand les deux tiers des deux Chambres l'estimeront nécessaire, proposera des amendements à la présente Constitution ou, sur la demande des législatures des deux tiers des États, convoquera une convention pour en proposer; dans l'un et l'autre cas, ces amendements seront valides à tous égards comme faisant partie intégrante de la présente Constitution, lorsqu'ils auront été ratifiés par les législatures des trois quarts des États, ou par des conventions dans les trois quarts d'entre eux, selon que l'un ou l'autre mode de ratification aura été proposé par le Congrès…».

La Cour suprême américaine, instituée par l'art. III C, s'est rapidement reconnue le droit d'écarter l'application d'une loi contraire à la Constitution (arrêt *Marbury vs Madison* de 1803, *cf.* thème 11).

D. Suisse

Si la Constitution fédérale suisse adoptée en 1999 consacre des droits et libertés fondamentaux (titre II, ch. 1) et une séparation des pouvoirs, elle apparaît peu rigide.

Art. 192 C: « 1. La Constitution peut être révisée en tout temps, totalement ou partiellement.

2. Lorsque la Constitution et la législation qui en découle n'en disposent pas autrement, la révision se fait selon la procédure législative ».

La formulation de cette disposition dénote immédiatement la facilité avec laquelle les modifications sont possibles, la révision étant en principe votée selon la procédure législative ordinaire. Cela montre que toute Constitution écrite n'est pas forcément rigide.

Art. 193 C: « 1. La révision totale de la Constitution peut être proposée par le peuple ou par l'un des deux conseils, ou décrétée par l'Assemblée fédérale.

2. Si l'initiative émane du peuple ou en cas de désaccord entre les deux conseils, le peuple décide si la révision totale doit être entreprise.

3. Si le peuple accepte le principe d'une révision totale, les deux conseils sont renouvelés.

4. Les règles impératives du droit international ne doivent pas être violées ».

Art. 194 C : « 1. Une révision partielle de la Constitution peut être demandée par le peuple ou décrétée par l'Assemblée fédérale.

2. Toute révision partielle doit respecter le principe de l'unité de la matière ; elle ne doit pas violer les règles impératives du droit international.

3. Toute initiative populaire tendant à la révision partielle de la Constitution doit en outre respecter le principe de l'unité de la forme ».

Art. 195 C : « La Constitution révisée totalement ou partiellement entre en vigueur dès que le peuple et les cantons l'ont acceptée ».

Par rapport à la procédure législative ordinaire, la procédure de révision contient deux spécificités, l'initiative et la ratification de la révision, le vote se faisant en revanche selon la procédure législative ordinaire.

Concernant l'initiative et ses conséquences, la Constitution distingue selon que la révision porte sur une partie du texte ou sur l'ensemble du texte (ce qui conduit en réalité à l'adoption d'une nouvelle Constitution). Dans ce dernier cas notamment, l'initiative populaire doit nécessairement être confirmée par le peuple par référendum (cf. thème 1) et lorsque le peuple se prononce en faveur d'une nouvelle Constitution, les chambres sont dissoutes.

Les révisions n'entrent en vigueur qu'après avoir été approuvées par le peuple (au référendum) et les Cantons (les États fédérés).

Déjà du fait de la relative simplicité de la procédure de révision constitutionnelle, le texte initial de 1874 avait été modifié à plus de cent quarante reprises et a nécessité une révision totale en 1999 afin de lui rendre sa cohérence. Les révisions restent fréquentes.

La Constitution suisse ne prévoit aucun mécanisme de contrôle de constitutionnalité des lois fédérales permettant de sanctionner l'inconstitutionnalité de ces normes. Le Tribunal fédéral est déclaré expressément incompétent pour écarter l'application d'une loi qu'il estimerait inconstitutionnelle (art. 190 C). En pratique, le Tribunal qui se trouve face à une loi inconstitutionnelle recherche une interprétation de la loi conforme à la Constitution ; il peut également proposer au Parlement de modifier une telle loi ; enfin, si la loi inconstitutionnelle est également inconventionnelle, le juge peut alors l'écarter, les traités étant supérieurs aux lois nationales.

Art. 190 C : « Le Tribunal fédéral et les autres autorités sont tenus d'appliquer les lois fédérales et le droit international ».

E. Espagne

La Constitution espagnole est récente (1978) ; elle abandonne le régime non démocratique franquiste et instaure un régime de séparation des pouvoirs accompagné de la consécration d'une longue liste des droits et libertés (titre préliminaire et titre I).

La procédure spéciale de révision constitutionnelle fait apparaître clairement que la Constitution est rigide.

L'initiative de la révision appartient aux mêmes autorités qu'en matière législative (sauf au peuple, art. 166 C), en revanche, la procédure d'adoption de la révision s'avère suffisamment complexe pour éviter les trop nombreuses révisions : chaque chambre doit l'adopter à la majorité qualifiée ; une minorité de parlementaires peut demander ensuite la ratification de la révision par le peuple directement (art. 167 C). La modification de dispositions constitutionnelles relatives aux droits et libertés les plus fondamentaux ainsi que la révision de l'intégralité du texte supposent une procédure encore plus rigoureuse (art. 168 C : majorité qualifiée pour approuver le principe de la révision, puis dissolution des chambres, comme en Suisse, qui dénote la gravité d'une telle entreprise, puis adoption par les chambres à la majorité qualifiée et référendum de ratification obligatoire).

Art. 167 C : « 1. Les projets de réforme de la Constitution doivent être adoptés à la majorité des trois cinquièmes dans chaque chambre. À défaut d'accord entre les deux chambres, on tentera d'y parvenir par la création d'une commission paritaire de députés et de sénateurs, qui présentera un texte au vote du Congrès et du Sénat.

2. Si le texte n'est pas approuvé selon la procédure décrite au paragraphe précédent, et à condition que le texte ait obtenu un vote favorable du Sénat à la majorité absolue, le Congrès peut approuver la révision à la majorité des deux tiers.

3. La révision approuvée par les Cortès générales est soumise à ratification par référendum, à la demande du dixième des membres de l'une des deux chambres, présentée dans les quinze jours suivant son adoption ».

Art. 168 C : « 1. Si on propose la révision totale de la Constitution ou une révision partielle qui affecte le titre préliminaire, le chapitre second, section première, du titre premier ou le titre II, on procédera à l'approbation du principe de la révision à la majorité des deux tiers de chaque chambre, et à la dissolution immédiate des Cortès.

2. Les chambres élues devront ratifier la décision et procéder à l'étude du nouveau texte de la Constitution, qui devra être adopté à la majorité des deux tiers des deux chambres.

3. La révision approuvée par les Cortès générales, sera soumise à ratification par référendum ».

La Cour constitutionnelle peut annuler une loi inconstitutionnelle (Art. 161 C), protégeant ainsi la primauté de la Constitution.

3. La Constitution en France

A. Les Constitutions dans l'histoire constitutionnelle française

La notion de Constitution au sens moderne apparaît en France à la Révolution. Elle manifeste le rejet de l'Ancien Régime dans lequel le roi tirait son pouvoir de Dieu et de la tradition. Tout au plus, les Lois fondamentales du royaume (à partir du XVIe siècle) organisent en partie le pouvoir par ex. concernant la succession au trône ou l'indisponibilité de la Couronne. Toutefois, ces règles coutumières, vagues, ne limitent pas le pouvoir et n'ont pas pour objet la garantie des droits des individus. Au contraire, en 1789, la Constitution est considérée comme un texte devant être élaboré non par le roi mais par la nation souveraine, qui devient le fondement du pouvoir des gouvernés, et l'organise de façon à ce qu'il préserve les droits et libertés, ainsi que l'exprime l'art. 16 de la DDHC du 26 août 1789.

Art. 16 DDHC

« Toute Société dans laquelle la garantie des Droits n'est pas assurée, ni la séparation des Pouvoirs déterminée, n'a point de Constitution ».

Cependant, si de 1789 à 1958, les régimes successifs ont été organisés par l'adoption de Constitutions écrites, celles-ci n'ont pas toujours correspondu à des régimes démocratiques.

Ainsi, le rôle du peuple au moment de l'élaboration des Constitutions a parfois été complètement omis ou très réduit : la **Constitution du 22 frimaire an VIII (13 déc. 1799, Consulat)** a été élaborée par l'Exécutif, et si le peuple a été appelé à la ratifier, c'était par la voie d'un plébiscite (*cf.* thème 1). Il en a été de même pour la **Constitution du 18 mai 1804 (Ier Empire)** puis celle du **14 janv. 1852 (Second Empire)**. La **Charte du 4 juin 1814 (Restauration)** est dite octroyée, autrement dit, imposée au peuple par Louis XVIII. Si la **Charte du 14 août**

1830 (monarchie de Juillet) est pour sa part consentie en ce sens qu'elle est votée par les représentants du peuple (le Parlement), le suffrage restreint atténue le caractère démocratique de l'élaboration de ce texte.

À l'inverse, les autres Constitutions adoptées durant cette période l'ont été de manière plus démocratique, une Assemblée législative élue par le peuple devenant constituante le temps d'élaborer le texte (encore que le suffrage restreint atténue ce caractère). En 1791, l'Assemblée législative émanant des états généraux (élue au suffrage censitaire néanmoins) s'est proclamée constituante et a rédigé la **Constitution des 3-4 septembre 1791.** La Convention nationale (élue au suffrage universel masculin) a rédigé la **Constitution de l'An I (Ire République, 24 juin 1793)** restée toutefois inappliquée, puis la **Constitution du 5 fructidor An III (22 août 1795, Directoire)**. L'Assemblée constituante élue le 23 avr. 1848 (au suffrage universel masculin) a élaboré la **Constitution du 4 nov. 1848 (IIe République)**. Les **lois constitutionnelles des 24-25 févr. et 16 juill. 1875** ont été rédigées par l'Assemblée nationale élue le 8 févr. 1871 (au suffrage universel masculin) qui s'est déclarée constituante. L'Assemblée constituante élue le 2 juin 1946 (au suffrage universel) a élaboré **la Constitution du 27 oct. 1946 (IVe République)**.

Le texte rédigé par l'Assemblée constituante a en outre été validé par le peuple directement par **référendum** en 1793, 1795 et 1946, procédé qui accentue le caractère démocratique du processus constitutionnel, puisque l'Assemblée constituante n'est alors pas souveraine. Ainsi, suite au rejet par référendum du projet de Constitution d'avril 1946 élaboré par l'Assemblée constituante élue le 21 oct. 1945, une seconde Assemblée constituante a été élue (le 2 juin 1946) et son projet de Constitution a été ratifié par référendum le 27 octobre.

En 1789, il est admis que le pouvoir, qui ne doit pas être concentré entre de mêmes mains, doit préserver les droits et libertés, raison pour laquelle, l'Assemblée nationale constituante, avant de rédiger la Constitution, entreprend d'élaborer une Déclaration des droits, prenant modèle sur la Déclaration d'indépendance américaine et la Déclaration des droits de l'État de Virginie. Cette DDHC du 26 août a été placée en tête de la première Constitution (1791), contenant elle-même, dans son premier titre, une consécration des droits de l'homme. À partir de cette date, les Constitutions répondent à la **définition politique** car elles affirment presque toutes l'attachement aux droits de l'homme, par une Déclaration des droits et/ou des dispositions relatives aux droits et libertés dans le corps du texte, et instaurent une séparation des pouvoirs. Ainsi, la Constitution de 1793, qui organise une séparation des pouvoirs, est précédée d'une Déclaration des droits et contient un art. 122 consacré aux droits fondamentaux. La Constitution de 1795 est précédée d'une Déclaration des droits et des devoirs, puis, dans son titre XIV, consacre les droits essentiels. Les deux Chartes constitutionnelles de 1814 et 1830 organisent un début de partage du pouvoir et contiennent des références aux droits de l'homme qui s'inspirent de ceux de 1789. La Constitution de 1848, qui assure une séparation des pouvoirs, est précédée d'un préambule qui réaffirme les droits de l'homme et son chapitre II est consacré aux « droits des citoyens garantis par la Constitution ». La Constitution de 1946, qui confirme la séparation des pouvoirs, réaffirme la DDHC de 1789 et ajoute des droits dans son préambule.

Cependant, ces proclamations ne correspondent pas toujours à une garantie effective des droits. La Constitution de l'An VIII fait référence aux droits des citoyens et à la nécessité pour le pouvoir de les protéger mais la confusion des pouvoirs qu'elle organise réduit à néant toute idée de protection effective des droits ; il en est de même du Second Empire, alors même que l'art. 1 de la Constitution de 1852 rappelle les principes de 1789.

Inversement, les lois constitutionnelles de 1875, qui instaurent une séparation des pouvoirs, ne contiennent pas de consécration des droits de l'homme, mais la loi ordinaire a assuré une protection effective des droits fondamentaux (*cf.* thème 3).

Toutes les Constitutions sont **rigides** (à l'exception des Chartes de 1814 et 1830, lois ordinaires), à des degrés différents. La procédure prévue par la Constitution de 1791 est extrêmement complexe (titre VII) : dans les grandes lignes, elle suppose une initiative de l'Assemblée sous la forme d'un vœu réitéré durant trois législatures consécutives ; une Assemblée spécialement élue procède à la révision. La procédure décrite par la Constitution de 1795 (art. 336 et s.) s'inscrit dans la même veine : la proposition revient aux chambres, le Conseil des Anciens propose et le Conseil des Cinq-Cents doit valider, puis, la révision est élaborée par une Assemblée spéciale mais qui ne peut être réunie que si la proposition de révision est réitérée trois fois à trois ans d'intervalle ; enfin, le peuple doit ratifier la révision. De même dans la Constitution de 1848 (art. 111), l'initiative appartient à l'Assemblée nationale dans la dernière année de la législature, mais ce vœu devient résolution seulement après trois délibérations consécutives votées à un mois d'intervalle, à la majorité des trois quarts des suffrages exprimés et à condition que cinq cents membres aient voté ; puis une Assemblée de révision devra adopter la modification en trois mois. La difficulté de réviser ces Constitutions tendait à montrer le caractère quasi intangible de ces textes destinés à durer, alors que, paradoxalement, ces Constitution ne se sont pas appliquées longtemps. La Constitution de 1946 (art. 90) pouvait être révisée à l'initiative de la majorité absolue des membres de l'Assemblée nationale lors de deux lectures en principe, puis le projet devait être discuté et voté par le Parlement et ratifié par référendum sauf si les chambres l'adoptaient en 2e lecture à une majorité des 2/3 ou 3/5e.

En revanche, la procédure prévue par la Constitution de 1875 est beaucoup moins contraignante (art. 8 de la loi constitutionnelle du 25 févr.) : l'initiative revient aux chambres (par délibérations votées à la majorité absolue des suffrages exprimés) ou au président de la République ; puis, l'Assemblée nationale (les deux chambres réunies) vote la révision à la majorité absolue de ses membres. Malgré sa rigidité toute relative, cette Constitution s'est appliquée soixante-cinq ans et a été très peu modifiée.

En tout état de cause, la primauté du texte constitutionnel n'est pas assurée jusqu'en 1958 en **l'absence de contrôle des lois** par rapport à la Constitution (*cf.* thème 11). Alors même que la Constitution de 1791 énonce dans son titre I que « le Pouvoir législatif ne pourra faire aucunes lois qui portent atteinte et mettent obstacle à l'exercice des droits naturels et civils consignés dans le présent titre, et garantis par la Constitution », elle ne contient aucun moyen de contrôler la loi, dont il est dit par ailleurs qu'il n'est point d'autorité supérieure à la sienne (titre III, ch. II, sect. 1, art. 3). En réalité, la primauté de la loi règne jusqu'en 1958.

La succession des Constitutions et les périodes transitoires de 1789 à 1946

Les diverses Constitutions qui se sont succédées parfois rapidement entre 1789 et 1946 résultent d'évènements historiques et ne traduisent pas un progrès continu de la démocratie libérale ; les idéaux démocratiques proclamés à la Révolution n'étaient pas des acquis, plusieurs retours en arrière ont été observés ensuite. Entre l'application de ces Constitutions, et jusqu'en 1875 surtout, la France a connu de nombreuses situations provisoires lors desquelles les institutions étaient instables et la démocratie fragile. Puis, entre les IIIe et IVe Républiques, le régime de Vichy a montré que la Constitution n'est pas une garantie suffisante pour maintenir la démocratie.

– La Constitution de septembre 1791 (pourtant longue et rigide) s'est appliquée environ un an seulement : l'opposition entre le roi et l'Assemblée a conduit cette dernière à suspendre le roi le 10 août 1792. Débute une période où l'Assemblée, seule détentrice du pouvoir (un comité exécutif provisoire existe mais il lui est soumis), mène une **dictature** (le 21 sept. 1792, la royauté est abolie, la Ire République débute) ; la Convention nationale est élue en septembre 1792 pour rédiger une nouvelle Constitution, mais le texte met du temps à être adopté (après le rejet du projet girondin de février 1793, la Constitution montagnarde du 24 juin 1793 – Constitution de la Ire République – est votée et approuvée par référendum, mais ne s'applique pas en raison de la situation de guerre et l'Assemblée continue de gouverner seule, bien que le comité de salut public, organe exécutif qu'elle crée en avril 1793, acquiert un pouvoir tyrannique : la **Terreur** prend fin en juillet 1794 avec l'exécution de Robespierre par la Convention qui reprend le pouvoir et discute d'une nouvelle Constitution qu'elle adopte le 22 août 1795.

– La Constitution de 1795 (très longue et très rigide) ne s'applique qu'un peu plus de quatre ans : dans un contexte d'opposition entre les chambres et le Directoire, l'un des membres de ce dernier (Napoléon Bonaparte) en profite pour organiser un **coup d'État** : le 18 brumaire an VIII (nov. 1799) marque la fin de la Ire République. Un régime provisoire se met en place, les chambres dissoutes, les trois consuls provisoires (Bonaparte, Sieyès et Ducos) élaborent la Constitution de déc. 1799 instaurant une **dictature** de l'Exécutif cette fois, qui se durcit au fil des modifications apportées au texte : le Consulat devient Consulat à vie au profit de Napoléon Bonaparte (Constitution du 4 août 1802), puis Ier Empire (Constitution du 18 mai 1804). La défaite militaire de Napoléon 1er le conduit à **abdiquer** (avril 1814), laissant place à un retour difficile à la monarchie (elle est restaurée par la Charte de juin 1814) : Napoléon Bonaparte tente de revenir au pouvoir et établit **l'Acte additionnel aux Constitutions de l'Empire (22 avr. 1815)**, mais le 22 juin, il **abdique** de nouveau suite à la défaite de Waterloo le 18. Louis XVIII, qui avait fui la France, revient en juillet et remet en vigueur la Charte de 1814 qui s'applique durant seize ans, jusqu'à ce que Charles X tente de mettre un terme à la logique du régime parlementaire naissant en prononçant la dissolution de la chambre qui avait élu une majorité opposée à ses ministres, provoquant la **révolution de juillet 1830**. La Charte de 1814 est modifiée en 1830 et s'applique dix-huit ans. Le régime apparaît cependant trop peu démocratique pour le peuple et la **révolution de 1848** y met fin.

– La Constitution de 1848 ne dure que trois ans toutefois : l'opposition entre l'Assemblée et le Président a facilité le **coup d'État** de ce dernier, Louis-Napoléon Bonaparte, le 2 déc. 1851. Le Second Empire évolue toutefois vers plus de libéralisme dans les années 1860 et une **révision de la Constitution de 1852 est réalisée en mai 1870** pour faire de ce régime un régime parlementaire. Cependant, au même moment, la guerre met fin au Second Empire, l'Empereur **capitule** à Sedan et la République est proclamée le 4 septembre 1870. Les institutions de ce nouveau régime ne sont toutefois établies qu'en 1875 : durant cette période transitoire, un régime d'assemblée s'installe, contrariant de nouveau la séparation des pouvoirs et la démocratie. Le **Gouvernement de la défense nationale** qui se crée dans les faits en 1870 (composé notamment de Jules Ferry, Jules Simon, Jules Favre et Léon Gambetta, républicains) organise des élections législatives (en février 1871), mais **l'Assemblée élue gouverne seule** jusqu'à l'adoption des lois constitutionnelles de 1875. Les monarchistes majoritaires dans cette assemblée sont toutefois divisés entre les orléanistes, favorables à un retour à une monarchie tempérée comme celle instaurée par la Charte de 1830 et les légitimistes, favorables à un retour à la charte de 1814. En attendant une réconciliation, que la mort du Comte de Chambord (légitimiste prétendant au trône), sans enfant, devait permettre, l'Assemblée ne se hâte pas de préparer une nouvelle Constitution : elle organise les pouvoirs par des lois provisoires, qui, **matériellement**, s'apparentent à des lois constitutionnelles puisqu'elles organisent l'attribution et l'exercice du pouvoir. Ainsi, l'Assemblée vote la **loi du 31 août 1871 (dite Constitution Rivet)** qui donne à A. Thiers (qu'elle avait désigné en février chef de l'Exécutif) le titre de président de la République, placé sous son autorité et responsable devant elle, entouré d'un Gouvernement également responsable devant elle. Face à la personnalité forte de Thiers, l'Assemblée vote la **loi (ou Constitution) de Broglie (13 mars 1873)** qui, pour limiter davantage l'influence de Thiers, entoure la possibilité pour le Président de participer à ses débats de conditions drastiques (procédure surnommée « **cérémonial chinois** » en raison de sa complication extrême). L'Assemblée finit par retirer sa confiance à Thiers qui démissionne. L'Assemblée élit alors le maréchal de Mac Mahon qui reste plus en retrait de la vie politique. Par ailleurs, puisqu'aucune conciliation n'est possible entre les monarchistes, le Comte de Chambord refusant le drapeau tricolore, l'Assemblée vote **la loi du 20 nov. 1873 dite du septennat**, confiant à Mac Mahon le pouvoir exécutif pour 7 ans, durée de vie estimée du Comte de Chambord, en même temps qu'elle engage la discussion d'une Constitution. Dans ce cadre, le 30 janv. 1875 est adopté **l'amendement Wallon** qui fait du septennat personnel de Mac Mahon un septennat impersonnel, et consacre par suite la République. Les trois lois constitutionnelles de 1875 sont alors votées et s'appliquent jusqu'en 1940 : la défaite militaire de la France met fin au régime.

– De 1940 à 1944, les citoyens font face à une dictature particulièrement infâme. Le chef du Gouvernement, Pétain, constatant l'échec des institutions, soumet au vote des parlementaires une loi constitutionnelle consistant à lui transférer le pouvoir constituant afin de rédiger une nouvelle Constitution. Conformément à la procédure de révision de la loi constitutionnelle du 25 févr. 1875, les deux Assemblées votent la **loi constitutionnelle du 10 juill. 1940** (et à une majorité écrasante). La fragilité de la Constitution comme garantie de la démocratie apparaît ici avec éclat. Aucune Constitution nouvelle ne sera adoptée, le régime de Vichy étant fondé sur des actes constitutionnels provisoires. Une partie de la doctrine estime que cette loi du 10 juill. 1940 est un détournement de la Constitution, même si la procédure de révision de la Constitution de 1875 a été respectée. En effet, le constituant, bien que souverain, ne peut vouloir instaurer un régime dictatorial niant de manière absolue les droits et libertés fondamentaux. Quoi qu'il en soit, elle a bien été adoptée et a conduit à un régime de confusion exceptionnelle des pouvoirs.

Toutefois, de Gaulle, suite à son **appel du 18 juin**, est reconnu chef des français libres le 28 juin 1940 par le gouvernement britannique. S'oppose ainsi, à la légalité (ou la régularité) du régime de Vichy, la légitimité du gouvernement parallèle que forme de Gaulle à Londres, par le biais du comité national français (nov. 1941), puis en 1943 du comité français de libération nationale. Par l'ordonnance du 21 avr. 1944 portant organisation des pouvoirs publics en France après la Libération, le comité devient le **Gouvernement provisoire de la République française** qui, en août 1944, s'installe à Paris et se substitue au régime de Vichy. Créé en dehors de toute procédure constitutionnelle, ce Gouvernement parallèle de fait est fondé sur la volonté de restaurer la démocratie et en ce sens, apparaît légitime. Très rapidement, de Gaulle propose au peuple par référendum (21 oct. 1945) la création d'institutions provisoires d'abord puis l'élaboration d'une nouvelle Constitution. La loi constitutionnelle du 2 nov. 1945 remplace le Gouvernement provisoire et met en place pour sept mois, le temps de préparer la nouvelle Constitution, un régime parlementaire provisoire.

B. La Constitution du 4 octobre 1958

La Constitution de la Ve République promulguée le 4 oct. 1958 a été **élaborée par l'Exécutif** en raison des circonstances particulières ayant conduit à la chute de la IVe République au profit d'un nouveau régime. Le régime mis en place en 1946 devient en pratique instable et fragile, à tel point qu'il ne parvient pas à résoudre la crise liée à la décolonisation, et en particulier, la guerre d'Algérie. Le 13 mai 1958, alors que le Gouvernement Pierre Pflimlin est investi, des émeutes éclatent à Alger et s'intensifient tant qu'un coup d'État est redouté en France. P. Pflimlin démissionne le 28 mai et le président de la République René Coty presse l'Assemblée nationale d'investir de Gaulle, « le plus illustre des français », en menaçant de démissionner si elle refuse. Se présentant devant la Chambre avant le vote d'investiture, de Gaulle annonce qu'il demandera les pleins pouvoirs afin de rédiger une nouvelle Constitution. Le 1er juin, l'Assemblée investit de Gaulle et le 3 juin, le Parlement vote une loi constitutionnelle pour réviser l'art. 90 de la Constitution de 1946 relatif à la procédure de révision de ladite Constitution, par laquelle il transfère son pouvoir constituant (originaire en réalité puisqu'il s'agit de réviser l'intégralité de la Constitution, et par conséquent, d'en établir une nouvelle) au Gouvernement de Gaulle, tout en l'encadrant. Dans le respect de ce texte, le Gouvernement de Gaulle rédige une nouvelle Constitution.

Loi constitutionnelle du 3 juin 1958

Art. unique : « Par dérogation aux dispositions de son article 90, la Constitution sera révisée par le Gouvernement investi le 1er juin 1958 et ce, dans les formes suivantes :

Le Gouvernement de la République établit un projet de loi constitutionnelle mettant en œuvre les principes ci-après :

1° Seul le suffrage universel est la source du pouvoir. C'est du suffrage universel ou des instances élues par lui que dérivent le pouvoir législatif et le pouvoir exécutif ;

2° Le pouvoir exécutif et le pouvoir législatif doivent être effectivement séparés de façon que le Gouvernement et le Parlement assument chacun pour sa part et sous sa responsabilité la plénitude de leurs attributions ;

3° Le Gouvernement doit être responsable devant le Parlement ;

4° L'autorité judiciaire doit demeurer indépendante pour être à même d'assurer le respect des libertés essentielles telles qu'elles sont définies par le préambule de la Constitution de 1946 et par la Déclaration des droits de l'homme à laquelle il se réfère ;

5° La Constitution doit permettre d'organiser les rapports de la République avec les peuples qui lui sont associés ».

Ces conditions de fond tendent à éviter que le Gouvernement de Gaulle instaure une dictature puisqu'elles imposent le respect, par la future Constitution, du ***suffrage universel****, de la* ***séparation des pouvoirs, qui doit être effective****, de* ***l'indépendance de la Justice****, condition de la garantie des droits et libertés proclamés par les Déclaration des droits de 1789 et 1946.*

« Pour établir le projet, le Gouvernement recueille l'avis d'un comité consultatif où siègent notamment des membres du Parlement désignés par les commissions compétentes de l'Assemblée nationale et du Conseil de la République. Le nombre des membres du comité consultatif désignés par chacune des commissions est au moins égal au tiers du nombre des membres de ces commissions ; le nombre total des membres du comité consultatif désignés par les commissions est égal aux deux tiers des membres du comité.

Le projet de loi arrêté en Conseil des ministres, après avis du Conseil d'État, est soumis au référendum. La loi constitutionnelle portant révision de la Constitution est promulguée par le président de la République dans les huit jours de son adoption ».

Ces conditions de forme tendent à s'assurer que le projet de nouvelle Constitution du Gouvernement de Gaulle soit ***contrôlé, discuté par les représentants du peuple*** *(présents en majorité dans le comité consultatif devant donner son avis sur le projet), par l'ensemble du Gouvernement (grâce à la* ***délibération en Conseil des ministres****) et par la plus haute juridiction administrative (****le Conseil d'État*** *doit également donner son avis sur le projet).*

Cette nouvelle Constitution doit enfin être approuvée directement par le peuple : sa promulgation et donc son entrée en vigueur sont conditionnées par les résultats du ***référendum****.*

Malgré le procédé *a priori* peu démocratique d'élaboration de la Constitution de 1958, la ratification populaire finale conditionnant l'entrée en vigueur du texte pare son élaboration des vertus démocratiques. Le peuple a finalement exercé son pouvoir constituant originaire par le **référendum constituant du 28 sept.** lors duquel il a approuvé la Constitution à 80 % des suffrages exprimés.

La Constitution fondant la Ve République est un texte **relativement court** (une centaine d'articles) comparé à certaines Constitutions étrangères. Ses dispositions sont donc **complétées par des lois organiques.** En outre, la part de la **pratique** est très grande compte tenu de la généralité des articles et de l'ambiguïté de certaines dispositions (par ex. le rôle d'arbitre du Président indiqué à l'art. 5 C). Ces caractéristiques sont aussi facteurs de **longévité** de cette Constitution qui a dépassé les soixante ans d'application (seule la Constitution de la IIIe République a duré plus longtemps) : le texte s'est adapté à des situations imprévues en 1958 (par ex. la cohabitation) sans que des révisions trop fréquentes aient été nécessaires.

Le texte de 1958 reflète clairement une définition politique de la Constitution. Conformément aux exigences de la loi constitutionnelle du 3 juin 1958, la Constitution de 1958 organise une **séparation des pouvoirs** et consacre les **droits de l'homme** par le bais de son article préambule renvoyant notamment à la DDHC de 1789 et au Préambule de la Constitution de 1946, et le corps même du texte contient quelques droits et libertés (*cf.* aussi thème 3).

La protection de la primauté de cette Constitution dans la hiérarchie des normes est assurée d'une part par un **contrôle de constitutionnalité des lois**, de nature juridictionnelle, réalisé par le Conseil constitutionnel et qui instaure véritablement l'État de droit (*cf.* thèmes 11 et 12). D'autre part, l'art. 89 C décrit une procédure d'adoption des lois constitutionnelles différente et plus complexe que celle qui conduit au vote des lois ordinaires, donnant à la Constitution de 1958 un caractère **rigide**.

La révision de la Constitution de 1958

La Constitution de 1958 consacre son titre XVI, composé du seul art. 89, à la révision.

En pratique, il est arrivé que l'art. 11 (référendum législatif) soit utilisé pour réviser la Constitution.

La procédure normale de révision – Art. 89 C

Al. 1 : « *L'initiative de la révision de la Constitution appartient concurremment au Président de la République sur proposition du Premier ministre et aux membres du Parlement* ».

Étape 1 – L'**initiative** : elle appartient aux pouvoirs publics ; elle est **partagée** entre l'Exécutif (à l'origine de projets de lois constitutionnelles) et les parlementaires (pouvant être à l'origine de propositions de lois constitutionnelles, même si, en pratique, malgré les nombreuses propositions émises, toutes les révisions qui ont abouti étaient à l'origine des projets).

Les projets supposent un accord entre les deux têtes de l'Exécutif. En pratique, dans la logique du fonctionnement de la Ve République (*cf.* thème 7), en période de concordance des majorités, le Président détient réellement l'initiative, le Premier ministre proposant formellement ; en période de cohabitation, le Président ne pourra en revanche pas forcer le Premier ministre.

Al. 2 : « *Le projet ou la proposition de révision doit être examiné dans les conditions de délai fixées au troisième alinéa de l'article 42 et voté par les deux assemblées en termes identiques. La révision est définitive après avoir été approuvée par référendum* ».

Étape 2 – La discussion : l'Assemblée nationale et le Sénat doivent voter le même texte ; ainsi, le bicamérisme fonctionne ici de manière égalitaire : l'Assemblée nationale ne peut avoir le dernier mot et le Sénat a donc le pouvoir de bloquer la réforme. En pratique, le Sénat a ainsi pu empêcher des révisions (par ex., l'instauration d'un contrôle de constitutionnalité des lois par voie d'exception en 1990) ou a profondément modifié certains projets (par ex. la révision de 1993 portant sur le Conseil supérieur de la magistrature).

Étape 3 – L'**adoption**: en principe, le texte voté par le Parlement est ratifié définitivement par le peuple directement par la voie du **référendum.**

Al. 3 « Toutefois, le projet de révision n'est pas présenté au référendum lorsque le président de la République décide de le soumettre au Parlement convoqué en Congrès; dans ce cas, le projet de révision n'est approuvé que s'il réunit la majorité des trois cinquièmes des suffrages exprimés. Le bureau du Congrès est celui de l'Assemblée nationale».

Par exception, sur décision du Président, les projets (uniquement) ne sont pas ratifiés par référendum mais par les représentants du peuple: le Parlement, dont les deux chambres se réunissent à Versailles, prend le nom de **Congrès**, et doit adopter la révision à une **majorité qualifiée**, reflet d'un certain consensus dépassant le clivage entre la majorité et l'opposition.

En pratique, l'exception est devenue la règle, puisque de toutes les révisions fondées sur l'art. 89, seule la révision de 2000 a été approuvée par référendum (*cf.* aussi thème 1).

Al. 4 « Aucune procédure de révision ne peut être engagée ou poursuivie lorsqu'il est porté atteinte à l'intégrité du territoire.

La forme républicaine du Gouvernement ne peut faire l'objet d'une révision ».

Des interdictions de réviser sont prévues en certaines périodes troublées (v. aussi, en vertu de l'art. 7 C en cas de vacance ou d'empêchement du Président).

Si, en outre, la **forme républicaine** du Gouvernement ne peut être révisée, cette formule est vague (doit-on comprendre qu'elle empêche seulement le retour à la monarchie ou prohibe-t-elle également une remise en cause de la démocratie libérale?) et laissée à l'appréciation des organes politiques, le Conseil constitutionnel ayant pour sa part refusé d'opérer un contrôle de constitutionnalité des lois constitutionnelles (Cons. const., n° 2003-469 DC du 26 mars 2003).

La faiblesse de ces limites rend le **pouvoir constituant largement souverain,** et montre en même temps la relative fragilité de la Constitution, et notamment des droits et libertés qu'elle consacre.

La procédure exceptionnelle de révision – Art. 11 C

En **1962**, le Président de Gaulle entreprend une révision de la Constitution sur le fondement de l'art. 11 C relatif au référendum législatif (*cf.* thème 1). Il s'est agi de modifier le mode d'élection du chef de l'État afin qu'il soit élu directement par le peuple, évolution qui a notablement accru la place centrale du Président au sein des institutions, conformément aux souhaits de de Gaulle. Pour éluder l'opposition prévisible du Parlement, dont le rôle est incontournable dans le cadre de la procédure de l'art. 89 C (supposant l'accord des deux chambres, au moins pour adopter le projet de révision), de Gaulle a trouvé la parade de l'art. 11 C qui permet d'écarter le Parlement au profit d'une intervention directe du peuple.

La révision a été opérée avec succès par cette voie en 1962, mais elle a donné lieu à une grande polémique quant à l'éventuel détournement de procédure commis par le Président.

Cependant, même si cette pratique a été reconnue par les chefs d'État suivants comme une coutume (par ex. par le Président Mitterrand en 1988 dans une interview pour la revue *Pouvoirs*), elle reste **attachée à la présidence de Gaulle**, dont le lien avec le peuple était privilégié, et qui engageait sa responsabilité politique à l'occasion des référendums. Cette utilisation particulière de l'art. 11 C ainsi que l'échec de la seconde tentative d'y recourir pour réviser la Constitution en 1969 (le projet de révision portait sur les régions et le Sénat, et ce dernier l'aurait assurément rejeté), qui s'est soldé par la démission de de Gaulle, laissent penser que cette procédure parallèle ne sera plus utilisée.

Les vingt-quatre révisions constitutionnelles depuis 1958

Procédure suivie :

- Vingt-deux révisions réalisées sur le fondement de l'art. 89 C dont une qui a été définitivement approuvée par la voie du référendum (révision du 2 oct. 2000).
- Une révision menée sur le fondement de l'art. 11 C (révision du 6 nov. 1962).
- Une révision menée sur le fondement de l'ancien art. 85 C (abrogé en 1995) : il s'agissait d'une procédure spéciale de révision des dispositions de l'ancien titre XII relatif à la Communauté, qui organisait les relations entre la France et ses anciennes Colonies (révision du 4 juin 1960).

Contenu :

- Loi constitutionnelle n° 60-525 du 4 juin 1960 (modification du titre XII relatif à la Communauté)
- Loi référendaire n° 62-1292 du 6 nov. 1962 (modification des art. 6 et 7 C pour instaurer l'élection du président de la République au suffrage universel direct)
- Loi constitutionnelle n° 63-1327 du 30 déc. 1963 (modification de l'art. 28 C relatif à la date d'ouverture et à la durée des sessions parlementaires)

- Loi constitutionnelle n° 74-904 du 29 oct. 1974 (ouverture de la saisine du Conseil constitutionnel par 60 députés ou 60 sénateurs pour le contrôle de constitutionnalité d'une loi *a priori*)
- Loi constitutionnelle n° 76-527 du 18 juin 1976 (modification de l'art. 7 C relatif à l'intérim de la présidence de la République)
- Loi constitutionnelle n° 92-554 du 25 juin 1992 (modifications permettant de ratifier le traité de Maastricht, notamment, ajout d'un titre dans la Constitution relatif à l'Union européenne, droit de vote et d'éligibilité des ressortissants européens aux élections municipales)
- Loi constitutionnelle n° 93-952 du 27 juill. 1993 (création de la Cour de justice de la République et modifications relatives au Conseil supérieur de la magistrature)
- Loi constitutionnelle n° 93-1256 du 25 nov. 1993 (relative au droit d'asile, ajoutant un art. 53-1 C)
- Loi constitutionnelle n° 95-880 du 4 août 1995 (instaurant une session parlementaire unique, modifiant le régime des immunités parlementaires, étendant le champ du référendum législatif, abrogeant le titre relatif à la Communauté)
- Loi constitutionnelle n° 96-138 du 22 févr. 1996 (relative aux lois de financement de la sécurité sociale)
- Loi constitutionnelle n° 98-610 du 20 juill. 1998 (créant un titre XIII C portant dispositions transitoires relatives à la Nouvelle-Calédonie)
- Loi constitutionnelle n° 99-49 du 25 janv. 1999 (modifications des art. 88-2 et 88-4 C permettant la ratification du Traité d'Amsterdam)
- Loi constitutionnelle n° 99-568 du 8 juill. 1999 (créant l'art. 53-2 C reconnaissant la juridiction de la Cour pénale internationale)
- Loi constitutionnelle n° 99-569 du 8 juill. 1999 (modifiant les art. 3 et 4 C pour faire référence à l'égalité entre les femmes et les hommes)
- Loi constitutionnelle n° 2000-964 du 2 oct. 2000 (modifiant l'art. 6 C relatif à la durée du mandat du président de la République est instaurant le quinquennat)
- Loi constitutionnelle n° 2003-267 du 25 mars 2003 (modifiant l'art. 88-2 C concernant le mandat d'arrêt européen)
- Loi constitutionnelle n° 2003-276 du 28 mars 2003 (concernant la décentralisation et apportant des modifications étendues notamment au titre XII C)

- Loi constitutionnelle n° 2005-204 du 1er mars 2005 (modifiant le titre XV relatif à l'Union européenne et permettant la ratification du Traité établissant une Constitution pour l'Europe)
- Loi constitutionnelle n° 2005-205 du 1er mars 2005 (créant une Charte de l'environnement ajoutée au Préambule de la Constitution)
- Loi constitutionnelle n° 2007-237 du 23 févr. 2007 (modifiant l'art. 77 C en ce qui concerne le corps électoral de la Nouvelle-Calédonie)
- Loi constitutionnelle n° 2007-238 du 23 févr. 2007 (modifiant le titre IX relatif à la responsabilité du président de la République)
- Loi constitutionnelle n° 2007-239 du 23 févr. 2007 (ajoutant l'art. 66-1 portant interdiction de la peine de mort)
- Loi constitutionnelle n° 2008-103 du 4 févr. 2008 (modifiant le titre XV de la Constitution pour permettre la ratification du Traité de Lisbonne)
- Loi constitutionnelle n° 2008-724 du 23 juill. 2008 (de modernisation des institutions de la Ve République)

4. Exercice – dissertation (2)

Conseils méthodologiques

La dissertation juridique (2) : l'introduction

L'introduction de la dissertation sert à **dégager, à expliquer et à justifier la problématique.** L'ensemble des propos de l'introduction doit être destiné à mettre en avant cette problématique afin qu'elle apparaisse évidente lorsqu'elle est énoncée vers la fin de l'introduction.

En droit, l'introduction ne doit pas entretenir de mystère ; il n'est pas question de tenir en haleine le lecteur. Au contraire, après avoir lu l'introduction, le lecteur doit connaître **l'idée qui va être démontrée dans les développements (la problématique) ainsi que les principaux arguments qui l'étayent** (grâce à l'annonce des deux parties). Par conséquent, la problématique est plutôt la réponse de l'étudiant à la question soulevée directement ou implicitement par le sujet qu'une question dont la réponse resterait en suspens dans l'introduction.

La lecture de l'introduction permet immédiatement au correcteur de savoir si les développements qui vont suivre seront effectivement une démonstration et non une simple restitution des connaissances ou un exposé du droit applicable.

Par conséquent, le caractère essentiel de l'introduction nécessite de la soigner particulièrement et, ainsi, en situation d'examen, **de la rédiger au brouillon**, une fois que la problématique et le plan ont été trouvés.

Il n'existe **pas de longueur critique à respecter, seul le fond importe** : une introduction est réussie lorsqu'elle a fait ressortir de manière pertinente la problématique.

Cette mise en valeur de la problématique se fait en déterminant les **limites et le contexte du sujet**. Plus précisément, l'intérêt du sujet et, par suite, de la problématique, peut être tiré :

- de l'analyse du sujet : la **définition des termes** du sujet et la comparaison avec des notions proches (en tout état de cause indispensable au brouillon pour délimiter le sujet) peuvent permettre, dans l'introduction, de souligner une question qui fait débat, ou l'évolution de la notion qui doit être traitée par ex. Également, la **formulation** du sujet peut aider à orienter la problématique.
- du **contexte spatio-temporel** : l'évolution du sujet dans l'histoire et des éléments de droit comparé peuvent permettre de mettre en exergue l'intérêt de traiter actuellement de ce sujet en France.

Bien sûr, ces éléments ne doivent être développés dans l'introduction que s'ils sont utiles pour mener à la problématique, et cela varie selon le sujet proposé.

Dans la mesure du possible, l'introduction doit débuter par une **phrase d'accroche** destinée à indiquer d'emblée au lecteur le **thème** qu'aborde le sujet mais aussi, d'ores et déjà, à orienter le lecteur sur **l'angle d'attaque** qui a été choisi pour répondre au sujet. Cette phrase d'accroche devant être **dynamique**, pour susciter l'attention du lecteur et non le décourager de lire la suite, il est pertinent de se tourner vers un fait d'actualité directement lié au sujet, un paradoxe, une citation (ce n'est pas le plus simple en situation d'examen car cela suppose de connaître par cœur une longue liste de citations afin de pouvoir de mémoire en citer une – exactement si l'on met des guillemets – qui corresponde précisément au sujet. Une citation trop large ou trop vague n'est d'aucune utilité).

Après avoir amené la problématique par les éléments de définition, les éléments historiques et de droit comparé utiles, cette problématique doit être exposée clairement. Normalement, elle découle directement des développements qui précèdent, elle ne doit pas apparaître comme une surprise. En outre, elle doit permettre au lecteur de savoir exactement **dans quel sens il sera répondu au sujet**, aucun suspense ne doit être ménagé.

L'introduction se termine par l'**annonce du plan** (les deux grandes parties). Sur le plan formel, il est préférable d'insérer les intitulés dans une phrase, en veillant bien à annoncer l'intitulé exact et non pas une idée différente de celle que contient le titre.

Sujet : « Les révisions de la Constitution sous la Ve République »

Remarques sur le sujet en vue de préparer l'introduction

Quant à la formulation du sujet, il est proposé de réfléchir aux révisions (au pluriel) et non à la révision (c'est-à-dire à la procédure en tant que telle). Par conséquent, le sujet suppose une problématique qui porte sur le contenu des différentes révisions et la manière dont elles ont été menées.

Par ailleurs, le sujet ne suggère aucun angle d'attaque ; une telle formulation rend plus complexe la recherche de la problématique.

[Accroche qui oriente vers l'idée de la problématique : le bilan positif qui peut être tiré des révisions] Depuis 1958, la Constitution de la Ve République a fait l'objet de vingt-quatre révisions, soit environ une tous les deux ans et demi en moyenne. Cette relative fréquence des révisions explique la longévité de cette Constitution adaptable.

[Poursuite de l'introduction par des données quantitatives en introduisant des développements historiques permettant toujours de mettre en évidence le caractère positif des révisions]

Hormis les lois constitutionnelles de 1875 qui, en soixante-cinq ans, n'ont été révisées que trois fois, l'histoire française révèle une forte instabilité constitutionnelle. Jusqu'en 1870, aux révisions des Constitutions était préférée l'élaboration de nouvelles Constitutions, la rigidité très forte de certaines ne permettant d'ailleurs pas de choisir une autre voie. Huit Constitutions se sont succédées entre 1789 et 1870, dont les quatre premières en l'espace de treize ans (1791, 1795, 1799, 1804, 1814, 1830, 1848 et 1852), sans compter celles qui ne se sont pas appliquées et celles qui ont en réalité modifié ou complété un précédent texte constitutionnel (1793, 1815 et 1802).

[Des éléments rapides de droit comparé permettent d'insister sur le fait que la pratique des révisions est propre à un État, mais qu'un excès de modifications du texte est nécessairement problématique ; des données chiffrées permettent là encore de montrer, dans l'idée de la problématique, que la France ne souffre pas d'un tel excès]

Exercice

Le caractère solennel de la Constitution et la protection juridique dont elle doit faire l'objet, mais aussi la cohérence du texte suprême, et son intelligibilité, doivent conduire à admettre un réformisme mesuré. Le rôle qu'attache un État à sa Constitution varie selon son expérience historique. Ainsi, la Constitution américaine, symbole particulièrement fort de l'édification et de l'unité du pays (rédigée par les Pères fondateurs), revêt presque un caractère sacré qui explique que les organes politiques soient peu enclins à en altérer le contenu par des amendements trop nombreux (vingt-sept amendements depuis 1787). À un certain point, les révisions font perdre au texte sa logique et appellent un changement de Constitution, ainsi que la Suisse a pu en faire l'expérience : entre 1874 et 2000, la Constitution avait été modifiée à près de cent cinquante reprises (soit plus d'une fois par an en moyenne) ; finalement une modification totale du texte s'est imposée au 1er janvier 2000, tant il était devenu un assemblage de dispositions disparates.

[Retour sur la France dont la situation a été éclairée par la comparaison avec des cas étrangers et introduction d'éléments de nature à définir les notions clés liées au sujet]

Le nombre des révisions en France apparaît alors raisonnable, la procédure n'autorisant en tout état de cause pas de dérives. L'art. 89 C donne finalement le pouvoir constituant dérivé au peuple (par la voie du référendum) ou à ses représentants, mais qui, réunis en Congrès, doivent adopter la révision à une majorité des trois cinquièmes des suffrages exprimés. Même si cette seconde voie est quasi exclusivement choisie, le pouvoir politique redoutant toujours l'incertitude liée à l'expression directe des électeurs, la majorité qualifiée suppose pour la majorité au pouvoir de convaincre une partie de l'opposition et implique donc un certain consensus sur la révision. Quant au recours à l'art. 11 C pratiqué par de Gaulle pour mettre le Parlement à l'écart du processus de révision, il n'a pas les faveurs des gouvernants puisqu'il consiste à soumettre la révision au référendum.

[*Énoncé progressif de la problématique*]

Même s'il est régulièrement question dans le débat politique de changer de Constitution afin de consacrer une VIe République, de telles idées ne se concrétisent pas sérieusement car la Constitution actuelle, malgré ses défauts, fonctionne bien dans l'ensemble, dans la mesure où elle assure la stabilité des institutions politiques. Les modifications dont elle a fait l'objet suffisent à la faire évoluer selon les besoins sans attenter à son intégrité. Un équilibre a, semble-t-il, été trouvé.

[*Annonce du plan*]

Les révisions ont en effet confirmé l'équilibre fondamental des institutions politiques (I) et ont permis d'intégrer l'évolution du contexte socio-politique (II).

I. Des révisions ayant confirmé l'équilibre fondamental des institutions

Les révisions ont intensifié les traits caractéristiques du fonctionnement du régime conformément aux idées des constituants de 1958 et à la pratique; elles ont assuré la stabilité, l'efficacité et l'encadrement du pouvoir en affirmant la prépondérance du Président (A) tout en affermissant les contre-pouvoirs (B).

A. Une affirmation de la prépondérance du Président

La deuxième révision de la Constitution, en 1962, est considérée comme la date véritable de la naissance de la Ve tant l'élection directe du Président donne au régime de 1958 son caractère incomparable, dans le droit fil de la conception et de la pratique gaullistes. Le Président est assuré de bénéficier d'une légitimité populaire exceptionnelle, justifiant le fait qu'il domine les institutions. Le facteur déterminant de la place centrale du chef de l'État est inscrit dans la Constitution qui fait ainsi de l'élection du Président l'évènement capital dans la vie du régime. Bien que le procédé du recours à l'art. 11 C pour réviser la Constitution ait été vivement discuté, les successeurs de de Gaulle ont parfaitement assumé les conséquences de la révision de 1962.

Ratifiée également par référendum, le seul organisé sur le fondement de l'art. 89 C, la révision de 2000 instaurant le quinquennat (modification envisagée en 1973 mais le Président n'avait finalement pas convoqué le Congrès) a encore accentué le rôle central du Président, qui s'inscrit incontestablement dans l'action, telle que la pratique du régime l'avait montré depuis 1958. Élu pour la même durée que les députés, et juste après ces derniers, le Président bénéficie désormais avec une quasi-certitude du soutien d'une majorité absolue de députés, et se positionne comme le chef de la majorité. L'adoption de cette révision en période de cohabitation montre le consensus des deux têtes de l'exécutif sur cette question (nécessaire pour déclencher un projet de loi constitutionnelle en application de l'art. 89 C).

Parallèlement à ces deux révisions phares, d'autres, aux effets plus minimes, vont aussi dans le sens d'une protection du chef de l'État et de l'Exécutif en général (conséquences sur l'élection présidentielle de la défection d'un candidat en 1976, protection de la fonction présidentielle par le régime de responsabilité aménagé en 2007, protection de la fonction ministérielle en 1993 par l'aménagement de la responsabilité pénale devant la Cour de justice de la République).

Si la prépondérance du Président a été accentuée par les révisions, assurant la stabilité du régime, la Ve organise des contre-pouvoirs que les révisions ont également affermis.

B. Un affermissement des contre-pouvoirs

Face à l'Exécutif, le Parlement est apparu comme trop affaibli par la rationalisation organisée en 1958 et le fait majoritaire qui en pratique est apparu dès le début du régime. Quelques modifications tendant à garantir l'efficacité du travail parlementaire ont été réalisées. En 1963, la date des sessions a été modifiée notamment pour que l'été ne perturbe pas l'avancée des travaux et en particulier l'adoption du budget. En 1995, l'instauration de la session unique a eu également pour objectif de préserver la continuité des travaux du Parlement et de lui permettre de mieux gérer son temps. En 1996, la création des lois de financement de la sécurité sociale a donné au Parlement le pouvoir de se prononcer sur l'équilibre du budget de la sécurité sociale à un moment où ces dépenses prenaient une place croissante dans le budget de l'État.

Mais les deux révisions majeures ont eu lieu en 1974 et en 2008.

En 1974, soixante députés ou soixante sénateurs peuvent saisir le Conseil constitutionnel pour qu'il contrôle la constitutionnalité d'une loi avant sa promulgation. Par cette révision, les parlementaires et en particulier l'opposition peuvent désormais contrôler l'Exécutif à l'origine de la grande majorité des lois.

En 2008 a eu lieu la première révision de grande ampleur dont le but essentiel a consisté, pour moderniser les institutions, à renforcer le rôle du Parlement et à corriger un déséquilibre trop criant en faveur de l'Exécutif, qui rendait le contrôle parlementaire inefficace. Près de la moitié des articles de la Constitution a été concernée par cette révision. Les moyens du Parlement ont été accrus (par ex., faculté de soumettre les propositions de loi pour avis au Conseil d'État, prise en compte du travail législatif des commissions parlementaires et extension de la durée d'examen des projets et propositions de lois, renforcement du droit d'amendement, droits reconnus à l'opposition). Parallèlement, la révision a encadré les pouvoirs de l'Exécutif (par ex., pouvoir de nomination du Président soumis à l'avis d'une commission, interdiction pour le Président de cumuler plus de deux mandats successifs, contrôle de la durée de mise en œuvre de l'art. 16 C, limitation du recours à l'art. 49 al. 3 C, fin de l'ordre du jour prioritaire). Sans bouleverser les grands équilibres du régime, l'Exécutif restant prépondérant, la révision de 2008 a adapté la Constitution à l'évolution du régime.

Par des réformes du Conseil supérieur de la Magistrature en 1993 et 2008, l'indépendance de la Justice a été consolidée et le caractère juridictionnel du Conseil constitutionnel confirmé par l'introduction de la question prioritaire de constitutionnalité en 2008 (après l'échec de deux tentatives d'introduction d'un contrôle des lois par voie d'exception, en 1990, faute d'accord entre les chambres, en 1993, suite à l'abandon du projet par la nouvelle majorité issue des élections législatives de la même année).

Enfin, la grande réforme de 2003 a opéré un changement substantiel dans la conception de la décentralisation et a renforcé la division verticale des pouvoirs (cf. thème 4).

Plus largement, les révisions ont adapté la Constitution à son environnement social et politique.

II. Des révisions ayant permis d'intégrer l'évolution du contexte socio-politique

Si la Constitution a été promulguée en 1958, elle reste d'actualité grâce aux révisions qui ont permis de l'adapter à l'environnement international (A) et aux évolutions sociétales (B).

A. Une adaptation à l'environnement international

Les révisions ont intégré à la Constitution l'évolution des rapports entre la métropole et ses anciennes colonies (en 1960) ainsi que l'outre-mer (en 1998 et 2007, concernant la situation spécifique de la Nouvelle-Calédonie).

La ratification de traités internationaux a été à l'origine de nombreuses révisions (par ex. en 1999 pour ratifier le Traité relatif à la Cour pénale internationale), en particulier pour adapter la Constitution à l'intégration de la France au sein de l'Union européenne (révisions de 1992, nov. 1993, janv. 1999, juill. 1999 – loi constit. n° 99-568, 25 mars 2003, 2005 – loi constit. n° 2005-204, févr. 2008). Ces révisions ont introduit des nouveautés et changements profonds faisant du droit de l'Union un ordre juridique spécifique, bouleversant les rapports entre ordre interne, notamment la Constitution, et ordre supranational.

Les révisions intègrent également les aspirations sociétales.

B. Une prise en compte des évolutions sociétales

Certaines révisions ont étoffé et modernisé les droits et libertés consacrées dans la Constitution. Elles témoignent de l'évolution des préoccupations d'ordre social et apparaissent en même temps symboliques. Ainsi, en 1999, l'objectif de parité entre hommes et femmes est entré dans la Constitution, en 2005, le bloc de constitutionnalité a été complété par une Charte de l'environnement, en 2007, la peine de mort a obtenu une protection constitutionnelle.

L'ensemble des révisions a fait évoluer le texte de 1958 sans le dénaturer. Le projet de loi constitutionnelle relatif au renouveau de la vie démocratique pourrait procéder prochainement à une révision de nouveau transversale et d'assez grande ampleur, toujours pour corriger les imperfections du texte mis en évidence par la pratique (par ex. en renforçant la participation citoyenne, l'indépendance de la Justice, la décentralisation). Le texte de 1958 semble avoir encore de beaux jours devant lui.

Thème 3

Les droits et libertés fondamentaux

1. La consécration et la protection des droits et libertés fondamentaux

Point terminologique préalable

La liberté a une dimension philosophique, mais lorsqu'elle concerne le pouvoir et les relations entre l'État et les individus, on parle alors des **libertés publiques** (par ex. en France dans l'art. 34 C).

En droit positif, il est plus souvent question des droits de l'homme, expression plus large que libertés publiques, qui inclut une conception des libertés fondée sur le droit naturel, consistant à admettre qu'est attaché à l'homme, du fait de sa nature même, un ensemble de droits auxquels nul ne peut porter atteinte, que les droits en question soient ou non consacrés en droit positif. La notion de libertés publiques est plus restreinte et fait référence seulement aux **droits de l'homme consacrés en droit positif.**

Par ailleurs, **droits et libertés** sont souvent associés aujourd'hui, en raison de l'évolution du contenu des libertés publiques. Une liberté suppose un pouvoir d'action et de choix de la part de son titulaire. Dans un premier temps, les droits consacrés sont des libertés affirmées pour protéger les individus contre le pouvoir étatique (ce sont des droits civils et politiques dits de première génération, par ex. la libre communication de ses opinions, la liberté d'aller et de venir). Progressivement, le droit positif reconnaît des « droits-créances » (de nature économique et sociale, dits de deuxième génération), qui ne peuvent se concrétiser qu'avec l'action de l'État, et qui ne sont pas des libertés dans la mesure où leur titulaire n'en retire pas un pouvoir d'action ou de choix (par ex., le droit d'obtenir un emploi, le droit de grève, l'égal accès à l'instruction) ; de même, les droits dits de troisième génération, qui se fondent sur la solidarité, ne sont pas des libertés (par ex., le droit à un environnement sain, le droit à la paix) à proprement parler.

Enfin, lorsque l'on parle des **droits et libertés fondamentaux** il est fait référence au niveau de protection des droits et libertés. Si les droits et libertés ont d'abord été consacrés par la loi, contre l'Exécutif, il est apparu, en particulier durant les régimes fascistes en Europe, des années 1920 aux années 1940, que la loi pouvait être liberticide. Par suite, évoquer les droits et libertés fondamentaux revient à accepter un **contrôle de la loi** au regard des dispositions constitutionnelles et des traités internationaux garantissant les droits.

La théorie de la limitation du pouvoir développée par Montesquieu et Locke avait pour but de garantir le respect des libertés. Une **démocratie libérale** aménage la séparation des pouvoirs mais prévoit aussi un ensemble de règles juridiques garantissant l'exercice des droits et libertés des individus. Dans une démocratie libérale, les droits et libertés ne relèvent donc pas seulement du domaine du droit naturel, l'État reconnaissant et organisant les libertés publiques dans le droit positif.

Une dictature ou un État totalitaire (imposant une idéologie unique) peut affirmer les droits individuels, mais leur protection ne sera pas réellement assurée. En effet, l'existence effective des droits et libertés suppose une **démocratie pluraliste**, parce qu'elle confie le pouvoir à plusieurs organes qui se font contrepoids, parce qu'elle permet l'alternance et parce qu'elle accorde une place essentielle à la liberté de pensée. Par ex. en France, le Conseil constitutionnel a rappelé dès 1990 que « l'exigence du pluralisme des courants d'idées et d'opinions constitue le fondement de la démocratie » (décision n° 89-271 DC du 11 janv. 1990) et implique une diversité des partis politiques. De même la Cour européenne des droits de l'homme (Cour EDH) a précisé, dès l'arrêt *Handyside c/ Royaume-Uni* du 7 déc. 1976, que sans pluralisme, tolérance, et esprit d'ouverture, il n'y a pas de démocratie (§ 49).

Cependant, un État démocratique peut adopter des lois liberticides justifiées par des circonstances exceptionnelles de crise (par ex., en France, la loi relative à l'état d'urgence du 3 avr. 1955, mise en application suite aux attentats du 13 nov. 2015 et durcie à cette occasion par les lois des 20 nov. 2015 et 21 juill. 2016 ; l'état d'urgence sanitaire élaboré lors de l'épidémie de coronavirus par les lois ordinaire et organique de mars 2020 d'urgence pour faire face à l'épidémie de covid-19 : toutes ces lois donnent à l'Exécutif de larges prérogatives pour édicter des mesures restreignant drastiquement toute une série de droits et libertés fondamentaux, notamment la liberté d'aller et de venir). La protection des droits et libertés reste donc fragile. Il apparaît dès lors important que le respect des droits et libertés par l'État soit contrôlé par un juge indépendant du pouvoir politique, et préservant l'**État de droit** (*cf.* partie 3) ; or, précisément, dans les exemples évoqués, l'insuffisance d'un tel contrôle a été dénoncé, en particulier du fait que le Cons. const. n'ait pas été saisi pour réaliser un contrôle *a priori* des lois ordinaires précitées. Démocratie, libéralisme politique, pluralisme et État de droit sont ainsi inextricablement liés.

Peut-on parler de démocratie « illibérale » ?

L'idée de démocratie « illibérale » a été défendue par Viktor Orban, le chef du Gouvernement hongrois, pour remettre en cause l'association idéale entre démocratie et libéralisme. Cet État, mais aussi la Pologne ou la Turquie par ex., se revendiquent comme étant des démocraties malgré le fait qu'ils rejettent l'État de droit. En réalité, ces États ne sont démocratiques qu'en façade, car, en niant les libertés, ils réfutent la démocratie elle-même. Dans ces États, les gouvernants sont bien élus par le peuple, mais cette élection sert de prétexte pour justifier un exercice du pouvoir sans contrôle de ces gouvernants. Ainsi, dans ces États, le pluralisme des courants d'idées et d'opinions n'est pas respecté, les gouvernants contrôlant les médias et imposant une idéologie basée sur un nationalisme identitaire, l'indépendance de la Justice est bafouée et le pouvoir est largement concentré entre les mains de l'Exécutif issu de la majorité parlementaire. Ainsi, l'action des gouvernants, qui contredit les libertés et l'égalité, n'a pas pour but de servir l'intérêt général, fondement de l'État dans une démocratie représentative. La base même de la démocratie réside dans la limitation du pouvoir pour permettre l'expression des **libertés** dans le respect de **l'égalité**. Libéralisme et démocratie ne peuvent en aucun cas s'opposer.

La consécration des droits et libertés dans des textes de valeur constitutionnelle leur donne une effectivité dès lors toutefois que la primauté de la Constitution est protégée. La **rigidité de la Constitution** contribue donc à la protection des droits et libertés.

La naissance des démocraties libérales coïncide d'ailleurs avec la proclamation de **Déclarations des droits** lors des révolutions américaine et française, dans le droit fil de la philosophie des Lumières.

Pour se révolter contre la politique du Roi Georges III qui consistait à leur imposer des taxes toujours plus élevées pour financer la guerre, les treize colonies britanniques de la Côte Atlantique d'Amérique du Nord ont entrepris de rédiger une Déclaration d'indépendance, par le biais d'un comité présidé par Thomas Jefferson. S'inspirant des idées des philosophes des Lumières, en particulier de Locke et de Montesquieu, le texte de 1776 a une dimension universaliste et est marqué par la doctrine du droit naturel. La Déclaration de 1776 fonde la légitimité des gouvernants sur leur capacité à protéger les libertés, condition du consentement des gouvernés au pouvoir qu'ils délèguent aux gouvernants. La théorie du contrat social est donc implicitement utilisée. Par la Déclaration d'indépendance, les colonies britanniques dénoncent la négation de leurs droits par la Couronne et justifient ainsi leurs velléités d'indépendance par rapport à la Grande-Bretagne.

Déclaration d'indépendance américaine du 4 juill. 1776 (extrait)

« Nous tenons pour évidentes par elles-mêmes les vérités suivantes : tous les hommes sont créés égaux ; ils sont dotés par le Créateur de certains droits inaliénables ; parmi ces droits se trouvent la vie, la liberté et la recherche du bonheur. Les gouvernements sont établis parmi les hommes pour garantir ces droits, et leur juste pouvoir émane du consentement des gouvernés. Toutes les fois qu'une forme de gouvernement devient destructive de ce but, le peuple a le droit de la changer ou de l'abolir et d'établir un nouveau gouvernement, en le fondant sur les principes et en l'organisant en la forme qui lui paraîtront les plus propres à lui donner la sûreté et le bonheur. (…) lorsqu'une longue suite d'abus et d'usurpations, tendant invariablement au même but, marque le dessein de les [les hommes] soumettre au despotisme absolu, il est de leur droit, il est de leur devoir de rejeter un tel gouvernement et de pourvoir, par de nouvelles sauvegardes, à leur sécurité future. Telle a été la patience de ces Colonies, et telle est aujourd'hui la nécessité qui les force à changer leurs anciens systèmes de gouvernement. L'histoire du roi actuel de Grande-Bretagne est l'histoire d'une série d'injustices et d'usurpations répétées, qui toutes avaient pour but direct l'établissement d'une tyrannie absolue sur ces États ».

Si, pour les citoyens, la Déclaration d'indépendance n'a pas d'effet juridique direct leur permettant de l'invoquer directement devant un juge, à partir de 1776, les colonies deviennent indépendantes et se dotent d'une Constitution le plus souvent précédée d'une Déclaration des droits et prévoyant un mécanisme de contrôle de conformité des lois à la Constitution. Dès le 12 juin 1776, l'État de Virginie adopte une Déclaration des droits qu'elle introduit dans sa Constitution du 29 juin (et qui inspirera la Déclaration d'indépendance du 4 juill. puis la DDHC française) : intégrée à la Constitution, la Déclaration des droits acquiert donc valeur constitutionnelle (*cf.* également thème 2).

Déclaration des droits de Virginie, 12 juin 1776 (extraits)

« 1. Tous les hommes sont par nature également libres et indépendants et ils ont des droits inhérents dont ils ne peuvent se décharger par contrat, ni pour eux ni pour leur postérité, lorsqu'ils forment une société. En particulier la jouissance de la vie et de la liberté, les moyens d'acquérir et de posséder une propriété et la poursuite et la conquête du bonheur et de la sécurité…

3. Le gouvernement est, ou devrait être, institué pour le bénéfice commun, la protection et la sécurité du peuple, de la nation ou de la communauté ; des divers modes de gouvernement, le meilleur est celui qui permet le plus haut degré de bonheur et de sécurité et qui est le plus efficacement protégé du danger de maladministration et si un gouvernement s'avère inadapté ou opposé à ces fins, la majorité de la communauté a un droit indubitable, inaliénable et irrévocable à le réformer, le modifier ou l'abolir, de la façon la plus conforme à la volonté publique.

4. Aucun homme, ou groupe d'hommes, n'a droit à des avantages ou des privilèges exclusifs ou particuliers…

5. Les pouvoirs législatif et exécutif seront séparés et distingués du judiciaire… ;

6. Les élections des représentants du peuple au législatif seront libres et tous les hommes qui ont un intérêt évident et permanent au bien commun et qui sont attachés à la communauté, ont le droit de vote ; …

8. Dans tout procès, l'homme a le droit de demander l'origine et la nature de l'accusation, d'être confronté avec l'accusateur et les témoins, de produire des preuves en sa faveur et d'être jugé promptement par un jury impartial composé de personnes du voisinage qui devront prendre une décision à l'unanimité pour le déclarer coupable… ;

9. On n'exigera pas de caution excessive, on n'imposera pas d'amende excessive, on n'infligera pas de sanction cruelle et inhabituelle…

12. L'indépendance de la presse est un des principaux garants de la liberté et ne peut jamais être limitée que par un gouvernement despotique » (…)

La DDHC du 26 août 1789 issue de la Révolution française s'inspire largement des textes américains. Suite à ces révolutions américaine et française, les États qui adoptent une Constitution ont pris l'habitude de la faire précéder d'une Déclaration des droits ainsi que de mécanismes juridiques pour les protéger, en particulier le contrôle par une cour constitutionnelle, qui se répand en Europe à partir des années 1920 (*cf.* thème 11).

Après la Seconde Guerre mondiale, les droits et libertés fondamentaux sont proclamés au niveau international, en réaction au traumatisme lié aux régimes fascistes qui ont détruit les droits les plus élémentaires des individus. La prise de conscience de la communauté internationale qui s'en est suivie quant à la nécessité d'inciter les États à protéger les droits et libertés a permis de dépasser les obstacles liés à la souveraineté étatique (entendue vis-à-vis des autres États et qui implique qu'un État ne peut se voir imposer par un autre le respect de règles de droit auxquelles il n'a pas consenti) pour admettre une **internationalisation des droits et libertés**. Avec la Charte de San Francisco du 26 juin 1945 créant l'Organisation des Nations Unies (ONU) apparaît le droit international des droits de l'homme. Dans le cadre de cette organisation internationale dont sont membres 193 États, de nombreux textes proclamant les droits et libertés sont adoptés, accompagnés de mécanismes de protection plus ou moins efficaces.

Charte des Nations Unies signée à San Francisco le 26 juin 1945 – Préambule

« Nous, peuples des Nations Unies, résolus à préserver les générations futures du fléau de la guerre qui deux fois en l'espace d'une vie humaine a infligé à l'humanité d'indicibles souffrances, à proclamer à nouveau notre foi dans les droits fondamentaux de l'homme, dans la dignité et la valeur de la personne humaine, dans l'égalité de droits des hommes et des femmes, ainsi que des nations, grandes et petites, à créer les conditions nécessaires au maintien de la justice et du respect des obligations nées des traités et autres sources du droit international, à favoriser le progrès social et instaurer de meilleures conditions de vie dans une liberté plus grande, et à ses fins à pratiquer la tolérance, à vivre en paix l'un avec l'autre dans un esprit de bon voisinage à unir nos forces pour maintenir la paix et la sécurité internationales à accepter des principes et instituer des méthodes garantissant qu'il ne sera pas fait usage de la force des armes, sauf dans l'intérêt commun, à recourir aux institutions internationales pour favoriser le progrès économique et social de tous les peuples, avons décidé d'associer nos efforts pour réaliser ces desseins En conséquence, nos gouvernements respectifs, par l'intermédiaire de leurs représentants, réunis en la ville de San Francisco, et munis de pleins pouvoirs reconnus en bonne et due forme, ont adopté la présente Charte des Nations Unies et établissent par les présentes une organisation internationale qui prendra le nom de Nations Unies ».

Le 10 déc. 1948 est ainsi adoptée la **Déclaration universelle des droits de l'homme** (DUDH) préparée par un groupe de travail présidé par René Cassin. Simple résolution de l'ONU toutefois, elle est dépourvue de valeur juridique contraignante pour les États.

Elle a été complétée par les deux pactes de New York de 1966 (entrés en vigueur en 1976), ayant la valeur juridique de traités internationaux ; l'un est relatif aux droits civils et politiques, l'autre aux droits économiques, sociaux et culturels. Ils sont complétés chacun par un protocole facultatif permettant au comité des droits de l'homme et au comité des droits économiques, sociaux et culturels d'être saisis par des particuliers et d'adresser des recommandations aux États. Les pouvoirs de ces comités restent cependant modestes, en raison du manque d'effet contraignant de leurs observations.

D'autres Conventions relatives aux droits de l'homme sont signées dans le cadre de l'ONU sur des sujets plus circonscrits (par ex. élimination des discriminations raciales ou faites aux femmes, lutte contre la torture, protection des droits de l'enfant, des travailleurs migrants).

Le mécanisme pensé dans le cadre du Conseil de l'Europe est plus contraignant pour les États membres. La **Convention européenne des droits de l'homme** (Conv. EDH) signée à Rome le 4 nov. 1950 peut être invoquée devant le juge national par les particuliers. Elle est en outre protégée par une Cour européenne des droits de l'homme (Cour EDH) siégeant à Strasbourg et qui peut connaître, sous certaines conditions, de plaintes de particuliers contre des États membres (au nombre de 47).

La Conv. EDH contient de nombreux droits fondamentaux classiques (par ex. droit à la vie, abolition de la peine de mort, sûreté, vie privée et familiale, libertés de conscience et de pensée, liberté d'expression, de réunion, d'association, droit au respect des biens, droit à l'instruction, liberté d'aller et venir, interdiction de la torture et peines inhumaines ou dégradantes, du travail forcé et de l'esclavage, non rétroactivité de la loi pénale, interdiction des discriminations).

Enfin, depuis 2000, l'Union européenne (UE) a adopté **une Charte des droits fondamentaux** qui reprend très largement le contenu de la Conv. EDH tout en l'actualisant. La Cour de justice de l'UE sanctionne la méconnaissance de ce texte. Le traité de Lisbonne de 2009 prévoit une adhésion de l'UE à la Conv. EDH, pour l'heure suspendue.

2. Les droits et libertés fondamentaux dans quelques États étrangers

A. Royaume-Uni

Il existe assez peu de textes concernant le régime des libertés, celui-ci relevant davantage d'usages consacrés par les juges conformément au système de *Common Law*.

Si cet État n'a pas de Constitution au sens formel, d'anciens textes constituent une Constitution matériellement parlant, et dont l'objet est essentiellement la consécration des droits et libertés (*cf.* thème 2). Malgré leur caractère daté et leur application rare, ces textes sont toujours en vigueur. Ils proclament les droits et libertés les plus élémentaires eu égard au contexte de l'époque, sans vocation universaliste. Cette affirmation est concomitante à la conquête par le Parlement de ses pouvoirs.

La Grande Charte de Jean sans Terre ou *Magna Carta* de 1215 est le résultat d'une révolte des nobles contre les excès du roi forcé à accepter une soixantaine de revendications qui s'apparentent en réalité à une énumération de privilèges pour les nobles. Quelques libertés générales y sont inscrites, comme l'interdiction de procéder à des arrestations arbitraires. De plus, ce texte impose des limites au pouvoir du roi, par ex. en matière d'impôts, il devra obtenir l'accord des nobles pour lever des taxes exceptionnelles. Même si le texte n'a pas été très bien respecté, il a été réaffirmé par Henri III d'Angleterre, le fils de Jean sans Terre.

Magna Carta de 1215 (extraits)

« Aucun homme libre ne sera arrêté ni emprisonné, ou dépossédé de ses biens, ou déclaré hors-la-loi, ou exilé, ou exécuté de quelque manière que ce soit, et nous n'agirons pas contre lui et nous n'enverrons personne contre lui, sans un jugement légal de ses pairs et conformément à la loi du pays.

Nul écuage ou aide ne sera établi dans notre royaume sans le consentement du commun conseil de notre royaume, à moins que ce ne soit pour le rachat [la rançon] de notre personne, pour armer notre fils aîné chevalier, ou pour le mariage de notre fille aînée, une fois seulement ; et dans tous ces cas, nous ne lèverons qu'une aide raisonnable ; il en sera de même pour les aides que nous lèverons sur la cité de Londres ».

Au XVIIe siècle, le Parlement, dont l'influence ne cesse de croître depuis le XIIIe siècle, remet en cause la légitimité du pouvoir illimité que se reconnaît le roi Charles 1er sur le fondement du droit divin. Lorsqu'en 1628, le roi convoque le Parlement pour renflouer les caisses de l'État alors qu'une crise frappe le pays, les chambres se dressent face à lui en lui opposant une Pétition des droits par laquelle elles rejettent les décisions unilatérales du roi. La Pétition fait référence aux droits consacrés antérieurement et aux pouvoirs du Parlement notamment en matière de vote de l'impôt. Faisant état des violations de ces droits et pouvoirs, la Pétition demande au roi de les respecter désormais. S'en suivra la dissolution du Parlement qui ne sera plus convoqué pendant plus de dix années.

La Pétition des droits de 1628 (extraits)

« 1. …que par lesdits statuts ou autres bonnes lois de ce royaume, vos sujets ont hérité de cette franchise, à savoir qu'ils ne sauraient être contraints à participer à aucune taxe, taille, aide ni autre charge analogue, sans le commun consentement de la nation exprimé en Parlement.

3. Considérant qu'il est aussi arrêté et établi, par le statut dénommé Grande Charte des libertés d'Angleterre qu'aucun homme libre ne pourra être arrêté ou mis en prison, ni dépossédé de son franc-fief, de ses libertés ou franchises, ni mis hors la loi ou exilé, ni molesté d'aucune autre manière, si ce n'est en vertu d'une sentence légale de ses pairs ou des lois du pays.

5. Considérant néanmoins que, nonobstant ces statuts et autres règles et bonnes lois de votre royaume ayant la même fin, plusieurs de vos sujets ont été récemment emprisonnés sans que la cause en ait été indiquée…

10. À ces causes, ils supplient humblement Votre très excellente Majesté que nul, à l'avenir, ne soit contraint de faire aucun don gratuit, prêt d'argent ni présent volontaire, ni de payer aucune taxe ou impôt quelconque, hors le consentement commun donné par loi du Parlement, que nul ne soit appelé en justice ni obligé de prêter serment, ni contraint à un service, ni arrêté, inquiété ou molesté à l'occasion de ces taxes ou du refus de les acquitter ; qu'aucun homme libre ne soit arrêté ou détenu de la manière indiquée plus haut » (…)

Sous le règne de Charles II (fils de Charles I), l'*Habeas Corpus* de 1679 fonde la liberté individuelle (ou la sûreté) en instaurant une procédure destinée à éviter les arrestations arbitraires. De cette liberté découlent toutes les autres. Le texte consacre ainsi le droit pour toute personne arrêtée de comparaître devant un juge et de connaître les motifs de sa détention.

L'*Habeas Corpus* de 1679 (extraits)

(…) « lorsqu'une personne présente ou que des personnes présentent une ordonnance d'habeas corpus adressée à un shérif, à un geôlier, à un lieutenant de justice ou à un autre personne, en faveur d'une personne confiée à leur garde, et que cette ordonnance est remise audit fonctionnaire, ou déposée à la geôle ou à la prison entre les mains de subordonnés de ces fonctionnaires ou gardiens, ou d'un représentant de ces fonctionnaires ou gardiens, ledit fonctionnaire, subordonné ou représentant, dans les trois jours qui suivent la présentation de ladite ordonnance… doit renvoyer ladite ordonnance… et conduire ou faire conduire le détenu ou le prisonnier en personne devant le lord chancelier ou le lord gardien du Grand Sceau d'Angleterre, alors en fonction, ou devant les juges ou barons du tribunal ayant délivré l'ordonnance… et ils devront alors énoncer les raisons sincères de la détention ou de l'emprisonnement…

... si un fonctionnaire, ou son subordonné, un gardien ou leur délégué, néglige ou refuse de répondre à l'ordonnance d'habeas corpus, ou de présenter le prisonnier, conformément à cette ordonnance, dans les délais susdits… chacun de ces geôliers ou gardien en chef de la prison dans laquelle le prisonnier est détenu payera à la partie lésée 100 livres pour la première infraction » (…)

En 1689, avec le *Bill of Rights*, le Parlement renforce ses pouvoirs : il interdit au roi de suspendre les lois ou de lever l'impôt sans son autorisation, il rappelle au roi qu'il doit être souvent réuni, et permet aux individus de lui présenter des pétitions. Le texte interdit aussi les amendes excessives et les peines cruelles.

Le *Bill of Rights* de 1689 (extraits)

(…) « lesdits Lords spirituels et temporels et les Communes, aujourd'hui assemblés en vertu de leurs lettres et élections, constituant ensemble la représentation pleine et libre de la Nation… déclarent d'abord… pour assurer leurs anciens droits et libertés :

1° Que le prétendu pouvoir de l'autorité royale de suspendre les lois ou l'exécution des lois sans le consentement du Parlement est illégal…

4° Qu'une levée d'impôt pour la Couronne ou à son usage, sous prétexte de prérogative, sans le consentement du Parlement, pour un temps plus long et d'une manière autre qu'il n'est ou ne sera consenti par le Parlement est illégale ;

5° Que c'est un droit des sujets de présenter des pétitions au Roi et que tous emprisonnements et poursuites à raison de ces pétitions sont illégaux…

10° Qu'on ne peut exiger de cautions, ni imposer d'amendes excessives, ni infliger de peines cruelles et inusitées…

13° Qu'enfin pour remédier à tous griefs et pour l'amendement, l'affermissement et l'observation des lois, le Parlement doit être fréquemment réuni » (…)

En 1701, l'Acte d'établissement confirme les droits et libertés antérieurement consacrés et ajoute l'indépendance de la justice, assurant ainsi l'effectivité de ces droits et libertés.

Acte d'établissement de 1701 (extrait)

« Que nulle personne qui a un office ou charge de profit sous le roi, ou qui reçoit une pension de la couronne, ne sera capable de servir comme membre de la Chambre des communes.

Qu'après que ladite limitation aura lieu, ainsi que dessus, les commissions des juges seront faites, tandis qu'ils se comporteront bien, et leurs salaires assurés et établis mais il sera loisible de les déplacer sur une adresse de l'une et de l'autre chambre du parlement ».

B. États-Unis

Si la Constitution fédérale des États-Unis du 17 sept. 1787 est assez courte et ne contient pas de Déclaration des droits, elle organise une séparation des pouvoirs, préalable au respect des droits, puis a été rapidement complétée par des amendements, dont les dix premiers, ratifiés en 1791, font office de Déclaration des droits. Sont consacrés les libertés de parole, de presse, de réunion, la liberté religieuse et le droit de pétition, des garanties en matière pénale.

Constitution américaine

1er amendement : « Le Congrès ne fera aucune loi qui touche l'établissement ou interdise le libre exercice d'une religion, ni qui restreigne la liberté de la parole ou de la presse, ou le droit qu'a le peuple de s'assembler paisiblement et d'adresser des pétitions au gouvernement pour la réparation des torts dont il a à se plaindre » (…)

4e amendement : « Le droit des citoyens d'être garantis dans leur personne, leur domicile, leurs papiers et effets, contre les perquisitions et saisies non motivées ne sera pas violé, et aucun mandat ne sera délivré, si ce n'est sur présomption sérieuse, corroborée par serment ou déclaration, ni sans que le mandat décrive particulièrement le lieu à perquisitionner et les personnes ou les choses à saisir ».

5e amendement : « Nul ne sera tenu de répondre d'un crime capital ou infamant sans un acte de mise en accusation, spontané ou provoqué, d'un grand jury, sauf en cas de crimes commis pendant que l'accusé servait dans les forces terrestres ou navales, ou dans la milice, en temps de guerre ou de danger public ; nul ne pourra pour le même délit être deux fois menacé dans sa vie ou dans son corps ; nul ne pourra, dans une affaire criminelle, être obligé de témoigner contre lui-même, ni être privé de sa vie, de sa liberté ou de ses biens sans procédure légale régulière ; nulle propriété privée ne pourra être expropriée dans l'intérêt public sans une juste indemnité ».

6e amendement : « Dans toute poursuite criminelle, l'accusé aura le droit d'être jugé promptement et publiquement par un jury impartial de l'État et du district où le crime aura été commis – le district ayant été préalablement délimité par la loi –, d'être instruit de la nature et de la cause de l'accusation, d'être confronté avec les témoins à charge, d'exiger par des moyens légaux la comparution de témoins à décharge, et d'être assisté d'un conseil pour sa défense ».

7e amendement : « Dans les procès de droit commun où la valeur en litige excédera vingt dollars, le droit au jugement par un jury sera observé, et aucun fait jugé par un jury ne sera examiné de nouveau dans une cour des États-Unis autrement que selon les règles du droit commun ».

8e amendement : « Des cautions excessives ne seront pas exigées, ni des amendes excessives imposées, ni des châtiments cruels et exceptionnels infligés ».

9e amendement : « L'énumération de certains droits dans la Constitution ne pourra être interprétée comme déniant ou restreignant d'autres droits conservés par le peuple ».

Ensuite, le 13e amendement (ratifié en 1865) abolit l'esclavage officiellement. Le 14e amendement (ratifié en 1868) prévoit l'égale protection des lois. Le 15e amendement accorde le droit de vote aux Noirs (ratifié en 1870). Le 19e amendement reconnaît le droit de vote des femmes (1920).

13e amendement : « Ni esclavage ni servitude involontaire, si ce n'est en punition d'un crime dont le coupable aura été dûment convaincu, n'existeront aux États-Unis ni dans aucun des lieux soumis à leur juridiction » (…)

14e amendement : « Toute personne née ou naturalisée aux États-Unis, et soumise à leur juridiction, est citoyen des États-Unis et de l'État dans lequel elle réside. Aucun État ne fera ou n'appliquera de lois qui restreindraient les privilèges ou les immunités des citoyens des États-Unis ; ne privera une personne de sa vie, de sa liberté ou de ses biens sans procédure légale régulière ; ni ne refusera une égale protection des lois à quiconque relève de sa juridiction » (…)

15e amendement : « Le droit de vote des citoyens des États-Unis ne sera refusé ou limité par les États-Unis, ou par aucun État, pour des raisons de race, couleur, ou de condition antérieure de servitude » (…)

19e amendement : « Le droit de vote des citoyens des États-Unis ne pourra être refusé ou restreint pour cause de sexe par les États-Unis ni l'un quelconque des États » (…)

24e amendement : « Le droit des citoyens des États-Unis de voter à toute élection primaire ou autre élection du président et du vice-président, des grands électeurs du président et du vice-président, ou des sénateurs et représentants au Congrès, ne sera refusé ou restreint ni par les États-Unis, ni par aucun État, pour cause de non-paiement de la taxe électorale ou de tout autre impôt » (…)

Tous ces droits peuvent être invoqués par les citoyens devant tout juge, même à l'encontre d'une loi.

Les Constitutions écrites modernes **en Europe** contiennent toutes des Déclarations des droits, et, à partir des années 1945, les droits se diversifient et sont aussi de nature économique et sociale.

Par ex. la Constitution italienne de 1947 contient, après les principes fondamentaux, une longue première partie consacrée aux « droits et devoirs des citoyens » proclamant des droits classiques (liberté de circulation, de religion, de réunion, de communication des opinions, de vote…) et d'autres plus modernes (par ex., devoir et droit d'élever des enfants, santé, liberté de l'art et de la science et de leur enseignement, droit du travailleur au repos hebdomadaire et à des congés annuels rétribués, droit de disposer du temps nécessaire à l'exercice des fonctions publiques électives auxquelles un individu est appelé).

Constitution italienne de 1947

Art. 2 : « La République reconnaît et garantit les droits inviolables de l'homme, aussi bien en tant qu'individu que dans les formations sociales où s'exerce sa personnalité, et exige l'accomplissement des devoirs de solidarité politique, économique et sociale auxquels il ne peut être dérogé ».

Art. 3 : « Tous les citoyens ont une même dignité sociale et sont égaux devant la loi, sans distinction de sexe, de race, de langue, de religion, d'opinions politiques, de conditions personnelles et sociales… ».

Art. 4 : « La République reconnaît à tous les citoyens le droit au travail et met en œuvre les conditions qui rendent ce droit effectif.

Tout citoyen a le devoir d'exercer, selon ses possibilités et selon son choix, une activité ou une fonction concourant au progrès matériel ou spirituel de la société ».

La même configuration apparaît dans la Constitution portugaise de 1976 : une très longue première partie d'environ 80 art. est consacrée aux « droits et devoirs fondamentaux » marqués par une certaine modernité (par ex. droits des consommateurs, droit à un environnement sain).

Constitution portugaise de 1976

Art. 60 : « Droits des consommateurs

1. Les consommateurs ont droit à la qualité des biens consommés et des services utilisés, à la formation et à l'information, à la protection de la santé, à la sécurité et à la défense de leurs intérêts économiques, ainsi qu'à la réparation des dommages subis… ».

Art. 66 : « Environnement et qualité de la vie

1. Toute personne a droit à un environnement humain, sain et écologiquement équilibré, et a le devoir de le défendre… »

3. Les droits et libertés fondamentaux en France

A. La consécration des droits et libertés fondamentaux dans l'histoire constitutionnelle française

À la Révolution française émerge l'idée que le pouvoir doit être limité pour protéger les libertés inhérentes à l'Homme, qui sont donc préexistantes à l'État et au pouvoir politique. Ce lien entre la limitation du pouvoir et les libertés transparaît avec éclat dans la **DDHC du 26 août 1789**. Avant de rédiger le texte qui deviendra la Constitution de 1791, l'Assemblée nationale constituante élabore une Déclaration des droits, consciente de la nécessité de fonder le texte constitutionnel sur le respect des droits et libertés. Cette Assemblée, composée de la bourgeoisie lettrée de l'époque, est largement influencée par les Déclarations et Constitutions américaines de la fin du XVIIIe siècle et par les philosophes des Lumières (par ex. la théorie du contrat social de Rousseau, les théories de la limitation du pouvoir de Locke et Montesquieu, les idées libérales de Voltaire, la critique de la division de la société en ordres de Beaumarchais), ainsi que par les hommes politiques et écrivains défendant des idées libérales (par ex. Mirabeau et Sieyès).

Universaliste, la DDHC proclame des libertés pour l'Homme en général par des articles de portée intemporelle, même si chaque liberté est d'abord une réaction aux abus de l'Ancien Régime.

Les rédacteurs disent en préambule « exposer » et non créer, « dans une Déclaration solennelle, les droits naturels, inaliénables et sacrés de l'Homme », le but de l'État étant « la conservation des droits naturels et imprescriptibles de l'Homme » que sont « la liberté, la propriété, la sûreté, et la résistance à l'oppression » (art. 2).

La DDHC est assez brève (17 art.) mais les droits qu'elle mentionne sont les plus essentiels et permettent l'exercice de tous les autres droits.

Ainsi, la **liberté** est fondamentale et définie dans l'art. 4 comme consistant « **à pouvoir faire tout ce qui ne nuit pas à autrui** ». L'**égalité** juridique est affirmée dès l'art. 1 et innerve l'ensemble du texte.

DDHC, art. 1er : « Les hommes naissent et demeurent libres et égaux en droits. Les distinctions sociales ne peuvent être fondées que sur l'utilité commune ».

Les libertés énoncées, de nature civile et politique, sont destinées à protéger les individus contre le pouvoir. Ainsi, les art. 7 à 9 consacrent la **liberté individuelle** par le biais de la légalité des délits et des peines, de la proportionnalité des peines, de la non-rétroactivité des lois répressives, de la nécessité des peines et de la présomption d'innocence. Puis l'art. 10 consacre la **liberté d'opinion** et l'art. 11 la liberté de communiquer ses opinions. L'art. 17 enfin consacre le **droit de propriété** tout en admettant des limites.

Lorsqu'il participe aux affaires de la cité, l'homme devient un **citoyen**, dont le droit de prendre part à la formation de la loi est reconnu, directement ou par ses représentants (art. 6), en particulier en matière fiscale (art. 14).

Ces libertés s'accompagnent de dispositions relatives à l'**organisation du pouvoir** : la souveraineté nationale est consacrée (art. 3, *cf.* thème 1), ainsi que la séparation des pouvoirs (art. 16, *cf.* thèmes 2 et 5) ; sont reconnues la nécessité de la force publique (art. 12) et de l'impôt (art. 13), et la responsabilité des agents publics (art. 15).

La DDHC témoigne d'une confiance absolue dans la loi dont dépend la plupart des libertés qu'elle consacre et dont le rôle est défini aux art. 5 et 6.

DDHC

Art. 5 : « La Loi n'a le droit de défendre que les actions nuisibles à la Société. Tout ce qui n'est pas défendu par la Loi ne peut être empêché, et nul ne peut être contraint à faire ce qu'elle n'ordonne pas ».

Art. 6 : « La Loi est l'expression de la volonté générale. Tous les Citoyens ont droit de concourir personnellement, ou par leurs Représentants, à sa formation. Elle doit être la même pour tous, soit qu'elle protège, soit qu'elle punisse. Tous les Citoyens étant égaux à ses yeux sont également admissibles à toutes dignités, places et emplois publics, selon leur capacité, et sans autre distinction que celle de leurs vertus et de leurs talents ».

Ce rôle central de la loi (**légicentrisme**) sera pendant longtemps un obstacle dirimant à son contrôle.

La DDHC a été placée en tête de la Constitution de 1791 qui contient elle-même une déclaration des droits (titre premier) reprenant la DDHC tout en ajoutant des libertés d'ordre social (secours public, instruction gratuite). La DDHC n'a donc apparemment pas de valeur juridique.

Constitution de 1791 – Titre Premier –
Dispositions fondamentales garanties par la Constitution

(…) « La Constitution garantit pareillement, comme droits naturels et civils :

- La liberté à tout homme d'aller, de rester, de partir, sans pouvoir être arrêté, ni détenu, que selon les formes déterminées par la Constitution ;
- La liberté à tout homme de parler, d'écrire, d'imprimer et publier ses pensées, sans que les écrits puissent être soumis à aucune censure ni inspection avant leur publication, et d'exercer le culte religieux auquel il est attaché ;
- La liberté aux citoyens de s'assembler paisiblement et sans armes, en satisfaisant aux lois de police ;
- La liberté d'adresser aux autorités constituées des pétitions signées individuellement.

Le Pouvoir législatif ne pourra faire aucunes lois qui portent atteinte et mettent obstacle à l'exercice des droits naturels et civils consignés dans le présent titre, et garantis par la Constitution ; mais comme la liberté ne consiste qu'à pouvoir faire tout ce qui ne nuit ni aux droits d'autrui, ni à la sûreté publique, la loi peut établir des peines contre les actes qui, attaquant ou la sûreté publique ou les droits d'autrui, seraient nuisibles à la société…

Il sera créé et organisé un établissement général de Secours publics, pour élever les enfants abandonnés, soulager les pauvres infirmes, et fournir du travail aux pauvres valides qui n'auraient pu s'en procurer.

Il sera créé et organisé une Instruction publique commune à tous les citoyens, gratuite à l'égard des parties d'enseignement indispensables pour tous les hommes et dont les établissements seront distribués graduellement, dans un rapport combiné avec la division du royaume» (…)

Puis, la DDHC disparaît mais inspire les textes suivants : en 1795, une Déclaration des droits et des devoirs de l'homme et du citoyen précède la Constitution.

Déclaration des droits et des devoirs de l'homme et du citoyen de 1795 (extraits)

« **DROITS – Art. 1** : Les droits de l'homme en société sont la liberté, l'égalité, la sûreté, la propriété.

Art. 2 : La liberté consiste à pouvoir faire ce qui ne nuit pas aux droits d'autrui.

Art. 3 : L'égalité consiste en ce que la loi est la même pour tous, soit qu'elle protège, soit qu'elle punisse. L'égalité n'admet aucune distinction de naissance, aucune hérédité de pouvoirs». (…)

« **DEVOIRS – Art. 1** : La Déclaration des droits contient les obligations des législateurs : le maintien de la société demande que ceux qui la composent connaissent et remplissent également leurs devoirs.

Art. 2 : Tous les devoirs de l'homme et du citoyen dérivent de ces deux principes, gravés par la nature dans tous les cœurs : – Ne faites pas à autrui ce que vous ne voudriez pas qu'on vous fît. – Faites constamment aux autres le bien que vous voudriez en recevoir.

Art. 3 : Les obligations de chacun envers la société consistent à la défendre, à la servir, à vivre soumis aux lois, et à respecter ceux qui en sont les organes». (…)

La Constitution de 1799 ne contient pas de Déclaration des droits, mais La DDHC a ensuite laissé son empreinte dans les Chartes de 1814 et 1830 qui débutent par l'énoncé du «droit public des français».

Charte de 1830

Art. 1 : «Les Français sont égaux devant la loi, quels que soient d'ailleurs leurs titres et leurs rangs».

Art. 4 : «Leur liberté individuelle est également garantie, personne ne pouvant être poursuivi ni arrêté que dans les cas prévus par la loi et dans la forme qu'elle prescrit».

Art. 5 : « Chacun professe sa religion avec une égale liberté, et obtient pour son culte la même protection ».

Art. 7 : « Les Français ont le droit de publier et de faire imprimer leurs opinions en se conformant aux lois. La censure ne pourra jamais être rétablie ».

Art. 8 : « Toutes les propriétés sont inviolables, sans aucune exception de celles qu'on appelle nationales, la loi ne mettant aucune différence entre elles ».

La Constitution de 1848 est marquée par le texte de 1789, tant dans son préambule que dans son chapitre 2 qui contient une Déclaration des droits incluant des droits sociaux.

Constitution de 1848

Préambule – (…) **II** : « La République française est démocratique, une et indivisible. III. – Elle reconnaît des droits et des devoirs antérieurs et supérieurs aux lois positives. IV. – Elle a pour principe la Liberté, l'Égalité et la Fraternité. Elle a pour base la Famille, le Travail, la Propriété, l'Ordre public » (…).

Ch. II : « Droits des citoyens garantis par la Constitution »

Art. 5 : « La peine de mort est abolie en matière politique ».

Art. 6 : « L'esclavage ne peut exister sur aucune terre française ».

Art. 8 : « Les citoyens ont le droit de s'associer, de s'assembler paisiblement et sans armes, de pétitionner, de manifester leurs pensées par la voie de la presse ou autrement… La presse ne peut, en aucun cas, être soumise à la censure ».

Art. 9 : « L'enseignement est libre… ».

Art. 13 : « La Constitution garantit aux citoyens la liberté du travail et de l'industrie. La société favorise et encourage le développement du travail par l'enseignement primaire gratuit, l'éducation professionnelle, l'égalité de rapports, entre le patron et l'ouvrier, les institutions de prévoyance et de crédit, les institutions agricoles, les associations volontaires… ; elle fournit l'assistance aux enfants abandonnés, aux infirmes et aux vieillards sans ressources, et que leurs familles ne peuvent secourir ».

Si la Constitution de 1804 ne consacre pas de droits et libertés (l'Empereur devant cependant faire le serment de respecter et de faire respecter la liberté des cultes, l'égalité des droits, la liberté politique et civile, de gouverner dans l'intérêt du peuple français selon l'art. 53), celle de 1852 dit reconnaître, confirmer et garantir les principes de 1789 (titre 1er, art. 1), bien que leur effectivité ne soit pas assurée dans ces régimes non démocratiques.

L'idée de constitutionnaliser la DDHC évoquée au début de la **IIIe République** n'a pas prospéré et la Constitution de 1875 ne mentionne pas les droits et libertés. L'œuvre de 1789 a cependant été perpétuée par les **grandes lois** qui ont consacré des libertés essentielles (lois du 15 juill. 1875 et du 18 mars 1880 sur la liberté de l'enseignement supérieur ; lois Jules Ferry du 16 juin 1881 – gratuité de l'enseignement primaire public – et 28 mars 1882 – enseignement primaire obligatoire ; loi du 30 juin 1881 sur la liberté de réunion ; loi du 29 juill. 1881 sur la liberté de la presse ; loi du 21 mars 1884 sur la liberté syndicale ; loi du 1er juill. 1901 sur la liberté d'association ; loi du 9 déc. 1905 sur la séparation de l'Église et de l'État et la liberté de conscience). De même, par ses grands arrêts, le **Conseil d'État** à cette époque a donné des droits à l'administré contre l'Exécutif (par ex. CE Ass., 3 juill. 1936, *Delle Bobard* : égal accès des hommes et des femmes à la fonction publique ; contrôle du pouvoir de police afin de protéger les libertés de réunion – CE 19 mai 1933, *Benjamin* –, de culte – CE, 19 févr. 1909, *Abbé Olivier* ; consécration de la liberté du commerce et de l'industrie : CE Sect., 30 mai 1930, *Chambre syndicale du commerce en détail de Nevers* ; consécration des droits de la défense : CE, 20 juin 1913, *Téry* ; extension de la recevabilité du recours pour excès de pouvoir par plusieurs arrêts).

La Constitution de 1946 contient un préambule qui rappelle la DDHC par l'évocation de principes fondamentaux reconnus par les lois de la République (PFRLR) et par l'énumération des principes particulièrement nécessaires à notre temps (PPNT).

L'objectif des PFRLR pour les constituants de 1946 est de moderniser la DDHC de 1789 et de rendre compte des apports en matière de libertés réalisés entre 1789 et 1946 par le biais des grandes lois de la IIIe République. L'absence de définition et d'énumération des PFRLR dans le texte de 1946 n'a pas empêché le juge administratif d'en dégager (en 1956 il érige la liberté d'association en PFRLR).

CE Ass., 11 juill. 1956, *Amicale des annamites de Paris* (extraits)

Requête de l'Amicale des Annamites de Paris, association déclarée… tendant à l'annulation pour excès de pouvoir de l'arrêté du 30 avril 1953, par lequel le Ministre de l'Intérieur a constaté la nullité de l'Amicale des Annamites de Paris en application du décret du 12 avril 1939, relatif aux associations étrangères ;

Vu la Constitution du 27 octobre 1946; la loi du 1er juillet 1901…;

Considérant qu'aux termes de l'article 81 de la Constitution de la République française: « Tous les nationaux français et les ressortissants de l'Union française ont la qualité de citoyens de l'Union française qui leur assure la jouissance des droits et libertés garantis par le préambule de la présente Constitution »; qu'il résulte de cette disposition que les principes fondamentaux reconnus par les lois de la République et réaffirmés par le préambule de ladite Constitution sont applicables sur le territoire français aux ressortissants de l'Union française; qu'au nombre de ces principes figure la liberté d'association; que, dès lors, le Ministre de l'Intérieur n'a pu, sans excéder ses pouvoirs, constater par l'arrêté attaqué en date du 30 avril 1953 la nullité de l'association déclarée des Annamites de Paris, dont les dirigeants et les membres étaient des ressortissants vietnamiens… (Annulation).

Les PPNT ajoutent aux droits et libertés classiques (qu'ils réaffirment) des droits-créances de nature économique et sociale, comme l'égalité des droits entre hommes et femmes, le droit d'obtenir un emploi, la protection de la santé, etc.

Préambule de 1946 (extraits)

« 1. …Il [le peuple français] réaffirme solennellement les droits et libertés de l'homme et du citoyen consacrés par la Déclaration des droits de 1789 et les principes fondamentaux reconnus par les lois de la République.

2. Il proclame, en outre, comme particulièrement nécessaires à notre temps, les principes politiques, économiques et sociaux ci-après:

3. La loi garantit à la femme, dans tous les domaines, des droits égaux à ceux de l'homme.

4. Tout homme persécuté en raison de son action en faveur de la liberté a droit d'asile sur les territoires de la République.

5. Chacun a le devoir de travailler et le droit d'obtenir un emploi…

6. Tout homme peut défendre ses droits et ses intérêts par l'action syndicale et adhérer au syndicat de son choix.

7. Le droit de grève s'exerce dans le cadre des lois qui le réglementent.

8. Tout travailleur participe, par l'intermédiaire de ses délégués, à la détermination collective des conditions de travail ainsi qu'à la gestion des entreprises…

11. Elle [la Nation] garantit à tous… la protection de la santé, la sécurité matérielle, le repos et les loisirs. Tout être humain qui, en raison de son âge, de son état physique ou mental, de la situation économique, se trouve dans l'incapacité de travailler a le droit d'obtenir de la collectivité des moyens convenables d'existence…

13. La Nation garantit l'égal accès de l'enfant et de l'adulte à l'instruction, à la formation professionnelle et à la culture. L'organisation de l'enseignement public gratuit et laïque à tous les degrés est un devoir de l'État… ».

B. Les droits et libertés fondamentaux sous la Ve République

Quelques droits et libertés sont mentionnés de manière très générale dans les art. 1 à 4 de la Constitution de 1958 (égalité devant la loi, liberté de conscience, droit de vote, libre formation des partis politiques).

Constitution de 1958

Art. 1 : « La France est une République indivisible, laïque, démocratique et sociale. Elle assure l'égalité devant la loi de tous les citoyens sans distinction d'origine, de race ou de religion. Elle respecte toutes les croyances. Son organisation est décentralisée.

La loi favorise l'égal accès des femmes et des hommes aux mandats électoraux et fonctions électives, ainsi qu'aux responsabilités professionnelles et sociales ».

Art. 2 : « La langue de la République est le français.

L'emblème national est le drapeau tricolore, bleu, blanc, rouge.

L'hymne national est la "Marseillaise".

La devise de la République est "Liberté, Égalité, Fraternité".

Son principe est : gouvernement du peuple, par le peuple et pour le peuple ».

Art. 3 : « La souveraineté nationale appartient au peuple qui l'exerce par ses représentants et par la voie du référendum.

Aucune section du peuple ni aucun individu ne peut s'en attribuer l'exercice.

Le suffrage peut être direct ou indirect dans les conditions prévues par la Constitution. Il est toujours universel, égal et secret.

Sont électeurs, dans les conditions déterminées par la loi, tous les nationaux français majeurs des deux sexes, jouissant de leurs droits civils et politiques ».

Art. 4 : « Les partis et groupements politiques concourent à l'expression du suffrage. Ils se forment et exercent leur activité librement. Ils doivent respecter les principes de la souveraineté nationale et de la démocratie.

Ils contribuent à la mise en œuvre du principe énoncé au second alinéa de l'article 1er dans les conditions déterminées par la loi.

La loi garantit les expressions pluralistes des opinions et la participation équitable des partis et groupements politiques à la vie démocratique de la Nation ».

Puis l'art. 66 place l'autorité judiciaire en gardienne de la liberté individuelle, et l'art. 71-1 confie au défenseur des droits le rôle de veiller au respect des droits et libertés par les personnes chargées d'un service public. Enfin, l'art. 34 donne compétence à la loi pour fixer un certain nombre de droits et libertés.

Quant au Préambule, il est si court et général qu'il semble futile.

Constitution de 1958 – Art. préambule

« Le Peuple français proclame solennellement son attachement aux Droits de l'Homme et aux principes de la souveraineté nationale tels qu'ils ont été définis par la Déclaration de 1789, confirmée et complétée par le Préambule de la Constitution de 1946, ainsi qu'aux droits et devoirs définis dans la Charte de l'environnement de 2004.

En vertu de ces principes et de celui de la libre détermination des peuples, la République offre aux territoires d'outre-mer qui manifestent la volonté d'y adhérer des institutions nouvelles fondées sur l'idéal commun de liberté, d'égalité et de fraternité et conçues en vue de leur évolution démocratique ».

En 1958, il n'est pas paru conforme à la tradition politique et juridique que l'Exécutif, qui a rédigé la Constitution (*cf.* thème 2), rédige une Déclaration des droits, comme l'a expliqué Michel Debré au Comité consultatif constitutionnel. Le préambule a donc consisté à maintenir en vigueur la DDHC de 1789 et l'additif de 1946. Il a été complété en 2005 par un renvoi à la Charte de l'environnement. Si, en 1958, les constituants ne donnent pas clairement de valeur juridique au préambule, ils le considèrent comme une source d'inspiration pour le pouvoir politique et le juge, et n'empêchent pas le Conseil constitutionnel de l'utiliser (à l'inverse du Comité constitutionnel de la IVe République, à qui il était interdit d'utiliser le Préambule de 1946, *cf.* thème 11). Ce dernier a donc pu, dans sa décision *Liberté d'association* de 1971, constitutionnaliser ce préambule, et reconnaître, ce faisant que tous les droits et libertés qui y sont concentrés font partie intégrante de la Constitution. Ainsi, le Préambule de 1958, et, par renvoi, la DDHC de 1789, le Préambule de 1946, et la Charte de l'environnement forment, avec la Constitution de 1958, le **bloc de constitutionnalité**, expression doctrinale désignant tous les principes et règles qui ont la même valeur constitutionnelle et qui, par conséquent, s'imposent au législateur, au pouvoir exécutif, aux autorités administratives, aux juges, et aux particuliers.

Cons. const., n° 71-44 DC du 16 juill. 1971,
Liberté d'association **(extraits)**

Le Conseil constitutionnel,

Saisi le 1er juillet 1971 par le Président du Sénat, conformément aux dispositions de l'article 61 de la Constitution, du texte de la loi, délibérée par l'Assemblée nationale et le Sénat et adoptée par l'Assemblée nationale, complétant les dispositions des articles 5 et 7 de la loi du 1er juillet 1901 relative au contrat d'association ;

Vu la Constitution et notamment son préambule ; (…)

2. Considérant qu'au nombre des principes fondamentaux reconnus par les lois de la République et solennellement réaffirmés par le préambule de la Constitution il y a lieu de ranger le principe de la liberté d'association ; que ce principe est à la base des dispositions générales de la loi du 1er juillet 1901 relative au contrat d'association (…) ;

3. Considérant que (…) les dispositions de l'article 3 de la loi (…) ont pour objet d'instituer une procédure d'après laquelle l'acquisition de la capacité juridique des associations déclarées pourra être subordonnée à un contrôle préalable par l'autorité judiciaire de leur conformité à la loi ;

4. Considérant, dès lors, qu'il y a lieu de déclarer non conformes à la Constitution les dispositions de l'article 3 de la loi soumise à l'examen du Conseil constitutionnel (…)

L'ensemble de la décision apparaît audacieux. Les ***visas*** *en constituent l'apport essentiel, puisqu'en se fondant sur* ***la Constitution et « notamment » son préambule****, le Conseil reconnaît que le préambule fait partie intégrante de la Constitution ; il trouve dans ce préambule un renvoi à celui de 1946 et la référence aux PFRLR : alors même que ces principes ne sont pas écrits, pour la première fois il en dégage lui-même un, la liberté d'association, dont il se sert pour déclarer la loi qui lui est soumise inconstitutionnelle. Si dans une décision du 19 juin 1970 le Conseil, saisi d'un traité en vertu de l'art. 54 C, avait déjà mentionné le préambule dans les visas, la décision était passée inaperçue.*

Le Conseil a ensuite lui-même considérablement enrichi le préambule de nombreux droits et libertés au fil de ses décisions. Il a ainsi consacré beaucoup de PFRLR : par ex. la liberté individuelle (12 janv. 1977, *Fouille des véhicules*), la liberté d'enseignement et de conscience (23 nov. 1977), le respect des droits de la défense (23 janv. 1987, *Conseil de la concurrence*), l'indépendance du juge administratif (22 juill. 1980, *Loi de validation*), la compétence du juge administratif en matière d'annulation des actes administratifs (23 janv. 1987, *Conseil de la concurrence*), le fait que l'autorité judiciaire soit la gardienne de la propriété privée immobilière (25 juill. 1989), l'indépendance des professeurs d'université (20 janv. 1984). Dans sa décision du 20 juill. 1988, *loi d'amnistie*, complétée par celle du 20 juill. 1993, le Conseil a donné les critères du PFRLR : il s'agit de principes suffisamment généraux, qui découlent d'une législation républicaine ininterrompue, antérieure à l'entrée en vigueur du Préambule de 1946. Les PFRLR récents sont nécessairement moins nombreux (par ex., spécificité du droit applicable aux mineurs, reconnu le 29 août 2002 ; spécificité du droit applicable en Alsace et en Moselle reconnu le 5 août 2011). Le Conseil d'État a eu également l'occasion d'en dégager pour interpréter un traité international, texte supra-législatif (CE Ass. 3 juill. 1996, *Koné*, qui consacre le PFRLR selon lequel l'État doit en principe refuser l'extradition d'un étranger lorsqu'elle est demandée dans un but politique). Le Conseil constitutionnel peut utiliser des dispositions vagues du préambule tel que le « Préambule du Préambule » de 1946 dont il tire le principe à valeur constitutionnelle de la dignité humaine contre toute forme d'asservissement et de dégradation (27 juill. 1994, *Lois bioéthique*).

Préambule de 1946 (extrait)

« 1. Au lendemain de la victoire remportée par les peuples libres sur les régimes qui ont tenté d'asservir et de dégrader la personne humaine, le peuple français proclame à nouveau que tout être humain, sans distinction de race, de religion ni de croyance, possède des droits inaliénables et sacrés. Il réaffirme solennellement les droits et libertés de l'homme et du citoyen consacrés par la Déclaration des droits de 1789 et les principes fondamentaux reconnus par les lois de la République ».

Sans se référer à un texte du bloc de constitutionnalité, le Conseil constitutionnel a dégagé des principes à valeur constitutionnelle (par ex., la continuité du service public le 25 juill. 1979) et des objectifs de valeur constitutionnelle (par ex., la sauvegarde de l'ordre public, le pluralisme des courants d'expression le 27 juill. 1982 ; le droit de disposer d'un logement décent le 19 janv. 1995).

Conscient de la nécessité de préserver sa légitimité, le Conseil utilise aujourd'hui, dans la mesure du possible, des principes écrits du Préambule (par ex., l'objectif à valeur constitutionnelle d'accessibilité et d'intelligibilité de la loi reconnu le 16 déc. 1999 est fondé sur plusieurs articles de la DDHC, de même que le droit de disposer d'un logement décent se fonde sur plusieurs alinéas du Préambule de 1946, l'objectif à valeur constitutionnelle du pluralisme des quotidiens d'information se fonde sur l'art. 11 DDHC, la séparation des pouvoirs se fonde sur l'art. 16 DDHC à partir de janv. 1989, la liberté individuelle est fondée sur l'art. 66 C, la liberté de conscience sur l'art. 10 DDHC).

Les juges, en particulier le Conseil constitutionnel, ont actualisé les principes du préambule (par ex. de l'art. 11 DDHC, il tire la libre communication des idées et opinions par voie audiovisuelle, de l'art. 16 DDHC il tire le droit au procès équitable, de l'art. 15 DDHC il tire le droit d'accès aux documents administratifs), en s'inspirant souvent des textes internationaux et des Constitutions étrangères plus modernes. La rigidité de la Constitution de 1958 (*cf.* thème 2) empêche une remise en cause des droits et libertés qui y sont consacrés. Si la Charte de l'environnement a été ajoutée au préambule et l'a modernisé en incluant des droits de la troisième génération, l'idée de réviser le préambule a été rejetée par le Comité de réflexion sur le Préambule de la Constitution, présidé par S. Veil (rapport de déc. 2008).

Charte de l'environnement de 2004 (extraits)

Art. 1er : « Chacun a le droit de vivre dans un environnement équilibré et respectueux de la santé ».

Art. 2 : « Toute personne a le devoir de prendre part à la préservation et à l'amélioration de l'environnement ».

Art. 4 : « Toute personne doit contribuer à la réparation des dommages qu'elle cause à l'environnement, dans les conditions définies par la loi ».

Art. 5 : « Lorsque la réalisation d'un dommage, bien qu'incertaine en l'état des connaissances scientifiques, pourrait affecter de manière grave et irréversible l'environnement, les autorités publiques veillent, par application du principe de précaution et dans leurs domaines d'attributions, à la mise en œuvre de procédures d'évaluation des risques et à l'adoption de mesures provisoires et proportionnées afin de parer à la réalisation du dommage ».

Art. 6 : « Les politiques publiques doivent promouvoir un développement durable… ».

Art. 7 : « Toute personne a le droit, dans les conditions et les limites définies par la loi, d'accéder aux informations relatives à l'environnement détenues par les autorités publiques et de participer à l'élaboration des décisions publiques ayant une incidence sur l'environnement ».

Malgré la protection constitutionnelle dont ils bénéficient, les droits et libertés fondamentaux relèvent, en ce qui concerne leur régime, de la compétence principale du législateur (art. 34 C). La tradition légicentriste qui conduisait à refuser d'admettre que le Parlement puisse mal faire a été renversée sous la Ve République qui introduit le contrôle de constitutionnalité des lois et donc des limites au pouvoir législatif en matière de droits et libertés. Depuis la révision de 1974 élargissant sa saisine, puis l'instauration du contrôle *a posteriori* des lois en 2008, le Conseil constitutionnel connaît de toutes les lois touchant aux droits et libertés et les confronte aux garanties du Préambule en particulier qui contient l'essentiel des droits et libertés.

Le contrôle de constitutionnalité des lois réalisé par le Conseil constitutionnel se combine avec le contrôle de conventionnalité des lois que réalisent les juges ordinaires pour s'assurer que la loi ne méconnaît pas les libertés. Les traités internationaux ont une valeur juridique supérieure aux lois internes, mais inférieure à la Constitution (*cf.* thème 2). Depuis sa décision *IVG* du 15 janv. 1975, le Conseil constitutionnel refuse d'intégrer les traités dans le bloc de constitutionnalité lorsqu'il est saisi dans le cadre du contrôle de constitutionnalité des lois, mais il incite les juges ordinaires à réaliser le contrôle des lois par rapport aux traités (ce qu'il a lui-même fait en tant que juge électoral, et donc juge ordinaire : 21 oct. 1988, *Val d'Oise, 5e circonscription*). La Cour de cassation reconnaît ainsi, depuis sa décision rendue en Chambre mixte le 24 mai 1975, *Administration des douanes c/ société des cafés Jacques Vabres*, qu'un traité prévaut sur une loi même postérieure de même que le Conseil d'État depuis sa décision *Nicolo* rendue en Assemblée le 20 oct. 1989.

Le mécanisme du contrôle de conventionnalité des lois

Le contrôle se fait **par voie d'exception** : à l'occasion d'un litige porté devant le juge ordinaire, une partie se défend en invoquant le moyen selon lequel le texte que l'on veut lui appliquer est fondé sur une loi elle-même contraire à un traité international (elle soulève ainsi l'exception d'inconventionnalité de la loi).

> Si le juge considère que la loi est inconventionnelle, elle n'est pas annulée mais son application est écartée en l'**espèce**.
>
> Si, saisis de la même question, d'autres juges reconnaissent son inconventionnalité, la loi, bien que toujours en vigueur, ne sera en pratique plus appliquée, jusqu'à son éventuelle abrogation par une nouvelle loi.

Jusqu'en 2008, ce contrôle de conventionnalité des lois a pallié l'absence de contrôle des lois *a posteriori*, l'essentiel des droits et libertés constitutionnels ayant leur équivalent au niveau supranational, malgré le paradoxe que cette situation a créé jusqu'en 2008 : l'application d'une loi en vigueur pouvait être écartée dans une affaire lorsqu'elle était incompatible avec un traité, mais une loi en vigueur ne pouvait pas être contestée malgré sa non-conformité à la Constitution, texte fondamental en droit interne.

L'**Exécutif** intervient aussi en France pour réglementer les libertés. Ainsi, le pouvoir de police des titulaires du pouvoir réglementaire a pour objet de limiter les libertés afin de protéger l'ordre public. Le juge administratif, par le biais de son contrôle de légalité des actes administratifs (effectué à l'occasion de sa saisine par la voie du recours pour excès de pouvoir en particulier), s'assure que le pouvoir réglementaire ne limite les libertés que dans la stricte mesure où cela est nécessaire pour la protection de l'ordre public (il effectue alors un contrôle de proportionnalité inauguré par sa décision *Benjamin* préc.) ; il soumet le pouvoir réglementaire au respect de l'ensemble des droits et libertés garantis par les principes généraux du droit (qu'il consacre pour donner des droits à l'administré contre l'administration), par la loi, par les traités et par la Constitution.

4. Exercice – Dissertation (3)

Conseils méthodologiques

La dissertation juridique (3) : le plan

Classiquement, le plan de la dissertation juridique doit contenir deux parties, découpées, chacune, en deux sous-parties. Le but de cette règle est de contraindre l'étudiant à **synthétiser** sa réflexion et à rendre plus **percutante** sa démonstration dans la mesure où, tous les arguments étant ainsi rangés en deux grands blocs, il est plus simple pour le lecteur de les assimiler.

À noter : il n'y a jamais un seul plan possible pour traiter le sujet ; il faut cependant veiller à ce que le plan choisi conduise à des parties et sous-parties équilibrées.

Le plan doit répondre complètement mais uniquement au sujet et permettre de démontrer l'idée qui constitue **la problématique** (ou, ce qui revient au même, la réponse à la question soulevée par le sujet). Ainsi, l'ensemble des deux parties doit répondre à toute la problématique sans aller au-delà. Les deux sous-parties doivent démontrer l'idée de la partie.

Attention : le titre de la partie ne doit pas être constitué des deux idées des sous-parties accolées, mais doit être l'idée qui synthétique les idées des deux sous-parties.

Il est donc important que le plan ne contienne **pas d'idées contradictoires** qui laisseraient finalement entière la réponse à la problématique.

Ex : pour un sujet « le Conseil constitutionnel est-il une juridiction ? », le plan suivant : « I. Le CC, une juridiction à part entière » puis « II. Le CC, un organe qui ne peut être qualifié de juridiction » ne permettrait pas de savoir si oui ou non le CC est une juridiction selon l'étudiant. En revanche, il est possible de répondre que le CC ressemble de plus en plus à une juridiction (I), mais que certains aspects empêchent de reconnaître en lui une juridiction à part entière (II). Autrement dit, un plan nuancé est envisageable, mais il convient de prendre garde à ce que la nuance ne soit pas une contradiction.

De même, le titre ne doit **pas être formulé sous forme interrogative** dès lors qu'il est demandé de répondre à une interrogation.

Attention : il ne faut en général pas séparer le droit et sa pratique, les deux étant précisément indissociables. Si la pratique rend par exemple l'utilisation d'une règle de droit rarissime, la partie en expliquant les bienfaits sera contredite par la partie en livrant la pratique.

La **formulation** des intitulés est délicate car elle doit à la fois être assez simple pour rester claire, mais aussi refléter la complexité de l'idée qui sera démontrée dans la partie ou la sous-partie.

Sur la forme, il convient d'éviter, en droit, les verbes conjugués dans les titres parce qu'ils ne sont pas des phrases. Un titre formulé sous forme de phrase mettra moins en valeur l'idée force.

Ex : au lieu de : « Les PFRLR sont des principes non écrits », préférez : « Les PFRLR, des principes non écrits ».

Il faut faire ressortir l'idée générale, clairement. Ainsi, il est important de mettre en évidence une idée et une seule, exprimée le plus simplement possible pour qu'elle soit facile à comprendre et à retenir. Par conséquent, la ponctuation (« . », « ; », « : ») doit être évitée lorsqu'elle implique un titre long contenant plusieurs idées.

L'idée doit être exprimée complètement : il faut absolument bannir les intitulés dont l'un serait le début d'une idée et l'autre la fin de cette idée.

Ex : I. Le Préambule de 1958, un texte court en apparence… II. …intégrant en réalité les déclarations de 1789, 1946 et la Charte de l'environnement.

Sujet : « L'effectivité de la protection des droits et libertés »

Remarques sur le plan choisi

Problématique : « L'effectivité de la protection des droits et libertés reste fragile ».

I. L'effectivité des droits et libertés conditionnée par l'efficacité des mécanismes de protection

A. L'efficacité relative des mécanismes juridiques de protection des droits et libertés

B. L'inadaptation des mécanismes juridiques pour protéger effectivement certains droits et libertés

II. L'effectivité de la protection des droits et libertés menacée par la réversibilité des textes les consacrant

A. Le risque d'une réduction de la protection des droits et libertés par une modification des textes

B. Le risque accru d'une réduction de la protection des droits et libertés en cas de circonstances exceptionnelles

Écrire son plan au brouillon permet de vérifier : que I + II = la démonstration de la problématique ; que A + B = I ou II.

Il peut être intéressant, comme ci-dessus, de trouver une formulation et une construction homogènes pour les intitulés afin de mieux mettre en évidence l'idée qui sera démontrée dans la partie ou la sous-partie.

Pour faciliter le suivi de la démonstration par le lecteur, il est conseillé de faire en sorte que chaque titre, pris isolément, ait un sens ; cela conduit à répéter dans les divers titres les mots du sujet, mais évite au lecteur de faire l'effort de se remémorer le sujet au début de chaque partie et sous-partie.

Corrigé

Comme l'illustre la procédure de sauvegarde de l'État de droit engagée par l'Union européenne contre la Hongrie et la Pologne en 2017 et 2018 (art. 7 du Traité UE), la protection des droits et libertés n'est jamais acquise, même dans les États apparemment démocratiques. Le droit comparé et l'histoire fournissent de nombreux exemples montrant qu'en dépit de l'affirmation des droits et libertés, leur protection réelle, c'est-à-dire, l'existence de moyens permettant d'empêcher les gouvernants de leur porter atteinte et de faire cesser leur violation, est difficile à garantir. Le décalage est grand entre l'ancienneté avec laquelle la proclamation des droits et libertés est apparue indispensable et leur protection effective. Très rapidement, des garanties contre les arrestations arbitraires ont été imaginées (la *Magna Carta* de 1215 en Angleterre permet à toute personne d'être présentée à un juge avant d'être privée de liberté), parce que la liberté d'aller et de venir est la base de tous les autres droits. Mais au-delà de ces droits élémentaires, les droits et libertés consacrés par les textes, même constitutionnels, ne sont pas toujours garantis. Ainsi, on sait qu'en France, la DDHC de 1789 énonce déjà les droits et libertés essentiels, mais aucun mécanisme n'en garantit l'effectivité : la loi qui les organise ne fait pas l'objet d'un contrôle avant la Vᵉ République. Les régimes napoléoniens ont aussi montré que la proclamation des droits peut n'être que formelle. Le régime de Vichy témoigne aussi du fait que les libertés ne sont jamais immuables. Dès lors, même si, aujourd'hui, une multitude de droits et libertés de nature diverse est consacrée par les textes, l'enjeu de leur protection effective demeure actuel, comme le montrent les dérives de certains États revendiquant leur caractère démocratique sans protection des droits et libertés. La menace terroriste, les mouvements migratoires donnent actuellement lieu à des revendications sécuritaires et nationalistes qui mettent gravement en danger les droits et libertés. Il apparaît donc évident que, malgré la consécration des droits et libertés, même au plus haut niveau de la hiérarchie des normes, et l'ensemble des moyens imaginés pour en assurer la protection, celle-ci est très difficile à rendre effective ; cette effectivité reste fragile : elle est conditionnée par l'efficacité des mécanismes de protection (I), étant entendu en outre qu'elle peut être menacée par la réversibilité des textes consacrant ces droits et libertés (II).

I. L'effectivité des droits et libertés conditionnée par l'efficacité des mécanismes de protection

Pour que les gouvernants respectent les droits et libertés consacrés dans les textes, il faut que leur proclamation s'accompagne de mécanismes de protection efficaces ; or, les mécanismes juridiques le sont relativement (A), voire peuvent s'avérer inadaptés pour protéger certains droits et libertés (B).

A. L'efficacité relative des mécanismes juridiques de protection des droits et libertés

Divers moyens de défense des droits et libertés peuvent être imaginés, mais les plus efficaces par hypothèse sont les mécanismes de nature juridictionnelle, car ils sont mis en œuvre par des organes indépendants du pouvoir politique et qui rendent des décisions contraignantes. En France, le respect des droits et libertés par les actes administratifs et les lois est contrôlé par le juge (administratif, judiciaire, constitutionnel) qui peut selon les cas, annuler l'acte, écarter son application en l'espèce, empêcher l'entrée en vigueur de l'acte, condamner l'État à verser une indemnisation à la victime d'une violation des libertés. Les juges administratifs et judiciaires sanctionnent aussi l'atteinte aux libertés portée par un individu contre un autre. Des procédures d'urgence (référés) permettent, devant le juge ordinaire, d'agir rapidement afin d'éviter que la violation soit réalisée. Malgré l'efficacité des procédures juridictionnelles, certains actes échappent au contrôle du juge, soit car il est incompétent (par ex. les lois référendaires en France ne sont pas contrôlées par le Cons. const., alors même qu'elles pourraient être liberticides ; le juge administratif ne contrôle pas la légalité des actes de gouvernement) soit tout simplement parce qu'il n'est pas saisi. D'autres mécanismes non juridictionnels sont utiles en complément pour éviter le contentieux, voire dissuader les gouvernants de méconnaître les droits et libertés. Ainsi, en France, les recours administratifs que les administrés peuvent adresser à l'auteur d'une décision administrative ou à son supérieur hiérarchique peuvent permettre d'éviter simplement l'application d'un acte portant atteinte à une liberté de l'administré. Également, les autorités administratives indépendantes se sont multipliées, particulièrement dans le domaine des droits et libertés, et, en fonction de l'étendue de leurs pouvoirs, peuvent efficacement éviter une violation des droits et libertés (par ex., le Conseil supérieur de l'audiovisuel en France s'assure du pluralisme de l'information et peut infliger des sanctions pécuniaires ; le défenseur des droits, consacré dans la Constitution, peut notamment recevoir des réclamations individuelles, dispose de pouvoirs d'enquête étendus, peut contribuer au règlement amiable d'un litige, peut adresser des recommandations à la personne publique auteure d'une violation des libertés ; il n'a pas de pouvoir de sanction mais peut dénoncer la violation des libertés par une personne dans un rapport public ; il peut aussi agir d'office s'il détecte une violation des libertés). Même contraignants toutefois, les moyens juridiques de protection des libertés peuvent s'avérer peu efficaces.

B. L'inadaptation des mécanismes juridiques pour protéger effectivement certains droits et libertés

Les droits et libertés consacrés se sont diversifiés, et les mécanismes assurant leur protection, même juridictionnels, montrent leur limite face à certains droits. Il est en effet simple et efficace pour un juge d'annuler ou d'écarter un acte qui méconnaît des droits de première génération qui sont affirmés contre le pouvoir politique. En revanche, le juge n'a pas les moyens d'obliger l'État à agir pour mettre en œuvre un droit de deuxième ou de troisième génération. Certes, se développent des mécanismes de mise en jeu de la responsabilité de l'État pour carence (c'est-à-dire inaction), cependant, ces actions consistent à condamner l'État à verser une indemnisation à la victime seulement, mais ne permettent pas directement d'assurer le respect du droit en question (par ex. CE Ass., 22 oct. 2010, *Mme Bleitrach* : l'égalité de traitement impose à l'État des aménagements de bâtiments publics pour assurer l'accessibilité aux personnes handicapées). Autrement dit, de fait, une hiérarchie entre les droits et libertés existe ; même s'ils sont élevés au rang constitutionnel, certains sont mieux protégés que d'autres qui supposent une action positive de l'État. Certains droits et libertés sont également difficiles à concrétiser. Par ex. affirmer le droit de vivre dans un environnement sain ne permet pas d'identifier ce que peut concrètement recouvrir ce droit. La consécration de tels droits a sans doute une valeur incitative mais leur protection ne relève pas de mécanismes juridiques. Enfin, la multiplication des droits oblige à les concilier. Même si, en France, le Cons. const. rejette toute idée de hiérarchie entre les droits et libertés constitutionnels, force est de constater que son contrôle revient très souvent à vérifier que l'atteinte portée à une liberté pour en assurer une autre n'est pas excessive. Par ex., la loi peut limiter le droit au respect de la vie privée pour assurer l'intégrité des élus ; le droit de disposer d'un logement décent justifie des atteintes au droit de propriété.

Les mécanismes les plus contraignants ne sont pas forcément efficaces pour protéger les droits et libertés ; en outre, la consécration même des libertés est toujours réversible. Si des contrôles peuvent empêcher un texte de violer un droit ou une liberté, en revanche, un texte peut être modifié dans le sens d'une réduction des droits et libertés.

II. L'effectivité de la protection des droits et libertés menacée par la réversibilité des textes les consacrant

L'existence des droits et libertés peut être remise en cause. Leur consécration n'est pas intangible, même lorsqu'ils ont valeur constitutionnelle, les textes pouvant toujours être modifiés (A), d'autant plus facilement en cas de circonstances exceptionnelles (B).

A. Le risque d'une réduction de la protection des droits et libertés par une modification des textes

Les droits et libertés consacrés dans la Constitution nécessitent en général, pour être appliqués concrètement, l'édiction de lois. Les textes constitutionnels suffisent rarement à donner une substance aux droits fondamentaux. Le fait de donner compétence au législateur et non au pouvoir réglementaire pour fixer le régime des libertés est davantage protecteur, la procédure législative étant plus complexe que l'édiction, par les autorités administratives, des actes réglementaires. Il n'en demeure pas moins toutefois que le législateur est compétent pour adopter une loi modifiant le régime législatif d'une liberté et peut ainsi le cas échéant réduire sa protection. Contre ces risques de régression en matière de protection des droits et libertés, le Cons. const. français a pu mettre par exemple en œuvre une jurisprudence dite de l'effet cliquet par laquelle il permettait au législateur de rendre plus effectif un droit ou une liberté mais pas d'en réduire la protection. La doctrine a cependant constaté que cette jurisprudence a été plus ou moins abandonnée par le juge au profit d'une politique jurisprudentielle visant non pas à empêcher un retour en arrière mais seulement à empêcher le législateur de priver de garanties légales des exigences constitutionnelles, afin de ne pas dénaturer la liberté. En outre, la rigidité constitutionnelle ne rend pas impossible une suppression de droits et libertés. En France, le Cons. const. refuse de contrôler la constitutionnalité des lois constitutionnelles et si certaines Cours étrangères font ce contrôle, il reste timoré (*cf.* thème 2).

Une régression de la protection des libertés reste donc possible, et le danger est encore plus grand en cas de circonstances exceptionnelles.

B. Le risque accru d'une réduction de la protection des droits et libertés en cas de circonstances exceptionnelles

Des situations de crise peuvent conduire à justifier une limitation parfois drastique des droits et libertés. En général reconnues par les Constitutions, ces situations sont encadrées étroitement. Par ex. en France, l'art. 16 C permet au président de la République, en cas de grave crise, de concentrer tous les pouvoirs pour remédier à la situation par des mesures notamment restrictives des libertés fondamentales (*cf.* thème 7) ; l'état de siège peut être décidé par le Président et transfère le pouvoir de police à l'autorité militaire (art. 36 C). Au-delà de ces cas extrêmes, il existe d'autres situations permettant de limiter les libertés. L'état d'urgence par ex. en France, dont le régime est prévu par la loi (du 3 avr. 1955) peut être déclaré en cas de « péril imminent résultant d'atteintes graves à l'ordre public » ou en cas de calamité publique. Il a dernièrement été déclaré suite aux attentats de 2015 par décret (le 14 nov.) puis prolongé par la loi plusieurs fois pendant près de deux ans. Cette durée d'application interroge, car pendant ce temps, le renforcement des pouvoirs de police des autorités administratives heurte les libertés (par ex. interdictions de manifester, assignations à résidence, perquisitions, sans contrôle du juge judiciaire). L'encadrement de cette procédure semble dès lors insuffisant pour éviter les atteintes excessives aux droits et libertés. Ce contexte troublé a été prétexte pour modifier les textes applicables en temps normal pour renforcer la lutte contre le terrorisme (par ex., par la loi du 3 juin 2016, la procédure pénale a été modifiée et les pouvoirs de police étendus). La loi du 23 mars 2020 relative à l'état d'urgence sanitaire est de même très vague quant aux conditions qui en justifient l'application.

La consécration des droits fondamentaux est essentielle mais il est nécessaire de rester en permanence vigilant quant à leur protection effective. Le respect des droits et libertés élémentaires doit parfois être rappelé aux gouvernants (par ex. le Cons. const. a dû rappeler au législateur que de la fraternité, l'une des valeurs qui font la devise de la République, découle la liberté d'aider autrui, dans un but humanitaire : n° 2018-717/718 QPC du 6 juill. 2018).

Partie 2

L'organisation du pouvoir de l'État

La démocratie suppose de bannir toute concentration du pouvoir entre les mains d'une seule personne ou d'un seul organe qui risque d'abuser de ce pouvoir et de l'exercer à des fins personnelles et non dans l'intérêt général. En d'autres termes, le pouvoir doit être **divisé** pour que les divers organes se contrôlent et se limitent. Cette division des pouvoirs s'accomplit à deux niveaux. D'une part, la **séparation verticale** permet de répartir le pouvoir sur le territoire de l'État (thème 4). D'autre part, la **séparation horizontale** (thème 5) consiste à confier le pouvoir étatique à de multiples gouvernants et, en premier lieu, à le répartir entre deux grands organes politiques, l'Exécutif (thèmes 6 et 7) et le Parlement (thèmes 8, 9 et 10).

Partie 2

Thème 4

La séparation verticale des pouvoirs

1. Les modèles de l'État fédéral et de l'État unitaire

Sur le territoire de l'État, la séparation des pouvoirs consiste à reconnaître l'existence, à l'intérieur de l'État, de **collectivités infra-étatiques**. Le partage du pouvoir entre l'État et les collectivités infra-étatiques est de nature à limiter le pouvoir de l'État central qui a ainsi face à lui de possibles **contre-pouvoirs**. La répartition du pouvoir entre l'État et les collectivités infra-étatiques peut se faire selon deux principales modalités en fonction du **degré d'autonomie** donné par l'État à ces collectivités infra-étatiques, et qui conduisent à distinguer **deux formes d'État**, l'État fédéral ou l'État unitaire.

L'**État fédéral** accorde une grande autonomie aux entités infra-étatiques, les États fédérés, tout en maintenant l'unité de l'ensemble fédéral. Cet équilibre est réalisé par le biais des trois principes qu'applique cette forme d'État, et mis en lumière par Georges Scelle :

- L'État fédéral réalise une **superposition** d'États, puisqu'il regroupe plusieurs États au sein d'un nouvel ensemble étatique (l'État fédéral) qui se superpose aux États ainsi réunis (les États fédérés).

  L'État fédéral dispose de toutes les caractéristiques d'un État : une Constitution fédérale, un pouvoir exécutif et un Parlement qui produisent un droit fédéral, appliqué par un pouvoir judiciaire fédéral, qui s'impose aux citoyens des États fédérés et est supérieur au droit de ces États. Il est reconnu comme sujet de droit international.
- De leur côté, les États fédérés bénéficient d'une **autonomie** qui s'exprime de deux manières.

Premièrement, ils disposent d'une **organisation politique** qui leur est propre, et, ainsi, d'une Constitution élaborée par leur pouvoir constituant, même si elle doit respecter certains principes de la Constitution fédérale, d'un pouvoir exécutif et d'un Parlement à l'origine d'un droit appliqué par les juridictions de l'État fédéré. Il existe donc des lois différentes dans les divers États fédérés d'une fédération (par ex., aux États-Unis, la peine de mort est parfois autorisée et parfois interdite par la loi).

Deuxièmement, les États fédérés disposent de **compétences** propres, consacrées par la Constitution fédérale. En revanche, les États fédérés n'ont pas de compétences internationales, ce qui crée un débat doctrinal sur le point de savoir s'ils sont de véritables États, leur souveraineté semblant incomplète sur le plan extérieur. Les difficultés liées à la répartition des compétences entre l'État fédéral et les États fédérés sont en général réglées par un organe juridictionnel (la Cour suprême ou constitutionnelle).

– Le lien entre les niveaux fédéral et fédéré est assuré par la **participation** des États fédérés à la vie politique de la fédération, et ce de deux manières.

  Premièrement, les États fédérés sont représentés par une **chambre du Parlement fédéral,** dotée de vrais pouvoirs, permettant aux États fédérés de participer à l'élaboration de la législation fédérale. Le Parlement des États fédéraux est donc **bicaméral.**

  Deuxièmement, la **procédure de révision de la Constitution fédérale** fait intervenir les États fédérés pour que leur existence ou leurs compétences, qui sont consacrées dans cette Constitution, ne soient pas remises en cause sans l'accord de la majorité d'entre eux. La Constitution des États fédéraux est donc **rigide.**

Ne pas confondre : fédération et confédération

Plusieurs États peuvent s'allier, pour coopérer dans certains domaines, au sein d'une confédération, qui est distincte d'une fédération sur plusieurs points :

– Au sein de la confédération, les États restent pleinement **souverains,** tandis que les États fédérés d'une fédération ne le sont pas complètement (ils ne sont pas reconnus comme des États sur le plan international et leur droit est inférieur à celui de l'État fédéral). Par conséquent, les États membres de la confédération sont **égaux** et délibèrent à l'**unanimité** de décisions qui ne sont applicables que sous réserve de confirmation par les États membres.

– Contrairement à la fédération, la confédération **n'est pas un État** et ne produit donc pas de droit applicable aux citoyens.

– La confédération est instituée par un **traité international** et non par une Constitution comme l'est l'État fédéral. Il est donc possible, relativement facilement, pour un État membre, sous réserve du respect du traité, de se retirer de cet ensemble, ce qui n'est pas le cas des États fédérés composant une fédération.

– La confédération est organisée par des **institutions sommaires** de concertation, prenant la forme de conférences diplomatiques, en général, une assemblée de représentants des gouvernements des États membres, aux compétences très réduites. Au contraire, l'État fédéral dispose d'institutions politiques complètes.

En réalité, il existe très peu d'exemples actuels de confédérations, cette structure servant souvent de transition vers la création d'un État fédéral, ou bien elle est destinée à n'être que temporaire et finit par se dissoudre lorsque la volonté de coopérer des États s'étiole.

Ainsi, les USA ont, entre 1777 et 1787, constitué une confédération avant que la Constitution de 1787 en fasse un État fédéral. De même que la Suisse a été d'abord une confédération entre 1291 et 1848 avant de devenir une fédération (ce passé explique la dénomination trompeuse actuelle de Confédération suisse).

À l'heure actuelle, une partie de la doctrine considère que certaines organisations remplissent les critères d'une confédération, même si elles ne se présentent pas comme telle : le *Commonwealth* (créé par la Déclaration de Londres du 26 avr. 1949, il réunit aujourd'hui 53 États ; le Conseil des gouverneurs qui représente chaque membre, se réunit chaque année ; la Reine du Royaume-Uni en est le chef) ; la Communauté des États indépendants (CEI) faisant suite, en 1991, à la dislocation de l'URSS et comprenant aujourd'hui 11 États membres ; elle comprend plusieurs organes (Conseil des chefs d'État, Assemblée interparlementaire notamment), mais reste peu active.

Le cas de l'Union européenne

L'Union européenne est une organisation internationale qui a clairement dépassé le stade de la confédération : issue d'un traité international, ses organes sont toutefois loin d'être sommaires et produisent un droit applicable aux États membres et supérieur à leur droit interne.

Elle n'est cependant pas une fédération : elle ne constitue pas un État et le « traité établissant une Constitution pour l'Europe » signé en 2004 (qui n'est pas entré en vigueur faute de ratification par tous les États signataires, dont la France) avait la nature d'un traité (comme l'avait d'ailleurs précisé le Conseil constitutionnel français : déc. n° 2004-505 DC du 19 nov. 2004).

L'évolution vers une fédération est rendue difficile par la diversité très forte et sur de nombreux aspects (économique, culturel…) des États membres de l'Union européenne, qui rend assez peu probable l'émergence d'un État européen (ou des États-Unis d'Europe), les membres étant encore fortement attachés à leur souveraineté.

L'**État unitaire**, à l'inverse de la fédération, ne réalise **pas de superposition d'institutions politiques** : la souveraineté de l'État central reste entière ; il a « la compétence de la compétence » pour reprendre l'expression du juriste allemand Georg Jellinek (fin du XIXe siècle et début du XXe). Dans l'État unitaire, il n'existe donc qu'un seul pouvoir constituant, qu'un seul pouvoir législatif, qu'un seul pouvoir exécutif, et toutes les juridictions relèvent de l'État.

Toutefois, l'État unitaire connaît différentes modalités permettant de limiter le pouvoir de l'État central. Si le pouvoir politique est entièrement détenu par l'État central, ce dernier peut accepter de transférer, à des autorités locales, une partie des compétences administratives permettant la mise en œuvre des décisions politiques. L'État unitaire peut en effet être centralisé ou décentralisé :

– Dans un **État unitaire centralisé,** l'État est, sur le plan territorial, la seule personne morale de droit public et exerce donc l'ensemble du pouvoir politique et des compétences administratives sur l'ensemble du territoire. Cette forme conduit à une concentration du pouvoir au sein de l'État central, qui est donc fort.

  Cependant, l'État unitaire centralisé n'est en pratique jamais concentré, ce qui supposerait que toutes les décisions soient prises en un seul point du territoire de l'État, dans la capitale par exemple. Dans un État qui serait **centralisé et concentré**, il pourrait exister des agents locaux de l'État, mais ils n'auraient aucune marge de manœuvre pour prendre leurs décisions. Ce modèle d'État unitaire centralisé concentré est largement théorique, ne serait-ce que pour des raisons pratiques liées à l'étendue des États.

  L'État unitaire centralisé est en pratique **déconcentré.** Or, la déconcentration est un moyen de limiter le pouvoir de l'État central par un **transfert de compétences** du pouvoir central vers des collectivités infra-étatiques. Plus précisément, la déconcentration suppose de découper le territoire de l'État en plusieurs **circonscriptions administratives** (qui ne sont pas des personnes morales de droit public), à la tête desquelles sont **nommés** des **représentants de l'État,** qui lui sont **hiérarchiquement subordonnés** et qui doivent **faire appliquer les décisions de l'État** dans le champ de compétences qui leur a été confié par l'État, mais qui disposent d'une certaine marge de manœuvre pour **adapter** la décision étatique aux spécificités locales. La déconcentration, en organisant un **transfert de**

compétences au sein de la même personne morale (l'État), ne donne pas d'autonomie aux autorités locales. Comme l'a résumé Odilon Barrot (homme politique et juriste français au XIXe siècle) dans une formule devenue célèbre, la déconcentration c'est « le même marteau qui frappe » (l'État) mais on en a « raccourci le manche ». En somme, la déconcentration permet de mieux administrer le territoire de l'État en **rapprochant la décision du citoyen**.

– L'État unitaire peut aussi être **décentralisé**. La décentralisation consiste également à diviser le territoire de l'État et à transférer des compétences de l'État central aux collectivités infra-étatiques, mais, à l'inverse de la déconcentration, ces collectivités sont des **personnes morales de droit public** distinctes de l'État et sont, par suite, **autonomes** par rapport à lui. Sans être dotées d'institutions politiques (incompatibles avec la forme unitaire), les collectivités locales disposent d'organes administratifs composés d'**élus locaux** (c'est-à-dire des personnes élues par les citoyens de la collectivité locale) qui sont chargés d'édicter des décisions administratives au nom de la collectivité locale et dans les domaines de compétences transférés par l'État central.

  Autrement dit, l'État décentralisé accepte de **partager ses compétences administratives** avec d'autres personnes publiques. Ainsi, si les lois s'appliquent sur tout le territoire de l'État, en revanche, certains actes administratifs sont propres à une collectivité locale, par ex. le plan local d'urbanisme est propre à chaque commune française ; de même, une interdiction de police peut être édictée par une seule commune française ; ou encore, le taux des impôts locaux varie selon les collectivités territoriales françaises.

  Néanmoins, l'État restant de forme unitaire, il garde un pouvoir de **contrôle** sur les collectivités locales et leurs décisions. En particulier, les décisions locales doivent être conformes aux lois, qui ne peuvent être que nationales, et à la Constitution de l'État.

Déconcentration et décentralisation ne sont pas incompatibles : l'État unitaire peut être à la fois déconcentré, et ainsi ses agents locaux appliqueront localement les décisions de l'État, et en même temps décentralisé, et ainsi transférer une parcelle de ses compétences administratives à des personnes publiques locales. Les deux formes fonctionnent même très bien ensemble : les organes décentralisés ont, grâce à la déconcentration, des interlocuteurs locaux de l'État et peuvent mener des actions cohérentes.

Pour résumer

– **Différence entre État fédéral et État unitaire :**

Dans le cadre du fédéralisme, tant l'État fédéral que les États fédérés disposent d'une souveraineté et donc d'institutions politiques (Parlement, Exécutif) et juridictionnelles, ainsi que de compétences de nature politique (pouvoir constituant, pouvoir législatif) en plus des compétences administratives (édiction d'actes administratifs unilatéraux : pouvoir réglementaire et décisions individuelles).

Dans le cadre de la forme unitaire, même décentralisée, la souveraineté n'appartient qu'à l'État central. Les organes locaux sont des institutions administratives (qui dépendent de l'Exécutif étatique) créées et contrôlées par l'État, et qui n'exercent pas de compétences politiques (ils ne peuvent se voir transférer de compétences ni constitutionnelles, ni législatives), et par conséquent pas de compétences juridictionnelles, mais des compétences administratives (pouvoir réglementaire, décisions individuelles).

– **Au sein de l'État unitaire, différence entre déconcentration et décentralisation :**

Les autorités déconcentrées et décentralisées, qui sont des institutions administratives, bénéficient d'un transfert de compétences administratives (édiction d'actes administratifs unilatéraux, réglementaires ou individuels) qu'elles exercent sur leur portion de territoire.

Toutefois, les autorités décentralisées ont, grâce à leur personnalité morale et leurs organes élus, une autotomie par rapport à l'État dont sont privées les autorités déconcentrées. Ainsi, alors que les autorités déconcentrées ne font qu'appliquer les décisions étatiques en les adaptant au plan local, les autorités décentralisées édictent elles-mêmes des décisions au plan local, en leur nom. Il s'en suit que si la déconcentration ne vise qu'à rapprocher techniquement la décision nationale du citoyen, la décentralisation a une dimension plus politique dans la mesure où elle permet une participation des citoyens locaux à l'administration locale, et la définition d'une politique locale, dans une certaine mesure (leurs actes devant respecter le droit national).

Cette classification entre les diverses formes d'État n'est pas toujours évidente en pratique :

– Lorsque les autorités locales disposent de peu de compétences ou ont peu d'autonomie pour les exercer, ou encore lorsque l'État central conserve un pouvoir de contrôle très étroit sur ces collectivités, la décentralisation apparaît difficile à distinguer nettement de la déconcentration. La doctrine évoque parfois la « déconcentralisation » pour le cas français par ex.

– À l'inverse, certains États unitaires accordent à leurs collectivités décentralisées une autonomie qui se rapproche de celle d'une entité fédérée d'un État fédéral. Cette forme d'**État régional** (ou autonomique) est intermédiaire entre le fédéralisme et la décentralisation. Le régionalisme permet aux États voulant rester unitaires de contenter des revendications autonomistes locales fondées sur des critères de nature diverse (ethniques, religieux, historiques, culturels, géographiques) et donnent donc la possibilité à ces collectivités locales d'affirmer leurs spécificités en leur accordant le pouvoir d'élaborer et d'appliquer plus largement un droit différent de celui de l'État. Cela se traduit par le transfert par l'État central, d'une **parcelle de pouvoir législatif** à certaines collectivités locales. Cette forme d'État s'observe par exemple en Espagne (face aux revendications autonomistes de la Catalogne et du pays basque), ou en Italie.

L'État régional emprunte au fédéralisme l'idée d'un partage du pouvoir législatif et donc de la souveraineté étatique avec les autorités infra-étatiques. En cela, ce modèle dépasse la simple décentralisation. Au-delà, l'État régional reste plus proche d'un État unitaire. Il n'admet pas de transfert de compétences constitutionnelles aux autorités locales ; le contrôle qu'il exerce sur les collectivités locales lui permet toujours d'imposer le respect de l'ordre juridique national ; en particulier, le pouvoir législatif transféré reste sous le contrôle de l'État central ; les collectivités d'un État régional sont consacrées dans la Constitution qui prévoit en outre leurs compétences, en revanche, elles ne sont pas associées en tant que telles au pouvoir constituant ni au pouvoir législatif national.

Malgré tout, ranger les États dans l'une de ces trois formes (fédéral, unitaire, régional) reste parfois difficile ; par ex., la dévolution au Royaume-Uni ou le statut des collectivités en outre-mer en France empruntent au fédéralisme, à l'État unitaire et au régionalisme.

2. Illustrations : la diversité des formes d'État dans le monde

L'État unitaire est la forme d'État la plus répandue dans le monde ; l'État fédéral est une forme choisie par un peu moins d'une trentaine d'États, sur tous les continents (par ex., États-Unis, Canada et Brésil ; Suisse, Autriche, Belgique en Europe ; Inde, Malaisie en Asie ; Soudan, Nigéria, Éthiopie en Afrique ; Australie sur le continent océanique), et qui semble indifférente à la taille de l'État (de la Russie aux Comores, même si les grands États optent de préférence – hormis la Chine – pour cette forme d'État composé) ou à sa richesse (du Soudan du Sud à l'Allemagne).

En pratique, au-delà des critères de distinction entre les différentes formes d'État, leur fonctionnement varie beaucoup d'une fédération à l'autre et d'un État unitaire à l'autre. Chaque État adapte son organisation en fonction de sa conception de l'équilibre entre unité de l'ensemble étatique et autonomie des entités infra-étatiques.

A. États fédéraux

1. Organisation politique

Généralement, les entités fédérées prennent modèle sur la fédération en ce qui concerne leur organisation politique.

Toutes les unités fédérées d'une fédération ne sont pas toujours identiques : par ex., en **Belgique**, il en existe deux types (les communautés et les régions).

Les États fédérés n'ont pas toujours une Constitution (en Belgique par ex.).

Aux **États-Unis** les 50 États fédérés ont une Constitution, un Parlement, un Exécutif et un système juridictionnel, organisés sur le modèle de l'État fédéral.

En **Russie**, les 85 entités fédérées (les Sujets de la Fédération) ne sont pas homogènes : elles se divisent en 6 catégories (Républiques, Territoires, Régions, Villes d'importance fédérale, Régions autonomes, Districts autonomes). Si tous les sujets ont un pouvoir législatif, seules les Républiques ont leur propre Constitution, et semblent donc plus autonomes.

2. Répartition des compétences entre l'État fédéral et les unités fédérées

La plupart du temps, les entités fédérées ont des **compétences de droit commun** et la fédération des **compétences d'attribution** (mais l'inverse s'applique au **Canada** par exemple).

En outre, un certain nombre de compétences est souvent partagé entre les niveaux fédéral et fédéré, selon diverses modalités. Par ex., en **Allemagne**, les *Länder* ont une compétence de droit commun, mais la fédération a un domaine de compétences législatives exclusives, dans lequel les *Länder* n'ont le pouvoir de légiférer que si une loi fédérale les y autorise expressément et dans la mesure prévue par cette loi ; un domaine de compétences législatives concurrentes permet aux *Länder*, en vertu d'un principe de subsidiarité, de légiférer tant que et pour autant que la Fédération n'a pas légiféré.

En **Russie,** la Constitution fédérale prévoit des compétences d'attribution à la fédération (la liste figure à l'art. 71 : notamment, défense, sécurité, monnaie, relations internationales), des **compétences conjointes** pour lesquelles l'État fédéral et les Sujets fédérés peuvent adopter des normes y compris des lois mais qui doivent être conformes à la loi fédérale (liste figurant à l'art. 76) ; les autres compétences relèvent des Sujets (disposant donc d'une compétence de droit commun).

On note que les compétences liées au noyau dur de la souveraineté sont en général réservées à la fédération, en particulier les relations internationales. Cependant, les Cantons en **Suisse** par ex. peuvent conclure des traités, tout comme les *Länder* allemands.

Aux **États-Unis**, une compétence d'attribution est confiée au niveau fédéral tandis que les États fédérés ont une compétence de droit commun. La Constitution réserve à l'État fédéral les compétences qui forment le noyau dur de la souveraineté (art. I, sect. 8 : en particulier, la monnaie, les impôts, l'armée, la nationalité, la guerre).

3. Participation des États fédérés au pouvoir législatif fédéral

La chambre qui représente les unités fédérées n'a pas toujours des pouvoirs législatifs analogues à la chambre qui représente l'ensemble du peuple de la fédération. Par ex. en **Allemagne**, toutes les lois n'ont pas à être approuvées par le *Bundesrat* représentant les États; ce dernier peut faire opposition à une loi adoptée par le *Bundestag*. Mais, le *Bundestag* peut lever ce veto selon des majorités spéciales (*cf.* thème 9).

Au contraire, en **Suisse**, le Conseil des États a les mêmes prérogatives que le Conseil national au sein de l'Assemblée fédérale.

Les États fédérés ne sont pas forcément représentés à égalité dans cette chambre (par ex., en **Allemagne**, le *Bundesrat* se compose de membres des Gouvernements des *Länder*. Chaque *Land* a entre trois et six voix, en fonction du nombre de ses habitants : art. 51 C).

Aux **États-Unis**, le Parlement bicaméral de l'État fédéral (le Congrès) assure la représentation des États fédérés par le biais de la chambre haute (le Sénat), à égalité (deux sénateurs par État quelle que soit l'importance de sa population). Le Sénat dispose des mêmes pouvoirs que la chambre basse en matière législative.

En **Russie,** l'Assemblée fédérale est bicamérale : la chambre basse (la Douma), et la Chambre haute (le Conseil de la Fédération) devant représenter les États fédérés (deux représentants par Sujet). Cette chambre n'a toutefois pas un rôle identique à la Douma en matière législative : il revient à la chambre basse d'adopter les lois, le Conseil de la Fédération ne pouvant que s'opposer à ces lois, opposition que la Douma peut surmonter par un vote à la majorité qualifiée des deux tiers (art. 105 C).

4. Participation des États fédérés à la révision de la Constitution fédérale

La participation des unités fédérées à la révision de la Constitution fédérale se fait soit directement soit par le biais de la chambre parlementaire qui les représente. Par ex., en **Allemagne**, l'adoption des révisions se fait aux deux tiers des membres du *Bundestag* et aux deux tiers des voix du *Bundesrat*: (art. 79 al. 2 C). Dans tous les cas, il est prévu une ratification de la révision à une majorité qualifiée d'États fédérés ou de voix à la chambre qui les représente.

On note qu'en **Belgique**, les entités fédérées ne sont pas associées à la révision de la Constitution fédérale, ce qui les affaiblit.

Aux **États-Unis**, une majorité qualifiée d'États fédérés (deux-tiers) ou les deux-tiers des deux chambres, peuvent proposer des amendements à la Constitution fédérale; en outre, l'adoption de telles modifications requiert l'accord d'une majorité qualifiée très élevée (trois quart) des États fédérés eux-mêmes (art. V C).

B. État régionaux

Les Constitutions des États régionaux révèlent une certaine ambiguïté: elles comportent les caractéristiques des États unitaires tout en satisfaisant à certains critères des États fédéraux.

Constitution de l'Espagne

Art. 2: « La Constitution est fondée sur l'unité indissoluble de la nation espagnole, patrie commune et indivisible de tous les Espagnols. Elle reconnaît et garantit le droit à l'autonomie des nationalités et des régions qui la composent et la solidarité entre elles ».

Les communautés autonomes peuvent avoir un drapeau, une langue officielle (art. 3 et 4 C).

Art. 143: « 1. Dans l'exercice du droit à l'autonomie reconnu à l'article 2 de la Constitution, les provinces limitrophes présentant des caractéristiques historiques, culturelles et économiques communes, les territoires insulaires et les provinces constituant une entité régionale historique pourront accéder à l'autogouvernement et se constituer en communautés autonomes conformément aux dispositions du présent titre et de leurs statuts respectifs ».

*Tout en **affirmant clairement le caractère unitaire** de l'État, la Constitution reconnaît une **grande autonomie** aux communautés autonomes (qui s'auto-gouvernent, impliquant qu'on a dépassé la simple autonomie administrative) et des attributs symboliques d'un État (drapeau et langue) ; les communautés autonomes sont des collectivités territoriales qui apparaissent bien différentes des communes et provinces (art. 137 C), collectivités décentralisées classiques.*

Art. 66 : « 1. Les Cortès générales représentent le peuple espagnol et elles sont formées par le Congrès des députés et le Sénat ».

Art. 69 : « 1. Le Sénat est la chambre de la représentation du territoire.

2. Dans chaque province, quatre sénateurs sont élus au suffrage universel, libre, égal, direct et secret par les électeurs de chacune d'elles, selon les termes fixés par une loi organique. (…)

5. Les communautés autonomes désignent en outre un sénateur, ainsi qu'un autre sénateur pour chaque tranche d'un million d'habitants de leurs territoires respectifs (…) ».

*Le Parlement espagnol est bien celui d'un État unitaire, dans la mesure où, s'il est bicaméral, l'ensemble de ses membres **représentent l'ensemble du peuple espagnol** ; les sénateurs n'ont pas vocation à représenter le seul intérêt des collectivités locales, ils sont seulement désignés dans le cadre des collectivités locales, même si le mode de désignation des sénateurs issus des communautés autonomes pourrait être celui de représentants d'États fédérés dans une chambre fédérale.*

Art. 87 : « 2. Les assemblées des communautés autonomes peuvent solliciter du gouvernement l'adoption d'un projet de loi ou remettre au bureau du Congrès une proposition de loi, en délégant, pour la défendre, devant cette chambre trois membres au plus de l'assemblée ».

***Une forme de participation au pouvoir législatif national** est prévue par le biais d'une faculté pour les communautés autonomes de proposer des lois et de les défendre à la chambre basse.*

Art. 146 : « Le projet de statut est élaboré par une assemblée composée des membres du conseil provincial ou de l'organe interinsulaire des provinces concernées et par les députés et les sénateurs élus dans leur ressort, et il sera transmis aux Cortès générales pour être examiné comme une loi ».

Art. 147 : « 1. Selon les termes de la présente Constitution, les statuts sont la norme institutionnelle fondamentale de chaque communauté autonome et l'État les reconnaît et les protège comme partie intégrante de son ordre juridique (…).

3. La révision des statuts se conforme aux procédures qu'ils établissent eux-mêmes et elle exige, de toute manière, l'approbation des Cortès générales par une loi organique ».

Les communautés autonomes ont un ***statut fixé par une loi (et non une Constitution) mais une loi spéciale****, dans la mesure où son élaboration fait participer les élus locaux (alors qu'en principe dans un État unitaire classique, la loi ordinaire fixe le statut des collectivités locales).*

Art. 148 : « 1. Les communautés autonomes peuvent assumer des compétences dans les matières suivantes (…) ».

Art. 149 : « 1. L'État jouit d'une compétence exclusive pour les matières suivantes (…).

3. Les matières qui ne sont pas attribuées expressément à l'État par la Constitution peuvent appartenir aux communautés autonomes en vertu de leurs statuts respectifs. La compétence sur les matières qui ne sont pas assumées par les communautés autonomes appartient à l'État, dont les normes prévaudront en cas de conflit sur celles des communautés autonomes pour tout ce qui ne relève pas de la compétence exclusive de celles-ci. Le droit étatique sera, en tout cas, supplétif au droit des communautés autonomes ».

À l'image d'une Constitution fédérale, ***la Constitution espagnole elle-même fixe la répartition des compétences entre*** *l'État et les communautés autonomes (ce qui n'est pas le cas dans les États unitaires décentralisés classiques) ; les conflits de compétences sont tranchés par la Cour constitutionnelle (art. 161).*

Art. 150 : « 1. Les Cortès générales, dans les matières dont la compétence appartient à l'État, peuvent attribuer à toutes les Communautés autonomes ou à certaines d'entre elles la faculté d'édicter, pour elles-mêmes, des normes législatives dans le cadre des principes, bases et directives fixés par les lois de l'État (…) chaque loi cadre fixe les modalités du contrôle des Cortès générales sur ces normes législatives des communautés autonomes (…).

3. L'État peut édicter des lois pour énoncer les principes nécessaires à l'harmonisation des dispositions normatives des communautés autonomes, même, quand l'intérêt général l'exige, dans le cas de matières attribuées à la compétence de celles-ci ».

La Constitution permet expressément à l'État de ***transférer aux communautés autonomes une partie du pouvoir législatif****, caractéristique de l'État régional, tout en encadrant cette possibilité, comme le ferait un État fédéral.*

Art. 152 : « 1. Dans les statuts approuvés selon la procédure décrite à l'article précédent, l'organisation des institutions autonomes est fondée sur une assemblée législative élue au suffrage universel (…) ; un conseil de gouvernement aux fonctions exécutives et administratives et un président, élu par l'assemblée parmi ses membres, et nommé par le roi, auquel incombe la direction du conseil de gouvernement, la représentation suprême de sa communauté et la représentation ordinaire de l'État dans celle-ci... Une Cour supérieure de justice, sans préjudice de la juridiction qui appartient au Tribunal suprême, dominera l'organisation judiciaire dans le ressort territorial de la communauté autonome ».

Les communautés autonomes ont un organe exécutif et un Parlement ; si toutes les juridictions relèvent de l'État, la ***Cour supérieure de justice joue le rôle d'un juge de cassation au niveau de la collectivité****.*

La Constitution de l'**Italie** organise une autonomie des régions, dans des termes similaires à la Constitution espagnole concernant les communautés autonomes.

C. État unitaire

Les modalités de l'organisation administrative de l'État unitaire ne figurent pas nécessairement dans la Constitution de l'État ; elles relèvent fréquemment de la loi et du pouvoir réglementaire. La décentralisation n'a au demeurant pas forcément de conséquences constitutionnelles : l'existence des collectivités décentralisées et/ou leurs compétences peuvent ne pas figurer dans la Constitution (par ex., en France, les collectivités territoriales sont consacrées dans la Constitution mais pas leurs compétences), le Parlement n'a pas forcément une seconde chambre dont le rôle est de représenter dans une certaine mesure (puisque tous les parlementaires d'un État unitaire représentent juridiquement l'ensemble du peuple de l'État) les collectivités décentralisées par exemple par le biais d'un mode d'élection faisant intervenir les collectivités décentralisées (comme le Sénat en France). La Cour constitutionnelle est en général en charge de protéger les compétences de l'État d'une part et de ses collectivités décentralisées d'autre part (par ex., en France, le Cons. const. fait respecter le principe constitutionnel de libre administration des collectivités territoriales).

Le Royaume-Uni : État unitaire ou régional ?

Le processus de dévolution a consisté à donner une autonomie renforcée, à partir de 1998, à l'Ecosse (*Scotland Act*), au pays de Galles (*Government of Wales Act*), et à l'Irlande du Nord (*Northern Ireland Act*), mais pas à l'Angleterre. Toutefois, si les trois régions ont un Parlement, seules l'Écosse et l'Irlande du Nord disposent d'un pouvoir législatif dans les domaines de compétences transférés par l'État central. On se trouve alors face à un régionalisme plus ou moins étendu selon les régions, d'autant plus qu'il faut tenir compte du fait qu'il n'existe pas de Constitution formelle qui protégerait les compétences des régions ; la loi ordinaire peut les remettre en cause.

3. L'État unitaire français

La France est un État unitaire déconcentré et décentralisé. L'État central et son administration restent très présents en raison de la forte tradition centralisatrice du pays. Pour autant, certaines collectivités bénéficient de prérogatives qui sont en principe réservées à un État fédéré ou une région autonome.

A. La tradition centralisatrice française

Des raisons historiques expliquent la puissance de l'État central en France.

En réaction au système féodal du Moyen Âge qui avait conduit au morcellement du territoire et à l'effondrement du pouvoir étatique central supplanté par les pouvoirs locaux, l'Ancien Régime est marqué par la volonté de redonner sa puissance à l'État pour restaurer son unité par l'instauration de l'**absolutisme royal**. Alors que le schéma inverse a été plus souvent observé, en France, l'État a ainsi précédé la nation car il a forgé le lien unissant l'ensemble de la population. Logiquement, à partir de cette période, l'État central est perçu comme un facteur de cohésion. Cette conception du rôle de l'État central a ensuite perduré, y compris après la Révolution française.

Dans ce contexte, les représentants locaux que l'État institue ont pour rôle de diffuser la décision étatique uniformément sur l'ensemble du territoire et permettent à l'État de s'imposer. En particulier, dès l'Ancien Régime, les **intendants** du roi acquièrent à partir du XVIIe siècle un rôle essentiel pour faire appliquer les décisions royales sur le territoire dans les domaines régaliens (police, justice, finances). L'affirmation de l'absolutisme reste d'ailleurs associée à l'action décisive de certains de ces subordonnés du roi, comme Colbert.

La Révolution de 1789 maintient le lien entre centralisation et unité de l'État, et fait émerger l'idée d'une unité entendue comme supposant **l'uniformité** des territoires et du droit, condition du respect de l'égalité que les constituants viennent de consacrer dans la DDHC.

Durant cette période révolutionnaire, les députés Girondins, élus en 1791 et qui portaient des idées décentralisatrices très marquées, ont un temps seulement dominé l'Assemblée.

Par rapport aux multiples divisions territoriales de l'Ancien Régime, le découpage des territoires locaux opéré à la Révolution est rationalisé. En 1789, sont créés les **communes** (loi du 14 déc., concernant la constitution des municipalités) et les **départements**, divisés en districts, eux-mêmes partagés en cantons (loi du 22 déc., relative à la constitution des assemblées primaires et des assemblées administratives). On note donc que certaines divisions se sont maintenues jusqu'à nos jours, et démontrent ce que la doctrine appelle une continuité de l'organisation administrative française (au contraire des institutions politiques qui ont fréquemment et radicalement changé depuis 1789). Les communes, districts et départements sont dotés d'**organes élus**, témoins de la volonté d'accorder plus d'autonomie aux autorités locales. Même si les textes n'organisent pas un réel transfert de compétences qui seraient exercées au nom des collectivités locales (ce qui empêche d'y voir une vraie décentralisation), il n'en demeure pas moins qu'ils expriment l'idée d'une gestion locale de certaines affaires, au-delà d'une simple application au niveau local des décisions étatiques (comme dans le cadre d'une simple déconcentration).

Loi du 22 déc. 1789

Art. 1er: « Les administrations de département sont chargées, sous l'inspection du Corps Législatif, et en vertu de ses décrets, 1° de répartir toutes les contributions directes imposées à chaque département. Cette répartition sera faite par les administrations de département entre les districts de leur ressort, et par les administrations de district entre les municipalités ; 2° d'ordonner et de faire faire, suivant les formes qui seront établies, les rôles d'assiette et de cotisation entre les contribuables de chaque municipalité ; 3° de régler et de surveiller tout ce qui concerne, tant la perception et le versement du produit de ces contributions, que le service et les fonctions des agents qui en seront chargés ; 4° d'ordonner et de faire exécuter le paiement des dépenses qui seront assignées en chaque département sur le produit des mêmes contributions. 2. Les administrations de département seront encore chargées, sous l'autorité et l'inspection du Roi, comme chef suprême de la nation et de l'administration générale du royaume, de toutes les parties de cette administration, notamment de celles qui sont relatives, 1° au soulagement des pauvres et à la police des mendiants et vagabonds ; 2° à l'inspection et à l'amélioration du régime des hôpitaux, hôtels dieu, établissements et ateliers de charité, prisons, maisons d'arrêt et de correction ; 3° à la surveillance de l'éducation publique et de l'enseignement politique et moral ; 4° à la manutention et à l'emploi des fonds destinés, en chaque département, à l'encouragement de l'agriculture, de l'industrie, et à toute espèce de bienfaisance publique ; 5° à la conservation des propriétés publiques ; 6° à celle des forêts, rivières, chemins et autres choses communes ; 7° à la direction et confection des travaux pour la confection des routes, canaux et autres ouvrages publics autorisés dans le département ; 8° à l'entretien, réparation et reconstruction des églises, presbytères et autres objets nécessaires au service du culte religieux ; 9° au maintien de la salubrité, de la sûreté et de la tranquillité publiques ; 10° enfin, au service et à l'emploi des milices ou gardes nationales, ainsi qu'il sera réglé par des décrets particuliers... 4. Les administrations de département et de district seront toujours tenues de se conformer, dans l'exercice de toutes ces fonctions, aux règles établies par la constitution, et aux décrets de législature sanctionnés par le Roi ».

Loi du 14 déc. 1789

Art. 49 : « Les corps municipaux auront deux espèces de fonctions à remplir ; les unes propres au pouvoir municipal, les autres propres à l'administration générale de l'État, et déléguées par elle aux municipalités ».

L'idée d'un transfert du pouvoir de décision au plan local *émerge ici pour les communes qui disposent de fonctions « propres » à côté des fonctions « déléguées » par l'État.*

Toutefois, ce mouvement en faveur des libertés locales est rompu rapidement avec un retour aux idées centralisatrices ; les Jacobins, très centralisateurs, à l'inverse des Girondins, s'imposent à l'Assemblée à partir de 1793, et les élus sont surveillés (au niveau de la commune) ou remplacés (au niveau du département) par des personnes nommées par l'État central (loi du 4 déc. 1793).

La centralisation se confirme après la période révolutionnaire, avec le régime napoléonien de l'an VIII qui voit la création des **préfets** de départements et **sous-préfets d'arrondissements** par la **loi du 28 pluviôse**, nommés dans chaque département et subordonnés hiérarchiquement au pouvoir central. Ces autorités apparaissent comme les successeurs des intendants et symbolisent la continuité du système centralisé jusqu'à aujourd'hui. Les agents des communes sont également nommés et hiérarchiquement subordonnés à l'État. Dans ce contexte, seule l'idée de déconcentration, permettant d'assurer l'efficacité du pouvoir central, peut être acceptée, tandis que toute idée de décentralisation, qui induit une logique de partage du pouvoir normatif de l'État, ne peut prospérer.

Loi du 28 pluviôse an VIII

Art. 1er : « Le territoire européen de la République sera divisé en départements et en arrondissements communaux...».

Art. 2 : « Il y aura dans chaque département un préfet, un conseil de préfecture, et un conseil général de département...».

Art. 3 : « Le préfet sera chargé seul de l'administration ».

Art. 4 : « Le conseil de préfecture se prononcera : Sur les demandes de particuliers, tendant à obtenir la décharge ou la réduction de leur cote de contributions directes ; Sur les difficultés qui pourraient s'élever entre les entrepreneurs de travaux publics et l'administration, concernant le sens ou l'exécution des clauses de leur marché ; (...) ; Sur les difficultés qui pourront s'élever en matière de grande voirie ; Sur les demandes qui seront présentées par les communautés des villes, bourgs ou villages, pour être autorisées à plaider ; Enfin, sur le contentieux des domaines nationaux ».

Art. 6 : « Le conseil général de département s'assemblera chaque année (...) Il fera la répartition des contributions directes entre les arrondissements communaux du département, (...) Il exprimera son opinion sur l'état et les besoins du département, et l'adressera au ministre de l'intérieur ».

Art. 8 : « Dans chaque arrondissement communal, il y aura un sous-préfet, et un conseil d'arrondissement composé de onze membres ».

Art. 13 : « Les maires et adjoints rempliront les fonctions administratives exercées maintenant par l'agent municipal et l'adjoint... ».

Art. 15 : « Il y aura un conseil municipal dans chaque ville, bourg ou autre lieu pour lequel il existe un agent municipal et un adjoint. (...) Il entendra et pourra débattre le compte des recettes et dépenses municipales, qui sera rendu par le maire au sous-préfet, lequel l'arrêtera définitivement. Il réglera le partage des affouages, pâtures, récoltes et fruits communs. Il réglera la répartition des travaux nécessaires à l'entretien et aux réparations des propriétés qui sont à la charge des habitants ».

Art. 18 : « Le premier Consul nommera les préfets, les conseillers de préfecture, les membres des conseils généraux de département, le secrétaire général de préfecture, les sous-préfets, les membres des conseils d'arrondissement, les maires et adjoints des villes de plus de cinq mille habitants, les commissaires généraux de police et préfets de police dans les villes où il en sera établi ».

> **Art. 20** : « Les préfets nommeront et pourront suspendre de leurs fonctions les membres des conseils municipaux ; ils nommeront et pourront suspendre les maires et adjoints dans les villes dont la population est au-dessous de cinq mille habitants… ».

De nouveau, l'idée décentralisatrice émerge dans les années 1830 (durant la monarchie de Juillet), car elle est vue comme un remède à l'autoritarisme de l'État. Ainsi, des conseils élus sont institués au niveau des communes (loi du 21 mars 1831) et des départements (loi du 22 juin 1833) ; les communes ainsi que les départements sont en outre reconnus comme des personnes morales (respectivement par la loi du 18 juill. 1837 et la loi du 10 mai 1838).

Le Second Empire opère toutefois un retour en arrière : si le décret du 25 mars 1852 dit porter sur la décentralisation administrative, et affirme « qu'on peut gouverner de loin, mais qu'on n'administre bien que de près ; qu'en conséquence, autant il importe de centraliser l'action gouvernementale de l'État, autant il est nécessaire de décentraliser l'action purement administrative », il n'est nullement question de décentralisation : le texte consacre une délégation du pouvoir de décision aux préfets et ainsi leur donne une marge de manœuvre les dispensant d'en référer au ministre pour tous les actes qu'ils édictent, mais affirme leur soumission au pouvoir hiérarchique du ministre. Ce texte, complété par le décret du 13 avr. 1861, est considéré comme l'**Acte I de la déconcentration**.

Sous la IIIe République, les préfets de département demeurent en tant qu'autorités déconcentrées qui représentent l'État localement, mais, en parallèle, la décentralisation progresse : la **loi départementale du 10 août 1871** instaure l'élection au suffrage universel des conseillers généraux, en revanche, le préfet reste l'organe exécutif du département, empêchant l'accomplissement d'une réelle décentralisation. Au niveau de la commune, l'autonomie est plus forte : la loi du 5 avr. 1884 (dite **Grande charte municipale**) confie aux conseils municipaux le pouvoir de régler les affaires de la commune, traduction de ce que la doctrine appelle la clause de compétence générale, qui exprime un mouvement de transfert d'un pouvoir décisionnel au niveau local, et la défense des libertés locales. La désignation des élus municipaux se fait au suffrage universel à ces élections et le maire est désormais élu par les conseillers municipaux.

Sous la IVe République et au début de la Ve, on note une mention des collectivités territoriales (communes et départements donc, ainsi que territoires d'outre-mer) dans la Constitution : celle de 1946 contient un court titre X qui leur est réservé et qui consacre le **principe de libre administration** par des conseils élus (art. 87). La Constitution de 1958 reprend ce principe (titre XI, art. 72). Par ailleurs, le préfet est consacré dans ces textes en tant qu'organe chargé notamment du contrôle administratif des collectivités territoriales (ou tutelle).

Sous la Ve République, déconcentration et décentralisation évoluent en parallèle. La déconcentration a d'abord été approfondie par les **décrets du 14 mars 1964**, instituant les préfets de région, et marquant l'**acte II de la déconcentration**. Parallèlement, alors que de Gaulle souhaite aussi ériger les régions en collectivités territoriales, le projet de loi constitutionnelle est rejeté par référendum. Par la loi du 5 juill. 1972, la région prend la forme d'un établissement public et le préfet de région en est l'exécutif. La décentralisation naît véritablement avec les **lois Defferre** de 1982 et 1983, marquant l'**acte I de la décentralisation** en France, eu égard à la volonté politique affirmée de rompre avec la logique centralisatrice qui avait jusqu'alors prévalu. Les régions deviennent des collectivités territoriales et l'exécutif des régions comme celui des départements est élu. Le contrôle administratif exercé par l'État sur les collectivités territoriales est fortement allégé (contrôle de légalité juridictionnel et *a posteriori*). Des transferts massifs de compétences diversifiées vers les collectivités territoriales s'effectuent alors.

Puis, la loi relative à l'administration territoriale de la République (ATR) du 6 févr. 1992 et son décret du 1er juill. 1992 portant charte de la déconcentration, constituent l'**acte III de la déconcentration** : une sorte de principe de subsidiarité s'impose, puisqu'en vertu des textes de 1992, sont confiées aux administrations centrales les seules missions qui présentent un caractère national ; les autres missions sont confiées aux services déconcentrés. Ainsi « La déconcentration est la règle générale de répartition des attributions et des moyens entre les différents échelons des administrations civiles de l'État » (art. 1er du décret) : l'administration centrale a donc un « rôle de conception, d'animation, d'orientation, d'évaluation et de contrôle » (art. 2 du décret) et les services déconcentrés (de la région et du département) mettent en œuvre les politiques étatiques ; l'arrondissement anime quant à lui le développement local (art. 5).

La **révision constitutionnelle du 28 mars 2003**, consacrée à la décentralisation, en signe l'acte II qui a pour but de l'approfondir : elle est désormais consacrée à l'art. 1 C et le titre XII dédié aux collectivités territoriales est largement étoffé par de nombreux principes nouveaux garantissant une autonomie renforcée des collectivités territoriales (par ex., droit de déroger à titre expérimental aux lois et règlements régissant leurs compétences, principe de subsidiarité, référendum local, autonomie financière, pouvoir réglementaire). La loi du 13 août 2004 accompagne la réforme de nouveaux transferts de compétences.

Après l'étape de l'approfondissement, suivent, à partir de 2010, des réformes, nombreuses, tendant à rationaliser et à simplifier la déconcentration comme la décentralisation, afin d'atténuer les inconvénients du « millefeuille territorial », source d'enchevêtrement des compétences entre l'État, les administrations déconcentrées et les collectivités territoriales. La **RéATE (Réforme de l'administration territoriale de l'État) de 2010 à 2012**, devenue la modernisation de l'action publique (MAP) fusionne des administrations déconcentrées et rationalise l'administration locale autour du préfet. Une **nouvelle charte de la déconcentration est adoptée (décret du 7 mai 2015)**, qui réaffirme la subsidiarité et définit la déconcentration comme consistant « à confier aux échelons territoriaux des administrations civiles de l'État le pouvoir, les moyens et la capacité d'initiative pour animer, coordonner et mettre en œuvre les politiques publiques définies au niveau national et européen, dans un objectif d'efficience, de modernisation, de simplification, d'équité des territoires et de proximité avec les usagers et les acteurs locaux » (art. 1). Côté décentralisation, face à la difficulté de supprimer un échelon local (qui supposerait, sur le plan juridique, une révision de la Constitution), la **loi de réforme des collectivités territoriales (RCT) du 16 déc. 2010** encourage le regroupement des communes dans des établissements publics de coopération intercommunale, ce qu'accentue la **loi du 27 janv. 2014 de modernisation de l'action publique et d'affirmation des métropoles** (MAPTAM). La **loi du 7 août 2015 portant nouvelle organisation territoriale de la République** (NoTRE), donne une place prépondérante aux régions (qui, par la loi du 16 janv. 2015, ont en métropole fusionné en 13 grandes régions au lieu de 22) au détriment des départements et renforce l'intercommunalité.

B. La déconcentration et la décentralisation en France aujourd'hui

La forme décentralisée de l'État unitaire français est consacrée dans la Constitution (art. 1) ainsi que l'existence des collectivités territoriales (l'art. 72 C les énumère : communes, départements, régions, collectivités à statut particulier et collectivités d'outre-mer régies par l'art. 74 C). Pour le reste, le législateur est compétent selon l'art. 34 C (il fixe les compétences des collectivités territoriales, le régime électoral de leurs assemblées, les règles relatives à l'exercice des mandats locaux, et de façon générale, les conditions d'exercice de leur libre administration). Le droit de la décentralisation est codifié dans le Code général des collectivités territoriales.

Art. 1 al. 1 C : « La France est une République indivisible, laïque, démocratique et sociale. Elle assure l'égalité devant la loi de tous les citoyens sans distinction d'origine, de race ou de religion. Elle respecte toutes les croyances. Son organisation est décentralisée ».

La déconcentration en revanche relève de la compétence du pouvoir réglementaire (relevant de l'Exécutif) même si la loi intervient parfois.

La décentralisation explique l'existence de la deuxième chambre du Parlement, le **Sénat** qui, selon l'art. 24 al. 4 C, « assure la représentation des collectivités territoriales de la République ». La France étant un État unitaire, cette disposition ne signifie pas que les sénateurs représentent une portion du territoire (ils représentent, comme les députés, l'ensemble de la population française), mais qu'ils doivent être élus par un corps électoral composé de représentants des collectivités territoriales.

La loi ATR de 1992 reconnaît la complémentarité entre déconcentration et décentralisation. Régions, départements et communes constituent à la fois des circonscriptions administratives et des collectivités territoriales sur un même territoire.

L'administration territoriale est complexe du fait de **l'empilement des niveaux d'administration**.

Il existe 13 **régions** métropolitaines et 5 en outre-mer, sur le territoire desquelles coexistent les organes d'une collectivité territoriale et des agents déconcentrés de l'État.

La région, collectivité territoriale, est administrée par un conseil régional (assemble délibérante) composé de conseillers régionaux élus par les électeurs de la région, parmi lesquels le conseil régional élit son président (exécutif local).

Dans la région, circonscription administrative, l'État est représenté par le préfet de région (qui est le préfet du département chef-lieu de la région) qui représente l'ensemble du Gouvernement, et par les directions régionales, qui représentent un ou plusieurs ministères, sous l'autorité du préfet.

Les régions sont divisées en 96 **départements** métropolitains et 5 ultramarins, sur le territoire desquels se superposent, sur le même schéma que les régions, une collectivité territoriale (administrée par le conseil départemental et son président) et une circonscription administrative (le préfet de département et deux ou trois directions départementales en sont les autorités déconcentrées).

Les départements sont divisés en **arrondissements** (environ 300), circonscriptions administratives à la tête desquelles se trouve le sous-préfet. Les arrondissements sont divisés en un peu plus de 2000 **cantons**, circonscriptions administratives servant à l'élection des conseillers départementaux.

Les cantons sont divisés en un peu moins de 35 000 **communes** qui, en tant que collectivités territoriales, sont administrées par le conseil municipal (élu localement) et le maire qu'il élit ; ce dernier est aussi l'autorité déconcentrée dans la commune. Il faut encore faire mention des établissements publics intercommunaux (par ex., métropoles, communautés de communes) qui sont des regroupements de plusieurs communes à qui ces dernières transfèrent l'exercice d'un certain nombre de leurs compétences décentralisées pour qu'elles soient harmonisées.

Conformément au cadre unitaire de l'État, le pouvoir législatif est unique mais le pouvoir réglementaire est partagé : les autorités déconcentrées, sous le contrôle hiérarchique de l'État central, et les collectivités territoriales, sous le contrôle de tutelle de l'État, détiennent un **pouvoir normatif** pour édicter des mesures individuelles et réglementaires (par la voie d'arrêtés et de délibérations). Le pouvoir réglementaire général est réservé aux autorités centrales (Premier ministre et président de la République), les autorités locales pouvant détenir en vertu de la loi ou d'un règlement national, un pouvoir réglementaire spécial, qui concerne un domaine déterminé et qui est encadré par les lois et règlements.

L'autonomie des collectivités territoriales se traduit par une tutelle allégée de l'État (appelée contrôle administratif), distinct du contrôle hiérarchique qui s'exerce sur les autorités déconcentrées.

> Le **contrôle hiérarchique**, qui s'exerce de plein droit, inclut, pour le supérieur hiérarchique, le pouvoir d'annuler et de réformer les actes des subordonnés, le pouvoir de se substituer à leur action et de leur donner des instructions, le tout pour des raisons d'opportunité ou de légalité.
>
> Le **contrôle administratif** qu'exerce l'État sur les collectivités territoriales permet au préfet qui contrôle seulement la légalité des actes, de saisir le juge administratif lorsqu'il estime l'acte illégal.

Malgré le renforcement des garanties constitutionnelles de l'autonomie des collectivités territoriales par la révision constitutionnelle de 2003, le législateur les met en œuvre d'une manière restrictive que le Cons. const., dans le cadre de son contrôle des lois, approuve. La faible autonomie des collectivités territoriales empêche de les voir comme de réels contrepoids au pouvoir central.

Ainsi, les **transferts de compétences** sont nombreux et concernent l'ensemble des politiques publiques (action sociale, emploi, enseignement, culture, tourisme, formation professionnelle, aménagement du territoire, environnement, logement, eau, assainissement, déchets, transports...), mais ils sont partiels, dans le sens où l'État conserve une partie des compétences de la matière transférée. La marge de manœuvre des collectivités territoriales est variable selon les matières. Par ex., concernant les prestations sociales, l'État en décide la création, les départements se contentent de les verser aux bénéficiaires. À l'inverse, en matière de police administrative, le maire détient un pouvoir de police générale qui lui donne des compétences très larges. En outre, la répartition des compétences entre l'État et le niveau décentralisé n'est pas toujours claire, défaut aggravé par le fait que les compétences transférées sont le plus souvent partagées entre les divers niveaux décentralisés.

Également, la Constitution attribue aux collectivités territoriales un pouvoir réglementaire pour l'application des lois relatives à leurs compétences (art. 72 al. 3 C). Or, la jurisprudence en a fait un simple pouvoir réglementaire d'application du pouvoir réglementaire national lorsque ce dernier s'exerce. Les collectivités territoriales peuvent édicter des délibérations et arrêtés réglementaires initiaux seulement si la loi les y autorise expressément ou lorsqu'aucun règlement d'application national est nécessaire. La marge de manœuvre des collectivités territoriales peut donc être aussi réduite que celle des autorités déconcentrées si le législateur le souhaite. Autrement dit, les collectivités territoriales n'ont **pas de pouvoir réglementaire autonome par rapport à l'État**, comme l'impliquerait une vision libérale de la décentralisation qui n'est pas admise en France.

Pourtant, certaines collectivités territoriales bénéficient d'un régime dérogatoire qui leur offre une marge de manœuvre plus étendue pour adopter des décisions distinctes du droit national. La décentralisation prend alors des airs de régionalisme voire de fédéralisme.

– Pour apaiser les velléités autonomistes d'une partie du peuple corse, l'État a doté la « **collectivité de Corse** » d'un statut particulier (au sens de l'art. 72 C) résultant essentiellement de la loi du 13 mai 1991. Elle dispose de **plus larges compétences** qu'une région et qu'un département réunis, dans des domaines qui lui permettent d'adapter le droit à ses particularités culturelles (par ex., la langue corse peut être enseignée à l'école), géographiques (par ex., les transports, l'aménagement et le développement économique doivent être adaptés à son insularité et sa faible démographie).

La Corse peut aussi demander à être habilitée par la loi à fixer elle-même les règles mettant en œuvre ses compétences, sans toutefois mettre en cause le pouvoir réglementaire national (Cons. const., n° 2001-454 DC du 17 janv. 2002).

Une forme limitée de participation au pouvoir normatif national lui est permise, empruntant au modèle fédéral : elle peut **proposer** (seulement) au Premier ministre d'adapter ou de modifier des lois et règlements la concernant ; elle est aussi **consultée** sur les projets de lois et décrets qui la concernent.

– La Constitution (**art. 73 C**) réserve un régime particulier aux **départements et régions d'outre-mer** (Réunion, Guyane, Guadeloupe, Martinique, Mayotte). Par principe, les lois et règlements nationaux s'y appliquent, mais, pour tenir compte de leurs caractéristiques et contraintes particulières, ils peuvent contenir des adaptations pour ces collectivités.

Sur habilitation de la loi ou du règlement, dans les matières où s'exercent leurs compétences, ces collectivités peuvent elles-mêmes décider de ces adaptations (art. 73 al. 2 C) et exercer alors un **pouvoir réglementaire autonome** par rapport à la loi.

Ces collectivités peuvent également (sur habilitation toujours) directement édicter non pas seulement les adaptations, mais les règles spéciales qui s'appliquent sur leur territoire, y compris dans des matières relevant du domaine de la loi (art. 73 al. 3 C). Elles exercent là encore un pouvoir réglementaire autonome. Ces collectivités ne bénéficient pas d'une partie du pouvoir législatif (comme dans le régionalisme), mais le législateur réduit son domaine de compétences. Pour respecter la souveraineté de l'État, l'art. 73 al. 4 interdit aux collectivités de fixer elles-mêmes les règles concernant « la nationalité, les droits civiques, les garanties des libertés publiques, l'état et la capacité des personnes, l'organisation de la justice, le droit pénal, la procédure pénale, la politique étrangère, la défense, la sécurité et l'ordre publics, la monnaie, le crédit et les changes, ainsi que le droit électoral ».

Une **décentralisation plus approfondie** est donc mise en œuvre dans ces territoires.

– **L'art. 74 C** offre un régime encore plus dérogatoire aux **collectivités d'outre-mer** (Saint-Barthélemy, Saint-Martin, Saint-Pierre-et-Miquelon, Wallis et Futuna, et la Polynésie française). Chacune est régie par un statut adopté par une loi organique au sujet de laquelle la collectivité a été consultée (par une forme atténuée de participation au pouvoir normatif national).

Selon la Constitution, le statut de la collectivité peut déroger aux lois et règlements nationaux, peut prévoir un transfert de compétences qui, en métropole, relèvent de la loi et seront exercées par le **pouvoir réglementaire autonome** de la collectivité. Enfin, une **forme de participation au pouvoir normatif national** se fait également par le biais d'un pouvoir consultatif de ces collectivités sur les projets de textes nationaux les concernant spécifiquement.

Saint-Barthélemy, Saint-Martin et la Polynésie française ont en outre un **statut d'autonomie** leur donnant de plus grandes attributions (art. 74 al. 7 C). Ainsi, la Polynésie adopte des « lois du pays » dans les domaines relevant normalement de la loi mais qui juridiquement restent des actes réglementaires. La collectivité peut participer, sous le contrôle de l'État, à l'exercice des compétences qu'il conserve, sous réserve de l'accord de l'État (Cons. const., n° 2004-490 DC, du 12 févr. 2004, cons. 45) : cette disposition donne une faculté (limitée) à la collectivité d'exercer conjointement avec l'État, le pouvoir législatif, et organise ainsi une **forme atténuée de régionalisme.**

– La **Nouvelle-Calédonie** pour sa part a dépassé le stade de la collectivité décentralisée ; elle est d'ailleurs régie par un titre spécial de la Constitution (XIII) qui n'est donc pas celui consacré aux collectivités territoriales. Son statut cherche à concilier indépendantistes et non-indépendantistes ; il est issu de la loi organique du 19 mars 1999, élaborée en conformité avec les Accords de Nouméa ayant valeur constitutionnelle (art. 77 C) et après avis de la collectivité. Ce statut est transitoire dans la mesure où il s'applique en attendant que la population locale accepte l'indépendance totale du territoire (pour l'instant rejetée lors du référendum du 4 nov. 2018) ou son intégration à la République (un prochain référendum local devrait se tenir le 4 oct. 2020).

En application de l'art. 77 C le statut de la Nouvelle-Calédonie contient plusieurs exceptions aux règles constitutionnelles :

Art. 77 C : « Après approbation de l'accord lors de la consultation prévue à l'article 76, la loi organique, prise après avis de l'assemblée délibérante de la Nouvelle-Calédonie, détermine, pour assurer l'évolution de la Nouvelle-Calédonie dans le respect des orientations définies par cet accord et selon les modalités nécessaires à sa mise en œuvre :

– les compétences de l'État qui seront transférées, de façon définitive, aux institutions de la Nouvelle-Calédonie, l'échelonnement et les modalités de ces transferts, ainsi que la répartition des charges résultant de ceux-ci » ;

Les compétences transférées de manière définitive empêchent donc le législateur national de revenir en arrière.

«– les règles d'organisation et de fonctionnement des institutions de la Nouvelle-Calédonie et notamment les conditions dans lesquelles certaines catégories d'actes de l'assemblée délibérante de la Nouvelle-Calédonie pourront être soumises avant publication au contrôle du Conseil constitutionnel » ;

*La collectivité peut **édicter des lois du pays**, soumises au contrôle du Cons. const., et qui interviennent dans le domaine de la loi. Ces actes ressemblent par conséquent à des lois.*

«– les règles relatives à la citoyenneté, au régime électoral, à l'emploi et au statut civil coutumier» (...).

*L'élection des membres de l'assemblée de Nouvelle-Calédonie se fait au **suffrage restreint** (selon une condition de durée de résidence sur l'archipel). Une citoyenneté locale est reconnue, atténuant l'unité du peuple propre à un État unitaire.*

En outre, seules quelques règles nationales s'appliquent à la collectivité (par ex. concernant les pouvoirs publics constitutionnels, les juridictions nationales, la défense nationale). À la manière d'une organisation fédérale, la loi organique dresse la liste des compétences qui restent attribuées à l'État (par ex., nationalité, libertés publiques, justice, monnaie, défense, relations extérieures).

Au final, si la collectivité n'est pas complètement un État de type fédéré puisqu'elle n'a pas d'institutions politiques complètes (pas de juridictions propres notamment), elle s'en rapproche : les Accords de Nouméa sur lesquels se fonde son statut, ressemblent à une Constitution de la Nouvelle-Calédonie, élaborée avec les autorités locales et qui déroge à la Constitution étatique (conformément à ses dispositions). Les lois du pays témoignent d'un transfert au moins partiel d'un pouvoir législatif. En revanche, à la différence d'un État fédéré, elle ne participe pas en tant que collectivité infra-étatique à l'élaboration des lois nationales et à la révision de la Constitution. Sur certains aspects, la collectivité semble même dépasser la forme fédérale pour constituer une entité étatique plus autonome encore : sa « Constitution » déroge à des principes essentiels de la Constitution française, alors que même dans un État fédéral, les Constitutions des États fédérés doivent respecter la Constitution fédérale. Elle apparaît très détachée de l'État français. Ce statut prépare une éventuelle indépendance de la Nouvelle-Calédonie. Cette collectivité montre en tout état de cause les limites de la distinction entre fédéralisme, régionalisme et décentralisation.

Le projet de loi constitutionnelle pour un renouveau de la vie démocratique envisage d'étendre à l'ensemble des collectivités territoriales deux caractéristiques réservées aujourd'hui à l'outre-mer par l'inscription d'un **droit à la différenciation** entre collectivités territoriales dans la Constitution : des transferts de compétences non homogènes entre les collectivités territoriales (caractéristique également des États régionaux) et la possibilité pour les collectivités de déroger, lorsque la loi ou le règlement l'aura prévu, aux lois et règlements nationaux relatifs à leurs compétences, et ainsi, d'exercer un pouvoir réglementaire autonome.

L'État central garde le contrôle du pouvoir normatif, mais les multiples statuts dérogatoires accordés à certaines des collectivités territoriales interrogent sur l'unité de l'ensemble et ravivent les velléités autonomistes. La reconnaissance d'un pouvoir réglementaire autonome (voire législatif pour l'outre-mer) serait plus apaisante et moins dangereuse pour l'unité de l'ensemble.

4. Exercice – dissertation (4)

Conseils méthodologiques

La dissertation juridique (4) : rédaction

À l'issue du travail au brouillon, le travail de réflexion est achevé, et la dernière étape, la rédaction de la dissertation, nécessite de porter une attention particulière à la forme, afin de bien mettre en valeur l'argumentation. La dissertation se présente selon le schéma suivant :

Introduction

Rédigée au brouillon, il conviendra seulement de la recopier en terminant par l'annonce des 2 parties.

Penser à relire l'introduction avant de rédiger la suite.

Titre du I (il apparaît clairement dans le devoir)

Chapeau introductif

Le chapeau contient 2 éléments :

– la formulation et l'explication de l'idée générale de la partie,

– l'annonce des A et B.

Titre du A (titre apparent dans le devoir)

Développements du A

Il convient d'abord d'expliquer l'idée générale du A.

Ensuite, il convient de développer chacun des arguments, accompagné d'un exemple, dans des paragraphes successifs.

=>*Transition A/B*

La transition permet, de manière brève (une phrase) de faire le lien entre l'idée de la sous-partie qui vient d'être rédigée et l'idée de la sous-partie qui va débuter.

Penser à relire avant de rédiger la suite.

Titre du B (titre apparent)

Développements du B (idem que A)

=>***Transition I/II***

De la même manière que la transition A/B, la transition I/II fait le lien entre l'idée du I (à rappeler) et celle du II (qui est donc annoncée).

Titre du II (titre apparent)

Chapeau introductif (idem que le chapeau introductif du I)

Titre du A (titre apparent)

Développements du A (idem que A et B de la partie I)

=>***Transition A/B*** (idem que dans la partie I)

Titre du B (titre apparent)

Développements du B (idem que A et B de la partie I)

À noter :

- Les chapeaux et transitions doivent être soignés pour permettre au lecteur de suivre la progression du raisonnement.
- La relecture au fur et à mesure (moins rébarbative) doit permettre d'éliminer les fautes d'orthographe et de syntaxe. Un juriste travaille sur les mots et doit donc maîtriser la langue française.
- Il n'est en principe pas utile de faire une conclusion, les développements ayant déjà permis de répondre au sujet et une conclusion qui consisterait à résumer le devoir serait peu intéressante. Il est toutefois possible, à la fin de la dernière sous-partie, en guise de conclusion, d'ouvrir sur un autre sujet proche, ou encore, de terminer par une phrase percutante insistant sur l'idée force du devoir.

Dans tous les cas, tous les arguments doivent avoir été développés dans le devoir : il ne faut pas attendre la conclusion pour donner une réponse au sujet, cette réponse devant précisément constituer l'idée générale (ou problématique) démontrée dans le devoir.

Sujet: « Unité de l'État et spécificités locales »

Corrigé

« La France est une République indivisible...Elle assure l'égalité devant la loi de tous les citoyens sans distinction d'origine, de race ou de religion...Son organisation est décentralisée » (art. 1 C dans sa rédaction issue de la révision constitutionnelle du 28 mars 2003) ; « La République reconnaît, au sein du peuple français, les populations d'outre-mer, dans un idéal commun de liberté, d'égalité et de fraternité » (art. 72-3 C issu de la révision constitutionnelle de 2003) ; « Les langues régionales appartiennent au patrimoine de la France » (art. 75-1 C créé par la révision constitutionnelle du 23 juill. 2008). Ces trois dispositions de la Constitution française laissent entrevoir les tensions, voire les contradictions au sein de cet État unitaire de tradition centralisatrice. Malgré l'unité de l'État, des différences plus ou moins marquées entre les diverses parties du territoire de nature variable (culturelles, linguistiques, géographiques par ex.) sont à l'origine de revendications tendant à faire accepter à l'État central d'accorder une plus grande autonomie locale afin d'adapter la règle de droit aux spécificités territoriales. Cette question de la conciliation entre unité de l'État et libertés locales se pose dans les États unitaires (avec une grande acuité par ex. en France, en Espagne ou en Italie où des mouvements autonomistes peuvent ou ont pu recourir à la violence) comme dans les États fédéraux qui accordent pourtant déjà une large autonomie aux États fédérés. Les conditions d'apparition des États dans l'histoire ont dicté leur forme, et le fédéralisme s'est imposé lorsque, bien que liée par des caractéristiques communes, la population est hétérogène sur bien des points (par ex., les populations des États américains partageaient, à la création de l'État fédéral, une histoire). Inversement, l'homogénéité d'une population conduit plus naturellement à la forme unitaire. Mais, des évolutions peuvent survenir (par ex. en France la décolonisation et l'intégration, à la République, de territoires en outre-mer ; la détérioration du consensus qui avait pu être trouvé entre l'État central et ses collectivités infra-étatiques ou certaines d'entre elles pour préserver une unité de l'État) et forcer l'État à repenser l'organisation territoriale de son pouvoir afin de concéder davantage de prérogatives aux collectivités infra-étatiques dans le but d'éviter l'éclatement de l'État. Cependant, l'autonomie renforcée des territoires locaux ne suffit pas toujours à empêcher l'éclatement de l'État unitaire ou fédéral (par ex., en Belgique, le clivage linguistique entre Flamands et Wallons a conduit à l'éclatement de cet État initialement unitaire en un État fédéral qui reste très instable et menace de se dissoudre pour laisser place à des États indépendants ; l'ex-URSS, État fédéral qui regroupait plus de cent nationalités, s'est disloqué). Dans beaucoup d'États, des référendums consistant à interroger la population locale quant à sa volonté d'obtenir une indépendance par rapport à l'État central se multiplient pour faire pression sur le pouvoir central (en Catalogne, au Québec, en Écosse par ex.). Tout conduit à s'interroger sur la forme d'État idéale pour maintenir une unité paisible, malgré les différences culturelles, économiques, linguistiques, géographiques pouvant exister à l'intérieur de cet État. La précarité de certains États fédéraux et des États régionaux force à admettre que l'unité d'un État ne dépend pas nécessairement du degré d'autonomie laissé aux collectivités infra-étatiques. La forme fédérale semble davantage préserver une unité étatique qu'une simple décentralisation lorsque les territoires d'un État ont peu en commun, mais, au-delà de la forme de l'État, la volonté des populations de rester unies au sein d'un même ensemble, l'adhésion à des valeurs communes, apparaissent primordiales pour assurer la stabilité de l'État. Ce dernier ne peut pas forcer ses territoires à rester agrégés, une unité artificielle provoquant une instabilité et un risque pour la pérennité de l'État. Dans le cadre d'aspirations à demeurer au sein d'un même État, la logique fédérale est adaptée au maintien de l'unité d'un ensemble étatique contenant une grande diversité des territoires (I) tandis que la décentralisation se borne à permettre une application du droit national adapté localement dans un ensemble étatique homogène (II).

I. La logique fédérale adaptée au maintien de l'unité d'un ensemble étatique contenant une grande diversité des territoires

Tirant son nom du latin *fœdus*, c'est-à-dire alliance ou pacte, l'État fédéral a pour objectif de maintenir agrégés des territoires fort divers dans la mesure où ces derniers conservent une liberté d'organisation et de décision politique. Par suite, le fédéralisme, dès lors qu'il est pensé comme devant préserver l'unité dans la diversité, est stable (A), mais s'avère au contraire instable lorsque l'objectif d'unité de l'ensemble est négligé (B).

A. La stabilité d'un fédéralisme pensé comme l'unité dans la diversité

[*Exposé de l'idée générale de la sous-partie*] Le modèle fédéral convient particulièrement pour concilier unité de l'ensemble et diversité de ses composantes.

[*Argument 1 et ex.*] Dans cette logique se sont construits les États-Unis. Plusieurs États indépendants se sont rapprochés pour coopérer d'abord au sein d'une organisation souple (la confédération) puis, pour renforcer leurs liens, au sein d'une fédération. Les membres de la fédération, bien que conservant une organisation politique propre, acceptent de se soumettre à l'organisation politique de l'ensemble fédéral, de nature à rendre cohérent le fonctionnement de l'État fédéral, et marquant le lien de solidarité entre les différents États fédérés.

[*Argument 2 et ex.*] L'ordre juridique fédéral s'impose par conséquent à l'ordre juridique des États fédérés. Ces derniers doivent respecter les principes fondamentaux de la Constitution fédérale qui traduit une adhésion aux mêmes valeurs. Par ex. le respect des droits fondamentaux, de l'État de droit et de la démocratie, de la République, du suffrage universel (art. 28 de la Loi fondamentale allemande, art. IV, sect. 4 de la Constitution des USA, art. 51 de la Constitution suisse). Certaines compétences législatives ne peuvent appartenir qu'au niveau fédéral car elles concernent des compétences régaliennes (en général, la monnaie, les relations internationales, la défense).

[*Argument 3 et ex.*] La Cour constitutionnelle ou suprême, chargée de trancher les litiges en matière de répartition des compétences entre les deux niveaux, contribue d'ailleurs à préserver cette unité, même si elle peut être plus favorable à l'État fédéral (fédéralisme centripète) ou au contraire aux États fédérés (fédéralisme centrifuge). Par ex. la Cour suprême américaine a pendant un temps favorisé une recentralisation par sa théorie des *implied powers* autorisant l'État fédéral à intervenir dans des matières qui n'étaient pas expressément mentionnées par l'art. I, sect. 8 C, mais nécessaires à l'exercice des compétences énumérées : *McCulloh v. Maryland* de 1819. La conjoncture peut aussi requérir l'intervention renforcée de l'État fédéral (par ex. en cas de crise économique et sociale).

[*Argument 4 et ex.*] La participation des États fédérés témoigne aussi de cette unité de l'ensemble. Souvent on constate que la démarche du fédéralisme par association sous-tend l'objectif d'unité et permet un fédéralisme stable malgré la grande diversité des États (par ex. en Suisse, coexistent plusieurs langues, aux USA, plusieurs modes de vie).

[*Transition*] L'origine du fédéralisme n'est toutefois pas une assurance de pérennité. C'est qu'en effet, l'unité doit rester l'objectif premier de la fédération, au risque de la rendre instable.

B. L'instabilité d'un fédéralisme négligeant l'unité

Si, pour une raison ou une autre, la volonté de rester uni et le consensus sur lequel elle est fondée disparaît ou n'existe pas, la forme fédérale sera inapte à la maintenir artificiellement et les spécificités locales l'emporteront pour aboutir à un éclatement de l'État (par ex., l'ex-URSS illustre l'impossible fonctionnement d'un État fédéral dont les membres refusent d'être réunis. De même, actuellement, le fédéralisme belge apparaît largement artificiel). Ainsi, les États fédéraux créés par dissociation risquent d'apparaître moins durables car leur création est déjà le reflet d'un cheminement vers une idée d'éclatement (par ex. la Belgique), et d'atténuation du lien qui unit l'ensemble de ses membres. Toutefois, alors même que le Canada s'est créé par association, il subit pourtant des revendications sécessionnistes du Québec, en raison de la modification de l'équilibre entre niveau fédéral et niveau fédéré qui ne convient plus à cette province. La réduction de l'autonomie du Québec par l'État fédéral a réveillé une réaction de défense des particularités linguistiques et culturelles locales et menace l'unité. Si le fédéralisme peut efficacement concilier unité et diversité dans des États plurinationaux en laissant une autonomie politique aux entités infra-étatiques, la décentralisation est de dimension plus modeste et concilie unité et diversité mais dans un État assez homogène.

II. La décentralisation limitée à une application du droit national adapté localement dans un ensemble étatique homogène

À la différence du fédéralisme, la décentralisation, qui prend place dans un État unitaire, a une nature administrative et non pas politique. Elle permet seulement d'accorder une liberté de gestion, sur le plan administratif, aux collectivités locales (A), et, de ce point de vue, peut permettre une adaptation du droit aux spécificités locales. En revanche, lorsque la décentralisation est utilisée pour accorder une libre gestion, sur le plan politique, aux collectivités locales, alors elle met en danger l'unité de l'État (B).

A. La stabilité d'une décentralisation permettant une libre gestion administrative des affaires locales

Dans un État unitaire, qu'implique la décentralisation, l'autonomie locale est nécessairement moindre que dans un État fédéral, même si l'on adopte une conception très extensive de la décentralisation. Les libertés locales qu'il est possible de reconnaître aux collectivités territoriales ne peuvent en tout état de cause, au vue de l'unicité de la souveraineté dans ce type d'État, se réaliser que par le biais du transfert d'un pouvoir réglementaire. Le caractère unitaire de l'État suppose en effet un unique pouvoir législatif (le Parlement représentant le peuple souverain), mais peut s'accommoder d'un partage du pouvoir réglementaire. Autrement dit, dans le cadre d'une décentralisation même entendue libéralement, il s'agit davantage de rapprocher la décision nationale des citoyens en donnant aux entités infra-étatiques la possibilité de fixer son application en tenant compte de certaines aspirations ou contraintes locales, assez minimes pour ne pas contester la décision nationale. Des États unitaires sont confrontés à des revendications séparatistes qui sont le fait d'une minorité en général qui, parfois par la violence, entend faire valoir son identité (Catalogne, Corse, Écosse). Dans un cadre unitaire, ces revendications posent la question de la sécession du territoire, la décentralisation s'avérant inapte à donner l'autonomie attendue. Les textes constitutionnels règlent rarement ce problème, se bornant en général à reconnaître un droit à l'autodétermination des territoires colonisés. Pour exercer des pressions politiques sur l'État central, les mouvements indépendantistes organisent des référendums locaux, voués à l'échec (par ex., le Tribunal constitutionnel espagnol a considéré comme inconstitutionnelle l'organisation du référendum en Catalogne en 2017). En France, le Cons. const. a étendu l'application de l'art. 53 C (relatif à la cession, l'échange et l'adjonction de territoires par Traité) à la sécession d'une partie du territoire de l'État, considérant que cet article applique le principe de libre détermination des peuples consacré par l'al. 2 du Préambule de 1946 et s'adresse particulièrement à l'outre-mer (Cons. const., 30 déc. 1975 concernant Mayotte et 2 juin 1987, concernant la Nouvelle-Calédonie). Il en déduit que la sécession suppose la consultation de la population locale par référendum local, organisé à l'initiative des autorités de l'État central, plus précisément par une loi. Pour éviter la sécession, ou apaiser les minorités lorsque la consultation locale a conduit au maintien au sein de la République, la réponse de l'État consiste à renforcer l'autonomie de ces collectivités ; or, ce moyen est inadapté est créé de l'instabilité.

B. L'instabilité d'une décentralisation cherchant à permettre une libre gestion politique des affaires locales

Attachés à leur souveraineté, les États unitaires confrontés aux revendications indépendantistes pensent les satisfaire en octroyant de larges compétences aux territoires concernés. Certains emprunts au fédéralisme sont ainsi faits, allant jusqu'à un partage du pouvoir législatif dans le modèle régional. Cependant, cette technique entretient une unité artificielle : non seulement elle est inapte à forcer la volonté de rester intégré dans l'État unitaire, mais en outre, elle ne tire du fédéralisme que l'idée d'autonomie (au demeurant encadrée étroitement par l'État central) et non pas celle de participation, qui conditionne la cohérence et l'unité de l'ensemble étatique. Cette situation ne peut que renforcer les mécontentements et diluer la volonté d'unité. Ainsi, il ne faut pas voir dans l'association de la Corse ou de certaines collectivités d'outre-mer à l'exercice du pouvoir normatif national l'expression d'un principe de participation inspiré du modèle fédéral car ces simples consultations ne concernent que les décisions relatives aux collectivités en question et n'ont pas vocation à les faire participer en tant que telles aux décisions nationales, l'État refusant d'affaiblir sa souveraineté. Or, lorsque, par ex. en France, les collectivités d'outre-mer adoptent des décisions dans le domaine de la loi, l'unité de la souveraineté est atteinte ; même si l'on considère que la collectivité exerce un pouvoir réglementaire, elle décide d'affaires politiques. En refusant d'assumer une association de type fédérale, l'État central ce faisant met en danger son unité car il ne favorise pas l'intégration de ces territoires.

Thème 5

La séparation horizontale des pouvoirs

1. Théorie et pratique de la séparation des pouvoirs

L'idée de séparer les différentes fonctions composant le pouvoir de l'État, afin d'en éviter l'arbitraire, a fait l'objet de théories anciennes, que l'on retient sous le nom de **théories de la séparation des pouvoirs**, qui ont donné lieu à des interprétations variables lors de leur mise en œuvre dans les sociétés modernes et dont le contenu a évolué à l'occasion de leur mise en pratique. Quoi qu'il en soit, la nécessité de séparer les pouvoirs (ou les fonctions) d'une manière ou d'une autre n'a jamais été remise en cause, car elle conditionne l'existence d'une démocratie libérale.

Dans l'**Antiquité**, à la suite de Platon qui recherche le gouvernement idéal, **Aristote**, son disciple, procède à une comparaison concrète de l'organisation et du fonctionnement des différentes cités grecques dans son œuvre *Politique* (IVe siècle av. J.C.). Il en dégage une distinction entre trois fonctions au sein de l'État, le pouvoir législatif (l'assemblée générale qui délibère des affaires de la cité), le pouvoir exécutif (les magistratures, c'est-à-dire les agents permettant à l'État d'exécuter ses missions), le pouvoir judiciaire (les tribunaux), et constate qu'elles peuvent être diversement organisées selon que le régime est une république, une monarchie ou une aristocratie.

La pensée d'Aristote contient en germe l'idée de séparation des pouvoirs dont la **théorisation** interviendra bien plus tard. Aux XVIIe et XVIIIe siècles, les philosophes des Lumières, **Locke et Montesquieu**, à partir de l'observation des dérives de la monarchie anglaise dans l'histoire et des réactions qu'elles ont suscitées (revendication d'un contrôle du roi par les représentants du peuple dans la

Magna Carta de 1215, puis le *Bill of Rights* de 1689 : *cf.* thèmes 2 et 3) ainsi que du fonctionnement du régime anglais à leur époque, échafaudent une théorie consistant à distinguer plusieurs fonctions de l'État pour distribuer son pouvoir à plusieurs organes étatiques afin de le limiter et d'éviter le retour à l'absolutisme.

Juste après la Glorieuse Révolution anglaise de 1688 qui a conduit à l'instauration d'une monarchie constitutionnelle, le philosophe anglais **John Locke**, dans son *Traité du gouvernement civil* de 1690, identifie trois pouvoirs dans l'État, le législatif, l'exécutif et le fédératif (lié aux relations entre l'État et les États étrangers). Il constate, dans le régime anglais de l'époque, une distribution de ces pouvoirs ainsi qu'une hiérarchie entre eux. Ainsi, les représentants du peuple souverain, réunis dans le Parlement, détiennent le pouvoir législatif, consistant à faire les lois. Le roi détient les deux autres pouvoirs qui consistent à mettre en œuvre ces lois et qui sont donc subordonnés au Parlement.

En 1748, dans son ouvrage *De l'esprit des lois* (Tome 1, Livre XI, Chapitre VI), le philosophe français **Montesquieu**, partant du constat que « tout homme qui a du pouvoir est porté à en abuser », préconise de distribuer les différents pouvoirs étatiques à des organes distincts de sorte que « le pouvoir arrête le pouvoir » afin que la liberté politique et la sûreté soient préservées. Pour vilipender l'absolutisme royal de l'Ancien Régime, il théorise, à partir de l'observation du fonctionnement du régime anglais qu'il connaît, la distinction entre trois sortes de fonctions dans l'État, « la puissance législative » – consistant à faire la loi – « la puissance exécutrice » – consistant à exécuter la loi – et « la puissance de juger ». Selon lui le pouvoir législatif et le pouvoir exécutif ne doivent pas être réunis entre de mêmes mains, mais répartis entre différents organes, l'un pouvant intervenir dans les fonctions de l'autre pour l'empêcher, le contrôler et ainsi borner son pouvoir : décrivant les institutions anglaises de l'époque (roi, Parlement bicaméral, jury pour juger), il préconise de confier la fonction législative à des assemblées représentant les citoyens et les nobles, et la fonction exécutive au roi. Le pouvoir de juger quant à lui doit être complètement séparé des deux autres, et donc, indépendant du pouvoir politique qu'ils détiennent, afin que les personnes qui jugent la bonne application des lois ne soient pas celles qui ont fait ou exécuté ces lois. Ces juges doivent être tirés du corps du peuple, mais la puissance de juger est « en quelque façon nulle » selon lui, car les juges ne sont que « la bouche qui prononce les paroles de la loi ».

Cette théorie de la séparation des pouvoirs a donné lieu, en pratique, à deux interprétations, à l'origine d'une **classification des régimes politiques** :

– aux États-Unis est mise en œuvre une **séparation rigide** des pouvoirs, critère du **régime dit présidentiel** où les organes politiques sont **spécialisés** dans une fonction. Ainsi, le Parlement exerce la totalité du pouvoir législatif, et le chef de l'État détient seul le pouvoir exécutif qui est donc nécessairement **monocéphale.** Cependant, par un système de poids et contrepoids (***checks and balances***), le chef de l'État et le Parlement disposent de moyens pour contrôler mutuellement leur action et de facultés de s'empêcher, **sans toutefois pouvoir se révoquer l'un l'autre**. Par ailleurs, dans ce modèle américain, le pouvoir judiciaire est considéré comme un troisième pouvoir aussi important que les deux autres ; par son rôle, il participe pleinement à l'équilibre des pouvoirs (il contrôle les deux autres pouvoirs, notamment pour leur imposer le respect des droits et libertés, par le biais du contrôle de constitutionnalité des lois en particulier : *cf.* thème 11).
– en Europe, et notamment en France, est mise en œuvre une **séparation souple** des pouvoirs, critère du **régime dit parlementaire**, où le Parlement détient une partie du pouvoir législatif et l'organe exécutif exerce, en plus de la fonction exécutive, une partie du pouvoir législatif. En outre, ces deux organes disposent de moyens de contrôle incluant des **mécanismes de responsabilité politique** leur permettant de se révoquer mutuellement. Pour assurer la continuité de l'État, symbolisé par le chef de l'État, l'Exécutif est **bicéphale**, de sorte que s'il est renversé par le Parlement, seul le chef du Gouvernement démissionne (et avec lui, l'ensemble du Gouvernement), tandis que le chef de l'État se maintient. Par ailleurs, dans cette conception européenne de la séparation des pouvoirs, le juge n'apparaît pas comme détenteur d'une fonction spécifique ; son rôle s'analyse en un simple prolongement de la fonction exécutive.

Naissance des régimes parlementaire et présidentiel

Le régime parlementaire est né en **Angleterre** à l'issue de la lente évolution historique ayant permis de mettre fin à l'absolutisme royal au profit d'un contrôle du roi par le Parlement.

À partir du XIIIe siècle, la concentration du pouvoir s'étiole, le roi devant composer avec le Parlement pour exercer la fonction législative (ce qui a été obtenu par ex. par la *Magna Carta, cf.* thème 3).

Après la deuxième Révolution en 1688, le **pouvoir législatif est ainsi réparti** entre le Parlement (composé de deux chambres, la chambre basse représentant le peuple, la chambre haute l'aristocratie) et le roi qui doivent donc collaborer ; le pouvoir exécutif reste confié au roi et ses conseillers (ministres).

Pour contrôler la bonne exécution de la loi par l'Exécutif, le Parlement s'autorise à engager la responsabilité des ministres, le roi étant par principe inviolable et donc irresponsable. Ainsi, à partir du XVIIIe siècle, l'***impeachment*** (mise en accusation), qui n'a jamais été encadrée par une procédure écrite et qui permettait à l'origine au Parlement d'engager la responsabilité pénale des ministres et de les juger, est utilisé par le Parlement en raison des actes politiques des ministres et conduisait à leur destitution, voire à leur exécution. De crainte de faire l'objet d'une telle mise en accusation, les ministres ont fini par prendre l'habitude de démissionner dès que la majorité de la chambre basse était opposée à leur action. En 1782, l'ensemble du cabinet démissionne : cet épisode marque la naissance de la **responsabilité politique** du Gouvernement, ensemble collégial et solidaire, devant la chambre basse.

Les révolutionnaires américains ont souhaité mettre en œuvre la séparation des pouvoirs théorisée par Montesquieu, et se sont pour cela inspirés du régime britannique existant alors. Les Pères fondateurs ont toutefois compris la théorie de la séparation des pouvoirs comme impliquant une **spécialisation des organes dans une fonction** ; pour ne pas reproduire le système monarchique, ils ont imaginé un chef d'État qui serait non pas un roi mais un président dont l'autorité lui serait conférée par son élection. Sans percevoir la transformation, dans le régime anglais, de la responsabilité pénale des ministres en responsabilité politique, et la nécessité d'un Exécutif bicéphale que cela induit, ils ont transposé l'*impeachment*, qui est donc resté un mécanisme de **responsabilité pénale du Président** devant le Parlement ; les conseillers du Président ne sont pour leur part responsables que devant lui (comme à l'origine les ministres du roi du régime anglais), et ne forment pas une deuxième tête de l'Exécutif.

La distinction classique entre régime parlementaire (séparation souple) et présidentiel (séparation stricte) a au fil du temps perdu de son évidence et de sa pertinence. En pratique, il est apparu que le pouvoir législatif est partagé même dans le régime présidentiel (par ex. le Président américain s'est reconnu en pratique un pouvoir d'initiative législative), si bien que l'absence ou la présence de mécanismes de **responsabilité politique est le seul critère de distinction** valable entre les deux modèles.

Précisions terminologiques

– La **responsabilité politique** est le fait de devoir répondre des actes accomplis dans le cadre d'une fonction politique, et de supporter la sanction politique qui en accompagne l'exercice.

– La prépondérance d'un organe (Président ou Parlement) ne caractérise pas la nature présidentielle ou parlementaire d'un régime ; en d'autres termes, la prépondérance du Président n'est pas le critère juridique du **régime présidentiel** tout comme la prépondérance du Parlement n'est pas celui du **régime parlementaire.** En réalité, l'Exécutif est aujourd'hui presque partout l'organe prépondérant, y compris dans les régimes parlementaires.

Ce constat recèle en réalité une obsolescence du sens même qui a pu être associé à la théorie de la séparation des pouvoirs de Montesquieu. L'idée de séparation des pouvoirs et les moyens de contrôle ne doivent pas être compris comme supposant une opposition entre les organes exécutif et législatif, mais une **distribution du pouvoir** entre eux. Le bon fonctionnement d'un régime suppose en effet une **unité d'action, et une stabilité des organes.** Plus précisément, pour que les lois puissent être votées et appliquées, un accord entre le Parlement et l'Exécutif est indispensable. Une opposition frontale entre les deux organes politiques ne peut que conduire au blocage des institutions et du régime, l'action des deux organes étant nécessaire pour mener une politique. Ainsi, le régime présidentiel ne peut pas fonctionner si l'Exécutif empêche toutes les lois votées par le Parlement d'être exécutées ; de même que le régime parlementaire ne peut correctement fonctionner si le Parlement renverse trop souvent l'Exécutif. Inversement, cet accord ne signifie pas que l'un des pouvoirs doit se borner à entériner les décisions de l'autre. L'existence même d'une **pluralité d'organes** pouvant s'empêcher oblige ces organes à agir avec modération, par la voie de négociations, de compromis politiques ; au final, une décision claire est adoptée et mise en œuvre, mais elle aura été adoptée après discussions, échanges entre les organes qui se partagent le pouvoir.

Dans le régime parlementaire, il est ainsi rapidement apparu que la stabilité de l'Exécutif imposait qu'il bénéficie du soutien de la majorité du Parlement, à défaut, il peut être renversé.

Le régime parlementaire rationalisé

L'exigence de stabilité de l'Exécutif conduit à une rationalisation du régime parlementaire, qui consiste à prévoir des **mécanismes constitutionnels** pour rendre le travail du Gouvernement plus efficace et empêcher qu'il soit trop souvent renversé.

Par ex., ces mécanismes peuvent consister à conditionner l'entrée en fonction du Gouvernement à un vote de confiance du Parlement, ou à exiger le respect de conditions pour permettre au Parlement de renverser le Gouvernement (majorité qualifiée pour voter le renversement du gouvernement, délai de réflexion avant ce vote…), ou encore à donner au Gouvernement des moyens juridiques pour prendre part à la procédure législative.

De même, dans le régime présidentiel, l'Exécutif est contraint de tenter de persuader le Parlement d'adopter certaines lois pour mettre en œuvre sa politique.

Il s'ensuit une certaine **imbrication entre l'Exécutif et le Parlement**. Il ne faut pas y voir une négation de la séparation des pouvoirs : la **pluralité des organes** conduit à un contrôle (l'Exécutif devra convaincre sa majorité parlementaire du bien-fondé de chacune de ses décisions pour conserver son soutien) ; en outre **l'opposition** parlementaire est une source de contrôle essentielle : sans empêcher le bon fonctionnement du régime, elle doit pouvoir bloquer toute dérive autoritaire de la majorité.

En résumé

Aujourd'hui, au-delà de la distinction classique entre régime parlementaire et présidentiel, la séparation des pouvoirs se traduit par un équilibre des pouvoirs qui se présente de la manière suivante : l'Exécutif définit une ligne politique, ce qui justifie, pour sa mise en œuvre, qu'il contribue à l'élaboration de la loi, puis en assure l'exécution. Durant ce processus, l'Exécutif est contrôlé par le Parlement et, notamment, l'opposition ; ces deux organes sont eux-mêmes contrôlés par un juge indépendant. À l'issue du mandat de l'Exécutif ou des parlementaires, de nouvelles élections donneront au peuple la faculté de reconduire la même majorité ou d'en changer et permettre ainsi une **alternance**.

Au final, la séparation des pouvoirs signifie que les pouvoirs ne doivent pas être concentrés entre les mains d'un seul organe ou d'une seule personne : même si un organe est prépondérant, il doit trouver face à lui un autre organe qui soit un **contre-pouvoir**. Si, aujourd'hui, l'Exécutif est prépondérant, le maintien du caractère démocratique du régime suppose, pour équilibrer, que le Parlement ait un vrai pouvoir de contrôle sur l'action de l'Exécutif.

Lorsque les pouvoirs sont déséquilibrés, les régimes parlementaire et présidentiel sont dénaturés et organisent une concentration des pouvoirs les rendant non démocratiques :

– dans un régime présidentiel, l'entièreté du pouvoir exécutif est confiée à une seule personne qui n'endosse pas de responsabilité politique devant le Parlement et qui peut intervenir dans la fonction législative ; il est donc nécessaire de veiller à doter le Parlement de pouvoirs effectifs. Inversement, si le Parlement est faible, il ne peut pas constituer un contre-pouvoir, et le chef de l'État peut concentrer tout le pouvoir politique: le régime est alors **présidentialiste.** De même, dans un régime parlementaire, l'Exécutif a tendance à être prépondérant: si l'une des deux têtes de l'Exécutif est tellement prépondérante qu'elle concentre en réalité le pouvoir, le régime sera présidentialiste. Par ex., l'existence d'un parti unique, la répression de l'opposition, l'attribution à l'Exécutif du pouvoir de contrôler toutes les actions du Parlement, son immixtion dans le pouvoir judiciaire, sont des indices d'un régime présidentialiste. La transposition du régime présidentiel américain en Amérique du sud ou en Afrique, où les réflexes démocratiques sont plus précaires, a pu se faire en omettant le contre-pouvoir du Parlement.

– un régime parlementaire donne au Parlement le pouvoir de renverser l'Exécutif. Par conséquent, si ce dernier est faible, il pourra être trop fréquemment renversé sans avoir les moyens de riposter, et cette instabilité profitera au Parlement: le régime deviendra un **régime d'assemblée** (ou conventionnel), marqué par une concentration du pouvoir entre les mains du Parlement (par ex. les IIIe et IVe Républiques en France, *cf. infra*). Un régime organisant une séparation rigide des pouvoirs peut également s'avérer être un régime d'assemblée si l'Exécutif, qui ne détient que le pouvoir exécutif, apparaît comme soumis au Parlement (par ex., les régimes conventionnels en France des Constitutions de 1793 et 1795, à l'origine de l'appellation « régime conventionnel », *cf. infra*).

2. Illustrations: la séparation des pouvoirs dans le monde

Dans tous les régimes, la séparation horizontale des pouvoirs se combine avec la séparation verticale (plus spécialement le fédéralisme, par ex. en Allemagne, en Suisse, aux USA, *cf.* thème 4) ainsi qu'avec le pouvoir de participation directe du peuple (en Italie, en Suisse en particulier, *cf.* thème 1), pour limiter davantage le pouvoir.

A. Les régimes parlementaires

Chaque régime que l'on peut qualifier de parlementaire en application du critère de la responsabilité politique a en réalité un fonctionnement spécifique en raison de la culture politique du pays et en particulier du **système des partis politiques**. La pratique, au-delà des textes constitutionnels, permet d'avoir une vision juste de la physionomie d'un régime.

1. Le Royaume-Uni

L'apparition du régime parlementaire a mis en évidence l'idée que le Gouvernement, pour être assez stable, doit pouvoir s'appuyer sur une majorité parlementaire. Par suite, dès le XIXe siècle, les partis politiques se sont organisés en conséquence : le ***two-party system*** (le bipartisme) domine, opposant travaillistes et conservateurs qui alternent au pouvoir ; ce bipartisme est rigide du fait d'une **discipline des partis** qui est contrôlée, dans la majorité comme dans l'opposition, par des députés spéciaux (les *whips*). Ainsi, une imbrication entre Exécutif et Parlement se crée et se manifeste avec éclat dans l'absence d'incompatibilité entre les fonctions gouvernementales et parlementaires : le parti majoritaire à la Chambre des communes envoie ses dirigeants au Gouvernement, et le Premier ministre est en pratique le chef du parti vainqueur aux élections législatives. Par conséquent, les crises politiques sont rares ; la motion de censure ne conduit que très exceptionnellement la Chambre des communes à renverser le Gouvernement et la dissolution n'est pas une arme politique permettant à l'Exécutif de résoudre une crise politique à la Chambre des communes. Les quelques crises se règlent au demeurant sans recourir à ces moyens juridiques de mise en jeu de la responsabilité politique (par ex., Theresa May, mise en difficulté dans le cadre de l'adoption d'un accord quant aux modalités du *Brexit*, a finalement démissionné en juin 2019), *cf.* thème 9.

Le Premier ministre, ainsi quasi élu par le peuple, et bénéficiant d'une majorité parlementaire stable durant toute la législature, est l'organe prépondérant de ce **gouvernement de Cabinet**. Il a toutefois face à lui l'opposition de sa Majesté, contre-pouvoir institutionnalisé : le chef du parti de l'opposition est à la tête d'un ***shadow cabinet***, une sorte de Gouvernement de remplacement, qui assure un contrôle permanent et constructif de la majorité, son but étant de devenir la majorité à l'issue des prochaines élections.

Ce modèle de Westminster est efficace grâce au **fait majoritaire** (ou régime majoritaire) auquel il aboutit, et clair pour le citoyen qui, en élisant les députés (dont il sait que le chef de la majorité dirigera l'Exécutif), choisit en fonction du programme politique proposé par le parti auquel appartient le candidat.

Par ailleurs, la Cour suprême, créée par une réforme de 2005 (*Constitutional Reform Act)* et fonctionnant depuis octobre 2009 démontre un renforcement du pouvoir judiciaire. Juridiction placée au sommet de l'ordre judiciaire, la Cour a déjà montré, par ses décisions, qu'elle entend jouer un rôle en matière de défense des droits et libertés. Même si ses membres sont nommés par le pouvoir exécutif, elle marque un progrès dans l'indépendance des juges dans la mesure où elle remplace un système où la chambre haute du Parlement (la Chambre des Lords) exerçait ces fonctions juridictionnelles.

2. L'Allemagne

En Allemagne, le régime parlementaire est similaire au régime britannique, le Premier ministre (Chancelier), élu par la Chambre basse (*Bundestag*), domine. Dans le cadre d'un **bipartisme imparfait**, aucun des deux principaux partis, l'Union démocrate-chrétienne (CDU) – alliée en général au CSU, l'Union chrétienne sociale – et le parti social-démocrate (SPD), ne peut avoir la majorité absolue à la Chambre ; ils doivent donc s'allier, soit entre eux (Grande coalition), soit l'un des deux s'allie à un plus petit parti (par ex., SPD et les Verts, *Die Linke* ou le parti libéral-démocrate : FDP). En général, ces coalitions sont stables durant la législature, et, par suite, les crises politiques rares. Les mécanismes de responsabilité politique ont donc très peu l'occasion de conduire au renversement du Gouvernement ou à la dissolution de la Chambre basse (trois fois depuis 1949), *cf.* thème 10.

Les partis politiques sont consacrés dans la Constitution :

Art. 21 C : « (1) Les partis concourent à la formation de la volonté politique du peuple. Leur fondation est libre. Leur organisation interne doit être conforme aux principes démocratiques. Ils doivent rendre compte publiquement de la provenance et de l'emploi de leurs ressources ainsi que de leurs biens.

(2) Les partis qui, d'après leurs buts ou d'après le comportement de leurs adhérents, tendent à porter atteinte à l'ordre constitutionnel libéral et démocratique, ou à le renverser, ou à mettre en péril l'existence de la République fédérale d'Allemagne, sont inconstitutionnels. La Cour constitutionnelle fédérale statue sur la question de l'inconstitutionnalité (…) ».

*Les partis ont **l'obligation de respecter les valeurs démocratiques**, sous le contrôle de la Cour constitutionnelle qui a ainsi eu l'occasion d'interdire un parti nazi et un parti communiste dans les années 1950.*

La stabilité de l'Exécutif est renforcée par la **rationalisation** du régime parlementaire :

Art. 67 C : « (1) Le Bundestag ne peut exprimer sa défiance envers le Chancelier fédéral qu'en élisant un successeur à la majorité de ses membres et en demandant au Président fédéral de révoquer le Chancelier fédéral. Le Président fédéral doit faire droit à la demande et nommer l'élu. (2) Quarante-huit heures doivent s'écouler entre le dépôt de la motion et l'élection ».

Cette procédure de ***motion de défiance (ou motion de censure) est dite constructive*** *en ce que la Chambre doit désigner un remplaçant au Chancelier qu'elle souhaite renverser. Il ne s'agit donc pas seulement de s'accorder pour s'opposer au Gouvernement, il est nécessaire de s'accorder sur un nouveau Chancelier.*

Le ***délai de réflexion*** *entre le dépôt et le vote de la motion contribue à la sérénité du vote.*

Art. 68 C : « (1) Si une motion de confiance proposée par le Chancelier fédéral n'obtient pas l'approbation de la majorité des membres du Bundestag, le Président fédéral peut, sur proposition du Chancelier fédéral, dissoudre le Bundestag dans les vingt et un jours. Le droit de dissolution s'éteint dès que le Bundestag a élu un autre Chancelier fédéral à la majorité de ses membres. (2) Quarante-huit heures doivent s'écouler entre le dépôt de la motion et le vote ».

Le Chancelier peur poser une question de confiance (ou motion de confiance) : soit la majorité des membres de la Chambre élit un nouveau chef du Gouvernement, soit elle risque d'être dissoute ; la Chambre a donc tout intérêt à se mettre d'accord sur un nouveau chef du Gouvernement si elle refuse la confiance à l'actuel.

B. Le régime présidentiel

Constitution des USA

Art. I, sect. 1 : « Tous les pouvoirs législatifs accordés par la présente Constitution seront attribués à un Congrès des États-Unis, qui sera composé d'un Sénat et d'une Chambre des représentants ».

Art. II, sect. 1 : « 1. Le pouvoir exécutif sera confié à un président des États-Unis d'Amérique ».

Art. III, sect. 1 : « Le pouvoir judiciaire des États-Unis sera confié à une Cour suprême… ».

Élu au suffrage universel, le Président a une autorité propre face au Congrès. Ces deux organes forts doivent dès lors trouver des compromis pour permettre au régime de fonctionner, aucun des deux ne pouvant être renversé par l'autre. Cette collaboration est rendue possible en raison du **bipartisme souple**, les deux grands partis (Parti républicain et Parti démocrate) ne s'opposent pas fondamentalement sur le plan idéologique, si bien que selon les questions, les membres d'un même parti ne voteront pas nécessairement de la même manière. Un Président peut très bien ne pas avoir une majorité de parlementaires appartenant à son parti politique. Dans tous les cas, il doit tenter de convaincre une majorité de parlementaires, ces derniers étant libres de leur vote sur chaque question.

La Cour suprême, placée au même niveau dans la Constitution que les deux autres pouvoirs, a, aux USA, une influence politique indéniable, et est pleinement considérée comme un contrepoids.

C. Illustration d'un régime présidentialiste : la Russie

Tant la Constitution que la pratique indiquent le caractère présidentialiste du régime russe : dans le texte, le chef de l'État (élu directement par le peuple : art. 81 C) concentre de très larges pouvoirs qui ne sont pas contrebalancés par un autre organe. La pratique renforce cette tendance en raison de la personnalité du Président Vladimir Poutine. Ainsi, même si des élections se déroulent régulièrement, les partis d'opposition dénoncent les pressions dont ils font l'objet et leur traitement très inégalitaire par les médias par rapport au parti du Président. Le fédéralisme ne peut même pas être considéré comme un contrepoids efficace tant il est centralisé.

Le président de Russie a autant de pouvoirs que le président américain et exerce en outre les compétences d'un Premier ministre et d'un chef d'État de régime parlementaire :

Le Président a le pouvoir réglementaire (par le biais de décrets : art. 90 C) comme dans un régime présidentiel), mais a aussi l'initiative des lois (comme les deux chambres du Parlement) et le droit de dissoudre la Douma (art. 84 C), comme l'Exécutif d'un régime parlementaire, sans en endosser la responsabilité politique (il est seulement pénalement responsable, par le biais d'une procédure de destitution complexe : art. 93 C).

Le Président russe peut aussi s'opposer aux lois votées par le Parlement par un veto suspensif proche de celui dont dispose le Président américain (qui peut être surmonté par le Parlement mais difficilement eu égard à la majorité qualifiée requise) : art. 107 C.

Le Président contrôle le Gouvernement : ce dernier a un pouvoir réglementaire qu'il exerce par des arrêtés mais qui doivent être conformes aux décrets du Président, à défaut, ce dernier peut les abroger (art. 115, 3 C). En outre, le Gouvernement en plus d'être politiquement responsable devant la Douma (par le biais des mécanismes classiques du parlementarisme : motion de censure et question de confiance), est politiquement responsable devant le Président russe qui peut le révoquer discrétionnairement (art. 117 al. 2 C).

La dissolution de la Douma par le Président peut avoir lieu dans trois cas :

- Lorsque la Douma rejette par trois fois les candidats proposés à la tête du Gouvernement par le Président, le Président nomme le candidat qu'il souhaite et peut dissoudre la Douma (art. 111). De même, si, à l'issue de trois votes, la Douma rejette un tiers des candidats proposés pour faire partie du Gouvernement, le Président peut la dissoudre (art. 112).
- Si la Douma vote une motion de censure, le Président peut refuser de révoquer le Gouvernement : dans ce cas, la Douma peut dans un délai de trois mois, voter de nouveau une défiance, mais il revient au Président de choisir soit de révoquer le Gouvernement soit de dissoudre la Douma (art. 117 C).
- De même le chef du Gouvernement peut poser la question de confiance à la Douma ; si cette dernière refuse la confiance, le Président décide de révoquer le Gouvernement ou de dissoudre la Douma (art. 117 C).

Dans tous les cas, on constate que lorsque la Douma n'est pas d'accord avec le Président, elle risque d'être dissoute par lui. Ainsi, par son droit de dissolution, le Président russe peut forcer la Chambre basse à se montrer docile. Pour comparer, dans le régime allemand, le droit de dissolution du président est en réalité une menace qu'il peut brandir envers la Chambre pour la presser à s'accorder sur un nouveau Chancelier.

D. Les régimes uniques en leur genre

1. La Suisse

La Constitution organise une prépondérance du Parlement, mais la séparation des pouvoirs est toutefois assurée (si bien que la qualification de régime d'assemblée est trop péjorative), dans la mesure où, à l'image du régime américain, le régime ne peut fonctionner qu'au compromis, et, à l'inverse d'un régime d'assemblée, le Parlement suisse n'a pas les moyens de s'imposer (ce qui vaut parfois à la Suisse la qualification de **gouvernement de concordance**). En effet, la Suisse n'est pas un système majoritaire, car l'Exécutif, collégial (le Conseil fédéral) est un gouvernement de coalition, dont les membres représentent les principaux partis du pays. Cet Exécutif dispose de pouvoirs réels (en particulier, l'initiative des lois, la mise en œuvre des lois). En outre, il n'existe pas de mécanismes de responsabilité politique qui pourrait permettre au Parlement de révoquer l'Exécutif pour s'imposer.

Constitution suisse

Art. 148 : « 1. L'Assemblée fédérale est l'autorité suprême de la Confédération, sous réserve des droits du peuple et des cantons.

2. Elle se compose de deux Chambres, le Conseil national et le Conseil des États, dotées des mêmes compétences ».

Art. 174 : « Le Conseil fédéral est l'autorité directoriale et exécutive suprême de la Confédération ».

Art. 175 : « 1. Le Conseil fédéral est composé de sept membres.

2. Les membres du Conseil fédéral sont élus par l'Assemblée fédérale après chaque renouvellement intégral du Conseil national ».

Art. 169 : « 1. L'Assemblée fédérale exerce la haute surveillance sur le Conseil fédéral et l'administration fédérale, les tribunaux fédéraux et les autres organes ou personnes auxquels sont confiées des tâches de la Confédération ».

*Ainsi, **juridiquement, l'Assemblée est prépondérante et l'exécutif lui est subordonné** (et d'ailleurs élu par elle), ce qui explique que le régime soit fréquemment rangé parmi les régimes d'assemblée.*

Art. 181 : « Le Conseil fédéral soumet à l'Assemblée fédérale des projets relatifs aux actes de celle-ci ».

Enfin, le Tribunal fédéral, une Cour suprême, joue un rôle essentiel dans la limitation du pouvoir et notamment dans la protection des droits.

2. L'Italie

Le régime parlementaire italien, à la différence des autres, **organise juridiquement une prépondérance du Parlement**. En outre, les multiples partis non disciplinés qui concluent des alliances peu stables, les majorités divisées qui en résultent, et les moyens, peu rationalisés, de mise en jeu de la responsabilité du Gouvernement, conduisent à une **instabilité gouvernementale** et renforce la dépendance de l'Exécutif par rapport au Parlement.

Le pouvoir de ce dernier est tempéré toutefois en pratique par **l'arbitrage du président de la République** qui sait user de ses prérogatives constitutionnelles pour intervenir dans le jeu politique tout en se plaçant au-dessus des dissensions partisanes, afin d'apaiser ou d'éviter les crises politiques (par ex. en menaçant de dissoudre la chambre basse, en refusant de nommer un ministre qui risque de diviser, en choisissant un Premier ministre capable de rassembler) ou même pour contrôler l'action des parlementaires (par ex. en exprimant ses doutes sur la constitutionnalité d'une loi, en demandant une nouvelle délibération de la loi).

En outre, la **Cour constitutionnelle** exerce là encore une large influence politique qui contribue au contrôle du Parlement.

3. La séparation des pouvoirs en France

A. Les hésitations historiques

Après la Révolution de 1789, la France a expérimenté la séparation tant rigide que souple des pouvoirs.

– L'échec des expériences de **séparation rigide** des pouvoirs :

La première Constitution, en 1791, s'inspire du modèle américain, et traduit une séparation stricte des pouvoirs entre le roi et ses ministres d'une part et une assemblée parlementaire d'autre part, qui n'a pas le pouvoir de révoquer l'Exécutif et que le roi ne peut dissoudre. Ce dernier peut en revanche, par un veto, empêcher le pouvoir législatif en s'opposant aux lois. En pratique, les deux pouvoirs n'ont pu collaborer mais se sont au contraire opposés, et l'Assemblée s'est imposée jusqu'à suspendre le roi.

Constitution de 1791

Titre III, art. 3 : « Le Pouvoir législatif est délégué à une Assemblée nationale… pour être exercé par elle, avec la sanction du roi ».

Art. 4 : « …le Pouvoir exécutif est délégué au roi, pour être exercé sous son autorité, par des ministres et autres agents responsables… ».

Art. 5 : « Le Pouvoir Judiciaire est délégué à des juges élus à temps par le peuple ».

Titre III, ch. 1, art. 5 : « Le Corps législatif ne pourra être dissous par le roi ».

Ch. 2, sect. 4, art. 1 : « Au roi seul appartiennent le choix et la révocation des ministres ».

Ch. 3, sect. 1, art. 1 : « La Constitution délègue exclusivement au Corps législatif les pouvoirs et fonctions ci-après : 1° De proposer et décréter les lois : le roi peut seulement inviter le Corps législatif à prendre un objet en considération... ».

Sect. 3, art. 1 : « Les décrets du Corps législatif [c'est-à-dire les lois] sont présentés au roi, qui peut leur refuser son consentement ».

On retrouve les ***caractéristiques de la séparation stricte*** *des pouvoirs : la spécialisation de chaque organe dans une fonction, et, par suite, l'absence d'initiative des lois accordée au roi ; l'irrévocabilité mutuelle des pouvoirs ; le droit de veto du roi.*

Ch. 5, art. 1 : « Le Pouvoir judiciaire ne peut, en aucun cas, être exercé par le Corps législatif ni par le roi ».

Art. 3 : « Les tribunaux ne peuvent, ni s'immiscer dans l'exercice du Pouvoir législatif, ou suspendre l'exécution des lois, ni entreprendre sur les fonctions administratives, ou citer devant eux les administrateurs pour raison de leurs fonctions ».

L'indépendance de la justice*, qui forme un « Pouvoir », est reconnue par rapport aux organes politiques ; ce Pouvoir inspire néanmoins une certaine méfiance et on cantonne son rôle pour qu'il ne déborde pas sur les pouvoirs exécutif et législatif.*

Malgré ce premier échec, la Constitution inappliquée de **1793** maintient une séparation rigide des pouvoirs et accentue la prépondérance de l'Assemblée. Ces traits distinctifs sont encore plus appuyés dans la **Constitution de 1795** : les pouvoirs sont strictement séparés (le veto n'existe même plus) et eux-mêmes divisés (Parlement bicaméral et Exécutif collégial) ; l'Exécutif apparaît soumis (il est d'ailleurs élu par le Parlement). Ce déséquilibre des pouvoirs en pratique a suscité une riposte de la part de l'Exécutif jusqu'au coup d'État fomenté par l'un des directeurs (Siéyès) et mis en œuvre par le général Napoléon Bonaparte (Napoléon 1er) le 18 brumaire an VIII. S'installent ensuite logiquement, sous le **Consulat en 1799 puis le Ier Empire de 1804**, des régimes de **confusion des pouvoirs au profit de l'Exécutif** (dictatures).

Constitution de 1799

Art. 25 : « Il ne sera promulgué de lois nouvelles que lorsque le projet en aura été proposé par le gouvernement, communiqué au Tribunat et décrété par le Corps législatif ».

Art. 44 : « Le gouvernement propose les lois, et fait les règlements nécessaires pour assurer leur exécution ».

L'Exécutif maîtrise les pouvoirs législatif et exécutif, les assemblées n'ont même pas l'initiative des lois, elles se contentent en réalité d'entériner les projets de l'Exécutif.

– L'apparition du **régime parlementaire en pratique** :

Alors que la Charte de 1814 conserve la prépondérance du roi, ses pouvoirs sont plus modérés, et la pratique introduit l'idée d'un contrôle de l'Exécutif par les parlementaires (par ex., vote de l'adresse en réaction au discours du trône lors de l'ouverture de la session parlementaire).

Charte de 1814

Art. 15 : « La puissance législative s'exerce collectivement par le roi, la Chambre des pairs, et la Chambre des députés des départements ».

Art. 18 : « Toute la loi doit être discutée et votée librement par la majorité de chacune des deux chambres ».

Art. 58 : « Les juges nommés par le roi sont inamovibles ».

Le roi partage donc le pouvoir législatif avec le Parlement, et, s'il nomme les juges, il ne peut les révoquer, ce qui est gage d'indépendance.

La tendance parlementaire se confirme avec la Constitution de 1815 qui n'a pu s'appliquer longtemps puis, surtout avec Louis-Philippe d'Orléans et la **Charte consentie** (votée par les parlementaires) de 1830 qui s'achemine plus nettement vers un régime parlementaire (par ex., l'initiative des lois est désormais accordée aussi aux chambres). En outre, la pratique fait naître la responsabilité politique (par ex., pratique des interpellations ayant forcé plusieurs gouvernements à démissionner). Cette évolution est interrompue par la Révolution de 1848.

– L'échec du retour au régime de type présidentiel :

Le régime parlementaire naissant et encore fragile ne s'est pas imposé en 1848 ; de nouveau une séparation plutôt rigide des pouvoirs est organisée sous la IIe République dans la mesure où aucun mécanisme de responsabilité politique n'est prévu du moins expressément. L'unique Chambre s'oppose au Président, élu par le peuple, et ne parviennent pas à coopérer.

Constitution de 1848

Art. 19 : « La séparation des pouvoirs est la première condition d'un gouvernement libre ».

Art. 20 : « Le peuple français délègue le pouvoir législatif à une Assemblée unique ».

Art. 43 : « Le peuple français délègue le Pouvoir exécutif à un citoyen qui reçoit le titre de président de la République ».

Art. 49 : « Il a le droit de faire présenter des projets de loi à l'Assemblée nationale par les ministres ».

Par ailleurs, le « Pouvoir judiciaire » est consacré (titre VIII) mais l'indépendance des juges est relative (l'inamovibilité n'est pas d'application générale, l'Exécutif a un pouvoir de nomination de nombreux juges).

Finalement, l'Exécutif (Louis-Napoléon Bonaparte) prend le dessus par un coup d'État. Le Second Empire de 1852 marque un retour à la dictature : l'Empereur détient les pleins pouvoirs et le Parlement est très faible. **En pratique, des outils de contrôle** de l'Exécutif apparaissent toutefois dès 1857 : le législateur obtient un pouvoir d'amendement, il utilise l'interpellation. Ainsi, la puissance de l'Exécutif est atténuée, le régime parlementaire se confirme (avec la Constitution de mai 1870), mais Napoléon III capitule à Sedan en septembre 1870.

Constitution de 1852

Art. 8 : « Il [le président de la République] a seul l'initiative des lois ».

Art. 13 : « Les ministres ne dépendent que du chef de l'État… ».

Art. 39 : « Le Corps législatif discute et vote les projets de loi et l'impôt ».

Art. 40 : « Tout amendement adopté par la commission chargée d'examiner un projet de loi sera renvoyé, sans discussion, au Conseil d'État par le président du Corps législatif. – Si l'amendement n'est pas adopté par le Conseil d'État, il ne pourra pas être soumis à la délibération du Corps législatif ».

Le chef de l'État maîtrise la procédure législative dans son ensemble ; par ex., le droit d'amendement des parlementaires est exercé sous son contrôle, par le biais du Conseil d'État, organe qui lui est entièrement soumis (les conseillers d'État étant nommés et révoqués par le Président qui préside l'instance chargée, sous sa direction, de rédiger les projets de loi notamment, cf. art. 48 à 50).

– La **consécration fragile du régime parlementaire** :

Les lois constitutionnelles provisoires préparant la IIIe République se tournent vers un régime parlementaire dans le cadre d'une République et non plus une monarchie : la loi Rivet du 31 août 1871 donne à Thiers personnellement le titre de président de la République, politiquement responsable, comme ses ministres, devant l'Assemblée.

Le régime parlementaire est confirmé par les lois constitutionnelles de 1875 : le président de la République peut dissoudre la chambre basse, le Parlement peut renverser le Gouvernement.

Loi du 25 février 1875 relative à l'organisation des pouvoirs publics

Art. 5 : « Le Président de la République peut, sur l'avis conforme du Sénat, dissoudre la Chambre des députés avant l'expiration légale de son mandat ».

Art. 6 : « Les ministres sont solidairement responsables devant les chambres de la politique générale du Gouvernement... ».

Toutefois, si le régime parlementaire semble acquis, il a en pratique **dérivé vers un régime d'assemblée**, pour plusieurs raisons, relevant tant du texte de la Constitution, que de sa pratique. L'Exécutif s'est rapidement trouvé très faible par rapport aux deux chambres puissantes.

Concernant le président de la République, son élection par le Parlement est déjà un facteur de soumission, et la pratique en a fait un organe effacé politiquement. Cette orientation du régime a été scellée par la crise du 16 mai 1877.

La crise du 16 mai 1877 et l'effacement du président de la République

Le Président monarchiste Mac Mahon (élu en 1873 par l'Assemblée à majorité monarchiste) se trouve, en 1876, à l'issue des élections à la Chambre des députés, face à une majorité qui lui est opposée. Refusant de nommer un chef du Gouvernement (la fonction de président du Conseil n'apparaît pas dans la Constitution mais est rapidement apparue en pratique) dans cette majorité républicaine, afin de lui assurer un soutien pour mener une politique cohérente, le Président nomme J. Dufaure, que la Chambre juge trop modéré et met très vite en difficulté jusqu'à l'obliger à démissionner. Le Président nomme alors J. Simon, républicain qui, malgré la situation délicate dans laquelle il se trouvait, a tâché de contenter les députés sans contrarier le Président. Cependant, contraint de rallier l'opinion anticléricale de la Chambre dans le cadre d'une interpellation en 1877, il perd la confiance du chef de l'État : ce dernier envoie une lettre de désaveu obligeant Simon à démissionner, alors même qu'il n'a pas ce pouvoir dans la Constitution, dès lors que le Gouvernement avait la confiance de la chambre. Simon démissionne donc le 16 mai 1877, et Mac Mahon appelle le duc de Broglie à former un nouveau Gouvernement. Celui-ci n'obtient cependant pas la confiance de la chambre qui renverse le Gouvernement. Mac Mahon, refusant de s'incliner, dissout la Chambre des députés (le 25 juin). Les élections législatives qui s'ensuivent donnent de nouveau les républicains vainqueurs. Mac Mahon comprend alors qu'il doit se soumettre à la décision du peuple, et appelle Dufaure à la présidence du Conseil ; ce dernier obtient la confiance de la Chambre. Quand de nouveau, les républicains remportent les élections sénatoriales en 1879, Mac Mahon, isolé, démissionne. Le nouveau Président élu, J. Grévy, adresse alors un **message aux chambres le 6 févr. 1879, appelé Constitution Grévy** (car il apparaît comme une convention de la Constitution tant il marque le fonctionnement des institutions), par lequel il déclare qu'il n'entrera pas en lutte contre « la volonté nationale exprimée par les organes constitutionnels », donc le Parlement.

Cet épisode ancre la soumission du Président au Parlement sous la IIIe République : le Gouvernement a besoin de la confiance du Parlement et seulement de lui. De plus, le droit de dissolution, que le Président a cru pouvoir utiliser pour s'opposer aux représentants du peuple élus, n'est ensuite plus mis en œuvre, plaçant la chambre basse dans une situation particulièrement favorable, irrévocable en pratique, mais pouvant renverser le Gouvernement.

Face au Président, qui s'est interdit de recourir au moyen d'arbitrage entre le Gouvernement et le Parlement qu'est la dissolution, ce dernier s'affirme en renversant très fréquemment l'Exécutif, exercice d'autant plus aisé qu'aucune procédure constitutionnelle n'encadre l'engagement de la responsabilité politique des ministres par le Parlement et que règne un multipartisme indiscipliné. Les partis sont obligés de s'allier pour former une majorité, mais les coalitions sont très instables, et se forment non pas sur une ligne politique, mais sur des questions secondaires. **Plus de cent gouvernements se succèdent** jusqu'en 1940, empêchant toute mise en œuvre d'une politique claire. Le Parlement, qui n'a plus de contrepoids face à lui, se coupe ainsi des citoyens : ces derniers, en choisissant leurs députés, n'ont aucune idée de la politique qu'ils vont appliquer. Tout se passe comme si les représentants du peuple s'estiment souverains.

Le régime tout entier s'affaiblit et ne subsiste pas à la Seconde Guerre mondiale ; il laisse place au régime de Vichy en 1940, la pire dictature qu'a connu la France depuis 1789, avec une concentration extrême des pouvoirs : Pétain supprime les chambres en juillet 1942, le pouvoir judiciaire lui est entièrement subordonné et il rend une justice expéditive destinée à écarter les opposants politiques (par ex.

la Cour suprême de justice de Riom juge les ministres et anciens ministres dans le cadre d'un procès niant tous les principes du droit pénal ; les cours martiales pouvaient infliger la peine de mort pour délit d'intention ou délation).

Après la Libération, la Constitution de 1946 instaure un régime parlementaire classique où le chef du Gouvernement est le chef de la majorité, et est responsable politiquement devant la chambre basse.

Toutefois, la pratique fait de nouveau dévier ce régime en **régime d'assemblée** : faute de majorité stable à l'Assemblée, le Gouvernement est très souvent renversé (24 gouvernements se succèdent en 12 ans), **en dépit de la rationalisation** du régime. Si le Président peut dissoudre l'Assemblée, les conditions prévues par la Constitution sont si strictes qu'elles s'avèrent quasiment impossibles à réunir. Ce régime inefficace n'a pas pu surmonter la guerre d'Algérie.

Constitution de 1946 : les mécanismes de rationalisation

Art. 45 : « le chef du Gouvernement est investi par un vote de confiance de l'Assemblée à la majorité absolue des députés ».

Art. 48 : « le Gouvernement est collégialement responsable devant la seule chambre basse ».

Art. 49 : « le président du Conseil peut seul engager la responsabilité du Gouvernement par une question de confiance dont le vote à la Chambre intervient après un délai de réflexion d'un jour franc. Le Gouvernement doit démissionner seulement en cas de rejet de la confiance à la majorité absolue des députés ».

Art. 50 : « L'Assemblée peut renverser le Gouvernement en adoptant une motion de censure à la majorité absolue des membres et à l'issue d'un délai de réflexion d'un jour franc entre le dépôt et le vote de la motion ».

B. L'originalité du régime de la Ve République française

Face aux expériences et aux échecs passés, la loi constitutionnelle du 3 juin 1958 impose au Gouvernement de Gaulle l'instauration d'un régime parlementaire.

Loi constitutionnelle du 3 juin 1958

« (...) Le Gouvernement de la République établit un projet de loi constitutionnelle mettant en œuvre les principes ci-après : (...)

2° Le pouvoir exécutif et le pouvoir législatif doivent être effectivement séparés de façon que le Gouvernement et le Parlement assument chacun pour sa part et sous sa responsabilité la plénitude de leurs attributions » ;

L'exigence d'une séparation effective entre l'Exécutif et le Parlement révèle la volonté d'empêcher le régime d'assemblée vers lesquelles ont dérivé les IIIe et IVe Républiques, ou la dictature de l'Exécutif.

« 3° Le Gouvernement doit être responsable devant le Parlement » ;

*Cette disposition contient le **critère du régime parlementaire**, puisqu'elle implique nécessairement l'existence de mécanismes de responsabilité politique permettant au Parlement de révoquer le Gouvernement, et suggère par suite un Exécutif bicéphale.*

« 4° L'autorité judiciaire doit demeurer indépendante pour être à même d'assurer le respect des libertés essentielles telles qu'elles sont définies par le préambule de la Constitution de 1946 et par la Déclaration des droits de l'homme à laquelle il se réfère (…) ».

*Tout en appuyant sur le fait que, sans indépendance par rapport au pouvoir politique, le juge ne peut accomplir son rôle de défenseur des droits et libertés, le texte laisse transparaître que la **fonction juridictionnelle**, qui ne forme pas un pouvoir comme l'Exécutif et le Parlement, n'est pas au même niveau que ces derniers.*

Ce choix pour le régime parlementaire a été expliqué par M. Debré, dans son discours prononcé devant le Conseil d'État le 27 août 1958 pour présenter la nouvelle Constitution.

Discours de Michel Debré devant le Conseil d'État, 27 août 1958

(…) « I. Donner à la France un régime parlementaire

Le Gouvernement a voulu rénover le régime parlementaire. Je serai même tenté de dire qu'il veut l'établir, car pour de nombreuses raisons, la République n'a jamais réussi à l'instaurer.

La raison de ce choix est simple. Le régime d'assemblée, ou régime conventionnel, est impraticable et dangereux. Le régime présidentiel est présentement hors d'état de fonctionner en France.

L'impossible régime d'assemblée

Le régime d'assemblée, ou conventionnel, est celui où la totalité du pouvoir, en droit et en fait, appartient à un Parlement, et plus précisément, à une Assemblée. L'Assemblée n'est pas seulement le pouvoir législatif et le contrôle budgétaire. Elle est la politique et le Gouvernement, qui tient d'elle l'origine de son autorité et qui, dépendant de son arbitraire, n'est que son commis. Ses décisions ne peuvent être critiquées par personne, fussent-elles contraires à la Constitution. Leur domaine est illimité et l'ensemble des pouvoirs publics est à leur discrétion (...)

Ce régime est celui que nous avons connu (...) ».

M. Debré rejette catégoriquement le régime d'assemblée qui a conduit à la fragilisation de l'État.

« Les difficultés majeures du régime présidentiel

Le régime présidentiel est la forme du régime démocratique qui est à l'opposé du régime d'assemblée. Sa marque est faite de l'importance du pouvoir donné en droit et en fait à un chef d'État élu au suffrage universel.

Les pouvoirs, dans un tel régime, ne sont pas confondus. Ils sont au contraire fort rigoureusement séparés (...).

Les qualités du régime présidentiel sont évidentes. L'État a un chef, la démocratie un pouvoir et la tentation est grande, après avoir pâti de l'anarchie et de l'impuissance, résultats d'un régime conventionnel, de chercher refuge dans l'ordre et l'autorité du régime présidentiel.

Ni le Parlement dans sa volonté de réforme manifestée par la loi du 3 juin, ni le Gouvernement lorsqu'il a présenté, puis appliqué cette loi, n'ont succombé à cette tentation, et c'est, je crois, sagesse. La démocratie en France suppose un Parlement doté de pouvoirs politiques. On peut imaginer deux assemblées législatives et budgétaires uniquement, c'est-à-dire subordonnées. Mais nous devons constater que cette conception ne coïncide pas avec l'image traditionnelle et, à bien des égards, légitime, de la République.

À cette raison de droit, s'ajoutent deux raisons de fait qui sont, l'une et l'autre, décisives.

Le Président de la République a des responsabilités outre-mer ; il est également le président de la Communauté. Envisage-t-on un corps électoral comprenant, universellement, tous les hommes, toutes les femmes de la France métropolitaine, de l'Algérie, de l'Afrique noire, de Madagascar, des îles du Pacifique ? Cela ne serait pas raisonnable et serait gravement de nature à nuire à l'unité de l'ensemble comme à la considération que l'on doit au chef de l'État.

(...) Est-il possible d'asseoir l'autorité sur un suffrage si profondément divisé ? (...)

La cause me paraît entendue. Le régime présidentiel est actuellement dangereux à mettre en œuvre (…) ».

*M. Debré souligne la principale qualité du régime présidentiel, assurer **l'autorité de l'État** en la personne du chef de l'État, tout en écartant les risques de despotisme grâce aux deux autres pouvoirs. Si le manque d'autorité de la France de la IVe République est patent, il ne pourra pas être comblé par l'introduction de la logique présidentielle qui fait reposer l'autorité du chef de l'État sur son élection au **suffrage universel**. En effet, ce mode de désignation du chef de l'État apparaît en 1958 inenvisageable en raison de l'existence de la **Communauté**: l'absence d'unité du peuple de la Communauté ne pourrait fonder une autorité au chef de l'État. En outre, M. Debré estime que le régime présidentiel laisse en pratique une place subordonnée au Parlement, en opposition avec la conception française de la fonction législative.*

« Pas de régime conventionnel, pas de régime présidentiel : la voie devant nous est étroite, c'est celle du régime parlementaire. À la confusion des pouvoirs dans une seule assemblée, à la stricte séparation des pouvoirs avec priorité au chef de l'État, il convient de préférer la collaboration des pouvoirs : un chef de l'État et un Parlement séparés, encadrant un Gouvernement issu du premier et responsable devant le second, entre eux un partage des attributions donnant à chacun une semblable importance dans la marche de l'État et assurant les moyens de résoudre les conflits qui sont, dans tout système démocratique, la rançon de la liberté (…) ».

M. Debré exprime sa préférence pour un régime parlementaire dont il a, selon la définition qu'il en donne, une vision somme toute classique.

L'ensemble de ces choix a été traduit dans la Constitution de 1958, mais sa lecture conduit à observer que le régime parlementaire mis en place par les constituants n'a rien de classique.

Les **caractéristiques du régime parlementaire** sont bien présentes : l'Exécutif, bicéphale, se compose du président de la République (le chef de l'État) et du Premier ministre (chef du Gouvernement) ; le pouvoir législatif est partagé entre l'Exécutif et le Parlement (par ex., les deux organes disposent de l'initiative des lois, du droit d'amender les textes en préparation) ; les moyens dont dispose le Parlement pour contrôler l'Exécutif lui permettent non seulement de s'informer (questions au Gouvernement, commissions d'enquête, etc.) mais aussi de révoquer le Gouvernement (vote d'une motion de censure, rejet d'une question de confiance), et, réciproquement, le président de la République peut dissoudre l'Assemblée nationale (la chambre basse du Parlement).

Constitution de 1958 en vigueur

Art. 12 : « Le Président de la République peut, après consultation du Premier ministre et des Présidents des Assemblées, prononcer la dissolution de l'Assemblée nationale ».

Art. 20 : « Le Gouvernement détermine et conduit la politique de la Nation.

Il dispose de l'administration et de la force armée.

Il est responsable devant le Parlement dans les conditions et suivant les procédures prévues aux articles 49 et 50 ».

Art. 24 : « Le Parlement vote la loi. Il contrôle l'action du Gouvernement. Il évalue les politiques publiques ».

Art. 39 : « L'initiative des lois appartient concurremment au Premier ministre et aux membres du Parlement ».

Art. 44 : « Les membres du Parlement et le Gouvernement ont le droit d'amendement ».

Art. 50 : « Lorsque l'Assemblée nationale adopte une motion de censure ou lorsqu'elle désapprouve le programme ou une déclaration de politique générale du Gouvernement, le Premier ministre doit remettre au Président de la République la démission du Gouvernement ».

Sur d'autres points en revanche, la Ve République **emprunte au fonctionnement du régime présidentiel** et s'éloigne de la logique du régime parlementaire, si bien que le Professeur Maurice Duverger l'avait qualifiée de régime « semi-présidentiel » :

- Comme dans le régime présidentiel, le **chef de l'État français est élu au suffrage universel** (indirect puis direct depuis la révision constitutionnelle de 1962).
- Tout en posant, conformément à la logique du régime parlementaire, l'**irresponsabilité politique** du Président (art. 67 C) et, par conséquent, le **principe du contreseing** de ses actes dont la responsabilité incombe au chef du Gouvernement, la Constitution de 1958 (art. 19 C) énumère **huit pouvoirs que le Président exerce sans contreseing**, et pour lesquels il décide donc effectivement, comme s'il était la seule tête de l'Exécutif. Parmi ces pouvoirs figure celui de **nommer le Premier ministre** (art. 8 al. 1 C), qui n'est par ailleurs pas investi par le Parlement comme le veut la logique parlementaire. Cela laisse supposer que le Gouvernement ne dépend que du Président (comme les secrétaires du Président américain), alors même que la Constitution affirme en même temps le principe de la responsabilité de ce Gouvernement devant le Parlement.

Constitution de 1958 en vigueur

Art. 6 : « Le Président de la République est élu pour cinq ans au suffrage universel direct ».

Art. 8 : « Le Président de la République nomme le Premier Ministre. Il met fin à ses fonctions sur la présentation par celui-ci de la démission du Gouvernement.

Sur la proposition du Premier ministre, il nomme les autres membres du Gouvernement et met fin à leurs fonctions ».

Art. 19 : « Les actes du Président de la République autres que ceux prévus aux articles 8 (1er alinéa), 11, 12, 16, 18, 54, 56 et 61 sont contresignés par le Premier ministre et, le cas échéant, par les ministres responsables ».

Art. 67 : « Le Président de la République n'est pas responsable des actes accomplis en cette qualité, sous réserve des dispositions des articles 53-2 et 68 ».

Loin d'être effacé comme dans un régime parlementaire classique, le chef d'État français est l'acteur politique dominant, caractéristique **accentuée par la pratique** du régime montrant un Président cumulant, comme dans un régime présidentiel, les fonctions de chef de l'État et de chef du Gouvernement (*cf.* thèmes 6 et 7).

Les constituants ont souhaité un Président fort pour restaurer l'autorité de l'État en 1958. Dans le même temps, ils ont œuvré pour affaiblir le Parlement afin d'empêcher le retour à un régime d'assemblée, par une **rationalisation** du régime parlementaire de la Ve République : ainsi, en particulier, le Parlement ne désigne pas l'Exécutif, s'il peut renverser le Gouvernement, ses moyens sont strictement encadrés, et le Gouvernement dispose de nombreux moyens pour maîtriser la procédure d'élaboration des lois (*cf.* thèmes 6 et 9). L'addition de ces deux orientations a conduit à un régime parlementaire où domine le chef de l'État, auquel sont subordonnés tant le Gouvernement que le Parlement. En outre, une **discipline des partis politiques** s'est imposée en raison de l'instauration du scrutin uninominal majoritaire pour l'élection des députés comme du Président (*cf.* thèmes 1, 6 et 8). Elle a fait de la Ve un **régime majoritaire**.

S'appuyant sur sa forte légitimité populaire due à son élection directe, et sur la majorité parlementaire qui lui est en principe favorable, le Président gouverne effectivement.

Ce régime, inclassable, a conféré **stabilité et longévité à la Ve République**, mais il interroge quant aux limites du pouvoir présidentiel, sa prépondérance confinant à l'omnipotence. Alors qu'il est l'autorité qui détient les plus larges pouvoirs, le Président français est irresponsable politiquement. En outre, contrairement à la logique du régime présidentiel, tendant à équilibrer le pouvoir présidentiel par un Parlement et un pouvoir juridictionnel également forts, les contrepoids au Président, s'ils existent bien dans le régime français, sont souvent décriés comme manquant de solidité (un Premier ministre soumis, une majorité docile, une opposition étouffée). Le régime français permet une forte concentration des pouvoirs entre les mains du Président. Certains auteurs, tel que le Professeur Jean Gicquel, n'hésitent d'ailleurs pas à qualifier la Vᵉ de régime présidentialiste pour dénoncer son **déséquilibre**. Le caractère démocratique de ce régime repose donc sur la vigueur des contre-pouvoirs que sont le Premier ministre, les deux chambres du Parlement – et, en leur sein, l'opposition – et le juge. Le Président ne décide pas seul, il doit nécessairement convaincre et tempérer ses positions pour faire voter les lois (par le Parlement) et en assurer l'exécution (par le Gouvernement). Pour autant, le texte de la Constitution et sa pratique lui permettent largement de s'imposer. En somme, l'équilibre du régime est fragile, comme dans tout régime cependant : la personnalité des acteurs politiques (un Président particulièrement imposant, un Premier ministre très effacé par ex.), des circonstances particulières (l'émotion provoquée par un évènement par ex.), peuvent faire basculer une démocratie vers la dictature comme en témoigne l'histoire.

La place du juge dans le régime de la Vᵉ République

La Constitution consacre son **titre VIII à « l'autorité judiciaire »**. Il est ici question des juges de l'ordre judiciaire, tandis que le juge administratif n'est pas consacré dans la Constitution.

D'emblée, le juge apparaît comme étant lié au pouvoir exécutif, puisque l'art. 64 C confie au Président le rôle de garant de l'indépendance de l'autorité judiciaire, ce qui peut sembler paradoxal, dans la mesure où précisément le Président est une autorité politique. Il est assisté pour cela du **Conseil supérieur de la magistrature**, organe déjà prévu sous la IVᵉ République, qui témoigne d'une certaine emprise de l'Exécutif sur les juges (jusqu'en 2008 il était d'ailleurs présidé par le chef de l'État). Outre des juges et un avocat, le CSM comprend des personnalités qualifiées nommées par des autorités politiques (président de la République, président de l'Assemblée nationale et président du Sénat). Au demeurant, l'art. 64 C ne consacre l'inamovibilité que des magistrats du siège, excluant ceux du Parquet. Le CSM est une instance consultative concernant les nominations des juges (bien que l'avis soit conforme pour la plupart des magistrats du siège), et pour les sanctions disciplinaires infligées aux magistrats du Parquet ; il statue comme juge disciplinaire pour les magistrats du siège. Le ministre de la Justice participe aux séances du CSM (sauf en matière disciplinaire). L'indépendance des juges apparaît donc, sur certains aspects, inconsistante.

Il est revenu au Conseil constitutionnel le soin de consacrer l'existence, l'indépendance et la compétence du **juge administratif** par le biais de PFRLR (*cf.* exercice) qui ont constitutionnalisé ce juge dont les liens avec l'Exécutif sont également forts (il en est à la fois le conseiller et le juge).

Le Conseil constitutionnel, né en 1958, contrôle la loi et, par ce biais, l'Exécutif et le Parlement ; il s'est, dans le cadre du contrôle de constitutionnalité des lois, érigé en juge gardien des droits et libertés fondamentaux, mais son indépendance reste sujette à caution (*cf.* thème 12).

La question de l'indépendance du juge est récurrente, mais ses garanties progressent, sous l'influence du Conseil constitutionnel et des juges européens. Le projet de loi constitutionnelle pour un renouveau de la vie démocratique améliore encore l'indépendance du CSM et donc du juge judiciaire.

4. Exercice – Commentaire d'arrêt (1)

Conseils méthodologiques

Le commentaire d'arrêt (1) : objectif et travail préalable de réflexion

Le but du commentaire d'arrêt est de porter une **appréciation sur le raisonnement** développé par le juge dont il est proposé de commenter la décision, autrement dit, de faire une **critique**, positive comme négative, de la **solution** du juge.

Cet exercice permet au correcteur, tout comme la dissertation, de tester la maîtrise de ses connaissances par l'étudiant : ce dernier doit être capable de les utiliser pour critiquer la solution juridictionnelle.

Le commentaire découle d'une confrontation, par l'étudiant, entre ses propres connaissances et ce que dit le juge. Par le commentaire, l'étudiant donne une appréciation sur la **manière dont le juge a appliqué le droit**.

Contrairement à la dissertation, l'étudiant dispose d'un support, l'arrêt, qu'il convient d'utiliser correctement. **Deux écueils** sont en effet à éviter pour réussir cet exercice :

– **paraphraser** l'arrêt, c'est-à-dire recopier, en reformulant parfois, la décision. Il est certes indispensable de comprendre l'arrêt et de l'expliciter, mais il faut en outre en donner une appréciation, qui suppose d'envisager la solution pas seulement en elle-même, mais en la replaçant dans son contexte juridique ;
– prendre prétexte du thème abordé par l'arrêt pour réaliser une **dissertation** sur ce thème, voire une restitution du cours dispensé sur le sujet. Les propos du devoir doivent au contraire être issus d'une réflexion partant directement de la solution du juge, qu'il ne faut dès lors pas mettre à l'écart.

Le travail du brouillon consiste d'abord à bien repérer les divers éléments de l'arrêt pour **identifier la solution** à commenter.

Le commentaire d'arrêt consiste à commenter la solution. Par conséquent, il ne s'agit pas de commenter les faits, ou la solution des juges du fond (s'il y en a), ou les moyens des parties, mais la façon dont le juge a utilisé ces éléments pour élaborer son raisonnement.

À l'issue de ce « découpage » de l'arrêt, il est nécessaire d'élaborer la **fiche d'arrêt**, qui servira de base à l'introduction du commentaire.

Il reste ensuite à **analyser la solution** minutieusement : l'étudiant doit porter une attention aux mots utilisés par le juge, aux phrases clés, aux mots de liaison qui permettent de saisir la logique, à la structure globale du raisonnement du juge, aux formulations utilisées par le juge, à la longueur de la solution ou de certaines parties de la solution par rapport à d'autres, voire à ce que le juge omet de dire.

Tous ces éléments doivent être mis en rapport avec les connaissances de l'étudiant liées à la question abordée par le juge, et constituées du droit écrit et de son évolution, de la jurisprudence antérieure et postérieure à l'arrêt à commenter, de la doctrine. De cette façon, l'étudiant doit s'interroger sur la solution et en tirer des commentaires.

Il s'agira par ex. de constater que la solution est classique ou au contraire innovante, en totalité ou sur un point seulement ; puis d'apprécier la façon dont le juge a appliqué la règle de droit (application extensive ou au contraire restrictive), et d'en trouver une explication en fonction de ce que l'on sait du sujet (par ex. solution qui était attendue, solution qui apparaît comme un arrêt d'espèce qui se justifie en opportunité et qui est destiné à rester isolé, extension logique au regard de la jurisprudence...) pour enfin en induire les effets, tant en droit qu'en opportunité.

À l'issue de ce travail, l'étudiant doit élaborer un plan permettant d'ordonner l'ensemble de ses analyses.

Sujet : Cons. const., n° 80-119 DC, 22 juill. 1980, *Loi de validation*

« 1. Considérant que la loi soumise à l'examen du Conseil constitutionnel prononce non la validation des dispositions du décret n° 77-679 du 29 juin 1977 relatives à la désignation des représentants du personnel au comité technique paritaire central des enseignants de statut universitaire annulées par une décision du Conseil d'État statuant au contentieux en date du 18 avril 1980, mais la validation des décrets pris après consultation dudit comité technique paritaire central ainsi que celle des actes réglementaires et non réglementaires pris sur la base de ces décrets (...)

5. Considérant que, selon les auteurs des deux saisines, les dispositions de la loi soumise à l'examen du Conseil constitutionnel comporteraient une intervention du législateur dans le fonctionnement de la justice et seraient contraires au principe constitutionnel de la séparation des pouvoirs ; qu'en effet, cette loi serait de nature à entraîner le rejet de recours actuellement pendants devant la juridiction administrative ;

6. Considérant qu'il résulte des dispositions de l'article 64 de la Constitution en ce qui concerne l'autorité judiciaire et des principes fondamentaux reconnus par les lois de la République en ce qui concerne, depuis la loi du 24 mai 1872, la juridiction administrative, que l'indépendance des juridictions est garantie ainsi que le caractère spécifique de leurs fonctions sur lesquelles ne peuvent empiéter ni le législateur ni le Gouvernement ; qu'ainsi, il n'appartient ni au législateur ni au Gouvernement de censurer les décisions des juridictions, d'adresser à celles-ci des injonctions et de se substituer à elles dans le jugement des litiges relevant de leur compétence ;

7. Mais considérant que ces principes de valeur constitutionnelle ne s'opposent pas à ce que, dans l'exercice de sa compétence et au besoin, sauf en matière pénale, par la voie de dispositions rétroactives, le législateur modifie les règles que le juge a mission d'appliquer ; qu'ainsi le fait que la loi soumise à l'examen du Conseil constitutionnel intervient dans une matière ayant donné lieu à des recours actuellement pendants n'est pas de nature à faire regarder cette loi comme non conforme à la Constitution » (...conformité).

Remarques préalables sur l'analyse de la solution

La solution se concentre dans les points 6 et 7 de l'arrêt.

Il convient de relever particulièrement :

Exercice

- *le fondement de l'indépendance des juridictions administratives, un PFRLR, que le Cons. const. consacre dans cette décision pour faire bénéficier ces juridictions, comme celles de l'ordre judiciaire, d'un principe d'indépendance à valeur constitutionnelle ;*
- *la reconnaissance constitutionnelle du caractère spécifique des fonctions juridictionnelles, faisant du juge un pouvoir (au sens de fonction, dans le cadre de la théorie de la séparation des pouvoirs) au même titre que les pouvoirs législatif et exécutif et par rapport auxquels il doit être indépendant ;*
- *l'exception immédiatement admise au PFRLR relatif à l'indépendance des juridictions administratives que le Conseil vient de dégager, ce qui tend à relativiser la force du principe d'indépendance (point 7).*

Noter aussi la date relativement ancienne de l'arrêt : il convient donc de penser à analyser la solution à la lumière de l'évolution de la jurisprudence constitutionnelle.

Corrigé

Dans un arrêt du 12 déc. 2019, la Cour de justice de l'Union européenne a jugé que le Parquet français était assez indépendant pour constituer une autorité judiciaire pouvant émettre un mandat d'arrêt européen, en dépit du fait que le ministre de la Justice, sous la subordination hiérarchique duquel il est placé, peut lui adresser des instructions générales de politique pénale ; la CEDH au contraire, a plusieurs fois jugé que ce Parquet ne peut être considéré comme une autorité judiciaire du fait de son manque d'indépendance (23 nov. 2010, *Moulin c. France*). L'indépendance de la justice reste donc sujette à caution alors que sans elle, le juge n'est pas un réel contrepoids aux pouvoirs exécutif et législatif. Elle fait pourtant l'objet d'une protection constitutionnelle en France, pour le juge judiciaire, comme pour le juge administratif depuis la décision *loi de validation* rendue en 1980 par le Cons. const. Le Conseil d'État (CE) avait annulé un décret de juin 1977 relatif à la composition d'un organisme de représentation du personnel enseignant universitaire. À la suite de cet arrêt, le législateur a validé rétroactivement des décrets et plusieurs autres actes administratifs qui, en conséquence de l'annulation prononcée par le juge administratif, se trouvaient privés de base légale, puisque pris après avis d'un comité irrégulièrement composé. Des sénateurs (le 30 juin 1980) et des députés (le 4 juill. 1980) ont saisi le Cons. const. conformément à l'art. 61 al. 2 C, en faisant valoir devant lui que la loi de validation viole le principe constitutionnel de séparation des pouvoirs puisqu'elle allait conduire au rejet de plusieurs recours juridictionnels pendants faisant suite à l'arrêt du CE et, qu'ainsi, elle empiète sur le fonctionnement de la justice. Le juge constitutionnel devait alors se prononcer sur le point de savoir si le principe d'indépendance des juridictions empêche une loi de valider rétroactivement des actes administratifs pris sur le fondement d'actes annulés par le juge administratif. Pour conclure à la constitutionnalité de la loi contestée, le Conseil doit d'abord trouver un fondement constitutionnel à l'indépendance de toutes les juridictions françaises (I) puis délimiter la portée de ce principe constitutionnel d'indépendance (II).

I. La reconnaissance d'un fondement constitutionnel à l'indépendance de l'ensemble des juridictions françaises

La justice française est constituée de deux ordres de juridictions que le Cons. const. place sur un pied d'égalité en leur faisant bénéficier d'un principe constitutionnel d'indépendance, fondé, pour les juridictions judiciaires, sur les dispositions expresses de la Constitution de 1958 (A), et, pour les juridictions administratives, sur un PFRLR qu'il consacre (B).

A. Le rappel de l'indépendance des juridictions judiciaires consacrée expressément par l'art. 64 C

Le Cons. const. constate que l'art. 64 C érige l'indépendance de l'autorité judiciaire en principe constitutionnel. Il en déduit que la Constitution garantit l'indépendance des juridictions. Le juge constitutionnel ne s'attarde pas sur l'appellation « autorité » judiciaire utilisée par la Constitution, dont on sait qu'elle reflète une méfiance à l'égard des juges (qui remonte à l'Ancien Régime, alors que les Parlements s'opposaient à toutes les réformes du roi) et la volonté de les empêcher d'exercer une quelconque influence politique (qui serait associée à l'idée d'un gouvernement des juges). Le Conseil retient de manière tout à fait opportune que derrière « autorité judiciaire », la Constitution vise les juridictions. L'intérêt de cet art. 64 se trouve en effet dans le principe constitutionnel d'indépendance qu'il consacre. Il n'est évidemment pas de justice sans indépendance vis-à-vis du pouvoir politique qu'elle a pour objet précisément de contrôler. Cette garantie est d'autant plus essentielle pour les juridictions judiciaires qu'elles sont garantes de la liberté individuelle (art. 66 C), sans laquelle aucune autre liberté n'est possible. L'indépendance des magistrats était au demeurant déjà expressément garantie par la Constitution de 1946 (art. 84, garantie assurée par le CSM). De même, les Constitutions récentes protègent l'indépendance des juges (par ex., art. 117 de la Constitution espagnole, qui contient un titre conséquent sur le « pouvoir judiciaire » ; de même, art. 97 de la Loi fondamentale allemande, dans le titre IX relatif au « pouvoir judiciaire »). Mais, le Cons. const. ne se borne pas à rappeler l'indépendance des juridictions judiciaires découlant de l'art. 64C, il consacre l'indépendance « des juridictions », incluant dans le champ d'application de ce principe constitutionnel, les juridictions de l'ordre administratif pourtant absentes de la Constitution.

B. La consécration de l'indépendance des juridictions administratives par le biais d'un PFRLR

Pour donner valeur constitutionnelle à l'indépendance des juridictions administratives et les placer au même rang que leurs homologues judiciaires, le Cons. const. est contraint, en l'absence de dispositions expresses dans la Constitution, de dégager un PFRLR, se fondant pour ce faire sur la loi du 24 mai 1872. Ce texte marque le passage d'une justice administrative retenue à une justice déléguée au CE, en précisant désormais que « le Conseil d'État statue souverainement sur les recours en matière contentieuse administrative, et sur les demandes d'annulation pour excès de pouvoirs formées contre les actes des diverses autorités administratives » (art. 9). Jusque-là, et en raison de l'interdiction faite au juge judiciaire de juger l'administration (loi des 16-24 août 1790 et décret du 16 fructidor an III, révélant une interprétation particulière de la séparation des pouvoirs en ce que juger l'administration était considéré comme un prolongement de la fonction d'administrer relevant dès lors de l'Exécutif), l'administration se jugeait elle-même (théorie de l'administrateur-juge). Le CE a ensuite été créé par Napoléon (Constitution de 1799) pour juger l'administration mais cet organe lui était soumis : il se contentait de rendre un avis, la décision appartenait au chef de l'État. La loi de 1872 met fin à ce système de justice retenue qui méconnaissait évidemment l'impartialité et l'indépendance de la justice. Mais de son histoire, le CE a gardé des traces, en particulier, des liens avec l'Exécutif (qu'il conseille en plus de juger, par ex., il rend un avis obligatoire sur tous les projets de loi, les juges administratifs ne sont pas des magistrats mais des fonctionnaires). En érigeant l'indépendance de ce juge au rang constitutionnel, le Cons. const. met en évidence le fait que l'indépendance est une qualité indissociable d'une juridiction. Pour donner encore plus de crédit à ce principe, il rattache désormais l'indépendance des juridictions administratives à l'art. 16 DDHC, c'est-à-dire à un texte du bloc de constitutionnalité. Cette disposition est certes large, mais elle a l'intérêt de montrer le caractère fondamental de l'indépendance des juridictions, nécessaire à la protection des droits et libertés et par suite à la démocratie. En reconnaissant l'unité de l'ensemble des juridictions, fondée sur le principe commun d'indépendance, le Cons. const. fait de la justice un pouvoir (ou une fonction) à côté des deux autres pouvoirs (ou fonctions) dont elle doit être rigoureusement séparée.

II. La reconnaissance d'un principe constitutionnel d'indépendance des juridictions de portée variable

Le principe d'indépendance des juridictions affirmé, le Cons. const. en dégage le contenu. L'indépendance des juridictions implique selon le juge constitutionnel que leurs fonctions sont spécifiques par rapport à celles du législateur et du Gouvernement. Si l'interdiction pour le juge de s'immiscer dans les fonctions politiques était très souvent affirmée, le Conseil ici insiste à l'inverse sur l'interdiction, pour le Gouvernement (A) comme pour le législateur (B), d'empiéter sur les fonctions du juge, tout en admettant certaines limites.

A. L'affirmation de l'interdiction du Gouvernement d'empiéter sur la fonction juridictionnelle

Même si la question qui lui est posée porte davantage sur l'indépendance des juridictions par rapport au législateur, le Cons. const. en profite pour rappeler la nécessité d'exclure toute influence de l'Exécutif dans les fonctions juridictionnelles. Autrement dit, la conception qui a pu être admise, selon laquelle la fonction juridictionnelle n'est qu'un prolongement de la fonction exécutive en ce qu'elle consiste à appliquer la loi à un litige particulier, est fermement rejetée par le Cons. const. : lorsqu'il reconnaît la spécificité des fonctions juridictionnelles par rapport à l'Exécutif, le Conseil affirme le rôle de contre-pouvoir du juge, dans l'intérêt de la protection des droits et libertés. Cette décision souligne ce faisant le caractère anachronique de la disposition de l'art. 64 al. 1 C selon laquelle le président de la République est garant de cette indépendance. L'introduction de la question prioritaire de constitutionnalité a été d'ailleurs l'occasion pour le Cons. const. d'abroger des dispositions de loi prévoyant la présence de fonctionnaires dans la composition de certaines juridictions administratives spécialisées (par ex., n° 2012-250 QPC du 8 juin 2012, concernant les juridictions de l'aide sociale, qui, depuis, ne sont plus des juridictions). Le Cons. const. est appelé à développer davantage ici la séparation entre les fonctions législative et juridictionnelle.

B. L'interdiction relative pour le législateur d'empiéter sur la fonction juridictionnelle

La loi de validation est reconnue conforme au principe d'indépendance alors même qu'elle neutralise les effets de l'arrêt du CE ayant annulé le décret de 1977, en empêchant les recours juridictionnels contre les décisions prises sur son fondement de prospérer. L'autorité de chose jugée est préservée, seule une modification des règles que le juge aura à appliquer est admise. Mais il s'agit bien de faire échec au jugement rendu. Le Cons. const. a ensuite encadré strictement la constitutionnalité des lois de validation, sur le fondement de l'art. 16 DDHC, pour éviter toute utilisation excessive par la loi (par ex., déc. n°2011-166 QPC du 23 sept. 2011 : la validation, dont la portée doit être strictement définie, doit poursuivre un but d'intérêt général suffisant – ici, la volonté de préserver la continuité du service public et le déroulement normal des carrières des agents –, respecter les jugements ayant acquis force de chose jugée, ne pas méconnaître la non-rétroactivité en matière pénale, ne pas porter sur un acte contraire à la Constitution), autant de conditions contrôlées par le Cons. const.

Thème 6

Le statut de l'Exécutif

1. Mode de désignation et responsabilité de l'Exécutif

L'Exécutif bicéphale des régimes parlementaires conduit à **distinguer le chef de l'État et le Gouvernement**. Dans la logique du régime parlementaire, les chefs d'État ont perdu l'essentiel de leurs pouvoirs qu'ils n'exercent pas effectivement. Ils restent au contraire en dehors du jeu politique, ils ne décident pas de la politique, leurs attributions et la responsabilité politique qui en découle ayant été transférées au Gouvernement. Ainsi, dans un régime parlementaire, le chef de l'État incarne essentiellement la continuité et l'unité de l'État.

Quelques régimes parlementaires ont gardé pour chef d'État un **monarque** (par ex., en Europe, constituent des monarchies constitutionnelles la Belgique, le Danemark, l'Espagne, le Liechtenstein, le Luxembourg, la Norvège, les Pays-Bas, la Suède, le Royaume-Uni). La transmission du pouvoir est alors **héréditaire**. Dans les Républiques, les **présidents sont élus**, soit par le peuple au **suffrage universel direct** (par ex. en Autriche, en Finlande, en France et au Portugal), soit, le plus souvent, par le **Parlement** ou un **collège comprenant tout ou partie des parlementaires** (par ex. en Allemagne ou en Italie). Dans ce dernier cas, des majorités qualifiées assurent une légitimité politique solide au chef de l'État. En général, la durée du mandat se situe entre cinq et sept ans, et est supérieure au mandat parlementaire.

Dans tous les cas, les chefs d'État sont par principe **politiquement irresponsables**. Cela tient à l'origine au fait que le roi, qui représente Dieu, détient tous les pouvoirs ; il ne peut mal faire. Cet adage a été conservé avec la naissance progressive du régime parlementaire mais signifie depuis, et à l'inverse, que le roi (et plus généralement, le chef de l'État) est irresponsable car il a perdu ses pouvoirs effectifs au profit du Gouvernement à qui il revient d'endosser la responsabilité politique. Quelques formes de responsabilité politique existent cependant. S'agissant des monarques, ils peuvent être amenés à abdiquer (par ex. le roi belge Léopold III a abdiqué dans les années 1950 dans un contexte de contestation populaire de la monarchie, le roi d'Espagne Juan Carlos dont le règne était entaché par des scandales, était contesté par le peuple, et a choisi d'abdiquer en 2014). S'agissant des présidents élus par le peuple, le fait de se présenter pour briguer un nouveau mandat (lorsque c'est possible) peut être considéré comme une forme d'engagement de leur responsabilité politique devant le peuple. Plus directement, il existe, par ex. en Autriche (art. 60 C) ou en Islande (art. 11 C), une procédure de destitution du président par référendum organisé à l'initiative du Parlement (chambre basse en Autriche) ; cependant, la procédure n'est pas utilisée car elle présente un danger pour la chambre qui est dissoute si le résultat du référendum exprime le rejet de la destitution du président.

L'irresponsabilité politique du chef de l'État se traduit par le **contreseing obligatoire de tous ses actes**. Manifestant dans un premier temps l'acceptation par les ministres de la décision royale, il symbolise désormais le transfert au Gouvernement de l'exercice effectif des compétences ainsi que de la responsabilité des actes qui en découle.

• Sur le plan judiciaire, les monarques bénéficient d'une **immunité** perpétuelle pour tous leurs actes (liés ou non à leur fonction), dont le fondement est à trouver dans l'adage selon lequel le roi ne peut mal faire, et garantissant sa stabilité. Les présidents en revanche ne font pas l'objet d'une totale immunité, mais leur responsabilité est variable selon les États. Il s'agit de concilier deux idées. Éviter que le chef de l'État soit exposé à des mises en cause trop fréquentes fondées en réalité sur des motifs politiques et motivées par la volonté de le déstabiliser, mais, inversement, ne pas organiser une impunité du chef de l'État. Les Constitutions font essentiellement état des cas de responsabilité pénale pour des actes commis dans l'exercice des fonctions. La **procédure est dérogatoire au droit commun** et un **privilège de juridiction** est souvent organisé (le chef de l'État peut être jugé par une Cour *sui generis* ou bien la Cour constitutionnelle est parfois compétente) ; en outre, le Parlement intervient dans la procédure (il peut être compétent pour mettre en accusation le chef de l'État, le juger parfois ou bien des parlementaires composent la juridiction compétente pour juger le président). En général, les mécanismes relèvent à la fois de procédures de nature pénale et politique : soit la procédure est à dominante juridictionnelle mais politisée (par ex. du fait de l'intervention du Parlement ou en raison d'une sanction politique consistant en la révocation), soit, inversement la procédure est plutôt politique mais elle est juridictionnalisée (par ex. par l'intervention d'une juridiction composée au moins en partie de magistrats, par une sanction pénale et politique). Pour les actes non liés aux fonctions, l'immunité consiste souvent à conditionner les poursuites à l'autorisation du Parlement ou bien à les suspendre durant l'exercice du mandat.

Le **Gouvernement** est l'ensemble **collégial** formé par le chef du Gouvernement (communément dénommé Premier ministre) et les ministres, et chargé de conduire la politique dont il reflète l'unité. La composition du Gouvernement est l'œuvre à la fois du chef de l'État et du Parlement, puisque, dans la logique du fonctionnement du régime parlementaire, le Gouvernement bénéficie du soutien de la majorité parlementaire. En général, une simple élection du Gouvernement par le Parlement est exclue pour éviter une subordination du premier au second (toutefois, en Suisse, par ex., le Conseil fédéral est élu par l'Assemblée fédérale, mais ce régime s'éloigne du fonctionnement classique d'un régime parlementaire, *cf.* thème 5).

Le **Premier ministre** est d'abord désigné et, par suite, apparaît comme l'organe prépondérant du Gouvernement dans la mesure où il se positionne comme le chef du parti ou de la coalition majoritaire au Parlement, qui lui accorde son soutien pour mener la politique du pays. Au Royaume-Uni, est automatiquement nommé Premier ministre (par la Reine) le chef du parti vainqueur à l'élection à la Chambre des communes, si bien qu'il est presque élu directement par le peuple. Cette convention de la Constitution assure au chef du Gouvernement une **confiance présumée** de l'Assemblée. Les Constitutions écrites organisent souvent un **vote d'investiture** de la chambre devant laquelle le Gouvernement est responsable, soit pour l'entrée en fonction du seul Premier ministre (par ex. en Allemagne ou en Espagne), soit pour l'entrée en fonction de l'ensemble du Gouvernement (par ex. en Italie). Ces mécanismes de **confiance prouvée** contribuent à la **rationalisation** du parlementarisme en garantissant une légitimité politique au Premier ministre ou à l'ensemble du Gouvernement, de nature à prévenir les crises politiques.

La désignation des autres membres du Gouvernement fait intervenir le Premier ministre. La composition du Gouvernement (que ce soit les ministères ou les ministres qui vont en être chargés) dépend en effet essentiellement des choix politiques du chef du Gouvernement, que le chef de l'État ne fait que ratifier en signant l'acte de nomination des ministres.

Le Gouvernement est aussi un ensemble **solidaire**, en ce qu'il est **politiquement responsable** devant le Parlement (s'il est bicaméral, devant la seule chambre basse en général), par des mécanismes qui, dans la logique du parlementarisme, permettent de résoudre les conflits entre l'Exécutif et la majorité parlementaire en provoquant la **désignation d'un nouveau Gouvernement, ou la dissolution de l'assemblée.** Les parlementaires peuvent prendre l'initiative de renverser le Gouvernement pour exprimer leur désaccord avec son action politique en général ou avec une décision en particulier, ou bien le Gouvernement peut engager sa responsabilité pour faire pression sur sa majorité récalcitrante (*cf.* thème 10). L'Exécutif peut riposter à une initiative parlementaire par la dissolution de l'Assemblée qui a pour objet, en provoquant l'organisation de nouvelles élections législatives, de donner au peuple la faculté de trancher le désaccord entre les deux organes politiques.

Régime parlementaire dualiste (ou orléaniste) et régime parlementaire moniste

Dans un régime parlementaire dualiste, le Gouvernement est politiquement responsable devant le Parlement mais aussi devant le chef de l'État, tandis que, dans un régime moniste, il n'est responsable que devant le Parlement.

Historiquement, le régime parlementaire a d'abord été **dualiste** : la puissance du roi s'est étiolée progressivement, parallèlement à la montée en puissance du Parlement, si bien que, pendant un temps, et jusqu'à ce que le roi perde ses pouvoirs effectifs, le Gouvernement, qui se trouvait au milieu, était responsable politiquement à la fois devant le roi et devant l'Assemblée. Ce régime dualiste s'est appliqué en France durant la **monarchie de Juillet**, sous le règne de Louis-Philipe d'Orléans (qui a laissé son nom à ce type de régime), et correspond à la période d'apprentissage du régime parlementaire.

Ce système dualiste est nécessairement transitoire tant il peut conduire à des situations politiquement délicates lorsque chef d'État et Assemblée ne font pas partie de la même majorité politique (*cf.* thème 5, par ex., en France, la crise du 16 mai 1877, provoquée par la démission du président du Conseil à la demande du président de la République et en dépit du soutien accordé par la Chambre au chef du Gouvernement, a conduit à la consécration du monisme, le Président ayant finalement accepté que le Premier ministre soit soutenu uniquement par la Chambre).

Aujourd'hui, les régimes parlementaires sont logiquement **monistes** (*cf.* toutefois *infra* le cas de la France) : le chef de l'État n'est pas politiquement actif, il transfère ses attributions au Premier ministre qui a besoin de la confiance des parlementaires représentant le peuple souverain.

Parfois, il arrive qu'un mécanisme de responsabilité politique du Gouvernement devant le chef de l'État soit prévu, comme au **Portugal**. L'art. 190 C dispose que le Gouvernement est responsable devant le président de la République et devant l'Assemblée. Mais, l'art. 195 C précise que le Président « ne peut révoquer le Gouvernement que lorsque ceci s'avère nécessaire au fonctionnement régulier des institutions démocratiques ». Par conséquent, cette procédure a vocation à s'appliquer en cas de circonstances exceptionnelles, de crise politique grave par ex., comme la procédure le laisse entrevoir : avant de révoquer le Gouvernement, le Président doit consulter le Conseil d'État, organe politique qui comprend notamment le président de l'Assemblée, le président du Tribunal constitutionnel et, également, le Premier ministre lui-même. Le Président exerce par ce biais son rôle de garant de l'unité et du fonctionnement régulier de l'État (art. 120 C).

La responsabilité des membres du Gouvernement sur le plan judiciaire est guidée par les mêmes préoccupations que pour le chef de l'État, conduisant bien souvent à offrir un privilège de juridiction aux membres du Gouvernement pour les actes pénalement répréhensibles commis dans l'exercice de leurs fonctions (avec intervention du Parlement), mais l'application du droit commun pour les actes non liés aux fonctions.

L'Exécutif du régime présidentiel américain, **monocéphale**, est élu au suffrage universel pour quatre ans (et personne ne peut exercer plus de deux mandats selon le 22e amendement), mandat bref qui conduit à la convocation des électeurs fréquemment. Dans la logique du régime présidentiel, l'élection par le peuple évite une élection du Président par le Parlement, qui le rendrait dépendant de ce dernier. Le suffrage est toutefois indirect, sans doute pour des raisons historiques (les Pères fondateurs se méfiaient des citoyens), mais il induit une telle complexité qu'il en devient archaïque.

L'élection du Président américain

Le Président est élu à l'issue de **deux étapes**. Se déroule d'abord une procédure interne à chacun des deux grands partis politiques (même si des candidats qui n'appartiennent pas au parti démocrate ou au parti républicain peuvent se présenter à l'élection présidentielle), puis l'étape suivante oppose le candidat de chacun des deux partis dont l'un sera finalement élu Président.

– La première étape permet à la **Convention nationale** du parti démocrate et à celle du parti républicain de désigner le candidat de chacun des deux partis.

La Convention nationale se compose des **délégués** du parti, qui représentent leur État, et dont le nombre varie selon le parti et selon l'État.

Les délégués sont désignés en principe par les électeurs dans le cadre de **primaires** se déroulant entre février et juin de l'année de l'élection présidentielle. En principe, même si ce n'est pas automatique, les candidats-délégués font campagne pour le candidat pour lequel ils vont voter à la Convention.

Un petit nombre de délégués est désigné par le biais des *caucuses* : les délégués ne sont alors pas élus par les électeurs mais par des membres du parti et les militants.

Les candidats des partis font donc campagne dans les États (pas forcément tous) pour recueillir le soutien du plus grand nombre possible de délégués.

– La seconde étape permet l'élection du Président.

L'année de l'élection, le **1er mardi de novembre** qui suit le 1er lundi, les électeurs américains votent pour élire les **grands électeurs**, dans chaque État, au scrutin de liste majoritaire à un tour (la liste de grands électeurs obtenant le plus grand nombre de voix remporte la totalité des sièges de grands électeurs). Tous les États n'ont pas le même nombre de sièges de grands électeurs : certains « grands États » en ont beaucoup (50 pour la Californie, 33 pour New-York, 32 pour le Texas, 26 pour la Floride).

Les grands électeurs se réunissent ensuite en **décembre** dans chaque État pour élire le Président à la majorité absolue. Dans la mesure où les grands électeurs ont un **mandat impératif** (selon une coutume constitutionnelle), ils votent pour le candidat qu'ils se sont engagés à soutenir ; ainsi, à l'issue du résultat de l'élection des grands électeurs, on connaît le nom du futur Président, si bien que le suffrage est quasi-direct. Cela explique aussi l'enjeu qu'il y a pour les candidats à l'élection présidentielle de remporter les sièges de grands électeurs dans les « grands États ».

Le Président entre en fonction officiellement le 20 janvier suivant.

Bien que quasi-directe, l'élection peut donner lieu à des résultats critiquables. Il arrive en effet que le candidat qui l'emporte finalement (puisqu'il a obtenu la majorité des voix des grands électeurs) ait obtenu moins de voix des électeurs que son rival au plan national (par ex., G. W. Bush en 2000, D. Trump en 2016).

Élu en même temps que le Président, le vice-président préside de droit le Sénat, et peut remplacer le Président empêché, mais son rôle n'est pas décrit dans la Constitution, il dépend de la volonté du Président (il ne peut être comparé à un Premier ministre, *cf.* thème 5).

Le régime présidentiel exclut par définition tout mécanisme de responsabilité politique. En revanche, au plan civil, le Président ne bénéficie pas d'une immunité ni d'un privilège de juridiction, que ce soit pour les actes liés à sa fonction ou pour ceux qui ne le sont pas, comme a eu l'occasion de le préciser la Cour suprême (décisions *USA c/ Nixon* de 1974 et *Clinton c/ Jones* de 1997). Le département de la Justice et son *Attorney General* peuvent en particulier mener des enquêtes précédant des poursuites et qui donnent lieu à un contrôle étroit du Président. Ainsi, en 2017, l'*Attorney General* a confié à l'ex-directeur du FBI le soin d'enquêter sur la campagne de D. Trump. Au plan pénal, l'***impeachment*** peut permettre au Congrès de destituer le Président (ou le vice-président) « pour trahison, corruption ou autres crimes et délits majeurs » (art. II, sect. 4 C). Il appartient à la Chambre des représentants de mettre en accusation le Président à la majorité simple (art. I, sect. 2, 5 C) ; le Sénat juge en suivant une procédure juridictionnalisée : les sénateurs prêtent serment, le Président de la Cour suprême préside la séance ; la destitution est prononcée à la majorité des deux-tiers des membres présents (art. I, sect. 3, 6. C). Le Président destitué perd ses fonctions et redevient un citoyen ordinaire pouvant faire l'objet de poursuites pénales devant les juridictions ordinaires. Cette procédure n'a jamais évolué vers une responsabilité politique malgré quelques tentatives. Dès 1868, la procédure est lancée par la Chambre des représentants contre le Président Johnson au motif qu'il avait révoqué un secrétaire sans obtenir l'accord du Sénat requis par la loi, mais le Sénat repousse l'accusation à une voix près : cette affaire politique aurait pu transformer la nature du régime si elle avait abouti. Nixon démissionne en 1974 avant même sa mise en accusation dans le cadre du scandale du *Watergate*, affaire politique (écoutes téléphoniques installées par le parti républicain au siège du parti démocrate). Mis en accusation dans l'affaire Levinsky en 1998 pour parjure et obstruction à la justice, le Président B. Clinton échappe à la condamnation du Sénat. Le Président D. Trump a été mis en accusation par la Chambre dans le cadre de l'*Ukrainegate* (il aurait fait diligenter une enquête sur son adversaire à l'élection de 2016 par l'Ukraine) pour abus de pouvoir et entrave à la bonne marche du Congrès, motifs éminemment politiques. Le Sénat a rejeté l'accusation en févr. 2020.

2. Illustrations : le statut de l'Exécutif de quelques régimes étrangers

A. La désignation des présidents

Loi fondamentale allemande

Art. 54 : « (1) Le Président fédéral est élu sans débat par l'Assemblée fédérale (…).

(2) La durée des fonctions du Président fédéral est de cinq ans. Une seule réélection immédiate est permise.

(3) L'Assemblée fédérale se compose des membres du Bundestag et d'un nombre égal de membres élus à la proportionnelle par les représentations du peuple dans les Länder (…).

(6) Est élu celui qui obtient les voix de la majorité des membres de l'Assemblée fédérale. Si aucun candidat n'atteint cette majorité au cours de deux tours de scrutin, est élu au tour de scrutin suivant celui qui réunit sur son nom le plus grand nombre de voix (…) ».

Le président est élu par une ***assemblée spéciale****, qui comprend les membres de la chambre basse auxquels sont adjoints des membres élus par les Parlements des Länder, soit plus de 1 000 personnes.*

Le scrutin a trois tours au maximum, si bien que la majorité absolue des voix des membres de cette assemblée (et pas seulement des suffrages exprimés) est exigée aux deux premiers tours : l'élu doit donc faire l'objet d'un consensus. Au demeurant, en pratique, les partis se sont préalablement accordés sur une personne qui est souvent élue dès le premier tour (mais, en 2010, C. Wulff est élu à l'issue de trois tours, sa candidature ayant divisé la coalition majoritaire au pouvoir).

Le mandat de cinq ans dépasse d'un an celui des députés.

La désignation du Président italien est assez similaire, mais requiert une majorité qualifiée (des membres et non des suffrages exprimés) particulièrement élevée pour les trois premiers tours puis ensuite encore une majorité qualifiée mais moins forte. Par suite, le processus d'élection peut durer longtemps (par ex., seize tours en 1992), signe de la division des partis. Son mandat de sept ans dure deux ans de plus que celui des parlementaires.

Constitution italienne

Art. 83 : « Le président de la République est élu par le Parlement réuni en congrès. Trois délégués pour chaque région, élus par le conseil régional de manière à assurer la représentation des minorités, participent à l'élection. Le Val d'Aoste a un seul délégué. L'élection du président de la République a lieu au scrutin secret, à la majorité des deux tiers de l'assemblée. Après le troisième tour de scrutin, la majorité absolue est suffisante ».

Art. 85 : « Le Président de la République est élu pour sept ans ».

En Grèce, le Président est élu par le Parlement (monocaméral), selon une procédure complexe qui force la Chambre à trouver un large consensus sur le choix du Président, (à défaut, elle risquait, jusqu'à la révision constitutionnelle de nov. 2019, d'être dissoute à l'issue du troisième tour de scrutin, ce qui s'était produit en 2015).

Constitution grecque

Art. 32 : « 3. Est élu président de la République celui qui obtient la majorité des deux tiers du nombre total des députés. Au cas où cette majorité n'a pas été obtenue, le scrutin est répété cinq jours après. Si la majorité requise n'a pas été obtenue même à ce deuxième scrutin, le scrutin est répété une fois de plus, cinq jours après ; alors est élu président de la République celui qui obtient la majorité des trois cinquièmes du nombre total des députés.

4. Si la majorité qualifiée susmentionnée n'a pas été obtenue même au troisième tour de scrutin, le scrutin est répété cinq jours après ; est alors élu président de la République celui qui a réuni la majorité absolue du nombre total des députés. Au cas où même cette majorité n'a pas été atteinte, le scrutin est répété une fois de plus cinq jours après, et celui qui obtient la majorité simple des suffrages est considéré comme élu président de la République ».

En Islande, le Président est élu par le peuple directement pour quatre ans, durée de mandat plutôt courte, égale à celle des députés. En outre, les candidats doivent être soutenus par un certain nombre d'électeurs (le nombre exact des soutiens ainsi que les modalités de cette présentation sont précisés par la loi).

Constitution islandaise

Art. 3: « Le président de l'Islande est élu par le peuple ».

Art. 5: « Le président est élu au scrutin direct et secret par tous ceux qui jouissent du droit de vote aux élections à l'*Althing*. Tout candidat à la présidence doit être présenté par au moins 1500 électeurs, et 3000 au plus. S'il y a plus d'un candidat, celui qui reçoit la majorité des voix est élu président en bonne et due forme. S'il y a un seul candidat, il est désigné en bonne et due forme sans vote ».

B. La responsabilité des présidents

Le Président italien encourt par exception une responsabilité pénale mais à coloration politique : la responsabilité est engagée par le Parlement, pour des faits gravissimes (il n'y en a pas d'exemple, mais l'art. 90 C mentionne des cas de haute trahison ou d'attentat à la Constitution), puis le Président est jugé par une juridiction spéciale, la Cour constitutionnelle dont la composition est enrichie pour l'occasion de citoyens tirés au sort.

Constitution italienne

Art. 89 : « Aucun acte du président de la République n'est valable s'il n'est contresigné par les ministres qui l'ont proposé et qui en assument la responsabilité... ».

Art. 90 : « Le président de la République n'est pas responsable des actes accomplis dans l'exercice de ses fonctions, hormis le cas de haute trahison ou d'attentat à la Constitution. Dans ces cas, il est mis en accusation par le Parlement réuni en congrès, à la majorité absolue de ses membres ».

Art. 135 : « La Cour constitutionnelle est composée de quinze juges... Aux procès relatifs à la mise en accusation du président de la République participent, en plus des juges ordinaires de la Cour, seize membres tirés au sort sur une liste de citoyens remplissant les conditions requises pour être élus sénateurs, que le Parlement établit tous les neuf ans au moyen d'une élection qui respecte les modalités établies pour la nomination des juges ordinaires ».

Par comparaison, le président allemand peut être destitué en cas de violation délibérée de la loi ou de la Constitution, impliquant des faits d'une gravité un peu moins élevée, mais toujours de nature plutôt pénale. Le Parlement intervient là aussi pour déclencher la procédure (devant être votée à une forte majorité qualifiée). En revanche, il n'est pas jugé par un tribunal spécial mais par la Cour constitutionnelle, pouvant infliger une sanction à coloration politique (la déchéance des fonctions).

Loi fondamentale allemande

Art. 61 : « (1) Le Bundestag ou le Bundesrat peut mettre le Président fédéral en accusation devant la Cour constitutionnelle fédérale pour violation délibérée de la Loi fondamentale ou d'une autre loi fédérale. La demande de mise en accusation doit être présentée par un quart au moins des membres du Bundestag ou un quart des voix du Bundesrat. La décision de mise en accusation doit être prise à la majorité des deux tiers des membres du Bundestag ou des deux tiers des voix du Bundesrat. L'accusation est soutenue par un représentant de l'organe qui accuse.

(2) Si la Cour constitutionnelle fédérale constate que le Président fédéral s'est rendu coupable d'une violation délibérée de la Loi fondamentale ou d'une autre loi fédérale, elle peut le déclarer déchu de ses fonctions. Par une ordonnance provisoire, elle peut, après la mise en accusation, décider qu'il est empêché d'exercer ses fonctions ».

Concernant les actes commis en dehors des fonctions, l'art. 60 C impose l'accord de la chambre basse pour l'engagement de poursuites judiciaires ou pour son arrestation (sauf flagrant délit).

De la même manière, l'immunité du Président autrichien peut être levée par l'Assemblée fédérale (la réunion des deux chambres) afin que des poursuites judiciaires soient engagées contre lui pour des faits non liés à sa fonction (art. 63 C). Il endosse aussi une responsabilité pénale pour les actes liés à sa fonction : il est mis en accusation par les chambres et jugé par la Cour constitutionnelle (art. 68 et 142 C).

Constitution autrichienne

Art. 63 : « (1) Le président fédéral ne peut faire l'objet d'une poursuite par les autorités publiques qu'avec le consentement de l'Assemblée fédérale.

(2) La demande de poursuivre le président fédéral doit être soumise par l'autorité compétente au Conseil national qui décide si l'Assemblée fédérale doit en être saisie. Si le Conseil national se prononce en faveur d'une poursuite, le chancelier fédéral doit sans délai convoquer l'Assemblée fédérale ».

Art. 68 : « (1) Le président fédéral est responsable de l'exercice de ses fonctions devant l'Assemblée fédérale, conformément à l'article 142.

(2) Sur décision du Conseil national ou du Conseil fédéral, le chancelier fédéral devra convoquer l'Assemblée fédérale pour la mise en jeu de cette responsabilité.

(3) Une décision de mise en accusation au sens de l'article 142 requiert la présence de plus de la moitié des membres de chacune des deux assemblées et une majorité des deux tiers des suffrages exprimés ».

Art. 142 : « (2) Peuvent être mis en accusation : a. sur décision de l'Assemblé fédérale, le président fédéral, pour violation de la Constitution fédérale (...).

(4) La condamnation émanant de la Cour constitutionnelle prononce la perte de la charge et, en cas de circonstances particulièrement aggravantes, la privation temporaire des droits politiques (...) ».

Art. 143 : « Les personnes énumérés à l'article 142 peuvent également être mises en accusation pour actes passibles de poursuites pénales lorsque ceux-ci sont en rapport avec l'exercice de leurs fonctions. Dans ce cas la Cour constitutionnelle est seule compétente pour juger, et une éventuelle instruction déjà en cours auprès d'une juridiction pénale doit lui être transférée. La Cour constitutionnelle peut également appliquer dans ce cas, outre le paragraphe 4 de l'article 142, les dispositions des lois pénales ».

C. La désignation du Gouvernement

Loi fondamentale allemande

Art. 63 : « (1) Le Chancelier fédéral est élu sans débat par le Bundestag sur proposition du Président fédéral. (2) Est élu celui qui réunit sur son nom les voix de la majorité des membres du Bundestag. L'élu doit être nommé par le Président fédéral. (3) Si le candidat proposé n'est pas élu, le Bundestag peut élire un Chancelier fédéral à la majorité de ses membres dans les quatorze jours qui suivent le scrutin. (4) À défaut d'élection dans ce délai, il est procédé immédiatement à un nouveau tour de scrutin, à l'issue duquel est élu celui qui obtient le plus grand nombre de voix. Si l'élu réunit sur son nom les voix de la majorité des membres du Bundestag, le Président fédéral doit le nommer dans les sept jours qui suivent l'élection. Si l'élu n'atteint pas cette majorité, le Président fédéral doit, soit le nommer dans les sept jours, soit dissoudre le Bundestag ».

La procédure de désignation du Premier ministre (Chancelier) apparaît ***rationalisée*** *pour renforcer sa position : le chef du Gouvernement ne peut en principe être nommé par le chef de l'État que si la majorité absolue des membres de la chambre basse l'a investi.*

Le Chef de l'État a le pouvoir de proposer le candidat au poste de Chancelier ; juridiquement discrétionnaire, cette faculté est nécessairement politiquement liée par les résultats des élections législatives, le Chancelier devant choisir des personnalités capables de former une coalition stable.

Les al. 3 et 4 prévoient des procédures qui peuvent s'appliquer lorsque les alliances entre partis ne sont pas claires, mais en pratique, elles ne jouent pas car les partis se mettent d'accord.

Art. 64 : « (1) Les ministres fédéraux sont nommés et révoqués par le Président fédéral sur proposition du Chancelier fédéral ».

Seul le chef du Gouvernement est donc investi par la chambre basse. Politiquement, le Président ratifie les choix du Chancelier concernant les autres membres du Gouvernement, mais peut donner son avis sur les futurs ministres.

En **Espagne**, la situation est similaire à l'Allemagne : le roi, après avoir consulté les partis politiques représentés au Parlement, propose un candidat à la présidence du Gouvernement ; ce candidat présente son programme politique au Congrès des députés qui doit voter son investiture à la majorité absolue de ses membres. Le Premier ministre est nommé ensuite par le roi. À défaut d'obtenir une telle majorité, un nouveau vote a lieu 48 h plus tard, et la majorité simple suffit ; à défaut de majorité, un autre candidat est proposé et si au bout de deux mois (à compter du premier vote d'investiture), aucun candidat n'obtient la confiance, le roi dissout le Parlement (art. 99 C). Les ministres sont ensuite nommés par le roi sur proposition du Premier ministre (art. 100 C). Si pendant longtemps, l'investiture du Premier ministre était rapide, la remise en cause du bipartisme après les élections législatives de déc. 2015 a provoqué une instabilité et l'incapacité du Congrès à élire un chef du Gouvernement (l'investiture de P. Sanchez est rejetée le 4 mars 2016), aboutissant à la dissolution des Chambres (le 3 mai 2016) et à la tenue de nouvelles élections législatives en juin 2016, à la suite desquelles le Premier ministre (M. Rajoy, le Premier ministre sortant) est investi en oct. 2016. De nouveau, à la suite des élections législatives anticipées d'avr. 2018, P. Sanchez ne parvient pas à obtenir le vote d'investiture du Congrès (rejeté le 23 juill. puis 48 h plus tard), si bien que les chambres sont dissoutes le 23 sept.

En **Italie**, le président du Conseil est nommé par le chef de l'État (art. 92 C). Politiquement, ce dernier tient compte des résultats des élections législatives, ce qui peut lui laisser une marge de choix importante lorsque les partis sont divisés. Les autres membres du Gouvernement sont nommés par le président de la République sur proposition du président du Conseil qui, politiquement, choisit les ministres. C'est ensuite l'ensemble de ce Gouvernement qui présente sa future politique et ses membres au Parlement pour obtenir la confiance des deux Assemblées à la majorité simple (art. 94 C).

La confiance du Gouvernement est en revanche présumée en Autriche ou au Danemark par ex. En pratique, dans le contexte du multipartisme, est désigné comme chef du Gouvernement un membre du parti majoritaire à l'Assemblée, qui sera capable de diriger la coalition majoritaire.

Constitution autrichienne

Art. 70: « (1) Le président fédéral nomme le chancelier fédéral et, sur proposition de celui-ci, les autres membres du gouvernement fédéral (...) ».

3. Le statut de l'Exécutif en France

A. Le statut de l'Exécutif dans l'histoire constitutionnelle française

Entre 1789 et 1946, l'organe exécutif en France a connu une **grande variété de formes**; avant de devenir bicéphale lorsque le régime parlementaire s'est imposé, il a longtemps été monocéphale, voire collégial, de même qu'avant d'avoir pour chef d'État un président de la République, la France a eu à sa tête des rois et empereurs.

En 1791 le régime de type présidentiel instauré par la Constitution reste une monarchie; le **roi** est irresponsable, ses actes contresignés par les ministres qu'il nomme et révoque librement et qui endossent une responsabilité pénale. Les ministres sont mis en accusation par le Corps législatif et jugés par une juridiction spéciale.

Constitution de 1791

Titre III, art. 4: « Le Gouvernement est monarchique: le Pouvoir exécutif est délégué au roi, pour être exercé sous son autorité, par des ministres et autres agents responsables... ».

Ch. II, sect. 1, art. 1 : « La Royauté est indivisible, et déléguée héréditairement à la race régnante de mâle en mâle, par ordre de primogéniture, à l'exclusion perpétuelle des femmes et de leur descendance ».

Art. 2 : « La personne du roi est inviolable et sacrée ; son seul titre est Roi des Français ».

Sect. IV, art. 1 : « Au roi seul appartiennent le choix et la révocation des ministres ».

Art. 4 : « Aucun ordre du roi ne pourra être exécuté, s'il n'est signé par lui et contresigné par le ministre ou l'ordonnateur du département ».

Art. 5 : « Les ministres sont responsables de tous les délits par eux commis contre la sûreté nationale et la Constitution ; De tout attentat à la propriété et à la liberté individuelle ; De toute dissipation des deniers destinés aux dépenses de leur département ».

Titre III, ch. 5, art. 23 : « Une haute Cour nationale, formée des membres du tribunal de cassation et de hauts-jurés, connaîtra des délits des ministres…, lorsque le Corps législatif aura rendu un décret d'accusation ».

Après la proclamation de la Ire République le 22 sept. 1792, la Constitution de 1795 maintient un régime de type présidentiel, avec un **Exécutif collégial** (le Directoire) et élu par les chambres (un membre est renouvelé chaque année), ce qui le diminue doublement. Les ministres, nommés et révoqués par le Directoire, ne forment pas un ensemble collégial et solidaire. Le Directoire est pénalement responsable.

Constitution de 1795

Titre VI, art. 132 : « Le Pouvoir exécutif est délégué à un Directoire de cinq membres, nommé par le Corps législatif (…) ».

Art. 137 : « Le Directoire est partiellement renouvelé par l'élection d'un nouveau membre, chaque année ».

Art. 148 : « Il [le Directoire] nomme hors de son sein les ministres, et les révoque lorsqu'il le juge convenable (…) ».

Art. 150 : « Le Corps législatif détermine les attributions et le nombre des ministres ».

Art. 151 : « Les ministres ne forment point un Conseil ».

Art. 265 : « Il y a une Haute Cour de justice pour juger les accusations admises par le Corps législatif, soit contre ses propres membres, soit contre ceux du Directoire exécutif ».

Le régime dictatorial de 1799 comprend un **Exécutif collégial**, mais seul le premier des trois consuls (nommément désignés pour dix ans dans la Constitution rédigée par Bonaparte et rééligibles à vie) a effectivement le pouvoir (les deux autres n'ont que voix consultative).

Constitution 1799

Titre IV, art. 39: « Le gouvernement est confié à trois consuls nommés pour dix ans, et indéfiniment rééligibles... La Constitution nomme Premier consul le citoyen Bonaparte, ex-consul provisoire ; second consul, le citoyen Cambacérès, ex-ministre de la Justice ; et troisième consul, le citoyen Lebrun, ex-membre de la commission du Conseil des Anciens ».

Art. 41 : « Le Premier consul...nomme et révoque à volonté les membres du Conseil d'État, les ministres... ».

Bonaparte obtient par plébiscite le consulat à vie, puis devient **Empereur** en 1804.

Constitution de 1804

Titre I, art. 1 : « Le Gouvernement de la République est confié à un Empereur, qui prend le titre d'Empereur des Français ».

Art. 2: « Napoléon Bonaparte, Premier consul actuel de la République, est Empereur des Français ».

Titre II, art. 3: « La dignité impériale est héréditaire dans la descendance directe, naturelle et légitime de Napoléon Bonaparte, de mâle en mâle, par ordre de primogéniture, et à l'exclusion perpétuelle des femmes et de leur descendance ».

Napoléon Ier ayant abdiqué, la Restauration s'installe puis la monarchie de Juillet, et, progressivement avec elles, le régime parlementaire. Dans les Chartes, le **roi**, irresponsable, est entouré de ministres pénalement responsables. Toutefois, il a le droit de dissoudre la Chambre basse. En outre, les ministres pouvant être des parlementaires, le lien de confiance entre le Gouvernement et le Parlement se crée peu à peu et des mécanismes de responsabilité politique apparaissent en pratique.

Ce fonctionnement parlementaire se confirme en 1830 dans le cadre d'un régime parlementaire orléaniste : si les ministres restent responsables devant le roi, ils le deviennent également collectivement devant la Chambre, et se retirent s'ils n'ont plus sa confiance.

Charte de 1830

Art. 12: «La personne du roi est inviolable et sacrée. Ses ministres sont responsables... ».

Art. 42: «Le roi convoque chaque année les deux Chambres: il les proroge et peut dissoudre celle des députés... ».

Art. 46: «Les ministres peuvent être membres de la Chambre des pairs ou de la Chambre des députés. Ils ont en outre leur entrée dans l'une ou l'autre Chambre et doivent être entendus quand ils le demandent».

Art. 47 : « La Chambre des députés a le droit d'accuser les ministres et de les traduire devant la Chambre des pairs qui seule a celui de les juger».

La monarchie tombe, et la IIe République de 1848 organise de nouveau un régime de type présidentiel. Le **président de la République**, élu au suffrage universel direct est entouré de ministres qu'il nomme et révoque librement. Le Président ne peut dissoudre l'Assemblée et n'est pas politiquement responsable devant elle. L'Exécutif endosse une responsabilité pénale.

Constitution de 1848

Ch. V, art. 43 : « Le peuple français délègue le Pouvoir exécutif à un citoyen qui reçoit le titre de président de la République».

Art. 45: «Le président de la République est élu pour quatre ans, et n'est rééligible qu'après un intervalle de quatre années».

Art. 46: « ...le président est nommé, au scrutin secret et à la majorité absolue des votants, par le suffrage direct de tous les électeurs des départements français et de l'Algérie».

Art. 64: «Le président de la République nomme et révoque les ministres».

Art. 67 : « Les actes du président de la République, autres que ceux par lesquels il nomme et révoque les ministres, n'ont d'effet que s'ils sont contresignés par un ministre».

Art. 68: « ...Toute mesure par laquelle le président de la République dissout l'Assemblée nationale, la proroge ou met obstacle à l'exercice de son mandat, est un crime de haute trahison. Par ce seul fait, le président est déchu de ses fonctions».

Art. 91 : « Une Haute Cour de justice juge, sans appel ni recours en cassation, les accusations portées par l'Assemblée nationale contre le président de la République ou les ministres».

Art. 100 : « Le président de la République n'est justiciable que de la Haute Cour de justice. Il ne peut…être poursuivi que sur l'accusation portée par l'Assemblée nationale, et pour crimes et délits qui seront déterminés par la loi ».

Le coup d'État de Louis-Napoléon Bonaparte donne naissance au Second Empire. La Constitution de 1852 désigne le président de la République nommément, pour dix ans. Le régime n'a qu'une façade démocratique, la responsabilité du chef de l'État, évoquée par l'art. 5 C, n'est que théorique. Cependant, la pratique fera apparaître des mécanismes du parlementarisme et l'idée d'une responsabilité politique du Gouvernement.

Titre II, art. 2 : « Le Gouvernement de la République française est confié pour dix ans au prince Louis Napoléon Bonaparte, président actuel de la République ».

Art. 3 : « Le président de la République gouverne au moyen des ministres, du Conseil d'État, du Sénat et du Corps législatif ».

Titre III, art. 5 : « Le président de la République est responsable devant le Peuple français, auquel il a toujours le droit de faire appel ».

Art. 6 : « Le président de la République est le chef de l'État ».

Art. 13 : « Les ministres ne dépendent que du chef de l'État ; ils ne sont responsables que, chacun en ce qui le concerne, des actes du gouvernement ; il n'y a point de solidarité entre eux ; ils ne peuvent être mis en accusation que par le Sénat ».

Dans le cadre de la préparation de la Constitution de 1875, la République est consacrée ainsi que le régime parlementaire. La **loi Rivet du 31 août 1871** donne à Thiers personnellement le titre de **président de la République**, et la **loi du septennat du 20 nov. 1873** accorde à Mac Mahon, le Président suivant, un mandat personnel de sept ans. Il s'agissait pour l'Assemblée de temporiser : suite à la démission du président de la République Thiers, la restauration de la monarchie est envisagée mais deux prétendants au trône s'opposent, le comte de Paris, orléaniste et le comte de Chambord, légitimiste ardemment favorable à un retour à la Charte de 1814. Dans ce contexte, l'Assemblée décide de confier pour sept ans, durée de vie estimée du comte de Chambord, sans descendance, une sorte de régence au Maréchal de Mac-Mahon. L'**amendement Wallon du 30 janvier 1875** adopté dans le cadre de la discussion d'une nouvelle Constitution, rend ensuite ce septennat impersonnel.

Les lois constitutionnelles de 1875 consacrent un régime parlementaire classique. L'Exécutif est donc **bicéphale** : le chef de l'État est élu par les chambres, malgré le risque de subordination de l'Exécutif engendré par ce mode de désignation ; dans l'esprit des constituants toutefois, l'élection directe du chef de l'État par le peuple, expérimentée en 1848, conduit à un pouvoir excessif de cet organe exécutif, mettant en danger le maintien de la démocratie. L'élection du Président a lieu à la majorité absolue, afin de lui donner une plus grande légitimité.

Le Président est politiquement et pénalement irresponsable, sauf en cas de haute trahison. Ses actes sont donc contresignés et le Gouvernement domine l'Exécutif.

Le Gouvernement est collégial et solidaire, responsable politiquement devant le Parlement. En retour, le Président peut dissoudre la chambre basse.

Bien que non prévu dans les textes, le **président du Conseil apparaît en pratique** pour diriger cet ensemble de ministres.

La crise du 16 mai 1877 (*cf.* thème 5) a consacré le caractère moniste de ce régime parlementaire et l'effacement du Président.

Constitution de 1875

Loi constitutionnelle du 25 févr.

Art. 2 : « Le Président de la République est élu à la majorité absolue des suffrages par le Sénat et par la Chambre des députés réunis en Assemblée nationale. Il est nommé pour sept ans. Il est rééligible ».

Art. 3 : « …Chacun des actes du président de la République doit être contresigné par un ministre ».

Art. 5 : « Le Président de la République peut, sur l'avis conforme du Sénat, dissoudre la Chambre des députés avant l'expiration légale de son mandat ».

Art. 6 : « Les ministres sont solidairement responsables devant les chambres de la politique générale du Gouvernement, et individuellement de leurs actes personnels. Le Président de la République n'est responsable que dans le cas de haute trahison ».

Loi constitutionnelle du 24 févr.

Art. 9 : « Le Sénat peut être constitué en Cour de justice pour juger, soit le Président de la République, soit les ministres, et pour connaître des attentats commis contre la sûreté de l'État ».

Loi constitutionnelle du 16 juill.

Art. 12 : « Le Président de la République ne peut être mis en accusation que par la Chambre des députés, et ne peut être jugé que par le Sénat. Les ministres peuvent être mis en accusation par la Chambre des députés pour crimes commis dans l'exercice de leurs fonctions. En ce cas, ils sont jugés par le Sénat ».

La IVe République confirme l'installation du régime parlementaire moniste classique. Le **président du Conseil** est expressément prévu par la Constitution. Il bénéficie de la **confiance prouvée** de la Chambre.

Constitution de 1946

Art. 29 : « Le président de la République est élu par le Parlement. Il est élu pour sept ans. Il n'est rééligible qu'une fois ».

Art. 38 : « Chacun des actes du président de la République doit être contresigné par le président du Conseil des ministres et par un ministre ».

Art. 42 : « Le président de la République n'est responsable que dans le cas de haute trahison. Il peut être mis en accusation par l'Assemblée nationale et renvoyé devant la Haute Cour de justice... ».

Art. 45 : « Au début de chaque législature, le président de la République, après les consultations d'usage, désigne le président du Conseil. Celui-ci choisit les membres de son Cabinet et en fait connaître la liste à l'Assemblée nationale devant laquelle il se présente afin d'obtenir sa confiance sur le programme et la politique qu'il compte poursuivre... Le vote a lieu au scrutin secret et à la majorité simple ».

Art. 46 : « Le président du Conseil et les ministres choisis par lui sont nommés par décret du président de la République ».

Art. 48 : « Les ministres sont collectivement responsables devant l'Assemblée nationale de la politique générale du Cabinet et individuellement de leurs actes personnels. Ils ne sont pas responsables devant le Conseil de la République ».

Art. 56 : « Les ministres sont pénalement responsables des crimes et délits commis dans l'exercice de leurs fonctions ».

Art. 57 : « Les ministres peuvent être mis en accusation par l'Assemblée nationale et renvoyés devant la Haute Cour de justice ».

B. Le statut de l'Exécutif en France sous la Ve République

Les constituants de 1958 ont cherché à éviter l'effacement du chef de l'État, l'un des facteurs d'affaiblissement des IIIe et IVe Républiques, en lui donnant pour commencer un statut protecteur.

Par son mode de désignation, le président de la République est l'institution politique qui bénéficie de la plus forte **légitimité populaire** : depuis la révision constitutionnelle du 6 nov. 1962 (*cf.* thème 2), il est élu au **suffrage universel direct** (SUD), au scrutin uninominal à deux tours, à la **majorité absolue des suffrages exprimés** sur l'ensemble du territoire français.

Constitution de 1958

Art. 7 al. 1 : « Le président de la République est élu à la majorité absolue des suffrages exprimés. Si celle-ci n'est pas obtenue au premier tour de scrutin, il est procédé, le quatorzième jour suivant, à un second tour. Seuls peuvent s'y présenter les deux candidats qui, le cas échéant après retrait de candidats plus favorisés, se trouvent avoir recueilli le plus grand nombre de suffrages au premier tour ».

Le 21 déc. 1958, de Gaulle a été élu à près de 80 % des voix, au **suffrage universel indirect** (SUI), par un collège d'environ 80 000 grands électeurs, comprenant les parlementaires (en minorité) et des élus locaux (anc. art. 6 C). En abandonnant l'élection pure et simple du Président par le Parlement des deux Républiques précédentes, les constituants de 1958 ont empêché la soumission du premier au second. En 1958, l'élection au SUD a été écartée, notamment parce qu'après l'expérience de la IIe République, on répugne à l'idée que ce mode de désignation renforce trop le chef de l'État (également, *cf.* discours de M. Debré devant le CE, le 27 août 1958, thème 5).

Malgré son élection au SUI en 1958, de Gaulle bénéficie déjà personnellement d'une forte légitimité auprès du peuple depuis que, par son appel du 18 juin 1940, il a fondé la Résistance. Il a ensuite, durant son mandat présidentiel, consolidé le lien l'unissant au peuple par une utilisation fréquente du référendum (*cf.* thème 1). L'attentat dont il est victime le 22 août 1962 au Petit-Clamart l'incite à rapidement donner un fondement constitutionnel à la légitimité populaire du Président pour que ses successeurs en bénéficient.

La modification de l'art. 6 C en 1962 marque la vraie naissance du régime tant il lui imprime sa marque.

Art. 6 al. 1 et 2 C : « Le Président de la République est élu pour cinq ans au suffrage universel direct.

Nul ne peut exercer plus de deux mandats consécutifs ».

Depuis la révision du 2 oct. 2000, le Président est élu pour un mandat de cinq ans dont le renouvellement est, depuis la révision du 23 juill. 2008, limité (art. 6 C). Depuis la IIIe République, le septennat, déterminé par les circonstances historiques (*cf. supra*), s'était maintenu en 1946 puis en 1958. Or, il est progressivement apparu que la durée de ce mandat était excessive compte tenu, sous la Ve République, de l'étendue des pouvoirs du Président et de son irresponsabilité. À l'étranger, le mandat des chefs d'État est en général plus court (*cf. supra*), et, s'il peut atteindre sept années, il concerne un chef d'État politiquement en retrait, conformément à la logique du régime parlementaire (par ex. en Italie ou en Irlande).

Le **quinquennat** (au reste fréquent en Europe) conduit à aligner la durée du mandat du Président sur celui des députés. En outre, la révision de 2000 a été accompagnée d'une **inversion du calendrier électoral** (loi organique du 15 mai 2001) faisant que les élections législatives suivent l'élection présidentielle. Ces modifications accentuent la logique du fonctionnement de la Ve qui place l'élection présidentielle au cœur de la vie politique et le Président en chef de la majorité. De fait, en pratique, depuis 2002, les élections législatives ont toujours donné une majorité absolue au parti du Président ; le fait majoritaire en est renforcé et la cohabitation, qui affaiblit le Président, devient improbable.

À noter

- Les candidats à l'élection présidentielle doivent être **parrainés par 500 élus** nationaux ou locaux, afin de garantir leur sérieux et leur représentativité. Ce système fait l'objet de critiques, notamment car il laisse le citoyen à l'écart de la sélection des candidats. Pour les associer, certains partis politiques ont spontanément mis en œuvre, depuis l'élection de 2007, des primaires (restreintes ou non aux militants).
- La **campagne** officielle dure deux semaines (huit jours pour le 2e tour). Le Conseil supérieur de l'audiovisuel (CSA), autorité administrative indépendante dotée d'un pouvoir de sanction, s'assure d'un traitement égal entre les candidats par les services de communication audiovisuelle.

  Le financement des campagnes est contrôlé, le compte de campagne des candidats déposé auprès de la commission nationale des comptes de campagne et des financements politiques (CNCCFP), une autorité administrative indépendante également.

– L'art. 7 C règle le cas du **décès ou de l'empêchement d'un candidat** : le Cons. const. peut ou doit, selon les cas, reporter l'élection, mais l'hypothèse ne s'est jamais présentée.

Le Président est par principe irresponsable et donc **inamovible** durant son mandat.

Il est d'abord **politiquement irresponsable** (art. 67 al. 1). De Gaulle a toutefois endossé une responsabilité politique en liant son sort aux résultats des référendums de 1962 et 1969, mais cette pratique n'a pas été reprise par ses successeurs.

Ensuite, sur le plan judiciaire, le Président bénéficie d'une **immunité** pour tous ses actes (art. 67 al. 1 et 2 C), mais, pour les actes détachables de l'exercice de sa fonction, son immunité est temporaire : après la fin de son mandat, il redevient un justiciable ordinaire (art. 67 al. 2 et 3 C).

Enfin, par exception, le Président est responsable des actes accomplis dans l'exercice de sa fonction dans deux cas : lorsque l'acte qu'il commet peut être qualifié de « manquement à ses devoirs, manifestement incompatible avec l'exercice de son mandat » (art. 68 C : il bénéficie alors un **privilège de juridiction**) ; lorsque l'acte qu'il commet s'analyse en un génocide, crime de guerre ou contre l'humanité, il est justiciable de la Cour pénale internationale (art. 53-2 C : il s'agit donc d'une responsabilité pénale).

Art. 67 C : « Le président de la République n'est pas responsable des actes accomplis en cette qualité, sous réserve des dispositions des articles 53-2 et 68.

Il ne peut, durant son mandat et devant aucune juridiction ou autorité administrative française, être requis de témoigner non plus que faire l'objet d'une action, d'un acte d'information, d'instruction ou de poursuite. Tout délai de prescription ou de forclusion est suspendu ».

La formulation de l'al. 2 indique une immunité très large.

« Les instances et procédures auxquelles il est ainsi fait obstacle peuvent être reprises ou engagées contre lui à l'expiration d'un délai d'un mois suivant la cessation des fonctions ».

Art. 68 C : « Le président de la République ne peut être destitué qu'en cas de manquement à ses devoirs manifestement incompatible avec l'exercice de son mandat. La destitution est prononcée par le Parlement constitué en Haute Cour.

La proposition de réunion de la Haute Cour adoptée par une des assemblées du Parlement est aussitôt transmise à l'autre qui se prononce dans les quinze jours.

La Haute Cour est présidée par le président de l'Assemblée nationale. Elle statue dans un délai d'un mois, à bulletins secrets, sur la destitution. Sa décision est d'effet immédiat.

Les décisions prises en application du présent article le sont à la majorité des deux tiers des membres composant l'assemblée concernée ou la Haute Cour. Toute délégation de vote est interdite. Seuls sont recensés les votes favorables à la proposition de réunion de la Haute Cour ou à la destitution.

Une loi organique fixe les conditions d'application du présent article ».

Cette responsabilité apparaît ***plus politique que pénale*** *depuis la révision du 23 févr. 2007 qui a abandonné la référence à la « haute trahison » et a remplacé la Haute Cour de justice par la Haute Cour dont la composition n'inclut plus de magistrats. La majorité qualifiée évite toute destitution partisane.*

La consécration du principe d'irresponsabilité politique du Président est excessive eu égard au fait qu'il est aussi l'organe détenant les plus larges pouvoirs sous la Ve République (*cf.* thème 7). L'art. 68 C semble toutefois pouvoir constituer le fondement de l'engagement d'une telle responsabilité politique. De même, l'immunité dont il bénéficie durant son mandat, étendue en 2007, est excessive pour les actes qui ne sont pas liés à sa fonction présidentielle et devrait être limitée pour éviter une impunité du chef de l'État.

À noter

En cas de **vacance** (qui est une absence permanente, liée au décès, à la démission ou à la destitution du Président) ou d'**empêchement** (qui est une incapacité temporaire à exercer ses fonctions, par ex. en cas de maladie grave) du Président, l'art. 7 al. 5 C prévoit que ses fonctions sont provisoirement exercées par le président du Sénat (voire, si ce dernier est lui-même empêché, par le Gouvernement), le temps d'organiser une nouvelle élection.

L'empêchement doit être constaté par le Cons. const. saisi par le Gouvernement et statuant à la majorité absolue de ses membres. Le caractère politiquement délicat qu'aurait une telle démarche du Gouvernement explique peut-être que l'empêchement n'ait jamais été constaté (malgré la maladie de F. Mitterrand par ex.).

En revanche, A. Poher (alors président du Sénat) a assuré l'intérim de de Gaulle qui a démissionné en 1969, puis de G. Pompidou à son décès en 1974.

Sous la Ve République, le Gouvernement apparaît soumis au Président dont il doit soutenir sa politique. Le **Premier ministre est nommé par le Président (art. 8 al. 1 C)** et le Parlement n'intervient pas dans cette nomination, contrairement à ce que la logique du régime parlementaire requiert. Le Premier ministre tire donc sa légitimité du Président, conformément à la conception de de Gaulle selon laquelle le Premier ministre procède du Président.

Juridiquement discrétionnaire, cette nomination est politiquement en partie contrainte dans la mesure où le Président doit désigner une personnalité capable de rassembler sa majorité parlementaire, mais il ne choisit pas forcément le chef du parti majoritaire. Ainsi, le Président français choisit réellement son Premier ministre (la nomination est d'ailleurs un pouvoir propre du Président, dispensé de contreseing, *cf.* thème 7), à l'inverse des régimes parlementaires classiques dans lesquels le chef de l'État, même s'il peut proposer au Parlement, voire nommer directement le Premier ministre, se tourne vers un membre du parti majoritaire aux élections législatives.

En revanche, en cas de cohabitation (dont on sait qu'elle est désormais exceptionnelle), son choix est, comme dans un régime parlementaire classique, dicté en fait par les résultats des élections législatives qui ont donné par définition une majorité opposée à la sienne.

Art. 8 C: « Le président de la République nomme le Premier ministre. Il met fin à ses fonctions sur la présentation par celui-ci de la démission du Gouvernement.

Sur la proposition du Premier ministre, il nomme les autres membres du Gouvernement et met fin à leurs fonctions ».

L'art. 49 al. 1 C n'a jamais été interprété comme induisant l'obligation, pour le Premier ministre, de demander un vote d'investiture de l'Assemblée nationale, devant laquelle le Gouvernement est politiquement responsable, en lui présentant son programme (en pratique tous les Gouvernements le font depuis 1993). La confiance du Parlement est donc présumée, mais elle ne traduit pas la même logique que dans le régime parlementaire classique du Royaume-Uni.

Art. 49 al. 1 C: « Le Premier ministre, après délibération du Conseil des ministres, engage devant l'Assemblée nationale la responsabilité du Gouvernement sur son programme ou éventuellement sur une déclaration de politique générale ».

Les ministres sont nommés par le Président sur proposition du Premier ministre (art. 8 al 2 C). Si le Président ne décide pas seul la composition du Gouvernement, en pratique il négocie le nom des ministres avec le Premier ministre, impose et rejette des noms, et le Premier ministre ne pourra pas lui imposer des noms (sauf en cas de cohabitation).

Le Gouvernement, conformément au fonctionnement du régime parlementaire, est politiquement responsable devant l'Assemblée nationale (art. 50 C, *cf.* thème 5).

En outre, et contre la lettre même de la Constitution (art. 8 al. 1 C), le Président s'est toujours reconnu en pratique le droit de révoquer le Premier ministre sans attendre qu'il lui présente la démission du Gouvernement, dès lors qu'il juge bon d'en changer. En particulier, la pratique montre que le Premier ministre endosse une responsabilité politique à la place du Président lorsque la politique menée est désavouée par le peuple (par ex., à la suite du référendum de 2005, J. Chirac nomme D. de Villepin à la place de J.-P. Raffarin). Le régime parlementaire français, juridiquement moniste mais **en pratique dualiste**, organise une subordination du Premier ministre au Président. Au surplus, si la responsabilité devant l'Assemblée nationale est largement virtuelle (*cf.* thème 10), la responsabilité devant le Président est bien réelle.

Sur le plan judiciaire, les membres du Gouvernement ne bénéficient pas d'une immunité, mais sont soumis à la responsabilité de droit commun. Toutefois, ils bénéficient d'un privilège de juridiction concernant la responsabilité pénale pour les actes liés à leur fonction.

Art. 68-1 C: « Les membres du Gouvernement sont pénalement responsables des actes accomplis dans l'exercice de leurs fonctions et qualifiés crimes ou délits au moment où ils ont été commis.

Ils sont jugés par la Cour de justice de la République.

La Cour de justice de la République est liée par la définition des crimes et délits ainsi que par la détermination des peines telles qu'elles résultent de la loi ».

Art. 68-2 C: « La Cour de justice de la République comprend quinze juges : douze parlementaires élus, en leur sein et en nombre égal, par l'Assemblée nationale et par le Sénat après chaque renouvellement général ou partiel de ces assemblées et trois magistrats du siège à la Cour de cassation, dont l'un préside la Cour de justice de la République.

Toute personne qui se prétend lésée par un crime ou un délit commis par un membre du Gouvernement dans l'exercice de ses fonctions peut porter plainte auprès d'une commission des requêtes.

Cette commission ordonne soit le classement de la procédure, soit sa transmission au procureur général près la Cour de cassation aux fins de saisine de la Cour de justice de la République.

Le procureur général près la Cour de cassation peut aussi saisir d'office la Cour de justice de la République sur avis conforme de la commission des requêtes.

Une loi organique détermine les conditions d'application du présent article ».

La politisation de la composition de la Cour et le filtrage des requêtes expliquent sans doute sa très faible activité (depuis 1993, elle n'a jugé que six affaires) et les peines particulièrement clémentes qu'elle inflige (par ex. dispense de peine dans l'affaire du sang contaminé, emprisonnement avec sursis pour un détournement de fonds publics), confinent à l'impunité. L'actuel projet de loi constitutionnelle devrait mettre fin à ce privilège de juridiction.

4. Exercice – Commentaire d'arrêt (2)

Conseils méthodologiques

Le commentaire d'arrêt (2) : l'introduction

L'introduction du commentaire se compose des éléments de la fiche d'arrêt, précédés d'une entrée en matière et suivis par l'annonce du plan du commentaire.

L'**entrée en matière** du commentaire a deux objectifs : d'une part renseigner sur les **références** de la décision commentée (juridiction, date, formation de jugement) et le **thème précis** abordé, d'autre part donner le **sens général de la décision** (par ex., revirement, application d'une jurisprudence constante, extension).

Suivent les éléments de la fiche d'arrêt :

– **les faits** doivent être mentionnés, dans la mesure où ils sont **nécessaires pour comprendre le litige** et la question posée au juge. Il est en général plus clair de respecter la chronologie des faits.

Il faut éviter de submerger le lecteur d'éléments factuels extrêmement précis qui n'apportent rien à la compréhension de l'enjeu de la décision.

– les faits débouchent sur l'ouverture d'une **procédure** juridictionnelle dont il faut indiquer les étapes qui ont conduit à la saisine du juge dont la solution est à commenter. Pour chacune des étapes, il est utile de préciser les conclusions et moyens des parties, éléments qui vont éclairer le problème de droit posé au juge dont la décision doit être commentée.
– le juge dont la décision doit être commentée se trouve ainsi saisi pour répondre à un **problème de droit** qu'il faut énoncer.

Le problème de droit est la **question juridique abstraite** à laquelle le juge doit répondre.

Le problème de droit ne doit pas être trop général, mais doit au contraire être assez précis pour révéler l'intérêt de la question, ce qui, dans la règle de droit, nécessite d'être clarifié, interprété pour régler le litige particulier.

Par ex., le problème de droit, pour une décision du Cons. const., ne serait pas pertinent s'il se limitait à soulever la question de la constitutionnalité de la loi, puisque l'objet de presque toutes les décisions du Conseil est de trancher la question générale de la constitutionnalité de la loi.

Le problème de droit ne doit pas être trop précis non plus, en ce sens qu'il ne doit pas se rapporter seulement au cas particulier. Ce cas particulier doit permettre au contraire d'éclairer un problème plus abstrait qui pourra se poser dans d'autres affaires.

– au stade de l'introduction, la solution du juge doit être indiquée succinctement : il s'agit de livrer la **réponse apportée par le juge au problème de droit**, sans qu'il soit nécessaire d'entrer dans les détails du raisonnement, qui feront l'objet des développements.
– l'introduction se termine par **l'annonce du plan** du commentaire, qui, en principe, rend compte des **deux grandes étapes du raisonnement** du juge.

Sujet : Cons. const., n° 2017-752 DC du 8 sept. 2017

(…) « 30. D'une part, l'interdiction d'emploi pénalement sanctionnée prévue par les dispositions du paragraphe I de l'article 11 ne porte que sur un nombre limité de personnes. Ces dispositions ne privent ainsi pas le ministre de son autonomie dans le choix de ses collaborateurs. Dès lors, elles ne méconnaissent ni le principe de la séparation des pouvoirs, ni l'article 20 de la Constitution.

31. D'autre part, le principe de la séparation des pouvoirs ne fait pas obstacle à ce que la loi soumette les membres du Gouvernement à l'obligation de déclarer à une autorité administrative indépendante les membres de leur famille employés au sein de leur cabinet ni à ce que cette autorité se prononce sur l'existence d'un conflit d'intérêts résultant de cette situation…

32. En revanche, les dispositions du paragraphe IV de l'article 11 habilitent la Haute autorité à adresser une injonction, dont la méconnaissance est pénalement sanctionnée en application du paragraphe II de l'article 26 de la loi du 11 octobre 2013, tendant à ce qu'il soit mis fin à une situation de conflit d'intérêts découlant de l'existence d'un lien familial au sens des paragraphes I et II. Or, dès lors que le conflit d'intérêts naît de l'existence d'un lien familial, le destinataire de l'injonction ne pourra mettre fin à la situation dénoncée qu'en démissionnant de ses fonctions ou, le cas échéant, en mettant fin à l'emploi de son collaborateur. Dès lors, en confiant un tel pouvoir à une autorité administrative indépendante, le législateur a méconnu les exigences constitutionnelles précitées…

63. En premier lieu, en permettant au Président de la République ainsi que, pour la nomination des autres membres du Gouvernement, au Premier ministre de recueillir des informations sur les personnes dont la nomination est envisagée, le législateur a souhaité leur donner les moyens de s'assurer de la probité des intéressés. Il a ainsi poursuivi un objectif d'intérêt général.

64. En second lieu, les informations susceptibles d'être ainsi transmises à la demande du Président de la République portent exclusivement sur la situation des intéressés en matière pénale ou fiscale ou en matière de conflit d'intérêts et d'obligations déclaratives de patrimoine ou d'intérêts. Elles ne concernent qu'un ensemble restreint de personnes dont la nomination est envisagée comme membre du Gouvernement. Les modalités d'information ainsi retenues par le législateur sont donc adéquates et proportionnées à l'objectif poursuivi…

67. Le Président de la République étant seul compétent pour nommer les membres du Gouvernement, le législateur pouvait, sans méconnaître les exigences constitutionnelles précitées, et même si cette compétence s'exerce, pour les autres membres du Gouvernement, sur proposition du Premier ministre, confier au seul Président de la République l'initiative de la procédure d'information instaurée par l'article 22, dès lors qu'il prévoyait que le Premier ministre serait destinataire des mêmes informations s'agissant de la nomination des autres membres du Gouvernement (…non-conformité partielle) ».

Corrigé

[*Entrée en matière*] Dans le but de moraliser la vie publique, le législateur multiplie les dispositifs tendant à assurer l'intégrité des agents publics et du personnel politique, et donne l'occasion au Cons. const. de concilier ces mesures avec divers principes constitutionnels ; dans le droit fil de sa jurisprudence, le Cons. const. a ainsi, dans sa décision n° 2017-752 du 8 sept. 2017, encadré les dispositifs de contrôle de la probité des collaborateurs des ministres pour préserver le pouvoir de nomination de l'Exécutif.

[*Faits*] Les lois (organique et ordinaire) du 11 oct. 2013 relatives à la transparence de la vie publique, créant une Haute Autorité pour la transparence de la vie publique (HATVP), autorité administrative indépendante (AAI) dotée de prérogatives lui permettant de prévenir les conflits d'intérêts, ont été étendues par celles du 15 sept. 2017 pour la confiance dans la vie politique.

[*Procédure*] Des députés saisissent le Cons. const. pour qu'il effectue un contrôle *a priori* de la loi ordinaire de 2017. Ils soutiennent notamment que la loi ne peut, sans méconnaître le principe de séparation des pouvoirs, contenir de dispositions relatives à la composition, par les membres du Gouvernement, de leur cabinet. En outre, selon eux, les dispositions donnant au seul président de la République la faculté de recueillir des informations sur les personnes qu'il envisage de nommer au Gouvernement viole le droit au respect de la vie privée ainsi que l'art. 8 C, dans la mesure où les membres du Gouvernement sont nommés sur proposition du Premier ministre.

[*Problème de droit*] Le Conseil devait dès lors répondre à la question de savoir dans quelle mesure l'exigence d'intégrité du personnel politique peut contraindre les choix de l'Exécutif quant aux membres de l'équipe gouvernementale et leurs proches collaborateurs.

[*Solution et annonce du plan*] Censurant partiellement la loi, le juge constitutionnel rend une décision qui préserve au maximum le pouvoir discrétionnaire du Gouvernement pour choisir ses collaborateurs (I) et se montre soucieux du pouvoir discrétionnaire du président de la République pour choisir les membres du Gouvernement (II).

I. Une décision préservant au maximum le pouvoir discrétionnaire du Gouvernement pour choisir ses collaborateurs

De l'art. 20 C, selon lequel le Gouvernement dispose de l'administration, le Cons. const. déduit qu'en vertu du principe de séparation des pouvoirs, le Gouvernement doit, de manière autonome, pouvoir nommer ses collaborateurs, sans que le législateur ne puisse l'entraver, même pour empêcher le népotisme. Par suite, si l'obligation de déclarer à la HATVP les proches qu'un ministre emploie dans son cabinet est constitutionnelle (A), il n'en est pas de même du pouvoir d'injonction de la HATVP conduisant à mettre fin à l'emploi d'un collaborateur ministériel (B).

A. La constitutionnalité des dispositions imposant aux ministres de déclarer les proches qu'ils emploient dans leurs cabinets

Si la loi soumise au contrôle du Conseil interdit l'emploi par un ministre de ses plus proches parents dans son cabinet (conjoint et enfants), une simple obligation d'information à la HATVP est imposée au ministre qui emploie un membre de sa famille moins immédiate (frère et sœur, neveu et nièce). Une même obligation d'information pèse sur le collaborateur d'un ministre qui fait partie de la famille d'un autre ministre. Pour le Cons. const., de telles obligations déclaratives ne contreviennent pas au principe de séparation des pouvoirs. La HATVP peut, au vu de ces déclarations, donner une appréciation sur l'existence d'une situation de conflit d'intérêts risquant de jeter le trouble sur la probité des membres du Gouvernement. Tout en disposant de la faculté de désigner ses collaborateurs, le ministre doit pouvoir subir le contrôle du choix de ces personnes, ici, par une autorité administrative indépendante. Le Conseil reprend une solution qu'il avait déjà dégagée dans ses décisions n° 2013-675 DC et 2013-676 DC du 9 oct. 2013 : la HATVP peut, sans méconnaître la séparation des pouvoirs, recevoir les déclarations d'intérêts et d'activités des parlementaires, des membres du Gouvernement, en vérifier l'exactitude et la sincérité, mais aussi donner son point de vue sur les situations au regard des risques de conflits d'intérêts. Le Cons. const. considère donc que le principe de séparation des pouvoirs n'est pas méconnu car les obligations déclaratives et les appréciations portées par la HATVP n'affectent en rien le pouvoir du ministre de choisir ses collaborateurs. Alors que le juge semble concilier le principe de séparation des pouvoirs et l'obligation déclarative comme s'ils étaient contradictoires, le contrôle confié à la HATVP et résultant des obligations de déclarations est précisément une application du principe de séparation des pouvoirs. Le raisonnement du juge conduit alors de manière contestable à censurer le pouvoir d'injonction de la HATVP.

B. L'inconstitutionnalité des dispositions conduisant à mettre fin à l'emploi dans un cabinet d'un proche du ministre

Selon le juge, le pouvoir de la HATVP d'enjoindre le ministre de faire cesser une situation de conflit d'intérêts résultant de la présence, dans son cabinet, d'un membre de sa famille, est contraire au principe de séparation des pouvoirs car il conduit la personne visée à quitter ses fonctions, ce qui revient à faire obstacle au libre choix, par le ministre, de ses collaborateurs. Autrement dit, le juge estime que le principe de séparation des pouvoirs ne peut faire obstacle au pouvoir de nomination des collaborateurs des ministres, même s'il s'agit de protéger la probité du personnel politique. Ce raisonnement peut apparaître critiquable, car le principe de séparation des pouvoirs ne signifie pas, comme semble le dire le Conseil, que les organes peuvent agir librement, mais au contraire, qu'ils subissent un contrôle dont le but est précisément que l'action publique s'exerce dans l'intérêt général, en excluant notamment tout favoritisme. Il est vrai que, ce faisant, la HATVP aurait le pouvoir de créer de fait des incompatibilités non prévues par la loi (en ce sens, décisions préc. de 2013). Il n'est toutefois pas certain que le Conseil admettrait une extension des incompatibilités : dans son cons. 20, il reconnaît la constitutionnalité de l'interdiction pour les plus proches parents des ministres de faire partie de leur cabinet parce que la liste des personnes qui ne peuvent être nommées est limitée et ne contrevient donc pas excessivement à l'autonomie de choix du ministre (cons. 30). Moins contestable apparaît la suite de la solution qui ne conduit pas à sauvegarder le pouvoir discrétionnaire de nomination du président de la République au mérpis de la séparation des pouvoirs.

II. Une décision soucieuse du pouvoir discrétionnaire du président de la République pour choisir les membres du Gouvernement

Le Cons. const. entend dans sa décision de 2017 faire respecter la compétence discrétionnaire du président de la République en matière de nomination des membres du Gouvernement. Dans le cadre de sa compétence, le Président est libre de s'informer sur la probité des potentiels membres du Gouvernement (A) et peut en avoir seul l'initiative (B).

A. La liberté du président de la République de s'informer sur la probité des potentiels membres du Gouvernement

La loi soumise au Conseil autorise le Président à s'informer sur les personnes qu'il entend nommer au sein du Gouvernement. La composition du Gouvernement relevant de la compétence du Président selon les termes mêmes de l'art. 8 C qui n'indique aucune condition particulière quant au choix des personnes, la loi ne peut limiter ce choix. Par ailleurs, les incompatibilités concernant les membres du Gouvernement sont prévues à l'art. 23 C (pour l'essentiel, un ministre ne peut être parlementaire, ni exercer un emploi public ou une activité professionnelle). En tout état de cause, ici, la loi n'a pas aggravé les incompatibilités ni réduit le libre choix du Président, au contraire, la loi donne au Président les moyens de faire un choix éclairé, notamment au regard de la probité des personnes qu'il envisage de désigner. Pour cela, le Président peut, avec l'autorisation de la loi, recueillir des informations personnelles sur ces candidats, notamment auprès de la HATVP (mais aussi auprès de l'administration fiscale ou du service du casier judiciaire), qui se justifient par le but d'intérêt général que constitue la possibilité de s'assurer de la probité des acteurs publics (et qui permet au juge d'écarter toute atteinte à la vie privée). Une telle disposition de loi, assurant la prévention des conflits d'intérêts et des atteintes à l'exigence d'exemplarité des élus, doit être approuvée, et le Cons. const. l'a validée.

B. L'initiative de l'information réservée au Président conformément à son pouvoir de nomination tiré de l'art. 8 C

Le législateur réserve au seul Président l'initiative de recueillir des informations concernant les personnes qui pourront composer le Gouvernement, le Premier ministre étant seulement destinataire des informations sollicitées par le Président. Les députés arguaient du fait que le Premier ministre doit proposer les noms des ministres aux termes de l'art. 8 C, si bien que ne pas lui permettre de recueillir lui-même des informations sur les personnes susceptibles de composer le Gouvernement contreviendrait à cette disposition constitutionnelle. Le Conseil pour sa part constate qu'il revient au Président de nommer les membres. Autrement dit, la décision lui appartient. Si cette position rejoint l'interprétation présidentialiste qui est faite de l'art. 8 et qui donne en fait au Président le pouvoir de décider de la composition du Gouvernement, elle est strictement justifiée par le Conseil qui oppose les termes mêmes de l'art. 8 C : dès lors que le pouvoir de nommer est juridiquement confié au Président, le Cons. const. admet que la loi lui donne l'initiative de se renseigner sur les personnes à nommer, sans donner cette même initiative au Premier ministre, à condition toutefois, et parce que l'art. 8 dispose que la nomination des ministres se fait sur proposition du Premier ministre, que ce dernier puisse disposer des mêmes informations que le Président. Le pouvoir de proposition du Premier ministre n'implique d'ailleurs pas qu'il doive lui-même recueillir des informations sur les personnes proposées. La composition du Gouvernement relève de choix politiques que le Conseil ne s'est pas aventuré à perturber en reconnaissant une initiative au Premier ministre.

Thème 7

Les attributions de l'Exécutif

Le pouvoir exécutif exécute les lois, mais ce n'est qu'une partie de ses attributions ; plus globalement, l'Exécutif **gouverne**, dans la mesure où il lui appartient d'abord de définir la politique de l'État, puis de la mettre en œuvre. C'est pourquoi l'Exécutif participe à la fonction législative ; de plus l'exécution des lois lui donne en réalité un pouvoir de **décision**. Par conséquent, on comprend que, dans presque toutes les démocraties, l'Exécutif soit l'organe politiquement **prépondérant**.

Au cours du XIXe siècle pourtant, les pouvoirs de l'organe législatif s'accroissaient. La plupart des États d'Europe abolissaient la monarchie absolue, au profit d'un régime organisant une séparation des pouvoirs. Dans ce contexte, il s'agissait d'affirmer le pouvoir du Parlement face au roi (l'Exécutif).

En revanche, à partir du milieu du XXe siècle, l'évolution de l'environnement politique et économique a conduit au renforcement du rôle de l'Exécutif. Que ce soit pour mener les relations diplomatiques, ou pour conduire la politique économique dans un cadre désormais interétatique, ou encore pour gérer les crises économiques, il s'est avéré que l'Exécutif avait des moyens d'agir plus efficacement, grâce à des services performants, assurant une décision rapide, alors que ces actions quotidiennes sont plus difficiles à réaliser par le Parlement, instance composée de nombreuses personnes.

Si le Président du régime présidentiel exerce l'intégralité du pouvoir exécutif, ce pouvoir est réparti entre les deux têtes de l'Exécutif bicéphale des régimes parlementaires. Cependant, alors même que le Président américain est le seul titulaire du pouvoir exécutif, il ne l'exerce pas sans contrôle, tandis que le partage du pouvoir exécutif dans les régimes parlementaires est largement artificiel.

1. La répartition des attributions entre les deux têtes de l'Exécutif des régimes parlementaires

Dans les régimes parlementaires, la prépondérance de l'Exécutif se fait **au profit du Gouvernement** et de son chef. Le chef de l'État en revanche, qu'il soit monarque ou président, est effacé : politiquement irresponsable, les actes qu'il signe sont en principe contresignés. Ce contreseing indique que la signature du chef de l'État n'est que formelle et ne reflète pas l'exercice d'un pouvoir de décision. Le pouvoir réel est transféré au chef du Gouvernement.

A. Les attributions des chefs d'État

Les monarques ne prennent pas part à la décision politique ; ils ont de simples fonctions de représentation, jamais de pouvoirs propres. Même lorsque la Constitution semble leur laisser des attributions étendues, en pratique, ils ne font que signer formellement des décisions dont ils ne sont pas à l'origine. Tous leurs actes sont, en tout état de cause, contresignés.

Les présidents sont dans une situation semblable. Même lorsqu'ils sont élus au suffrage universel direct (en Europe, les présidents autrichien, irlandais, finlandais, portugais et islandais) ou que les textes constitutionnels leur donnent des attributions apparemment étendues, pouvant parfois s'exercer sans contreseing, dans la pratique, les présidents ne sont pas des acteurs politiques, mais, au mieux, de simples arbitres intervenant ponctuellement, notamment en cas de crise (par ex., le roi d'Espagne a fait échouer le coup d'État militaire en 1981, le Président italien intervient pour arbitrer dans les situations délicates).

En somme, les chefs d'État représentent symboliquement l'État.

Ainsi, malgré la variété des textes constitutionnels (par ex., le roi de Suède n'a selon la Constitution presque aucun pouvoir à l'inverse de celui de l'Espagne ; le Président allemand a très peu de prérogatives dans le texte de la Constitution), les attributions des chefs d'État sont similaires :

- **Pouvoir de nomination** : les chefs d'État ont un rôle à jouer en matière de nomination et de révocation des **membres du Gouvernement**, mais leur compétence est liée (soit parce que le Parlement doit investir le

Gouvernement ou son chef, soit parce que les résultats des élections législatives dictent la personne à nommer; en outre, les ministres sont nommés sur proposition du chef du Gouvernement : *cf.* thème 6).

Les chefs d'État ont un pouvoir de nomination aux **emplois publics**, plus ou moins étendu, mais ils ne le détiennent souvent qu'en partie, le chef du Gouvernement détenant en principe le pouvoir le plus étendu en la matière (*cf. infra*) ; en outre, les chefs d'État en réalité signent les actes sans avoir réellement choisi les personnes à désigner.

– Compétences en matière de **défense** : les chefs d'État sont le plus souvent chefs des armées (sauf en Allemagne), y compris les monarques. Toutefois, ils ne peuvent, seuls, déclarer la guerre (qui requiert l'autorisation du Parlement en général). Au Royaume-Uni, ces prérogatives n'appartiennent que formellement à la Reine, elles sont exercées par le Premier ministre.

– Compétences **en matière internationale** : les chefs d'État classiquement négocient et ratifient les traités, mais ne font que signer les actes négociés par les services du Gouvernement.

– Compétences judiciaires : les chefs d'État ont le droit de **grâce** (toutefois rarement discrétionnaire) qui leur permet d'accorder des remises de peines ou de substituer une peine plus douce à celle prononcée (à l'inverse de l'amnistie qui efface l'infraction elle-même et relève généralement de la loi).

– Compétences en matière législative : certains chefs d'État ont l'**initiative des lois** selon la Constitution. Toutefois, concernant les monarques, cette compétence est en réalité exercée par le Gouvernement (par ex., en Belgique). Au Royaume-Uni, si le discours du trône prononcé par la Reine contient un programme politique, il s'agit en réalité de celui du Premier ministre qui a d'ailleurs rédigé le discours. Pour leur part, lorsqu'ils la détiennent, les présidents n'exercent pas cette compétence en pratique (par ex. le Président italien laisse le gouvernement l'utiliser. Le Président allemand n'a pas cette compétence).

Il revient aux chefs d'État de **promulguer les lois**, mais ils n'ont aucune marge de manœuvre en la matière. Même lorsque la Constitution dispose que le chef d'État « sanctionne » la loi, laissant supposer qu'il a un pouvoir discrétionnaire, en réalité il ne fait que la promulguer automatiquement (cas par ex. du roi belge). La tradition du régime monarchique confie à la Reine du Royaume-Uni un pouvoir de veto qu'elle n'utilise plus, sauf si le Gouvernement lui demande de s'opposer à une loi. Le Président allemand pour sa part a déjà eu l'occasion de refuser de promulguer des lois qu'il estimait contraires à la Constitution, par interprétation *a contrario* de l'art. 82 de la Loi fondamentale aux termes duquel les lois définitivement adoptées « conformément aux dispositions de la présente Loi fondamentale » sont promulguées.

- **Pouvoir réglementaire** : ce pouvoir n'appartient qu'à de rares chefs d'État (par ex., en Finlande ou au Portugal).

Définition

Le pouvoir réglementaire est le pouvoir que détient l'Exécutif d'édicter des décisions générales et impersonnelles.

Les actes réglementaires émanant de l'Exécutif, ils se placent, dans la hiérarchie des normes, en dessous de la loi (elle aussi générale et impersonnelle) votée par le Parlement (composé des représentants du peuple).

Le pouvoir réglementaire est indispensable à l'application des lois qui, sans règlements d'application, peuvent rarement être mises en œuvre concrètement.

Ce pouvoir réglementaire donne une marge de manœuvre et donc un pouvoir de décision à son titulaire, dans la mesure où la loi reste un acte général et relativement imprécis.

- Compétences à l'égard du Gouvernement : les chefs d'État peuvent, très rarement, **présider le Conseil des ministres**. Ainsi en est-il du roi d'Espagne, pour « être informé des affaires de l'État », « quand il l'estime opportun, à la demande du président du Gouvernement » (art. 62 C) ; il en est de même pour le Président portugais « à la demande du Premier ministre » (art. 133 C). Cette attribution ne donne donc pas au chef de l'État le pouvoir de peser sur la conduite des affaires du pays.

- Compétences **à l'égard du Parlement** : les chefs d'État peuvent **dissoudre** le Parlement (le plus souvent seulement la chambre basse) pour résoudre une crise politique. Cependant, en général (et toujours en ce qui concerne les monarques), la décision ne leur appartient pas, ils ne font que signer l'acte (toutefois, par ex. au Portugal, l'acte de dissolution du Président est dispensé de contreseing, mais le Conseil d'État doit être consulté).

Au Royaume-Uni, le ***Fixed-term Parliament Act* de 2011** a remis en cause la convention de la Constitution qui autorisait le roi à signer l'acte de dissolution de la Chambre des communes, décidé discrétionnairement par le Premier ministre vers la fin de la législature, à un moment favorable, lui permettant de reconduire sa majorité (pratique qui était très fréquente, et qu'on appelait « dissolution à l'anglaise » en ce qu'elle n'était pas utilisée pour résoudre une crise).

Désormais, la procédure dépend en principe seulement de la Chambre. Il lui revient de décider elle-même de sa dissolution, à la majorité des deux-tiers de ses membres, ce qui lui permet par ex. d'anticiper un conflit avec l'Exécutif. De plus, elle est dissoute par le Premier ministre mais seulement à condition qu'elle adopte une motion de censure sans accorder sa confiance à un Gouvernement dans les quatorze jours du vote de la censure.

En pratique, le Premier ministre peut toujours demander à la Chambre de voter une motion de dissolution à la majorité des deux-tiers requise (par ex. Theresa May en 2017 ; en 2019, Boris Johnson, n'obtenant pas le vote d'une telle motion, a contourné l'exigence de majorité qualifiée en faisant voter une loi ordinaire, adoptée le 29 oct. 2019, fixant la fin de la législature à une date anticipée ; la Chambre a donc été dissoute par une loi ordinaire).

Le texte anglais de 2011 est proche du mécanisme prévu par la Constitution de l'**Allemagne** qui soumet la dissolution à des conditions, ôtant à l'exercice de ce pouvoir par l'Exécutif tout caractère discrétionnaire. Ainsi, le Président allemand ne peut dissoudre que dans des cas bien précis, notamment en cas de rejet par le *Bundestag* d'une motion de confiance proposée par le Chancelier fédéral et dès lors que le *Bundestag* n'a pas encore élu un autre Chancelier (art. 68 C).

Parfois, les **sessions** peuvent être ouvertes et closes par le chef de l'État, mais il n'en décide pas lui-même. Au Royaume-Uni par ex., la Reine doit ouvrir et clore les sessions, mais elle ne fait que ratifier la demande du Premier ministre. Parfois, le Premier ministre peut, comme l'a fait Boris Johnson en 2019, clore la session pour éviter le contrôle du Parlement (dans le cadre du *Brexit*) : la Reine n'intervient pas eu égard au caractère politique de cette décision, mais en 2019, la décision a été déclarée illégale et a été annulée par la Cour suprême.

– **Référendum** : certains chefs d'État peuvent en organiser mais ne prennent jamais la décision seuls. Par ex., le Président du Portugal peut décider la tenue de référendums mais seulement « sur proposition de l'Assemblée de la République ou du Gouvernement, sur des matières de leurs compétences respectives, dans les cas et dans les termes prévus par la Constitution et par la loi» (art. 115 C). Le roi en Espagne «convoque» le référendum facultatif (art. 92 C, *cf.* thème 1) mais «sur la proposition du président du Gouvernement, avec l'accord préalable du Congrès des députés».

– **Pouvoirs de crise**: la plupart des chefs d'État en détiennent (mais pas par ex. en Italie et en Allemagne); ils peuvent par ex. déclarer l'état de siège ou l'état d'urgence, dans des conditions de fond et de forme nombreuses en général.

B. Les attributions des Gouvernements

Le Gouvernement conduit quotidiennement la politique du pays. Son action est politiquement efficace s'il est soutenu, dans la logique du régime parlementaire, par une majorité parlementaire.

Le Gouvernement a les moyens pour mener cette politique: il dispose des moyens techniques, de par le fait qu'il **dirige l'administration**. Les services administratifs du Premier ministre sont toujours nombreux (ils peuvent s'élever à plusieurs centaines d'agents et hauts fonctionnaires) et lui apportent un soutien essentiel (des informations, une coordination des actions, la préparation et le suivi des décisions et de leur exécution).

En outre, il dispose des moyens juridiques, par le biais du **pouvoir réglementaire** (que le chef de l'État peut détenir pour partie, *cf. supra*) qui lui permet d'appliquer concrètement les lois dont il est le plus souvent à l'origine.

L'initiative des lois lui revient; même lorsque le chef de l'État en dispose juridiquement selon les termes de la Constitution, le Gouvernement l'exerce en pratique. La plus importante loi est sans doute celle qui contient le budget: le projet de budget est toujours préparé par les services du ministère chargé des finances.

Souvent le Gouvernement peut obtenir une **délégation du pouvoir législatif** par le Parlement. Ainsi en est-il en Espagne (art. 82 C), en Italie (art. 76 C): l'habilitation à agir dans le domaine réservé en principe au Parlement est cependant encadrée dans son objet et sa durée.

Au sein du Gouvernement, le Premier ministre a de fait une autorité plus grande que les autres membres, en raison de sa désignation (parfois il est le seul investi par le Parlement, *cf.* thème 6), du fait qu'il coordonne l'action de cet ensemble collégial dont il choisit par ailleurs les membres. Les Constitutions lui confient en principe le pouvoir de mener la politique, et parfois certaines prérogatives lui reviennent spécifiquement (par ex., en Espagne, il décide des référendums facultatifs : art. 92 C, de la dissolution : art. 115 C). Le Premier ministre incarne le pouvoir étatique dans les régimes parlementaires.

2. Les attributions confiées à l'Exécutif monocéphale du régime présidentiel

Dans le régime présidentiel, **le Président cumule l'ensemble des attributions de l'Exécutif** qui, dans les régimes parlementaires, sont réparties entre les deux têtes de l'Exécutif. Les décisions du Président américain ne sont pas nécessairement prises au sein de son Cabinet qui ne constitue pas un Gouvernement (*cf.* thème 6).

Plusieurs milliers d'agents composant les services de son bureau (*Executive Office*) épaulent le Président américain en lui apportant une aide technique. Parmi ces agents, les conseillers spéciaux du Président ont également une influence politique importante.

En raison de la logique de séparation rigide des pouvoirs, les organes sont spécialisés dans leur fonction mais peuvent s'empêcher. Beaucoup de compétences du Président sont ainsi **contrôlées par le Congrès** (souvent le Sénat, ce qui permet d'associer les États fédérés). Inversement, le Président peut empêcher le pouvoir législatif.

Si les dispositions constitutionnelles relatives aux attributions du Président américain sont plutôt brèves, en pratique, elles fondent des compétences étendues pour cet organe.

- Le Président dispose d'attributions qui, dans un Exécutif bicéphale, reviendraient au chef d'État :
  - Le Président américain représente les États-Unis à l'étranger, dans les conférences internationales, il reçoit les lettres de créance des ambassadeurs des différents États. De façon générale, il conduit la politique étrangère.

- Il négocie les **traités internationaux**, sous le contrôle cependant du Sénat qui doit les ratifier. Pour éviter cette contrainte lourde, en pratique, le Président conclut souvent des accords en forme simplifiée (*executive agreements*), dotés de la même force juridique qu'un traité.

Art. II, sect. 2, 2. C: « Il aura le pouvoir, sur l'avis et avec le consentement du Sénat, de conclure des traités, sous réserve de l'approbation des deux tiers des sénateurs présents ».

- Il est le commandant en chef des **forces armées**, mais, comme dans la plupart des autres démocraties, le texte constitutionnel confie au Parlement le droit de déclarer la guerre (art. I, sect. 8 C), même si en pratique, le Président américain peut s'autoriser seul à engager les forces armées à l'étranger.
- Il détient un pouvoir de **nomination** aux emplois publics les plus importants (environ deux mille agents), mais avec l'accord du Sénat, pouvant s'avérer difficile à obtenir.

Art. II, sect. 2, 2. C: « (...) Il proposera au Sénat et, sur l'avis et avec le consentement de ce dernier, nommera les ambassadeurs, les autres ministres publics et les consuls, les juges à la Cour suprême, et tous les autres fonctionnaires des États-Unis dont la nomination n'est pas prévue par la présente Constitution, et dont les postes seront créés par la loi. Mais le Congrès pourra, lorsqu'il le jugera opportun, confier au président seul, aux cours de justice ou aux chefs des départements, la nomination de certains fonctionnaires inférieurs ».

- Il exerce, seul, le droit de **grâce**.

Art. II, sect. 2, 1. C: « Le président sera commandant en chef de l'armée et de la marine des États-Unis, et de la milice des divers États quand celle-ci sera appelée au service actif des États-Unis » (...) « Il aura le pouvoir d'accorder des sursis et des grâces pour crimes contre les États-Unis, sauf dans les cas d'impeachment ».

- Le Président **promulgue la loi** afin qu'elle puisse entrer en vigueur. Cependant, il détient un droit de veto sur les lois votées au Congrès.

Le droit de veto du Président américain

Art. I, sect. 7, 2. C : « Tout projet de loi adopté par la Chambre des représentants et par le Sénat devra, avant d'acquérir force de loi, être soumis au président des États-Unis. Si celui-ci l'approuve, il le signera ; sinon il le renverra, avec ses objections, à la chambre dont il émane, laquelle insérera les objections *in extenso* sur son procès-verbal et procédera à un nouvel examen du projet. Si, après ce nouvel examen, le projet de loi réunit en sa faveur les voix des deux tiers des membres de cette chambre, il sera transmis, avec les objections qui l'accompagnaient, à l'autre chambre, qui l'examinera également de nouveau, et, si les deux tiers des membres de celle-ci l'approuvent, il aura force de loi. En pareil cas, les votes des deux chambres seront acquis par oui et par non, et les noms des membres votant pour et contre le projet seront portés au procès-verbal de chaque chambre respectivement ».

Le droit de veto permet donc au Président de ***ne pas signer la loi transmise par le Congrès*** *et, dans le délai de* ***dix jours, de la renvoyer au Congrès en motivant*** *son refus de voir la loi entrer en vigueur, par des raisons de droit ou d'opportunité, ce* ***désaveu explicite*** *étant un pouvoir discrétionnaire du Président. Dans ce cas, le Congrès peut* ***surmonter le veto*** *et permettre ainsi l'entrée en vigueur du texte, mais la* ***majorité qualifiée*** *requise pour ce faire est difficile à réunir, et en pratique très rarement atteinte.*

« Tout projet non renvoyé par le président dans les dix jours (dimanche non compris) qui suivront sa présentation, deviendra loi comme si le président l'avait signé, à moins que le Congrès n'ait, par son ajournement, rendu le renvoi impossible ; auquel cas le projet n'acquerra pas force de loi ».

Si le Président ne signe pas la loi transmise par le Parlement dans le délai requis de dix jours alors que le Congrès est en session, la loi entre en vigueur malgré ce ***désaveu implicite*** *du Président.*

En revanche, la loi ne pourra pas entrer en vigueur lorsque le Président ne signe pas le texte dans le délai de dix jours, mais ne peut le renvoyer au Congrès en raison de la clôture de la session parlementaire dans ce délai. En pratique, cette disposition de la Constitution permet au Président de s'opposer à la loi sans opposer un veto explicite qui l'oblige à motiver les raisons de son rejet du texte. Du fait de la clôture de la session, le texte est comme oublié dans la poche du Président et, si le Congrès tient à ce texte il devra, lors de la prochaine session, recommencer la procédure législative. Ce pocket veto empêche autrement dit le Congrès de surmonter le veto du Président.

Le veto est une arme importante pour le Président, d'autant qu'il est difficile à surmonter. Cependant, il ne peut en pratique avoir qu'un but dissuasif. La procédure législative est essentiellement le fait du Congrès, du fait de la séparation stricte des pouvoirs, si bien que le veto est en réalité le seul moyen dont dispose le Président pour intervenir durant la procédure législative ; pour ne pas se décrédibiliser aux yeux des citoyens (qui élisent les membres du Congrès), il ne peut donc l'utiliser que parcimonieusement (pour les textes les plus importants, ou ceux qui ont un retentissement particulier dans l'opinion publique) : en pratique, le Président se tourne vers la négociation politique avec le Parlement, ce qu'induit la logique même du régime présidentiel.

- Si le Président a le droit, selon la Constitution, de convoquer le Congrès en session extraordinaire et d'ajourner le Congrès lorsque les chambres ne trouvent pas d'accord sur une date de clôture, il n'utilise pas ce pouvoir en pratique.

Art. II, sect. 3 C : « (...) Il pourra, dans des circonstances extraordinaires, convoquer l'une ou l'autre des chambres ou les deux à la fois, et en cas de désaccord entre elles sur la date de leur ajournement, il pourra les ajourner à tel moment qu'il jugera convenable.

- La Constitution ne confie pas expressément de **pouvoirs de crise** au Président, mais il est admis qu'il peut en pratique en exercer en cas d'urgence, et, par le biais de mesures extraordinaires, empiéter sur les compétences du Congrès, afin d'assurer la continuité de l'État.

– Le Président exerce aussi des attributions qui, dans un régime parlementaire, reviennent au Gouvernement :
  - Il **dirige l'administration** fédérale, et à ce titre, il est le supérieur hiérarchique de tous les fonctionnaires fédéraux. Ce pouvoir de direction lui donne une compétence étendue car la fonction publique reste politisée aux États-Unis (en dépit du contrôle de la Cour suprême), si bien que le nouveau Président élu n'hésite pas à remplacer les agents, surtout ceux qui sont titulaires d'emplois supérieurs, par des proches politiques (*spoil system*).
  - Alors que cette attribution n'apparaît pas expressément dans la Constitution, le Président exerce un large **pouvoir réglementaire** par les *executive orders*, lui permettant d'appliquer les lois, et, en s'abstenant de l'exercer, d'empêcher l'application concrète d'une loi. Les *executive*

orders donnent un large pouvoir décisionnel au Président eu égard à l'imprécision inhérente à la loi, contrairement à ce que peut laisser penser la formulation de la Constitution :

Art. II, sect. 3 C : « (...) Il veillera à ce que les lois soient fidèlement exécutées, et commissionnera tous les fonctionnaires des États-Unis ».

- Il n'a pas officiellement **l'initiative des lois** dans la Constitution en raison de la séparation rigide des pouvoirs, mais par le biais des informations qu'il doit transmettre au Congrès, il peut recommander les mesures qu'il juge utile de voter et qu'il porte en annexe à la fin de son discours. Bien évidemment, les suites de ces projets de lois de fait dépendent là encore de négociations politiques entre le Président et le Congrès, de la force de persuasion du Président, car, juridiquement, il n'a pas de moyen pour imposer la discussion de ces projets par le Congrès.

En matière budgétaire cependant, en pratique, il revient aux services du Président de préparer le budget, comme partout ailleurs, même si le vote appartient exclusivement au Congrès.

Art. II, sect. 3 C : « Le président informera périodiquement le Congrès de l'état de l'Union, et recommandera à son attention telles mesures qu'il estimera nécessaires et expédientes ».

En outre, malgré l'absence de dispositions en ce sens dans la Constitution, en pratique, il est possible au Congrès américain de déléguer, pour un objet et une durée limités, une partie de son pouvoir législatif au Président, en dépit de la séparation rigide des pouvoirs.

3. Les attributions de l'Exécutif en France

A. Les attributions de l'Exécutif dans l'histoire constitutionnelle française

La **Constitution de 1791** exprime une logique de séparation rigide des pouvoirs. **Le roi détient l'ensemble du pouvoir exécutif** (avec le contreseing des ministres, seuls responsables pénalement *cf.* thème 6) sous le contrôle étroit du Corps législatif : l'Exécutif apparaît soumis.

Le roi est compétent en matière de maintien de l'ordre et de défense :

Titre III, ch. IV, art. 1 C : « (…) Le roi est le chef suprême de l'administration générale du royaume : le soin de veiller au maintien de l'ordre et de la tranquillité publique lui est confiée. Le roi est le chef suprême de l'armée de terre et de l'armée navale. Au roi est délégué le soin de veiller à la sûreté extérieure du royaume, d'en maintenir les droits et les possessions ».

Il nomme à de nombreux emplois civils et militaires (titre III, ch. IV, art. 2 C).

Il promulgue les lois (titre III, ch. IV, sect. 1, art. 1 C), doit veiller à leur exécution, mais n'a pas de pouvoir réglementaire : le roi n'a pas de pouvoir de décision, la fonction exécutive est strictement limitée à l'exécution des lois et il dirige l'administration pour ce faire.

Titre III, ch. IV, sect. 1, art. 5 C : « Le Pouvoir exécutif est tenu d'envoyer les lois aux corps administratifs et aux tribunaux, de faire certifier cet envoi, et d'en justifier au Corps législatif ».

Il dirige l'administration grâce à un pouvoir hiérarchique sur les agents lui permettant d'annuler leurs actes et de les suspendre de leurs fonctions (titre III, ch. IV, sect. Il, art. 5 C).

Il conduit les relations avec les États étrangers (titre III, ch. IV, sect. III, art. 1 C).

Il signe l'acte de déclaration de guerre qui est en réalité décidée par le Parlement (titre III, ch. III, sect. I, art. 2 C).

Il négocie et signe les traités internationaux, mais le Parlement doit les ratifier (titre III, ch. III, sect. I, art. 3 C).

Il n'a pas l'initiative des lois, mais peut « seulement inviter le Corps législatif » à légiférer (titre III, ch. III, sect. I, art. 1 C).

Il a un droit de veto que le Parlement peut surmonter en votant le même texte lors des deux législatures suivantes. En pratique, ce pouvoir du roi est très contesté par le Parlement (alors même qu'il ne l'utilise pas abusivement) et a contribué à détériorer les relations entre les deux organes, cause de l'échec de ce régime.

Titre III, ch. III, sect. III, art. 1 C: « Les décrets du Corps législatif sont présentés au roi, qui peut leur refuser son consentement ».

Art. 2: « Dans le cas où le roi refuse son consentement, ce refus n'est que suspensif. Lorsque les deux législatures qui suivront celle qui aura présenté le décret, auront successivement représenté le même décret dans les mêmes termes, le roi sera censé avoir donné la sanction ».

Art. 4: « Le roi est tenu d'exprimer son consentement ou son refus sur chaque décret, dans les deux mois de la présentation ».

Art. 6: « Les décrets sanctionnés par le roi, et ceux qui lui auront été présentés par trois législatures consécutives, ont force de loi, et portent le nom et l'intitulé de lois ».

Lors de son discours d'ouverture de la session parlementaire, le roi peut proposer une sorte de programme, mais qui ne lie pas le Parlement (titre III, ch. III, sect. IV, art. 1 C).

La clôture des sessions est décidée par le Parlement lui-même, mais le roi peut demander une prolongation de la session ou l'ouverture d'une session extraordinaire (titre III, ch. III, sect. IV, art. 3, 4 et 5 C).

Le roi a le droit d'adresser en personne des messages au Parlement (titre III, ch. III, sect. IV, art. 6 et 8) et les ministres peuvent également y être entendus chaque fois qu'ils le souhaitent (titre III, ch. III, sect. IV, art. 10).

Le roi ne peut dissoudre l'Assemblée, et n'a pas dès lors de moyen de résoudre des crises politiques.

Sous le **Directoire**, les pouvoirs sont encore plus hermétiques, et l'Exécutif apparaît davantage subordonné au Parlement.

Le **Directoire n'a pas de moyens de participer au pouvoir législatif ni d'empêcher le Parlement**:

- il n'a pas l'initiative des lois; il doit chaque année présenter un projet de budget qui ne lie pas le Parlement (art. 162) ; de façon générale il peut, non pas présenter des projets de lois en bonne et due forme, mais « inviter, par écrit, le Conseil des Cinq-Cents à prendre un objet en considération; il peut lui proposer des mesures » (art. 163 C).
- il n'a pas le pouvoir de dissoudre le Parlement.
- aucun pouvoir de veto ne lui est reconnu.

Les deux organes ne communiquent d'ailleurs que par écrit (art. 161 C, et art. 170 C: le Directoire envoie ses messagers d'État).

En revanche, la fonction exécutive s'étend : elle consiste d'abord à surveiller et assurer l'exécution des lois (art. 147 C) mais implique aussi un **pouvoir réglementaire** par le biais de proclamations, qui laissent une marge de manœuvre à l'Exécutif, autrement dit, un pouvoir décisionnel (art. 144 C : « (...) Il [le Directoire] peut faire des proclamations conformes aux lois et pour leur exécution ».

Pour le reste, l'Exécutif détient des attributions classiques (il promulgue les lois et les fait publier : art. 128 et 129 C ; il nomme à certains emplois civils et militaires : art. 146, 153 à 155 C), souvent **sous le contrôle du Parlement** : il assure la sécurité sur le plan interne et externe et dispose de la force armée, sans toutefois pouvoir la commander (art. 144 C) ; il négocie et signe les traités qui doivent être ratifiés par le Parlement (art. 331 et 333 C) ; la déclaration de guerre suppose l'accord du Parlement (art. 334 C).

Le manque de moyens juridiques pour résoudre les conflits entre les deux organes conduit de nouveau à la chute du régime.

Sous le **Consulat**, le pouvoir est concentré entre les mains du Premier consul (les deux autres consuls ayant voix consultative : art. 42 C), sans contrôle du Parlement.

Le Gouvernement (les trois consuls) **concentre le pouvoir exécutif mais aussi législatif** : il a seul l'initiative des lois (art. 25 C) et il a la mainmise sur ses textes (art. 26 C : il peut les retirer en cours de discussion et les modifier à son gré). Le Tribunat, l'une des deux chambres parlementaires, peut seulement émettre des vœux quant aux lois à adopter, qui n'ont aucune force contraignante (art. 29 C). Le Premier consul promulgue la loi (art. 37 et 41 C), puis édicte les règlements d'application (art. 44 C). Il maîtrise l'élaboration et l'exécution du budget (art. 45). L'Exécutif est d'ailleurs épaulé par le Conseil d'État (dont il nomme et révoque les membres) pour la confection des lois et actes réglementaires (art. 52 C).

Il a un pouvoir discrétionnaire pour nommer et révoquer un grand nombre d'agents (art. 41 C).

Il assure la sécurité intérieure et extérieure et dirige les forces armées (art. 47).

Il négocie et signe les traités internationaux (art. 49 C) ; certains traités et les déclarations de guerre sont discutés par le Parlement comme des lois (art. 50), ce qui laisse un faible pouvoir de contrôle à ce dernier.

La situation s'aggrave sous le **Ier Empire**, les chambres perdant tout pouvoir réel.

À la Restauration puis sous la monarchie de Juillet (**Chartes de 1814 et 1830**) le régime parlementaire est en incubation : le pouvoir exécutif participe au pouvoir législatif mais est contrôlé par le Parlement et les organes peuvent se renverser ; même si le roi reste puissant, il exerce le pouvoir exécutif avec ses ministres qui deviennent en pratique responsables politiquement, prélude au transfert effectif du pouvoir exécutif du roi au Gouvernement.

Dans les textes, l'Exécutif est monocéphale (l'art. 13 de la Charte de 1814 et l'art. 12 de celle de 1830 disposent qu'« au roi seul appartient la puissance exécutive »), mais il détient les attributions classiques d'un chef d'État de régime parlementaire :

Il est le chef des armées, déclare la guerre, signe les traités, nomme aux emplois publics, dispose du pouvoir réglementaire (art. 14 de la Charte de 1814 et art. 13 de la Charte de 1830), a le droit de faire grâce (art. 58 puis 67 des Chartes). À partir de 1830, le contrôle du Parlement se manifeste par le fait que le roi ne peut plus empêcher l'exécution des lois ni les suspendre. De même qu'il ne peut empêcher la discussion et le vote des lois par le Parlement (art. 18 de la Charte de 1814 et art. 16 en 1830), ni autoriser au préalable les amendements parlementaires (l'art. 46 de la Charte de 1814 disparaît en 1830). Si le roi a le pouvoir de sanctionner et de promulguer la loi (art. 22 puis 18 des Chartes), en pratique il finira par la promulguer seulement.

Il a l'initiative des lois qu'il partage à partir de 1830 avec le Parlement (art. 16 de la Charte de 1814 et art. 15 de la Charte de 1830).

Il ouvre et clôt les sessions parlementaires, et peut dissoudre la chambre des députés (art. 50 puis 42 des Chartes).

Les ministres peuvent être entendus quand ils le souhaitent par les chambres (art. 54 puis 46 des Chartes).

La **IIe République** instaure un Exécutif monocéphale et un régime plutôt présidentiel, mais pour autant, le Président participe au pouvoir législatif comme dans le régime parlementaire. Aussi, dispose-t-il de l'initiative des lois (expressément reconnue par la Constitution : art. 49 C). Il a donc un pouvoir étendu.

Comme dans un régime présidentiel en revanche, le Président ne peut pas dissoudre l'Assemblée (art. 51 C). Le Président peut demander une nouvelle délibération de la loi mais qui s'apparente à un droit de veto très atténué : après nouvelle délibération, la loi doit être promulguée (art. 58 C) ; il négocie et ratifie les traités sous le contrôle de l'Assemblée qui doit donner son accord (art. 53) ;

il assure la défense mais la déclaration de guerre est autorisée par l'Assemblée (art. 54 C) ; il dispose de la force armée mais ne peut la commander (art. 50). Par suite, l'Assemblée apparaît également puissante.

Le Président assure l'exécution des lois (art. 49 C).

Comme tout chef d'État, il a le droit de grâce (art. 55 C), promulgue les lois (art. 56 C), a un pouvoir de nomination à certains emplois publics (art. 64 C).

Les actes du Président sont contresignés par les ministres (art. 67 C).

L'art. 68 C indique que le président de la République et les ministres « sont responsables, chacun en ce qui le concerne, de tous les actes du gouvernement et de l'administration », mais cette disposition s'avère particulièrement ambigüe : le texte ne donne pas d'indice sur la nature politique ou pénale de cette responsabilité et ne décrit qu'un mécanisme de responsabilité pénale du Président devant la Haute Cour de justice lorsqu'il se rend coupable de haute trahison en faisant obstacle à l'exercice du mandat de l'Assemblée. Admettre une responsabilité politique (devant la Chambre donc) serait incongru dans la mesure où sont visés les ministres et le Président.

Finalement, ce système mêlant régime parlementaire et régime présidentiel a conduit à l'opposition entre l'Exécutif et le Parlement, tous deux forts, jusqu'à ce que l'un (l'Exécutif) prenne l'ascendant.

Le **Second Empire** renoue avec la concentration des pouvoirs entre les mains de l'Exécutif, sans contrôle du Parlement qui, de son côté, n'a pas de réel pouvoir législatif : le président de la République est le chef des armées, déclare la guerre, ratifie les traités, nomme à tous les emplois et dispose du pouvoir réglementaire (art. 6 C), a le droit de grâce (art. 9 C). Il a seul l'initiative des lois (art. 8 C) qu'il sanctionne et promulgue (art. 10 C). Il convoque, ajourne, proroge et dissout le Corps législatif (art. 46 C).

La **IIIe République**, régime parlementaire, répartit le pouvoir exécutif entre le Président et les ministres.

La Constitution accorde apparemment de nombreuses attributions au chef de l'État (art. 3 et 5 de la loi du 25 févr. 1875, art. 8 de la loi du 16 juill. 1875) : outre les attributions classiques (promulgation des lois, droit de faire grâce, chef des armées, dissolution de la Chambre basse, négociation et ratification des traités), il a aussi l'initiative des lois (partagée bien sûr avec les parlementaires dans la logique de la séparation souple des pouvoirs), le pouvoir réglementaire, le pouvoir de nommer à tous les emplois civils et militaires.

Cependant, en pratique, les présidents ont laissé au Gouvernement l'exercice réel de ces pouvoirs, d'ailleurs contresignés. Le président du Conseil apparu en pratique a bénéficié de ces prérogatives, tandis que le chef d'État restait politiquement effacé. Ce retrait du chef d'État se manifeste par son interdiction d'entrer dans les chambres à l'inverse des ministres (art. 6 de la loi du 16 juill. 1875) et par l'inutilisation en pratique de la dissolution, décrédibilisée lors de sa seule mise en œuvre dans le cadre de la crise du 16 mai 1877 par Mac Mahon qui ne parvient pas à imposer son président du Conseil à la Chambre : ainsi discrédité, ce droit est ensuite délaissé par le Président qui reste en retrait des affaires politiques et s'efface (comme le confirme le message du 6 févr. 1879 de Jules Grévy affirmant qu'il ne s'opposera pas au Parlement), puisqu'il perd son rôle de règlement des conflits entre le Gouvernement et le Parlement, et son pouvoir de dissuasion à l'égard de l'organe législatif, qui aurait pu contribuer à discipliner les députés et par suite à rendre moins fréquents les changements de Gouvernements.

Le pouvoir réglementaire du Gouvernement sera en revanche et paradoxalement (le Parlement étant tout-puissant politiquement) plus étendu en pratique du fait de l'apparition des décrets-lois par lesquels le Parlement lui déléguait une partie de son pouvoir législatif, en cas d'urgence notamment, la procédure législative étant alors trop longue.

La **IVe République** s'inscrit dans la continuité de la précédente ; la Constitution de 1946 organise un Exécutif bicéphale avec prépondérance du Premier ministre (président du Conseil).

Ce dernier, au sein de l'Exécutif, a l'initiative des loi (art. 14 C).

Le chef d'État, classiquement, nomme à certains emplois civils et militaires les plus importants (art. 30 C), il signe et ratifie les traités (art. 31 C), promulgue les lois, mais peut demander une nouvelle délibération que le Parlement ne peut refuser (art. 36 C). Il préside également le Conseil des ministres (art. 32 C).

Il ne communique avec le Parlement que par messages écrits toujours (art. 37 C).

S'il a le droit de dissoudre l'Assemblée nationale, c'est sous réserve du respect d'un nombre tel de conditions que ce droit s'avère peu réalisable (la dissolution d'ailleurs été prononcée une seule fois en 1955) : elle ne peut donc pas être un moyen de pression pour discipliner les députés.

Art. 51 C: « Si, au cours d'une même période de dix-huit mois, deux crises ministérielles surviennent dans les conditions prévues aux articles 49 et 50, la dissolution de l'Assemblée nationale pourra être décidée en Conseil des ministres, après avis du président de l'Assemblée. La dissolution sera prononcée, conformément à cette décision, par décret du président de la République ».

Le président du Conseil est donc le véritable chef de l'Exécutif: nommé par le Président, il établit le programme politique qu'il soumet au vote de confiance de l'Assemblée nationale (art. 45 C), il choisit ses ministres même s'ils sont nommés par le Président formellement (art. 46 C), il exerce le pouvoir réglementaire (art. 47 C), détient l'essentiel du pouvoir de nomination aux emplois publics (art. 47 C), et dirige même la force armée (art. 47 C).

En outre, la pratique des décrets-lois se poursuit alors même que l'art. 13 C interdit à l'Assemblée nationale de déléguer le vote de la loi.

B. La répartition des attributions au sein de l'Exécutif bicéphale sous la Ve République

Comme dans un régime parlementaire, l'Exécutif est bicéphale, il peut renverser la chambre basse du Parlement et réciproquement; toutefois, à la différence d'un régime parlementaire classique, le chef de l'État est prépondérant et le chef du Gouvernement effacé. Bien plus, le chef de l'État non seulement exerce effectivement les pouvoirs que la Constitution lui attribue, mais empiète en outre en pratique sur les attributions confiées par le texte au Gouvernement, cumulant ainsi, à l'image du chef d'État du régime présidentiel, les attributions des deux têtes de l'Exécutif.

Cette configuration institutionnelle a été voulue en 1958 en particulier par le général de Gaulle. Déjà, dans son discours prononcé à Bayeux le 16 juin 1946, il expose sa conception du fonctionnement des institutions. Il voit dans la faiblesse du président de la République, dépourvu de charisme et de moyens juridiques pour intervenir dans le jeu politique afin de résoudre les crises, la principale cause de l'échec de la IIIe République: les députés renversaient fréquemment le Gouvernement sans que le chef d'État n'ait de moyen efficace pour riposter, la dissolution ayant été discréditée. Cette instabilité a finalement affaibli l'État lui-même. Pour assurer l'autorité de l'État, de Gaulle préconise de soustraire l'Exécutif de l'emprise du Parlement où se déroule le jeu des partis: le Gouvernement doit avoir une stabilité nécessaire pour diriger la politique; pour cela, il doit être désigné par le chef de l'État, qui, lui-même ne dépend pas des partis (puisqu'il est élu par un collège élargi, *cf.* thème 6). Il en résulte un chef d'État garant de cette stabilité et pour cela doté de pouvoirs effectifs. Si en 1946, de Gaulle n'a pas réussi à imposer cette conception, en 1958, la Constitution reprend fidèlement le rôle et les attributions du chef d'État tels qu'imaginés dans le discours de Bayeux.

Première institution présentée dans la Constitution (titre II), le président de la République incarne, comme les autres chefs d'État, l'unité du pays, ainsi qu'en témoigne le rôle général qui lui est assigné.

Art. 5 C : « Le Président de la République veille au respect de la Constitution. Il assure, par son arbitrage, le fonctionnement régulier des pouvoirs publics ainsi que la continuité de l'État.
Il est le garant de l'indépendance nationale, de l'intégrité du territoire et du respect des traités ».

Si la référence à l'arbitrage pouvait laisser penser que le Président resterait politiquement neutre, comme ses homologues des régimes parlementaires, aucun n'a ainsi entendu son rôle, tous les présidents se sont considérés comme aptes, du fait de leur rôle d'arbitre, à décider, grâce aux pouvoirs que détaille ensuite la Constitution.

Par exception, certains actes du Président, limitativement énumérés, ne sont pas contresignés : tout en restant politiquement irresponsable, il est ainsi doté de huit **pouvoirs propres** qu'il exerce effectivement et de manière discrétionnaire, contrairement aux quelques chefs d'État des régimes parlementaires qui en possèdent.

Art. 19 C : « Les actes du Président de la République autres que ceux prévus aux articles 8 (1er alinéa), 11, 12, 16, 18, 54, 56 et 61 sont contresignés par le Premier ministre et, le cas échéant, par les ministres responsables ».

- En vertu de l'art. 8 al. 1 C, il « **nomme le Premier ministre** », et la pratique montre qu'il le fait librement (*cf.* thème 6). De plus, de manière remarquable, en pratique, le Président s'est toujours reconnu le droit de **révoquer** le Premier ministre librement (*cf.* thème 6), exerçant donc un pouvoir propre que le texte ne lui donne pas.

– Le Président décide, selon l'art. 11 C, de l'organisation (rare en pratique, *cf.* thème 1) d'un **référendum législatif**, la proposition du Gouvernement étant, en période de fait majoritaire, formelle. En période de cohabitation (désormais improbable), le Président ne peut en revanche pas imposer sa volonté au Gouvernement.

– L'art. 12 C donne au Président le droit de **dissoudre l'Assemblée nationale**, après consultation formelle du Premier ministre et des présidents des assemblées.

La dissolution de l'Assemblée nationale sous la Ve République

Prérogative classique d'un chef d'État en régime parlementaire, mais dont l'exercice est laissé en pratique au Premier ministre, cette arme juridique permet à l'Exécutif de mettre fin à une crise politique (un désaccord entre le Gouvernement et le Parlement) en provoquant de nouvelles élections législatives, afin que le peuple se prononce sur la majorité politique qu'il souhaite voir gouverner.

Ayant attribué la chute des IIe, IIIe puis IVe Républiques notamment à l'absence en droit ou en fait du droit de dissolution, les constituants de 1958 ont donné ce pouvoir au chef de l'État dans des conditions qui lui permettent de l'utiliser facilement :

– pour dissiper une opposition entre l'Assemblée nationale et le Gouvernement : **en 1962**, de Gaulle a ainsi dissous l'Assemblée qui avait renversé le Gouvernement par le vote d'une motion de censure, visant davantage le Président car il s'agissait de contester l'utilisation du référendum législatif pour réviser la Constitution. En provoquant de nouvelles élections législatives, de Gaulle a donné au peuple le pouvoir de trancher, et ce dernier a donné une majorité à de Gaulle.

– pour tester le soutien du peuple à la politique menée par l'Exécutif dans un contexte de crise sociale grave : **en 1968**, après la dissolution, le peuple confirme la légitimité de l'action de l'Exécutif en lui donnant une majorité à l'Assemblée.

– pour éviter une cohabitation : **en 1981 et 1988**, le Président de gauche qui est élu trouve face à lui une Assemblée majoritairement de droite ; il provoque donc des élections législatives pour permettre au peuple de lui donner une majorité lui permettant d'appliquer son programme, ce qu'il a obtenu.

– en **1997**, le Président l'utilise même en dehors de toute crise, dans le but de renforcer encore la majorité dont il bénéficiait déjà (comme le faisait souvent le Premier ministre britannique avant le *Fixed-term Parliament Act* de 2011). Cependant, les élections législatives donnent une majorité à l'opposition, ouvrant la troisième cohabitation (et la plus longue) de la Ve République (1997-2002).

Bien sûr, ainsi que le montre la pratique (5 dissolutions depuis 1958) l'utilisation de cette arme doit rester modérée, le Président risquant de se décrédibiliser aux yeux du peuple (qui élit les députés) en l'utilisant fréquemment. Elle a d'ailleurs vocation à s'appliquer encore moins souvent : la situation de 1981 et 1988 n'est plus susceptible de se reproduire depuis le quinquennat et l'inversion du calendrier électoral (*cf.* thème 6), et le résultat de la dissolution à l'anglaise de 1997 a sans doute dissuadé les présidents d'en faire cette utilisation.

En revanche, à l'inverse des précédents régimes français, la dissolution est une arme que le Président peut utiliser comme menace pour discipliner sa majorité parlementaire, autrement dit, pour **éviter une crise** politique entre le Parlement et le Gouvernement. Cette menace est dissuasive précisément car elle est simple à mettre en œuvre.

– Le Président peut décider d'actionner l'art. 16 C lui donnant les **pleins pouvoirs** (une concentration des trois pouvoirs exécutif, législatif et judiciaire) pour qu'il puisse édicter toutes les mesures permettant au pays de faire face à une situation exceptionnellement grave.

Art. 16 C : « Lorsque les institutions de la République, l'indépendance de la Nation, l'intégrité de son territoire ou l'exécution de ses engagements internationaux sont menacés d'une manière grave et immédiate et que le fonctionnement régulier des pouvoirs publics constitutionnels est interrompu, le Président de la République prend les mesures exigées par ces circonstances, après consultation officielle du Premier ministre, des Présidents des Assemblées ainsi que du Conseil constitutionnel ».

L'art. 16 est mis en œuvre après de simples consultations qui ne lient pas juridiquement le Président (mais sans doute politiquement).

Les circonstances indiquées, bien que laissant une marge d'appréciation au Président, visent manifestement des situations de guerre, d'attaque du pays.

« Il en informe la Nation par un message.

Ces mesures doivent être inspirées par la volonté d'assurer aux pouvoirs publics constitutionnels, dans les moindres délais, les moyens d'accomplir leur mission. Le Conseil constitutionnel est consulté à leur sujet.

Le Parlement se réunit de plein droit.

> L'Assemblée nationale ne peut être dissoute pendant l'exercice des pouvoirs exceptionnels.
>
> Après trente jours d'exercice des pouvoirs exceptionnels, le Conseil constitutionnel peut être saisi par le Président de l'Assemblée nationale, le Président du Sénat, soixante députés ou soixante sénateurs, aux fins d'examiner si les conditions énoncées au premier alinéa demeurent réunies. Il se prononce dans les délais les plus brefs par un avis public. Il procède de plein droit à cet examen et se prononce dans les mêmes conditions au terme de soixante jours d'exercice des pouvoirs exceptionnels et à tout moment au-delà de cette durée ».
>
> *Quant au contrôle des mesures, la décision de recourir à l'art. 16 n'est pas contrôlée par un juge (il s'agit d'un acte de gouvernement) ; les mesures prises par le Président durant cette période supposent une simple consultation du Cons. Const., mais, lorsqu'elles relèvent en temps normal du pouvoir réglementaire, le juge administratif peut être saisi pour en apprécier la légalité (CE, 2 mars 1962, Rubin de Servens), et pour celles qui relèvent d'une loi en temps normal, le Cons. const. pourrait être saisi d'une question prioritaire de constitutionnalité.*
>
> *Le Président peut par ex. durant cette période, accroître les pouvoirs de police, réduire les droits de la défense, contrôler la presse.*
>
> *La durée de mise en œuvre de l'art. 16 est contrôlée depuis la révision du 23 juill. 2008 par le Cons. const. appelé à rendre un avis public (juridiquement non contraignant, mais qui ne peut que lier politiquement le Président).*

Appliqué une fois durant six jours suite à la tentative de putsch des généraux à Alger (du 23 au 29 avr. 1961, créant la polémique car pour certains, la crise était achevée le 26), il est évident que ce pouvoir est destiné à demeurer très exceptionnel.

- Le Président peut décider librement d'adresser des **messages au Parlement** en vertu de l'art. 18 C et selon deux modalités. Jusqu'à la révision du 23 juill. 2008, il ne pouvait communiquer que par des messages écrits ne pouvant donner lieu à aucun débat en raison de son irresponsabilité politique. L'interdiction pour le Président d'entrer dans les chambres résultait d'une coutume tenant son origine du « cérémonial chinois » instauré par la loi De Broglie du 13 mars 1873, qui conditionnait la faculté pour le Président (A. Thiers) de prendre la parole devant le Parlement au respect d'un grand nombre de conditions excessivement rigoureuses, dans le but en réalité de l'en dissuader, l'Assemblée voulant à l'époque l'écarter le plus possible de ses affaires. Depuis 2008, le Président peut aussi prendre la parole devant le Parlement, réuni pour l'occasion en Congrès à Versailles. Ce droit, rarement utilisé, permet d'informer le Parlement sur des évènements, des décisions occasionnelles (mise en œuvre de l'état d'urgence, déclaration de guerre par ex.) ou sur l'orientation de la politique.

– Les art. 56, 54, et 61 C permettent au Président respectivement de **nommer trois membres du Cons. const., et de saisir** ce juge pour qu'il contrôle la constitutionnalité d'un traité ou d'une loi avant sa promulgation (*cf.* thèmes 11 et 12).

Les pouvoirs propres attestent de la puissance du Président au sein de l'Exécutif, même s'ils s'exercent occasionnellement. En revanche, en pratique, le Président peut prendre part quotidiennement à la définition et à la mise en œuvre de la politique par le biais de tous ses autres pouvoirs, pourtant **partagés** avec le Premier ministre, c'est-à-dire mis en œuvre par des **actes contresignés** par le Premier ministre. Autrement dit, sous la Ve, la logique du régime parlementaire est inversée, du moins en cas de fait majoritaire : le **contreseing** n'opère aucun transfert de pouvoir au chef du Gouvernement, seulement un transfert de responsabilité politique sur ce dernier ; la signature du chef de l'État traduit sa décision, le contreseing étant une formalité. Même en situation de cohabitation, le Président a montré qu'il n'était pas enclin à s'effacer derrière le Premier ministre.

– Le Président **nomme et révoque les ministres**, sur proposition du Premier ministre (art. 8 al. 2 C). En pratique, pour la composition du Gouvernement, le Président ne se borne jamais à entériner les noms proposés par le Premier ministre. Même en cohabitation, le Président impose les ministres chargés des affaires correspondant à son domaine dit réservé (*cf. infra*). De même que, pour la révocation des ministres, un échange s'effectue entre les deux têtes.

Une fois le Gouvernement constitué, le Président garde une influence politique sur ses décisions, puisqu'il **préside le Conseil des ministres** (art. 9 C), et ce, activement. Bien que prêtes avant cette réunion, toutes les décisions de l'Exécutif (projets de lois, d'ordonnances, de décrets en particulier) sont délibérées en Conseil des ministres, lors duquel le chef d'État (qui le convoque et dont il approuve l'ordre du jour en pratique) participe aux discussions. En cohabitation, il lui est même arrivé de refuser l'inscription à l'ordre du jour du Conseil de projets de loi pour retarder le travail du Gouvernement.

– Le Président « **nomme aux emplois civils et militaires de l'État** » (art. 13 al. 2 C). Les nominations ne sont pas toujours discrétionnaires (certaines doivent se faire sous le contrôle du Conseil des ministres, d'autres sous le contrôle d'une commission parlementaire, d'autres encore dépendent de la réussite à un concours de la fonction publique), bien que la haute fonction publique soit politisée, ce qui laisse une marge de choix au Président pour les emplois fonctionnels dits à la discrétion du Gouvernement (préfets, recteurs d'académie, directeurs d'administration centrale…). Il n'en reste pas moins que ce pouvoir est très étendu du fait du nombre abondant de personnes nommées par le Président détenant le **pouvoir de nomination de droit commun** : une partie du pouvoir de nomination relève du Premier ministre, mais il exerce un pouvoir d'attribution (art. 21 C) très limité.

– Le Président exerce de nombreux pouvoirs liés à la **diplomatie, aux affaires étrangères et à la défense**, qui constituent son « domaine réservé » (expression que l'on doit Jacques Chaban-Delmas), parce que la décision lui appartient toujours.

Il accrédite les ambassadeurs (art. 14 C) ; il négocie et ratifie les traités (art. 52 C) et si un certain nombre ne peut être ratifié qu'en vertu d'une loi (art. 53 C), le Parlement ne peut pas amender le projet de loi autorisant la ratification si bien que son vote est presque une formalité.

En matière de défense, les pouvoirs sont répartis entre les deux têtes selon la Constitution : le Président est le « chef des armées. Il préside les conseils et comités supérieurs de la Défense nationale » (art. 15 C). Selon l'art. 35 C, la déclaration de guerre est autorisée par le Parlement, mais le Président peut engager les forces armées à l'étranger sans autorisation. Le Gouvernement dispose pour sa part de la force armée (art. 20) et le Premier ministre est responsable de la défense nationale (art. 21). Cette répartition suppose que le Président, en tant que « chef », décide, le Gouvernement mettant en œuvre. Il faut noter, dès lors, que le Gouvernement est indispensable car il donne au Président les moyens pour que sa décision soit appliquée.

– Le Président ouvre et clôt les **sessions extraordinaires** du Parlement (art. 30 C). Selon l'art. 29 C, l'ouverture d'une telle session est demandée par le Premier ministre ou la majorité des membres de l'Assemblée nationale (lorsque des textes restent en discussion à la fin de la session). Pourtant, en pratique, le Président en a fait un pouvoir discrétionnaire en s'autorisant (y compris hors cohabitation) à refuser la convocation, manifestant par là qu'il décide quels textes sont discutés.

– Le Président a le droit de **grâce** (art. 17 C) ; traditionnellement, il impose sa décision au Premier ministre qui contresigne formellement.

– S'agissant du pouvoir réglementaire en revanche, il est réparti entre les deux têtes de l'Exécutif, mais le Président ne détient, dans le cadre de ses pouvoirs partagés, qu'un **pouvoir réglementaire d'attribution** restreint lui permettant de signer les seuls décrets délibérés en Conseil des ministres (art. 13 al. 1 C) ; le Premier ministre détient en effet le pouvoir réglementaire de droit commun.

Certes, le pouvoir réglementaire du Président a été étendu par la pratique, le Président s'autorisant à signer des décrets même non délibérés en Conseil des ministres et certains décrets étant délibérés en Conseil des ministres, et donc signés par le Président, alors qu'aucun texte ne l'impose. Néanmoins, la quasi-totalité des décrets est signée par le Premier ministre, qui détient d'ailleurs les moyens techniques pour les élaborer puisqu'il dispose de l'administration. Ainsi, le Premier ministre est indispensable à la mise en œuvre concrète des lois traduisant le programme présidentiel.

Le pouvoir réglementaire du Gouvernement est par ailleurs étendu par la possibilité d'agir par ordonnances (qui ont remplacé les décrets-lois) dans le domaine de la loi. Ces actes sont signés par le Président (art. 13 al. 1 C) qui a pu, en cohabitation, refuser pour retarder l'action du Gouvernement et ainsi se donner un pouvoir discrétionnaire.

– L'art. 10 C donne au Président le pouvoir de **promulguer les lois**, mais il le fait automatiquement en pratique, et s'il peut demander une nouvelle délibération de la loi, le contreseing du Premier ministre, empêche en pratique une utilisation discrétionnaire de ce pouvoir qui concerne un acte voté par le Parlement, représentant du peuple.

En pratique, le chef de l'État empiète sur les compétences que la Constitution attribue au seul Gouvernement. Ainsi, la Constitution (art. 20) confie expressément au Gouvernement (sous la direction du Premier ministre, art. 21) le pouvoir de déterminer et conduire la politique de la nation. En pratique, cette compétence s'exerce sous la direction du chef de l'État qui définit lui-même les objectifs de cette politique afin de mener son programme. Également, le Premier ministre a l'initiative des lois (art. 39 C), mais en réalité le Président impose ses projets, car ils permettent la concrétisation de son programme politique.

Le Gouvernement dispose cependant de deux attributions qui le rendent indispensable pour le chef de l'État (même si le titre III de la Constitution, consacré au Gouvernement, ne contient que quatre courts articles) :

- Le **Gouvernement dispose de l'administration** (art. 20) : le Premier ministre dirige donc tous les agents publics, il est entouré de services considérables (au contraire du Président) qui assurent en particulier la préparation des projets de lois, et de tous les autres textes et décisions. Le Président dépend donc de lui pour concrétiser ses décisions.

- Le **Premier ministre « assure l'exécution des lois »**, **« il exerce le pouvoir réglementaire »** de droit commun comme il a été dit (art. 21 C). Là encore donc, si les lois décidées par le Président sont mises en œuvre, c'est grâce au pouvoir réglementaire du Premier ministre. Les nombreuses prérogatives dont dispose le Gouvernement durant la procédure législative permettent d'ailleurs aux projets de loi d'être votés par le Parlement (*cf.* thème 9).

Au final, si le chef d'État est politiquement la « clé de voûte du système » (M. Debré, discours du 27 août 1958), il doit négocier avec son Premier ministre de qui dépend la mise en œuvre de sa politique. Ce système assure une stabilité au régime : une ligne politique claire est mise en œuvre, mais elle aura au quotidien nécessité un dialogue avec le Premier ministre, indispensable contre-pouvoir au Président qui ne décide pas seul.

4. Exercice – Commentaire d'arrêt (3)

Conseils méthodologiques

Le commentaire d'arrêt (3) : le plan

Le plan du commentaire d'arrêt constitue la **réponse au problème** de droit ; le plan **décompose** chaque étape du raisonnement du juge, c'est-à-dire de la solution. Les deux grands temps du raisonnement forment les deux parties ; chaque partie doit elle-même dérouler le raisonnement du juge de façon à déterminer deux sous-parties.

Quelques conseils pratiques pour élaborer le plan :

- Si l'arrêt à commenter contient **deux problèmes** de droit, alors les deux parties traient chacune la solution à un problème.
- Si l'arrêt à commenter ne contient qu'un seul problème de droit, alors il convient de « **découper** » la solution pour faire apparaître les différentes étapes du raisonnement du juge et en déduire le plan.
- Parfois, la solution est **brève,** et peut susciter la crainte, de la part de l'étudiant, de ne pas avoir assez de matière pour élaborer un plan du commentaire. Il faut alors être très attentif à tous les mots utilisés par le juge, car un seul peut donner lieu à des développements constituant toute une partie.

Quelquefois même, une **omission** du juge peut donner lieu à des commentaires intéressants parce qu'elle peut révéler une évolution de la jurisprudence ; mais dans ce cas, il faut se montrer prudent pour éviter le hors-sujet qui consisterait en des développements qui n'auraient plus aucun lien avec la solution de l'arrêt à commenter.

Par ex., il peut être pertinent de commenter l'absence de réponse à l'un des moyens du requérant qui aurait donné lieu à une solution tout autre ; également, il peut être intéressant de commenter le fait que le juge n'a pas repris l'intégralité d'un considérant de principe qu'il avait déjà dégagé, ou d'une définition qu'il avait eu l'occasion de donner précédemment.

- Il est assez peu judicieux en général de distinguer le principe abstrait dans la première partie et son application en l'espèce dans le seconde partie, l'intérêt du commentaire se trouvant précisément dans la **manière dont le juge a appliqué la règle de droit au cas concret.**

Quant à la formulation des intitulés, idéalement, chaque titre doit refléter deux éléments :

- le **sens de la solution**

Attention : le titre doit être suffisamment précis pour renseigner sur les motifs de la solution.

Ex : l'intitulé « l'illégalité du décret attaqué » est inutile car il ne dit pas pour quelle raison le décret est illégal. Il faudrait par ex. préciser : « la méconnaissance de tel principe ».

– le **sens du commentaire**

En lisant le plan du commentaire, le lecteur doit avoir une idée de ce que pense l'étudiant qui a commenté l'arrêt de la solution du juge.

Parfois, un adjectif qualificatif suffit pour indiquer le sens du commentaire.

Par ex., « une appréciation restrictive de tel principe ».

Comme pour tout exercice, les intitulés doivent **se comprendre facilement** : il faut donc veiller à ne pas utiliser de formulations inutilement complexes et longues mais au contraire s'efforcer de synthétiser.

Sujet : CE, Sect., 27 mars 2019, *Syndicat CFDT Affaires étrangères*

«…4. Aux termes de l'article 3 de la loi du 13 juillet 1983 portant droits et obligations des fonctionnaires…Aux termes de l'article 25 de la loi du 11 janvier 1984 portant dispositions statutaires relatives à la fonction publique de l'État…Constitue, au sens de ces dispositions, un emploi supérieur pour lequel la nomination est laissée à la décision du Gouvernement et qui est essentiellement révocable, par dérogation aux principes qui régissent les fonctions administratives, un emploi dont le titulaire, eu égard aux missions qu'il exerce et au niveau de responsabilité qui en découle, est associé de manière étroite à la mise en œuvre de la politique du Gouvernement. (…)

11. Il résulte de ce qui précède que les missions confiées aux chefs de poste consulaire par les textes qui leur sont applicables ont la nature, non de missions diplomatiques telles que définies par la Convention de Vienne sur les relations diplomatiques du 18 avril 1961, mais de fonctions essentiellement administratives. Ils ne peuvent être chargés, en propre, d'accomplir des actes diplomatiques qu'en l'absence de mission française dans l'État de résidence et sous réserve du consentement de ce dernier. L'ambassadeur, dépositaire de l'autorité de l'État, unique représentant du Président de la République et du Gouvernement auprès de l'État accréditaire, avec lequel il est seul habilité à négocier au nom de l'État, est seul chargé de mettre directement en œuvre, dans ce pays, la politique extérieure de la France. Les chefs de poste

consulaire ne peuvent intervenir en dehors de leurs compétences propres, sous l'autorité de l'ambassadeur, que s'ils reçoivent délégation de ce dernier et se voient confier par celui-ci des missions particulières.

12. Les compétences conférées aux chefs de poste consulaire par les textes qui leur sont applicables ne leur donnent pas, par elles-mêmes, vocation à être associés de manière étroite à la mise en œuvre de la politique du Gouvernement. Celui-ci peut cependant faire état d'éléments propres à certains de ces emplois, tenant notamment à un contexte local particulier ou à des difficultés et enjeux spécifiques, de nature à justifier, d'une part, que les titulaires de ces emplois soient nommés à sa seule décision, d'autre part, qu'ils puissent être librement révoqués à tout moment.

13. Si le Premier ministre et le ministre de l'Europe et des affaires étrangères font état de l'importance des enjeux politiques, économiques ou culturels qui s'attachent à la présence de la France et aux contacts avec les autorités décentralisées dans les villes mentionnées à l'annexe I insérée dans le décret du 24 juillet 1985 par le décret attaqué, il ne ressort pas des pièces des dossiers et des éléments produits en défense que des circonstances propres aux postes de consul général de France à Barcelone, Bombay, Boston, au Cap, à Djeddah, Dubaï, Édimbourg, Erbil, Francfort, Hong-Kong, Istanbul, Kyoto, Los Angeles, Marrakech, Milan, Munich, Québec, Saint-Pétersbourg, Sao Paulo, Shanghai et Sydney, du type de celles qui ont été mentionnées au point 12 ci-dessus, seraient de nature à justifier que les emplois en cause soient pourvus à la décision du Gouvernement et essentiellement révocables. En revanche, eu égard notamment aux spécificités du contexte local et au rôle qu'il est conduit à jouer dans les relations entre le Gouvernement français et l'Autorité palestinienne, entité gouvernementale d'un territoire ayant le statut d'État observateur non membre de l'organisation des Nations Unies, le consul général à Jérusalem doit être regardé comme occupant un emploi à la décision du Gouvernement, au sens des dispositions de l'article 25 de la loi du 11 janvier 1984… » (annulation du décret du 3 août 2018 en tant qu'il ajoute vingt-et-un emplois à la liste des emplois supérieurs pour lesquels la nomination est laissée à la décision du Gouvernement. Rejet du surplus).

Exercice

Corrigé

Il est des notions fréquemment utilisées mais qui n'ont reçu aucune définition juridique précise ; ainsi en était-il de celle d'« emploi à la décision du Gouvernement », jusqu'à la décision de principe rendue par le Conseil d'État en Section du contentieux le 27 mars 2019, *Syndicat CFDT Affaires étrangères*. Par un décret présidentiel du 3 août 2018, vingt-deux emplois de chef de poste consulaire ayant rang de consul général ont été ajoutés à la liste des emplois à la décision du Gouvernement qu'avait fixé le précédent décret du 24 juill. 1985, en application de l'art. 25 de la loi du 11 janv. 1984.

Deux syndicats et deux associations ont, par la voie de recours pour excès de pouvoir exercés entre septembre et décembre 2018, demandé l'annulation de ce décret de 2018. Le juge administratif devait tout simplement trancher la question suivante : un chef de poste consulaire est-il un emploi à la décision du Gouvernement ?

Répondant essentiellement par la négative, il annule la plus grande partie du décret attaqué, sauf concernant l'emploi de consul général de France à Jérusalem. Pour ce faire, le Conseil d'État donne une définition bienvenue de l'emploi à la décision du Gouvernement (I) avant d'opérer un contrôle étroit sur ces emplois (II).

I. Une définition jurisprudentielle bienvenue de l'emploi à la décision du Gouvernement

L'emploi à la décision ou à la discrétion du Gouvernement est mentionné à l'art. 25 de la loi du 11 janv. 1984 portant statut de la fonction publique d'État, mais il n'y est pas défini, et la jurisprudence administrative antérieure n'avait jamais procédé à ce travail. La décision du 27 mars 2019 est donc bienvenue en ce qu'elle donne enfin les critères de ce type d'emploi, en se fondant sur la loi de 1984 (A), permettant de ce fait de justifier l'existence de ces emplois (B).

A. Une définition fondée sur la loi relative au statut de la fonction publique d'État

Le statut de la fonction publique étatique déterminant le régime de ces emplois politisés qu'il désigne comme étant à la décision du Gouvernement, le CE se fonde sur ces dispositions pour en tirer les caractéristiques de ce type d'emplois. Il découle ainsi de l'art. 25 de la loi de 1984 préc. que les emplois à la décision du Gouvernement sont soumis à un régime particulièrement dérogatoire.

Le Gouvernement dispose d'une liberté pour nommer à ces emplois mais aussi pour révoquer les agents concernés. Par suite, par exception au statut général de la fonction publique (art. 3 et 16 de la loi du 13 juill. 1983), des personnes qui ne sont pas des fonctionnaires et qui n'ont pas réussi un concours peuvent occuper de tels emplois (ils ne seront alors pas titularisés). En outre, ces emplois dérogent à l'al. 5 du Préambule de 1946 qui interdit les discriminations fondées sur les opinions, puisque précisément, l'orientation politique est un critère essentiel de choix pour l'accès à ces emplois.

La liberté d'appréciation du Gouvernement est en revanche limitée par le respect de certaines règles : les personnes occupant ces emplois doivent remplir les conditions de l'art. 5 de la loi de 1983 péc. (nationalité française, droits civil et politiques notamment). De plus, des garanties fondamentales doivent être respectées. Saisi de la constitutionnalité de l'art. 25 préc., le Cons. const. a jugé que malgré la politisation de ces emplois, la loi n'avait pas entendu autoriser le Gouvernement à nommer en méconnaissance de l'art. 6 de la DDHC ; autrement dit, « son choix doit être fait en prenant en considération les capacités requises pour l'exercice des attributions afférentes à l'emploi » (28 janv. 2011, n° 2010-94 QPC, repris à son compte par le CE : ass., 11 juill. 2012, *Syndicat autonome des inspecteurs généraux et inspecteurs de l'administration au ministère de l'intérieur*) : le respect de ce principe constitutionnel est de nature à éviter toute nomination excessive poursuivant un but autre que l'intérêt du service. Quant à la révocation, elle doit se justifier par l'intérêt du service, extensivement entendu ici (par ex., un désaccord avec le Gouvernement suffit). Toutefois, l'agent révoqué *ad nutum* garde le droit de se voir communiquer son dossier dans un délai suffisant pour préparer une réponse (CE, sect., 20 janv. 1956, *Nègre*).

De ce large pouvoir discrétionnaire du Gouvernement, qui caractérise les emplois à sa décision selon l'art. 25 préc., le CE en déduit leur définition, et contribue ainsi à en justifier l'existence.

B. Une définition justifiant l'existence des emplois à la décision du Gouvernement

Des caractéristiques des emplois en cause, le CE en déduit qu'ils ne peuvent correspondre qu'à des emplois dont le titulaire est associé étroitement à la mise en œuvre de la politique du Gouvernement. Cette définition donnée par le juge comble le silence de la loi et contribue à rendre moins critiquable cette catégorie d'emplois. Jusque-là en effet, seule une tradition pouvait justifier que le Gouvernement nomme des personnes en fonction de leur loyalisme à certains emplois supérieurs. À la lumière de cette définition, le CE examine la légalité du décret allongeant la liste existante des emplois à la décision du Gouvernement. Le critère principal de l'association étroite à la politique permettra donc de limiter le pouvoir discrétionnaire du Gouvernement qui fixe lui-même la liste de ces emplois (autorisant donc le pouvoir réglementaire à déroger aux principes tant législatifs que constitutionnels évoqués plus haut) et qui peut en outre considérer cette liste comme non exhaustive (en ce sens, CE, 26 mai 2014).

Le critère de l'association étroite avait déjà été utilisé par le Cons. const. dans la QPC préc.

Selon les juges donc, si un régime aussi dérogatoire est admis, il ne peut se justifier que par la nature particulière des fonctions assurées par les agents concernés : le libre choix du Gouvernement, en contradiction avec des principes constitutionnels, ne peut se justifier que par le fait que les agents concourent à la mise en œuvre de la politique de l'Exécutif. Cela seul peut justifier de permettre au Gouvernement de sélectionner des personnes proches de lui politiquement afin qu'il puisse compter sur leur loyauté et ne pas avoir de doute sur le fait que ces agents appliqueront sa ligne politique. Il ne s'agit donc pas de permettre à l'Exécutif de procéder à des nominations de complaisance mais de lui permettre de s'entourer d'agents qui mettront en œuvre sa politique dans des postes qui font justement participer leur titulaire à cette mission. La Cour suprême américaine a au demeurant utilisé un critère similaire pour limiter le *spoil system* (arrêts *Elrod v. Burns*, de 1976 et *Branti v. Finkel*, de 1980).

Ainsi, ne peuvent occuper des emplois fonctionnels que des personnes dont les fonctions les conduisent à représenter l'Exécutif et sa politique, induisant nécessairement un niveau de responsabilité élevé, qui englobe un pouvoir de décision en matière politique. Le respect de ces exigences suppose un contrôle étroit du juge.

II. Un contrôle étroit du juge sur les emplois à la décision du Gouvernement

Alors même que la loi laisse un pouvoir discrétionnaire au Gouvernement pour dresser la liste des emplois à sa décision, eu égard aux principes en jeu, le CE choisit de contrôler étroitement cette liste en procédant à un examen rigoureux des fonctions exercées par les agents concernés (A), et en n'admettant que restrictivement des cas particuliers au sein des catégories d'emploi (B).

A. Un examen rigoureux des fonctions exercées par les agents

Les CE se fonde minutieusement sur les textes qui décrivent les fonctions des chefs de poste consulaire (Convention de Vienne sur les relations consulaires et plusieurs décrets). Il en déduit une distinction claire entre les emplois dont les titulaires exercent des fonctions de nature politique et ceux dont les attributions sont purement administratives. La liste des missions confiées aux agents consulaires ne renferme aucun aspect politique : ils sont chargés par ex. de délivrer des passeports, des visas, d'exercer des compétences notariales et en matière d'état civil. Par suite, pour ces agents, un régime dérogatoire à la fonction publique ne peut se justifier. Le CE en déduit une grande différence avec les ambassadeurs, emplois fonctionnels, qui incarnent tout simplement l'État dans le pays où ils sont accrédités. Le CE s'assure ainsi que le régime dérogatoire des emplois à discrétion du Gouvernement s'applique à des emplois pour lesquels ce régime est nécessaire à la bonne exécution de l'action administrative. Le CE limite donc l'extension du champ de ces emplois et par suite les risques d'abus de la part du Gouvernement.

Même si le CE juge illégale l'appartenance des chefs de poste consulaire à la catégorie des emplois à la décision du Gouvernement, il admet des exceptions, restrictivement cependant.

B. L'admission restrictive de cas particuliers

Le juge permet que certains de ces chefs de poste consulaire soient considérés comme des emplois à la décision du Gouvernement en raison de certains éléments comme le contexte particulier dans lequel les personnes exerceraient leurs fonctions. En l'espèce, le CE reconnaît que le chef de poste consulaire à Jérusalem fait partie de ceux-là en raison du fait qu'il exerce en réalité des fonctions de quasi-ambassadeur (comme l'avait indiqué le rapporteur public), dans la mesure où il représente l'État auprès de l'Autorité palestinienne ; le CE s'appuie toujours sur les textes relevant notamment du droit international public, relatifs à cette fonction particulière et au statut singulier de l'Autorité palestinienne.

Le recul dira si cet important arrêt du CE limite efficacement l'extension des emplois à la décision du Gouvernement.

Thème 8

La composition du Parlement

Le Parlement est l'organe qui détient (au moins en partie, *cf.* thème 9) le pouvoir législatif, et qui est composé des **représentants du peuple** : par le biais du Parlement, le peuple exerce la souveraineté (*cf.* thèmes 1 et 5). Les parlementaires (au moins les membres de la chambre basse) sont dès lors issus de l'élection au suffrage universel direct, au contraire des organes de l'Exécutif, en général nommés et/ou élus mais par des représentants du peuple et dont la légitimité populaire est dès lors plus indirecte. Historiquement, la naissance de l'idée de démocratie et de séparation des pouvoirs (en Angleterre) correspond à l'apparition, face au roi, du Parlement, seul organe élu par le peuple (*cf.* thème 1). Conformément à la logique de la démocratie représentative, les représentants du peuple n'exercent pas un mandat impératif, car ils assurent la représentation de l'ensemble du peuple de l'État (*cf.* thème 1).

Les Parlements sont soit monocaméraux (et se composent alors d'une seule assemblée), soit bicaméraux (s'ils comprennent deux assemblées). Dans cette seconde hypothèse, à côté de la chambre basse élue directement par le peuple, la chambre haute a pour fonction de permettre une représentation différente du peuple, et peut ainsi apparaître comme un contre-pouvoir supplémentaire.

1. Monocamérisme ou bicamérisme

Le **bicamérisme** (ou bicaméralisme) est nécessaire dans les **États fédéraux** : à côté de la chambre basse qui représente l'ensemble de la population de l'État fédéral, la chambre haute représente les États fédérés qui, par son biais, participent à la législation fédérale (*cf.* thème 4). Ses membres ne sont pas forcément élus, mais sa légitimité n'est pas douteuse dès lors que son mode de désignation assure la représentation des États fédérés en tant que tels. Cette exigence conduit parfois à des règles qui ne pourraient être admises pour une chambre représentant la population. Ainsi, en Allemagne, les membres du ***Bundesrat*** (environ 70) **nommés et révoqués par les Gouvernements des *Länder***, ne sont donc pas élus par le peuple et ont en outre un **mandat impératif**: chaque membre représente le Gouvernement dont il est issu, qui l'a nommé, et dont il doit suivre les instructions, à défaut, ce Gouvernement peut le révoquer. Autrement dit, chaque État fédéré a un réel droit de regard sur la législation fédérale par le biais de la chambre haute. De même, les 60 membres du **Sénat belge** ne sont pas élus directement par le peuple : 50 sont élus au suffrage universel indirect par les Parlements des communautés et régions en leur sein et 10 sont cooptés par ces 50 sénateurs. Les sièges sont répartis de façon à assurer une représentation de ces deux types d'entités fédérées : les trois régions (Flamande, Wallonne, Bruxelles-Capitale, ayant chacune un Parlement) et les trois communautés linguistiques (néerlandophone, francophone et germanophone, les deux dernières étant dotées d'un Parlement de communauté). Les deux types d'entités se superposent imparfaitement : la région flamande correspond à la communauté néerlandophone, la région wallonne correspond à la communauté francophone, mais, dans la région de Bruxelles-Capitale, les communautés francophone et une néerlandophone se partagent les compétences (le Parlement de la région Bruxelles-Capitale comprend ainsi des élus francophones et néerlandophones), enfin, l'est de la région wallonne (province de Liège) contient la communauté germanophone.

Constitution belge, art. 67 § 1er : « Le Sénat est composé de soixante sénateurs, dont :

1° vingt-neuf sénateurs désignés par le Parlement flamand en son sein ou au sein du groupe linguistique néerlandais du Parlement de la Région de Bruxelles-Capitale ;

2° dix sénateurs désignés par le Parlement de la Communauté française en son sein ;

3° huit sénateurs désignés par le Parlement de la Région wallonne en son sein ;

4° deux sénateurs désignés par le groupe linguistique français du Parlement de la Région de Bruxelles-Capitale en son sein ;

5° un sénateur désigné par le Parlement de la Communauté germanophone en son sein » ;

*50 sénateurs sont ainsi **désignés par les Parlements de communauté et de région** en leur sein.*

29 d'entre eux font partie du ***groupe linguistique néerlandais****, et sont désignés par le Parlement flamand en son sein ou au sein du groupe linguistique néerlandais du Parlement de la région Bruxelloise. L'un d'entre eux au moins doit être domicilié sur le territoire de Bruxelles, pour garantir une représentation des Flamands de la région de Bruxelles (art. 67 §2 C).*

Les 20 autres sénateurs font partie du groupe linguistique français, et sont désignés de façon à permettre une représentation équitable entre la région wallonne, et la communauté francophone : 10 sont ainsi désignés par le Parlement de la communauté française en son sein avec l'obligation pour au moins 3 d'entre eux de résider sur le territoire de Bruxelles (art 67 §2 C), 8 sont désignés par le Parlement de la région wallonne et les 2 derniers par le groupe linguistique français du Parlement de la région bruxelloise.

Ces 49 sièges de sénateurs sont répartis entre les listes en tenant compte des résultats des élections aux Parlements de communauté et de région : un parti représenté dans un Parlement de communauté et de région bénéficie ainsi de ***sénateurs proportionnellement au nombre d'élus qu'il a obtenu au Parlement de communauté*** *(art. 68 §1 C).*

Un sénateur, issu du Parlement de la communauté germanophone ne fait partie d'aucun groupe linguistique, et est désigné par le Parlement de la communauté germanophone, en son sein (au scrutin uninominal, à la majorité absolue des suffrages exprimés : art. 68 §1 C), pour représenter les habitants du territoire de cette communauté.

« 6° six sénateurs désignés par les sénateurs visés au 1° ;

7° quatre sénateurs désignés par les sénateurs visés aux 2° à 4° ».

Dix sénateurs (six néerlandophones et quatre francophones) sont donc désignés par leurs pairs par un système de ***cooptation*** *(art. 68 §2 C).*

En revanche, dans un **État unitaire**, la question de la **légitimité de la seconde chambre** peut se poser, dans la mesure où le Parlement ne peut représenter que l'ensemble du peuple souverain indivisible. Au demeurant, rares sont les États unitaires à disposer d'un Parlement bicaméral (c'est le cas par ex. des Parlements en Italie, Espagne, Royaume-Uni, Irlande, Roumanie, Pologne).

L'existence d'une seconde chambre peut être liée à la **décentralisation** de l'État unitaire. Si, dans ce cas la seconde chambre représente toujours l'ensemble du peuple (et en aucun cas la population d'une portion du territoire de l'État en tant que telle, idée incompatible avec la forme unitaire), le **corps électoral ou la circonscription électorale** pour l'élection de ses membres tient compte de l'existence des collectivités territoriales et assure une autre modalité de représentation du peuple que celle de la chambre basse. Dans ce cas, la seconde chambre peut être en mesure de constituer un contre-pouvoir bénéfique à la démocratie.

Exemple du bicamérisme espagnol

Art. 66 C : « 1. Les Cortès générales représentent le peuple espagnol et elles sont formées par le Congrès des députés et le Sénat ».

Art. 68 C : « 1. Le Congrès se compose de 300 députés au moins et 400 députés au plus, élus au suffrage universel, libre, direct et secret, selon les dispositions établies par la loi.

2. La circonscription électorale est la province...

3. L'élection a lieu dans chaque circonscription selon le critère de la représentation proportionnelle... ».

Art. 69 C : « 1. Le Sénat est la chambre de la représentation du territoire.

2. Dans chaque province, quatre sénateurs sont élus au suffrage universel, libre, égal, direct et secret par les électeurs de chacune d'elles, selon les termes fixés par une loi organique...

5. Les communautés autonomes désignent en outre un sénateur, ainsi qu'un autre sénateur pour chaque tranche d'un million d'habitants de leurs territoires respectifs. La désignation incombe à l'assemblée législative, ou, à défaut, à l'organe collégial supérieur de la communauté autonome, conformément aux dispositions des statuts, qui assurent, dans tous les cas, une représentation proportionnelle convenable ».

Alors que la chambre basse est composée de députés élus au suffrage universel direct, à la représentation proportionnelle, dans le cadre des provinces, la chambre haute se compose de sénateurs pour partie ***élus directement au niveau des provinces*** *(chaque province désigne le même nombre de sénateurs) et pour partie élus au* ***suffrage universel indirect*** *(par les assemblées délibérantes des communautés autonomes) et à la représentation proportionnelle.*

Exemple du bicamérisme italien

Art. 55 C : « Le Parlement se compose de la Chambre des députés et du Sénat de la République... ».

Art. 56 C : « La Chambre des députés est élue au suffrage universel et direct... ».

Art. 57 C : « Le Sénat de la République est élu sur une base régionale... ».

Art. 58 C : « Les sénateurs sont élus au suffrage universel et direct... ».

Art. 59 C : « Sauf renonciation, tout ancien président de la République est sénateur de droit et à vie.

Le président de la République peut nommer sénateurs à vie cinq citoyens ayant honoré la patrie par de très hauts mérites dans le domaine social, scientifique, artistique et littéraire ».

*Les deux chambres sont issues du suffrage universel direct, la chambre basse, dans le cadre de circonscriptions électorales propres à l'élection des députés, et **le Sénat, dans le cadre des régions**. On note la présence, parmi les sénateurs, de **membres à vie** et non élus : des membres de droit (les anciens présidents de la République) et des citoyens nommés par le chef de l'État. Le nombre assez insignifiant de ces membres non issus du suffrage n'est pas de nature à remettre en cause la représentativité de cette seconde chambre.*

La seconde chambre devient plus critiquable lorsque son caractère démocratique est contestable. D'ailleurs, dans ce cas, le bicamérisme est **inégalitaire** (cf. thèmes 9 et 10) : la chambre haute a moins d'attributions que la chambre basse élue directement par le peuple.

Ainsi, au **Royaume-Uni**, les députés de la Chambre des communes sont élus directement par le peuple, tandis que les membres de la **Chambre des Lords** ne sont pas élus. L'existence de cette seconde chambre est une **survivance historique** qui donne lieu à un bicamérisme qualifié d'aristocratique, n'apparaissant plus en adéquation avec les exigences démocratiques actuelles. Ce caractère peu démocratique a conduit déjà à des réformes pour en limiter l'influence : les Lords héréditaires ont ainsi disparu (en 1999 par le *House of Lords Act*), tout comme les Lords d'appel, qui exerçaient des pouvoirs juridictionnels en méconnaissance de l'indépendance de la justice, et le *Lord Chancellor*, qui présidait la Chambre et était aussi ministre de la Justice ainsi que membre de la Chambre réunie en Cour (*Constitutional Reform Act* de 2005). Restent les Lords spirituels (une vingtaine d'ecclésiastiques) et des Lords temporels nommés à vie par la Reine dans cette assemblée d'environ 800 membres aux attributions restreintes (*cf. infra*) et dont la pérennité reste en suspens.

De même, en **Irlande**, la seconde chambre (Sénat) se compose de 11 membres nommés par le Premier ministre et de 49 membres élus, représentant pour certains des catégories socioprofessionnelles (ils sont élus par des parlementaires et élus locaux parmi des listes de candidats établies par les parlementaires et des organisations corporatives), et pour d'autres des Universités (ils sont élus par les citoyens diplômés de l'établissement). Cette seconde chambre dispose d'attributions moins grandes que la chambre basse (elle ne peut renverser le Gouvernement par ex.).

Constitution irlandaise

Art. 18 : « …4. 1° Les membres élus du Sénat sont élus comme suit : i) Trois sont élus par l'université nationale d'Irlande, ii) Trois sont élus par l'université de Dublin, iii) Quarante-trois sont élus sur des listes de candidats constituées comme indiqué ci-dessous…

7. 1° Avant chaque élection générale des sénateurs élus sur des listes de candidats, cinq listes de candidats sont formées de la manière prévue par la loi, elles contiennent respectivement les noms des personnes ayant des connaissances et une expérience pratique des intérêts et des services suivants, à savoir : i) Culture et langue nationale, littérature, art, éducation et tels intérêts professionnels définis par la loi qui détermine l'objet de cette liste ; ii) Agriculture et intérêts connexes, pêche ; iii) Travail, qu'il soit organisé ou non ; iv) Industrie et commerce, y compris banque, finance, comptabilité, ingénierie et architecture ; v) Administration publique et service sociaux, y compris les activités sociales volontaires… ».

2. Désignation et statut des parlementaires : illustrations

Les Constitutions ne mentionnent pas toujours le mode de scrutin pour l'élection des parlementaires.

Au **Congrès américain**, la **Chambre des représentants** se compose de 435 membres élus dans le cadre du district (découpage décidé par les Parlements des États fédérés). La Constitution mentionne des conditions d'éligibilité (art. I, sect. 2, al. 2). Les représentants sont élus au suffrage universel direct au **scrutin majoritaire uninominal à un tour**, conduisant au **bipartisme** (*cf.* thème 1). La répartition des sièges de représentants se fait entre les États, proportionnellement à leur population, afin de respecter l'égalité devant le suffrage (art. I, sect. 2, al.3). Les membres sont élus pour **deux ans** seulement, si bien que pendant le mandat du Président (quatre ans), une élection à la Chambre a lieu, et il est fréquent que la majorité de la Chambre ne soit pas celle du Président. Dans la logique du régime présidentiel et du bipartisme souple, cette circonstance n'entraîne en principe pas de blocage des institutions (*cf.* thème 5). Le *speaker,* qui préside la Chambre, appartient à un parti.

Les 100 membres du **Sénat** américain qui représentent les États fédérés (*cf.* thème 4) sont élus également au suffrage universel direct et au **scrutin majoritaire uninominal à un tour**, qui produit aussi un bipartisme, mais dont la souplesse n'empêche pas le fonctionnement des institutions lorsque la majorité du Sénat est opposée à celle du Président. Les conditions d'éligibilité (l'âge notamment) sont plus strictes que celle des représentants (art. I, sect. 3, al. 3). Le mandat des sénateurs est plus long que celui des représentants (**six ans**) et le Sénat se renouvelle par tiers tous les deux ans.

Constitution américaine

Art. I, sect. 2 : « 1. La Chambre des représentants sera composée de membres choisis tous les deux ans par le peuple des différents États…

2. Nul ne pourra être représentant s'il n'a atteint l'âge de vingt-cinq ans, s'il n'est citoyen des États-Unis depuis sept ans et s'il ne réside, au moment de l'élection, dans l'État où il doit être élu.

3. Les représentants seront répartis entre les divers États proportionnellement à leur population respective, calculée en comptant tous les habitants de chaque État, à l'exclusion des Indiens, non imposés… ».

Sect. 3 : « 1. Le Sénat des États-Unis sera composé de deux sénateurs pour chaque État…

2. Dès qu'ils seront réunis à la suite de la première élection, les sénateurs seront divisés aussi également que possible en trois groupes. Les sièges des sénateurs du premier groupe seront déclarés vacants à l'expiration de la deuxième année, ceux du second groupe à l'expiration de la quatrième année et ceux du troisième groupe à l'expiration de la sixième année, de telle sorte qu'un tiers des sénateurs puisse être renouvelé tous les deux ans.

3. Nul ne pourra être sénateur s'il n'a atteint l'âge de trente ans, s'il n'est pas depuis neuf ans citoyen des États-Unis et s'il ne réside, au moment de l'élection, dans l'État pour lequel il est élu ».

Sect. 5 : « 1. Chaque chambre sera juge de l'élection de ses membres, du nombre de voix qu'ils ont obtenues et de leur éligibilité ».

Au **Royaume-Uni**, les députés de la Chambre des communes (environ 650) sont élus pour 5 ans au **scrutin majoritaire uninominal à un tour** qui produit le bipartisme et permet en principe la constitution de majorités solides malgré l'absence de rationalisation du parlementarisme. Il peut arriver que le parti majoritaire ne bénéficie pas d'une majorité absolue à la chambre basse et doive s'allier (par ex., entre 2010 et 2015, D. Cameron a dû conclure une alliance avec les libéraux-démocrates dans un contexte de crise économique et de scandale politique ; entre 2017 et 2019 T. May puis B. Johnson se sont alliés au parti unioniste, dans le cadre de la crise liée au *Brexit*).

En **Allemagne**, les membres du ***Bundestag*** (environ 700) sont élus (au SUD) pour quatre ans (sauf dissolution) au **scrutin mixte** organisé par la loi.

Art. 38 de la Constitution allemande : « (1) Les députés du Bundestag allemand sont élus au suffrage universel, direct, libre, égal et secret. Ils sont les représentants de l'ensemble du peuple, ne sont liés ni par des mandats ni par des instructions et ne sont soumis qu'à leur conscience. (2) Est électeur celui qui a dix-huit ans révolus ; est éligible celui qui a atteint l'âge de la majorité. (3) Les modalités sont définies par une loi fédérale ».

Le scrutin, **essentiellement proportionnel**, est organisé selon un système de **double vote**. Un premier vote permet d'attribuer la moitié des sièges au scrutin uninominal majoritaire à un tour dans le cadre de circonscriptions électorales qui sont des divisions des États fédérés. Par un second vote, l'autre moitié des sièges est répartie entre les diverses listes présentées dans l'État fédéré, à la représentation proportionnelle. Concrètement, chaque bulletin de vote contient deux parties, sur l'une figurent les candidats pour la circonscription, sur l'autre, figurent les listes présentées par les partis dans l'État.

Ce second vote est déterminant dans la mesure où il permet de fixer le nombre total de sièges attribué à chaque liste présentée dans l'État fédéré. Ensuite, la répartition finale intervient en tenant compte de l'attribution des sièges résultant du premier vote : on complète le nombre d'élus obtenus au premier vote par le parti qui a présenté une liste, jusqu'à donner à la liste le nombre total d'élus auxquels elle a droit en fonction du second vote. Le nombre de sièges est donc bien proportionnel aux suffrages exprimés pour chaque liste. Pour pouvoir obtenir des sièges à la représentation proportionnelle, les partis doivent avoir obtenu au moins 5 % des suffrages exprimés au niveau de l'État ou avoir obtenu au moins trois sièges dans le cadre du premier vote. Les plus petites formations sont donc ainsi écartées. En outre, les mécanismes de rationalisation évitent l'instabilité gouvernementale (*cf.* thème 5).

En **Italie**, les membres de la Chambre des députés (au nombre de 630 selon la Constitution) et les sénateurs (au nombre de 315 selon la Constitution) sont élus pour 5 ans (art. 60 C) au suffrage universel direct et au **scrutin mixte** (la révision constitutionnelle que les italiens sont appelés à approuver par référendum en sept. 2020 devrait diminuer le nombre de députés à 400 et le nombre de sénateurs à 200). Le mode de scrutin actuel (résultant d'une loi de 2017) résulte de plusieurs modifications menées depuis 1993, soit pour éviter l'instabilité gouvernementale qu'induisait auparavant la représentation proportionnelle, soit en fonction d'intérêts politiques. Actuellement, le scrutin mixte conduit à faire élire 61 % des membres de chaque assemblée à la représentation proportionnelle à un tour et 37 % au scrutin majoritaire uninominal à un tour tandis que 2 % des membres sont désignés par les Italiens à l'étranger (pendant un temps, de 1993 à 2005, le scrutin majoritaire a même primé). Ce scrutin conduit au maintien de nombreux partis politiques au Parlement et à une instabilité gouvernementale que la faible rationalisation ne permet pas d'éviter.

Art. 56 de la Constitution italienne

« La Chambre des députés est élue au suffrage universel et direct. Le nombre des députés est de six cent trente, dont douze élus dans la circonscription électorale "Étranger".

Peuvent être élus députés tous les électeurs ayant au jour des élections vingt-cinq ans accomplis.

La répartition des sièges entre les circonscriptions, hormis ceux qui sont assignés à la circonscription « Étranger », s'effectue en divisant le nombre d'habitants de la République, tel qu'il résulte du dernier recensement général de la population, par six cent dix-huit, et en distribuant les sièges en proportion de la population de chaque circonscription, sur la base des quotients entiers et des plus forts restes ».

En **Espagne**, les députés du Congrès (entre 300 et 400 selon la Constitution) sont élus pour 4 ans, au suffrage universel direct, dans le cadre des provinces, et à la **représentation proportionnelle** (*cf. supra*). Les inconvénients de ce mode de scrutin étaient contrebalancés par la rationalisation du parlementarisme (*cf.* thèmes 5 et 6) et la domination de deux grands partis jusqu'en 2015 (parti socialiste et parti populaire). Depuis, le poids pris par de nouveaux partis (notamment *Podemos* et *Vox*), perturbe la stabilité du régime.

En **Belgique**, la Constitution contient des dispositions assez précises quant au mode de scrutin pour l'élection des parlementaires. Concernant la chambre basse par ex., le texte accorde une grande importance à la nécessité d'assurer une représentation égale de la population des différentes circonscriptions électorales : la répartition des sièges entre les circonscriptions dépend de critères démographiques. Il est à noter que le vote a un caractère **obligatoire** pour la désignation des membres des deux chambres.

Constitution belge, désignation de la chambre basse

Art. 61 : « Les membres de la Chambre des représentants sont élus directement par les citoyens âgés de dix-huit ans accomplis et ne se trouvant pas dans l'un des cas d'exclusion prévus par la loi.

Chaque électeur n'a droit qu'à un vote ».

Art. 62 : « La constitution des collèges électoraux est réglée par la loi.

Les élections se font par le système de représentation proportionnelle que la loi détermine.

Le vote est obligatoire et secret. Il a lieu à la commune, sauf les exceptions à déterminer par la loi ».

Art. 63 : « 1. La Chambre des représentants compte cent cinquante membres.

2. Chaque circonscription électorale compte autant de sièges que le chiffre de sa population contient de fois le diviseur fédéral, obtenu en divisant le chiffre de la population du Royaume par cent cinquante. Les sièges restants sont attribués aux circonscriptions électorales ayant le plus grand excédent de population non encore représenté.

3. La répartition des membres de la Chambre des représentants entre les circonscriptions électorales est mise en rapport avec la population par le Roi. Le chiffre de la population de chaque circonscription électorale est déterminé tous les dix ans par un recensement de la population ou par tout autre moyen défini par la loi. Le Roi en publie les résultats dans un délai de six mois. Dans les trois mois de cette publication, le Roi détermine le nombre de sièges attribués à chaque circonscription électorale. La nouvelle répartition est appliquée à partir des élections générales suivantes.

4. La loi détermine les circonscriptions électorales ; elle détermine également les conditions requises pour être électeur et le déroulement des opérations électorales… ».

Art. 64 : « Pour être éligible, il faut : 1° être Belge ; 2° jouir des droits civils et politiques ; 3° être âgé de vingt et un ans accomplis ; 4° être domicilié en Belgique. Aucune autre condition d'éligibilité ne peut être requise ».

Art. 65 : « Les membres de la Chambre des représentants sont élus pour cinq ans. La Chambre est renouvelée intégralement tous les cinq ans ».

Quant à la durée du mandat des parlementaires, elle est assez variable selon les États, mais quatre (Allemagne, Espagne, Autriche) ou cinq ans (Italie, Royaume-Uni, Belgique), pour les chambre basses, sont assez fréquents ; une telle durée n'est ni trop longue et permet un retour devant le peuple régulièrement, ni trop courte pour empêcher la mise en œuvre d'une politique stable (le mandat de deux ans des représentants américains semble de ce point de vue trop bref).

Les Constitutions contiennent des règles plus ou moins précises concernant l'organisation des chambres et le statut de leurs membres.

Ex. de la Constitution américaine

Art. I, sect. 2 : « 5. La Chambre des représentants choisira son président et les autres membres de son bureau… ».

Sect. 3 : « 4. Le vice-président des États-Unis sera président du Sénat, mais n'aura pas de droit de vote, à moins d'égal partage des voix du Sénat.

5. Le Sénat choisira les autres membres de son bureau, ainsi qu'un président *pro tempore*, pour remplacer en cas d'absence le vice-président des États-Unis, ou lorsque celui-ci sera appelé à exercer les fonctions de président des États-Unis ».

Le speaker *qui préside la Chambre des représentants détient de larges pouvoirs pour organiser les travaux et les séances de l'Assemblée ; il est un membre du parti majoritaire et n'est pas neutre. Concernant le Sénat, si le vice-président le préside en droit, son président pro tempore le préside de fait : le Sénat désigne à cette fonction le chef du parti qui détient la majorité dans cette chambre.*

Sect. 4 : « 2. Le Congrès s'assemblera au moins une fois par an, et la réunion aura lieu à midi, le troisième jour de janvier, à moins que, par une loi, il ne fixe un jour différent ».

Le Congrès tient une ***session unique*** *qui se termine en principe à la fin du mois de juillet, mais peut se poursuivre.*

Sect. 5 : « 2. Chaque chambre peut établir son règlement, prendre des sanctions contre ses membres pour conduite contraire au bon ordre et, à la majorité des deux tiers, prononcer l'expulsion de l'un d'entre eux.

3. Chaque chambre tiendra un procès-verbal de ses débats et le publiera périodiquement, à l'exception des parties qui lui sembleraient requérir le secret ; les votes pour et les votes contre des membres de chacune des chambres sur toute question seront, à la demande d'un cinquième des membres présents, consignés sur le procès-verbal.

4. Aucune des deux chambres ne pourra, durant une session du Congrès et sans le consentement de l'autre chambre, s'ajourner pour plus de trois jours, ni se transporter dans un autre lieu que celui où les deux chambres siègent ».

Sect. 6 : « 1. Les sénateurs et les représentants percevront une indemnité qui sera fixée par la loi et payée par le Trésor des États-Unis. En aucun cas autre que ceux de trahison, crime ou atteinte à la paix publique, ils ne pourront être arrêtés durant les sessions de leur chambre, ni lorsqu'ils se rendront à une session de cette chambre ou en reviendront ; ils ne pourront être inquiétés en aucun lieu pour leurs discours ou opinions émis dans l'une quelconque des chambres.

2. Nul sénateur ou représentant ne pourra, durant la période pour laquelle il a été élu, être nommé à une fonction civile relevant de l'autorité des États-Unis, qui aurait été créée ou dont le traitement aurait été augmenté durant cette période ; aucune personne occupant une charge relevant de l'autorité des États-Unis ne pourra devenir membre de l'une des deux chambres tant qu'elle exercera cette fonction ».

Les membres du Congrès perçoivent une indemnité de fonction substantielle ; ils bénéficient d'une ***immunité*** *qui les protège pour les actes liés à l'exercice de leur fonction ; les fonctionnaires sont inéligibles. Le cumul des mandats électifs n'est pas autorisé.*

Au **Royaume-Uni**, le *speaker* qui préside la Chambre des communes n'appartient à aucun parti politique, et est choisi par les groupes parlementaires qui se mettent d'accord. Sa neutralité conduit à le renouveler souvent dans ses fonctions. Il dirige les débats sans prendre parti, contrôle le respect des droits de l'opposition, accorde la parole aux orateurs.

Les députés ne peuvent pas cumuler leur fonction avec un autre mandat électif (en revanche, les députés doivent par ailleurs faire partie du Gouvernement).

La **session unique** s'ouvre en automne avec le Discours du trône lu à la Chambre des Lords.

La Constitution espagnole contient des règles détaillées concernant tant l'organisation des chambres (art. 73 C : régime des **deux sessions** ordinaires et des éventuelles sessions extraordinaires ; art. 72 C : fonctionnement des chambres ; art. 79 C : conditions de régularité des délibérations ; art. 80 C : tenue des séances) que le statut des membres (art. 67 et 70 C : principales incompatibilités et inéligibilités, les autres relevant de la compétence de la loi ; art. 71 C : immunité).

Constitution espagnole

Art. 67 : « 1. Nul ne peut être membre des deux chambres simultanément, ni cumuler le mandat de membre d'une assemblée de communauté autonome et celui de député au Congrès.

2. Les membres des Cortès générales ne sont pas liés par mandat impératif.

3. Les réunions de parlementaires qui ont lieu sans convocation règlementaire ne lient pas les chambres et ne peuvent exercer leurs fonctions ni bénéficier de leurs privilèges ».

Art. 70 : « 1. La loi électorale détermine les causes d'inéligibilité et d'incompatibilité concernant les députés et les sénateurs ; elles comportent en tout cas : a) les membres du tribunal constitutionnel ; b) les hauts fonctionnaires de l'administration de l'État désignés par la loi, à l'exception des membres du gouvernement ; c) le Défenseur du peuple ; d) les magistrats, juges et procureurs en activité ; e) les militaires professionnels et les membres des forces et des corps de sécurité et de la police en activité ; f) les membres des comités (*Juntas*) électoraux.

2. La validité des mandats et des accréditations des membres de chaque chambre est soumise au contrôle judiciaire, selon les termes établis par la loi électorale ».

Art. 71 : « 1. Les députés et les sénateurs jouissent de l'inviolabilité pour les opinions émises dans l'exercice de leurs fonctions.

2. Durant leur mandat, les députés et les sénateurs jouissent également de l'immunité et ils peuvent être détenus seulement en cas de flagrant délit. Ils ne peuvent être inculpés ni poursuivis sans l'autorisation préalable de leur propre chambre.

3. Dans les poursuites contre des députés ou des sénateurs, la chambre criminelle du Tribunal suprême est compétente.

4. Les députés et les sénateurs perçoivent une rémunération qui est fixée par leur propre chambre ».

Art. 72 : « 1. Les chambres établissent leur propre règlement, approuvent leur budget de manière autonome et, d'un commun accord, règlementent le statut du personnel des Cortès générales. Les règlements et leurs modifications sont soumis à un vote final sur l'ensemble, où la majorité absolue est requise.

2. Les chambres élisent leur président respectif et les autres membres de leur bureau. Les réunions conjointes sont présidées par le président du Congrès et elles sont régies par un règlement des Cortès générales approuvé par chaque chambre à la majorité absolue.

3. Les présidents des chambres exercent au nom de celles-ci les pouvoirs administratifs et les fonctions de police à l'intérieur de leur siège respectif».

Art. 73 : « 1. Les chambres se réunissent chaque année en deux sessions ordinaires : la première, de septembre à décembre, et la seconde, de février à juin.

2. Les chambres peuvent se réunir en session extraordinaire à la demande du gouvernement, de la délégation permanente ou de la majorité absolue des membres de l'une des deux chambres. Les sessions extraordinaires doivent être convoquées sur un ordre du jour déterminé et sont closes une fois celui-ci épuisé».

Art. 79 : « 1. Pour prendre des décisions, les chambres doivent être réunies règlementairement et en présence de la majorité de leurs membres.

2. Ces décisions, pour être valides, doivent être approuvées par la majorité des membres présents, sans préjudice des majorités spéciales fixées par la Constitution ou les lois organiques et de celles que les règlements des chambres établissent pour l'élection des personnes.

3. Le vote des sénateurs et des députés est personnel et ne peut être délégué».

Art. 80 : « Les réunions plénières des chambres sont publiques, sauf décision contraire de chaque chambre, adoptée à la majorité absolue ou conformément au règlement».

3. La composition du Parlement en France

A. La composition du Parlement dans l'histoire constitutionnelle française

Dans la Constitution de 1791, l'idée de souveraineté nationale se traduit par un Parlement fort face au roi : monocaméral, siégeant en permanence, ses membres sont très nombreux, mais représentent mal le peuple (suffrage indirect et restreint : *cf.* thème 1).

Constitution de 1791

Titre III ch. 1, art. 1 : « L'Assemblée nationale formant le corps législatif est permanente, et n'est composée que d'une Chambre».

Le bicamérisme aristocratique sur le modèle anglais n'est pas transposé, afin de ne pas conserver, par le biais d'une chambre haute, les privilèges de la noblesse (qui venaient d'être abolis). L'Assemblée unique représente ainsi l'ensemble de la nation indivisible.

Art. 2 : « Elle sera formée tous les deux ans par de nouvelles élections. Chaque période de deux années formera une législature ».

*Le **mandat des représentants est très court** (comme aux USA) dans le but d'éviter toute tentation de leur part de s'approprier un pouvoir excessif.*

Sect. I, art. 1 : « Le nombre des représentants au Corps législatif est de sept cent quarante-cinq à raison des quatre-vingt-trois départements dont le Royaume est composé et indépendamment de ceux qui pourraient être accordés aux Colonies ».

Art. 2 : « Les représentants seront distribués entre les quatre-vingt-trois départements, selon les trois proportions du territoire, de la population, et de la contribution directe ».

Chaque département désigne trois députés au titre du critère du territoire, puis un nombre de députés proportionnel à sa population, et un nombre de députés proportionnel à la richesse de sa population.

Art. 6 : « Les membres du Corps législatif pourront être réélus à la législature suivante, et ne pourront l'être ensuite qu'après l'intervalle d'une législature ».

Le mandat de député n'est renouvelable immédiatement qu'une fois, pour assurer un renouvellement des élus.

Art. 7 : « Les représentants nommés dans les départements, ne seront pas représentants d'un département particulier, mais de la Nation entière, et il ne pourra leur être donné aucun mandat ».

Le mandat impératif est clairement écarté.

Sect. IV, art. 6 : « Dans aucun cas et sous aucun prétexte, le roi, ni aucun des agents nommés par lui, ne pourront prendre connaissance des questions relatives à la régularité des convocations, à la tenue des Assemblées, à la forme des élections, ni aux droits politiques des citoyens… ».

L'Assemblée fonctionne de manière indépendante par rapport au roi.

Sect. V, art. 7 : « Les représentants de la Nation sont inviolables : ils ne pourront être recherchés, accusés ni jugés en aucun temps pour ce qu'ils auront dit, écrit ou fait dans l'exercice de leurs fonctions de représentants ».

Art. 8 : « Ils pourront, pour faits criminels, être saisis en flagrant délit, ou en vertu d'un mandat d'arrêt ; mais il en sera donné avis, sans délai, au Corps législatif ; et la poursuite ne pourra être continuée qu'après que le Corps législatif aura décidé qu'il y a lieu à accusation ».

Les députés sont protégés par une immunité.

La Constitution de 1795 introduit un **Parlement bicaméral**, dans le but que la chambre haute puisse modérer la première et ainsi éviter les dérives de 1791, mais le nombre total des représentants reste similaire (750).

Les deux chambres sont élues (au suffrage indirect et restreint), dans les mêmes conditions (même s'il faut être plus âgé pour être élu au Conseil des Anciens, chambre haute) pour un mandat de trois ans (immédiatement renouvelable une seule fois : art. 54 C), dans le cadre du département et la répartition des représentants entre les départements dépend seulement d'un critère démographique (art. 49 C).

Le mandat (trois ans) reste court : il a l'avantage de permettre au peuple de voter régulièrement, mais permet difficilement la mise en œuvre d'une politique stable (d'autant plus que les renouvellements annuels des chambres comme de l'Exécutif créent une certaine instabilité).

Le mandat de représentant est incompatible avec toute autre fonction publique (art. 47 C).

Malgré l'idée de souveraineté populaire, le mandat impératif est exclu (art. 52 C).

Les assemblées sont toujours permanentes, sauf à s'ajourner elles-mêmes (art. 59 C).

Les représentants bénéficient d'une immunité (art. 110 et s. C).

Constitution de 1795

Art. 44 : « Le Corps législatif est composé d'un Conseil des Anciens et d'un Conseil des Cinq-Cents ».

Art. 53 : « L'un et l'autre Conseil est renouvelé tous les ans par tiers ».

Art.73 : « Le Conseil des Cinq-Cents est invariablement fixé à ce nombre ».

Art. 74 : « Pour être élu membre du Conseil des Cinq-Cents, il faut être âgé de trente ans accomplis, et avoir été domicilié sur le territoire de la République pendant les dix années qui auront immédiatement précédé l'élection… ».

Art. 82 : « Le Conseil des Anciens est composé de deux cent cinquante membres ».

Art. 83 : « Nul ne peut être élu membre du Conseil des Anciens : S'il n'est âgé de quarante ans accomplis ; Si, de plus, il n'est marié ou veuf ; Et s'il n'a pas été domicilié sur le territoire de la République pendant les quinze années qui auront immédiatement précédé l'élection ».

Sous les régimes napoléoniens de 1799 et 1804, le bicamérisme demeure (Tribunat et Corps législatif), mais les Assemblées n'exercent presque pas de pouvoir législatif et ne représentent pas le peuple (*cf.* thème 1). Ainsi, le Tribunat, composé de 100 membres en 1799, n'en contient plus que 50 à partir de 1802 ; le Corps législatif (300 membres) siège par sessions extrêmement courtes (quatre mois selon la Constitution de 1799) ; à partir de 1804, le Tribunat ne se réunit plus en entier mais pas sections et le Corps législatif n'est même plus réuni.

Avec les Chartes de **1814 et 1830, un bicamérisme de type aristocratique** est organisé : la chambre haute (Chambre des pairs) n'est pas issue du suffrage (ses membres sont nommés à vie – et les fonctions sont héréditaires jusqu'en 1831 – par le roi qui décide de l'effectif de cette chambre ; les membres de la famille royale et les princes du sang en sont membres de droit). En revanche, les députés de la chambre basse (Chambre des députés des départements) sont élus pour cinq ans, mais le suffrage censitaire relativise sa fonction représentative. Par ailleurs, si le Parlement exerce un pouvoir législatif, il dépend encore largement de l'Exécutif (par ex., le roi convoque chaque année les chambres qui ne siègent donc pas de façon permanente) dans cette période d'apprentissage du parlementarisme. À son retour de l'île d'Elbe, Napoléon applique durant un court moment (avril-juin 1815) un Acte additionnel à la Constitution de l'Empire, qui conservait ce bicamérisme (Chambre des pairs et Chambre des représentants élue indirectement) et confirmait l'édification du parlementarisme.

Sous la IIe République, le Parlement redevient **monocaméral** et comprend de nouveau un grand nombre de députés désormais élus au **SUD** donnant un véritable caractère démocratique à cette assemblée législative qui apparaît forte face au chef de l'État.

Constitution de 1848

Art. 20 : « Le peuple français délègue le pouvoir législatif à une Assemblée unique ».

Art. 21 : « Le nombre total des représentants du peuple sera de sept cent cinquante, y compris les représentants de l'Algérie et des colonies françaises ».

Art. 23 : « L'élection a pour base la population ».

L'idée d'assurer une égale représentation des citoyens transparaît ici.

Art. 28 : « Toute fonction publique rétribuée est incompatible avec le mandat de représentant du peuple. Aucun membre de l'Assemblée nationale ne peut, pendant la durée de la législature, être nommé ou promu à des fonctions publiques salariées dont les titulaires sont choisis à volonté par le pouvoir exécutif… ».

*Ces incompatibilités assurent la **probité** des représentants et confirment la volonté de démocratisation de cette assemblée.*

Art. 30 : « L'élection des représentants se fera par département, et au scrutin de liste… ».

Art. 31 : « L'Assemblée nationale est élue pour trois ans, et se renouvelle intégralement… ».

*Ce **mandat court** permet au peuple de renouveler régulièrement ses représentants.*

Art. 32 : « Elle est permanente. Néanmoins, elle peut s'ajourner à un terme qu'elle fixe… Le président de la République a aussi le droit de convoquer l'Assemblée… ».

La convocation de l'assemblée ne dépend pas de l'Exécutif.

Art. 33 : « Les représentants sont toujours rééligibles ».

Art. 34 : « Les membres de l'Assemblée nationale sont les représentants, non du département qui les nomme, mais de la France entière ».

Art. 35 : « Ils ne peuvent recevoir de mandat impératif ».

Art. 36 : « Les représentants du peuple sont inviolables. Ils ne pourront être recherchés, accusés, ni jugés, en aucun temps, pour les opinions qu'ils auront émises dans le sein de l'Assemblée nationale ».

Art. 37 : « Ils ne peuvent être arrêtés en matière criminelle, sauf le cas de flagrant délit, ni poursuivis qu'après que l'Assemblée a permis la poursuite. En cas d'arrestation pour flagrant délit, il en sera immédiatement référé à l'Assemblée, qui autorisera ou refusera la continuation des poursuites. Cette disposition s'applique au cas où un citoyen détenu est nommé représentant ».

Art. 38 : « Chaque représentant du peuple reçoit une indemnité, à laquelle il ne peut renoncer ».

L'indemnité accordée aux représentants a pour but de favoriser l'accès du plus grand nombre aux fonctions de député.

De nouveau, durant le Second Empire, le Corps législatif (260 membres élus pour six ans) ne peut plus être considéré comme une assemblée législative représentant les citoyens. Malgré le suffrage universel en apparence, l'assemblée est faible et étroitement contrôlée par l'Exécutif : ses sessions durent trois mois (art. 41 de la Constitution de 1852) jusqu'au Sénatus-consulte du 18 juill. 1866, les débats ne sont pas intégralement publiés jusqu'en 1861 (Sénatus-consulte du 2 févr.), seul est reproduit un procès-verbal de la séance, rédigé par le président de l'assemblée, nommé par le chef de l'État (art. 42 et 43 C) ; il appartient au chef de l'État de convoquer et d'ajourner la chambre (art. 46 C).

Le Sénatus-consulte du 21 mai 1870, qui n'a pas réellement pu s'appliquer avant que Louis-Napoléon Bonaparte abdique en septembre, restaurait un bicamérisme : le Sénat devenait une chambre législative, de type aristocratique, composé de membres de droit (cardinaux, maréchaux et amiraux) et de membres nommés à vie (citoyens que l'Empereur souhaitait distinguer), dépendant également de l'Empereur (qui, notamment, le convoquait et prononçait la clôture de ses sessions).

À partir de la IIIe République, **le bicamérisme** ne sera plus remis en cause. Imposée par les monarchistes pour modérer la Chambre des députés (élue au SUD), la chambre haute (Sénat) apparaît comme une assemblée de notables, conservatrice, du fait de son mode de désignation (SUI et corps électoral composé essentiellement de représentants des communes rurales).

Il résulte des dispositions législatives que le nombre de députés variait entre 500 et 600 membres environ. Âgés d'au moins 25 ans, les députés étaient élus pour 4 ans, selon un mode de scrutin qui a été principalement le scrutin uninominal majoritaire à deux tours (avec quelques applications, entre 1919 et 1927, du scrutin de liste à la représentation proportionnelle). Malgré le scrutin majoritaire, les deux tours ont permis à de nombreux partis politiques d'être représentés.

Les parlementaires bénéficient d'une immunité. Les chambres ne sont pas permanentes mais la **session annuelle** (qui s'ouvre le second mardi de janvier) doit durer au moins cinq mois avant clôture par le chef de l'État qui peut par ailleurs convoquer les assemblées pour une session extraordinaire et doit le faire si la majorité absolue des membres de chaque chambre le lui demande (loi constitutionnelle du 16 juill. 1875, art. 1 et 2).

Loi du 24 févr. 1875 relative à l'organisation du Sénat

Art. 1 : « Le Sénat se compose de trois cents membres : deux cent vingt-cinq élus par les départements et les colonies, et soixante-quinze élus par l'Assemblée nationale ».

Ces 75 sénateurs à vie représentaient des notables, mais ont disparu avec la loi du 9 déc. 1884.

Art. 3 : « Nul ne peut être sénateur s'il n'est Français, âgé de quarante ans au moins et s'il ne jouit de ses droits civils et politiques ».

Art. 4 : « Les sénateurs des départements et des colonies sont élus à la majorité absolue, et, quand il y a lieu, au scrutin de liste, par un collège réuni au chef-lieu du département ou de la colonie, et composé : 1° des députés ; 2° des conseillers généraux ; 3° des conseillers d'arrondissement ; 4° des délégués élus, un par chaque conseil municipal, parmi les électeurs de la commune… ».

Ainsi, le Sénat apparaît comme le ***Grand conseil des communes de France*** *(Gambetta), le nombre de délégués ne tient pas compte de la population des communes (avec la loi de 1884, les plus grandes communes disposent de plusieurs délégués sans que ce nombre soit proportionnel à la population).*

Art. 6 : « Les sénateurs des départements et des colonies sont élus pour neuf années et renouvelables par tiers, tous les trois ans… ».

Ce mandat très long atténue encore le caractère démocratique de la chambre.

Dans la Constitution de 1946, les 627 députés de l'**Assemblée nationale** sont élus pour 5 ans, à la représentation proportionnelle, cause de l'aggravation de l'indiscipline des nombreux partis, malgré le correctif introduit en 1951 permettant aux listes apparentées du département de remporter tous les sièges de la circonscription.

La chambre haute (**Conseil de la République**) est maintenue et désignée comme sous la IIIe République mais pour six ans (la Constitution indique qu'elle doit comprendre entre 250 et 320 membres).

Si la Constitution avait à l'origine donné une grande autonomie aux assemblées, la révision de 1954 a tempéré un peu ce Parlement qui était devenu dominant. Ainsi, l'art. 9 C maintenait en 1946 la session annuelle (les deux chambres siègent en même temps selon l'art. 9 al. 3 C), ouverte le second mardi de janvier, sans indiquer de durée de session. En 1954, la solution équilibrée trouvée sous la IIIe République est restaurée : au bout d'une certaine durée, l'Exécutif peut clore la session ; des sessions extraordinaires peuvent être ouvertes.

Loi constitutionnelle du 7 déc. 1954

Art. 2 : « Les premiers et deuxième alinéas de l'article 9 de la Constitutions sont abrogés et remplacés par les dispositions suivantes : « L'Assemblée nationale se réunit de plein droit le premier mardi d'octobre. Lorsque cette session a duré sept mois au moins, le président du conseil peut en prononcer la clôture par décret pris en conseil des ministres. Dans cette durée de sept mois ne sont pas comprises les interruptions de sessions. Sont considérés comme interruptions de séances les ajournements de séance supérieurs à huit jours francs ».

Art. 4 : « L'article 12 de la Constitution est abrogé et remplacé par les dispositions suivantes : – « Quand l'Assemblée nationale ne siège pas, son bureau peut convoquer le Parlement en session extraordinaire ; le président de l'Assemblée nationale doit le faire à la demande du président du conseil des ministres ou à celle de la majorité des membres composant l'Assemblée nationale. Le président du conseil prononce la clôture de la session extraordinaire dans les formes prévues à l'article 9. Lorsque la session extraordinaire a lieu à la demande de la majorité de l'Assemblée nationale ou de son bureau, le décret de clôture ne peut être pris avant que le Parlement n'ait épuisé l'ordre du jour limité pour lequel il a été convoqué ».

B. La composition du Parlement en France sous la Ve République

Le bicamérisme se maintient sous la Ve République (art. 24 al. 2 C), malgré la tentative de de Gaulle de priver le Sénat de ses attributs de chambre législative en 1969. Le nombre de parlementaires de chaque chambre est précisé par la loi (depuis la révision constitutionnelle du 23 juill. 2008, l'art. 24 C indique désormais le nombre maximum de parlementaires de chaque chambre).

Les deux assemblées parlementaires représentent le peuple, mais la légitimité du Sénat reste discutable en raison de son mode d'élection qui varie peu par rapport aux deux précédentes Républiques. La Constitution ne mentionne que le mode de suffrage et renvoie à la loi pour fixer le mode de scrutin (de même que sous les IIIe et IVe Républiques) et le statut des parlementaires.

Art. 24 C : « …Il [Le Parlement] comprend l'Assemblée nationale et le Sénat.

Les députés à l'Assemblée nationale, dont le nombre ne peut excéder cinq cent soixante-dix-sept, sont élus au suffrage direct.

Le Sénat, dont le nombre de membres ne peut excéder trois cent quarante-huit, est élu au suffrage indirect. Il assure la représentation des collectivités territoriales de la République.

Les Français établis hors de France sont représentés à l'Assemblée nationale et au Sénat ».

Art. 25 C : « Une loi organique fixe la durée des pouvoirs de chaque assemblée, le nombre de ses membres, leur indemnité, les conditions d'éligibilité, le régime des inéligibilités et des incompatibilités.

Elle fixe également les conditions dans lesquelles sont élues les personnes appelées à assurer, en cas de vacance du siège, le remplacement des députés ou des sénateurs jusqu'au renouvellement général ou partiel de l'assemblée à laquelle ils appartenaient ou leur remplacement temporaire en cas d'acceptation par eux de fonctions gouvernementales… ».

Art. 34 C : « …La loi fixe également les règles concernant : le régime électoral des assemblées parlementaires… ».

Les **348 sénateurs** sont élus pour six ans (et non plus neuf depuis une loi organique du 30 juill. 2003) et l'assemblée est renouvelée par moitié tous les trois ans (le dernier renouvellement a eu lieu en sept. 2020). Les sénateurs sont élus dans le cadre des départements, au SUI à un ou deux niveaux, puisque le collège électoral d'environ 160 000 grands électeurs comprend les députés, les sénateurs, les conseillers régionaux, départementaux, municipaux mais aussi des délégués des conseils municipaux, élus par ces derniers en leur sein. Ainsi, les sénateurs sont éloignés des citoyens ; en outre, le collège comporte essentiellement des conseillers municipaux et/ou leurs délégués dans des conditions qui favorisent les élus des communes peu peuplées. Par conséquent, le Sénat est traditionnellement conservateur (hormis l'alternance en 2011), comme sous les deux précédentes Républiques. Sa légitimité s'en trouve affectée : si son existence peut se justifier par la décentralisation de l'État unitaire français (art. 24 al. 4 C) force est de constater qu'eu égard à son corps électoral, il représente fort mal les collectivités territoriales (95 % étant composé de représentants des communes). Le Sénat a été considéré par les constituants de 1958 comme un moyen d'apaiser la chambre basse (comme sous la IVe République), ce qui explique la durée du mandat plus longue, l'âge d'éligibilité plus élevé (24 ans et non 18). Néanmoins, le passage au suffrage direct ainsi qu'une rénovation du mode de scrutin, en tenant compte de celui des députés, permettrait de redonner une légitimité à cette chambre haute qui constitue un contre-pouvoir supplémentaire.

Les grands électeurs du département élisent (le vote est obligatoire) un nombre de sénateurs qui dépend de la population de la circonscription : jusqu'à 150 000 hab., un siège est à pourvoir puis au-delà, un siège supplémentaire est à pourvoir par tranche de 250 000 hab. Le mode de scrutin varie aussi : lorsque deux sièges maximum sont à pourvoir, l'élection a lieu au scrutin majoritaire à deux tours, au-delà, l'élection se fait au scrutin de liste et à la représentation proportionnelle.

Les 577 **députés** sont élus au SUD tous les cinq ans dans le cadre de circonscriptions électorales dédiées, d'assez petite taille (divisions des départements, pour assurer une proximité avec l'électeur). Le **découpage de ces**

circonscriptions présente un enjeu essentiel au regard du respect du principe constitutionnel d'égalité du suffrage (art. 3 C). Le Cons. const. impose de procéder au découpage sur des bases essentiellement démographiques afin que les circonscriptions aient une population similaire et ainsi, que chaque député représente à peu près un même nombre de citoyens. Le découpage relève de la compétence du législateur (concrètement même, l'Exécutif est à l'origine des projets discutés par le Parlement, voire même le Gouvernement agit en mettant à l'écart de Parlement par le biais d'ordonnances). Le risque est donc grand pour les organes politiques de réaliser un découpage politique des circonscriptions de façon à favoriser le parti politique au pouvoir. L'art. L. 567-1 A du code électoral interdit de procéder à une modification des limites des circonscriptions (ou du régime électoral) dans l'année qui précède le premier tour du scrutin. En outre, la Constitution encadre le législateur depuis la révision du 23 juill. 2008. L'art. 25 al. 3 C soumet les projets de texte (lois et ordonnances) et propositions de loi relatifs à la délimitation des circonscriptions à l'avis public (publié au JO) d'une commission indépendante. L'avis ne lie pas juridiquement le Gouvernement et le Parlement, mais politiquement, il a nécessairement une influence eu égard à son caractère public.

Art. 25 al. 3 C: « Une commission indépendante, dont la loi fixe la composition et les règles d'organisation et de fonctionnement, se prononce par un avis public sur les projets de texte et propositions de loi délimitant les circonscriptions pour l'élection des députés ou modifiant la répartition des sièges de députés ou de sénateurs ».

Art. L. 567-1 du code électoral: « La commission prévue au dernier alinéa de l'article 25 de la Constitution comprend : 1° Une personnalité qualifiée nommée par le président de la République ; 2° Une personnalité qualifiée nommée par le président de l'Assemblée nationale ; 3° Une personnalité qualifiée nommée par le président du Sénat ; 4° Un membre du Conseil d'État, d'un grade au moins égal à celui de conseiller d'État, élu par l'assemblée générale du Conseil d'État ; 5° Un membre de la Cour de cassation, d'un grade au moins égal à celui de conseiller, élu par l'assemblée générale de la Cour de cassation ; 6° Un membre de la Cour des comptes, d'un grade au moins égal à celui de conseiller maître, élu par la chambre du conseil de la Cour des comptes… La commission est présidée par la personnalité qualifiée nommée par le président de la République ».

La commission comprend pour moitié des ***magistrats*** *indépendants du pouvoir politique (le quorum mentionné à l'art. L. 657-6 de quatre membres suppose qu'au moins un magistrat soit présent pour que les délibérations soient valables).* ***Le statut des membres*** *introduit des* ***garanties d'indépendance*** *y compris pour* *les membres qui ne sont pas magistrats : désignation pour six ans sans renouvellement possible (art. L. 567-2) ; contrôle de ses membres par la commission qui peut en suspendre le mandat (même art.) ; incompatibilité avec tout mandat électif régi par le code (art. L. 567-3) ; interdiction pour une quelconque autorité de donner des instructions aux membres (même art.) ; obligation de discrétion et devoir de réserve des membres (art. L. 567-5).*

Les élections législatives se déroulent au **scrutin uninominal majoritaire à deux tours** (et ce depuis 1958), chacune des 577 circonscriptions élisant un député. Le scrutin proportionnel de liste s'est appliqué pour l'élection de 1986 (loi du 10 juill. 1985) par stratégie politique qui a eu pour seuls effets de permettre l'élection de députés d'extrême droite et la première cohabitation (le scrutin majoritaire a été restauré par la loi du 11 juill. 1986).

Art. L. 126 du code électoral : « Nul n'est élu au premier tour de scrutin s'il n'a réuni :

1° La majorité absolue des suffrages exprimés ;

2° Un nombre de suffrages égal au quart du nombre des électeurs inscrits.

Au deuxième tour la majorité relative suffit.

En cas d'égalité de suffrages, le plus âgé des candidats est élu ».

*Pour pouvoir se maintenir au second tour, le candidat doit avoir obtenu au 1er tour un nombre de suffrages au moins égal à **12,5 % des électeurs inscrits** (art. L. 162 du Code électoral).*

Ce mode de scrutin a discipliné les multiples partis politiques à l'assemblée, ce que le mode d'élection du Président puis l'alignement de la durée de son mandat sur celui des députés (*cf.* thème 6) ont renforcé. Un lien existe en effet entre les deux élections et a fait naître une **bipolarisation** des partis. L'élection présidentielle laisse au second tour un choix entre deux candidats et a forcé les partis à s'organiser en deux pôles (les plus petits du centre et des extrêmes se sont alliés aux deux plus grands de droite et de gauche) pour avoir une chance d'accéder au pouvoir. Ensuite, les élections législatives sont déterminées par le résultat de l'élection présidentielle (intervenant, depuis 2002, juste avant), les partis s'organisant en général deux pôles au second tour, pour soutenir ou s'opposer au Président.

Le **fait majoritaire**, qui faisait défaut sous les deux précédentes Républiques, est dès lors apparu sous la Ve République et assure à l'Exécutif un soutien de la majorité des députés ; les réformes du quinquennat et de l'inversion du calendrier électoral ont même montré que depuis 2002 le Président bénéficie toujours d'une majorité absolue à l'Assemblée nationale (ce qui n'avait pas toujours été le cas depuis 1958 : ainsi, V. Giscard d'Estaing appartenait à un parti minoritaire de la coalition majoritaire de l'assemblée et F. Mitterrand n'était soutenu que par une majorité relative entre 1988 et 1993 ; par trois fois même – 1986-1988, 1993-1995, 1997-2002 – la majorité de l'assemblée s'est trouvée être opposée à celle du Président, contraint dès lors de nommer un Premier ministre n'appartenant pas à sa majorité : cette situation de cohabitation, qui affaiblit le chef de l'État, a peu de risques de se reproduire, l'alignement des durées des mandats empêchant toute distorsion en principe entre les deux élections se déroulant la même année (et quand bien même la présidence viendrait à être vacante avant l'achèvement normal du mandat et que le nouveau Président élu trouverait une assemblée d'une majorité opposée, il procéderait à sa dissolution).

Désormais, les partis politiques se réorganisent à l'approche de l'élection présidentielle afin de soutenir un candidat à la présidentielle jusqu'aux élections législatives (par ex. l'Union pour une majorité présidentielle créée pour soutenir le candidat puis le Président J. Chirac en 2002 ou La République en marche pour soutenir le candidat puis Président E. Macron en 2017).

Le mode de scrutin des élections législatives combiné à celui de l'élection présidentielle a ainsi **stabilisé** la Ve République.

Régulièrement, la question de l'introduction d'une « **dose de proportionnelle** » à l'élection des députés se pose, afin de faire élire une portion de députés (20 % dans le projet de loi organique accompagnant le projet de loi constitutionnelle en cours) au scrutin de liste à la représentation proportionnelle, dans le cadre national. L'objectif serait d'accroître la représentativité de l'Assemblée nationale et ainsi de restaurer en partie le lien avec l'électeur (qui semble s'être émoussé ainsi que le taux d'abstention record – 57 % – aux dernières élections législatives de 2017 l'indique) sans mettre en danger la stabilité du régime.

Le **nombre de parlementaires** est aussi l'objet de questionnements, l'efficacité du travail parlementaire étant gênée par le nombre élevé de membres dans les chambres (le nombre des députés était inférieur à 500 de 1962 à 1986). Par comparaison, l'Exécutif est un organe bien plus efficace pour la raison qu'il n'est pas une assemblée, élément qui a contribué à en renforcer la position au sein des institutions politiques. Le projet de loi organique qui accompagne le projet de loi constitutionnelle entend diminuer le nombre de députés à 433 et celui des sénateurs à 261.

De nombreux cas **d'inéligibilité et d'incompatibilité** ont pour but de contribuer à faire élire des parlementaires aptes à décider dans l'intérêt général en évitant les conflits d'intérêts, les pressions qui pourraient être exercées sur eux, en protégeant l'indépendance de certaines fonctions, en évitant que la position favorable que leurs fonctions peuvent induire pour leurs titulaires influence leur élection.

À noter

L'inéligibilité empêche une personne de se porter candidate à l'élection et ainsi d'être élue.

L'incompatibilité n'empêche pas d'être élu mais oblige, après l'élection, à faire un choix entre les fonctions incompatibles.

Par ex., sont inéligibles, dans les circonscriptions du ressort de leurs fonctions, les préfets, sous-préfets, certains magistrats, officiers et sous-officiers de gendarmerie, fonctionnaires de police, militaires et l'inéligibilité se prolonge un certain temps après la fin des fonctions (art. LO 128 et s. du code électoral).

À leur entrée en fonction, les parlementaires doivent adresser à la Haute Autorité pour la transparence de la vie publique des déclarations de patrimoine et d'intérêts, qu'elle contrôle et rend publiques. Une déclaration de patrimoine est également déposée à la fin des fonctions. Ces obligations s'accompagnent d'une sanction dissuasive (trois ans d'emprisonnement et 45 000 € d'amende : LO 135-1 et s).

Concernant les incompatibilités (art. LO 137 et s. du code), elles se sont accrues. Le cumul des mandats de député et de sénateur est prohibé ; un parlementaire national ne peut appartenir en même temps au Parlement européen (loi du 14 févr. 2014) ; les fonctions juridictionnelles sont incompatibles avec un mandat parlementaire ; les parlementaires ne peuvent être fonctionnaires ; un parlementaire ne peut pas être par ailleurs élu dans plus d'une assemblée délibérante locale (sauf au conseil municipal d'une commune de moins de 1000 hab.) et la loi organique du 14 févr. 2014 (applicable depuis le renouvellement de 2017) empêche désormais le cumul d'un mandat de parlementaire avec le mandat d'exécutif local ; le mandat de parlementaire est également incompatible avec certaines activités privées (par ex. dirigeant d'entreprise bénéficiant de subventions de l'État, d'organismes publics, d'entreprises exécutant des travaux pour l'État).

Les parlementaires, qui n'exercent pas de mandat impératif (art. 27 C) bénéficient sur le plan judiciaire d'**immunités** protégeant leurs fonctions et couvrant les opinions et votes émis dans l'exercice de leurs fonctions à l'assemblée (art. 26

al. 1 C) ; en ce qui concerne les actes qui ne sont pas liés aux fonctions et qui sont susceptibles de recevoir une qualification de crime ou délit, les parlementaires ne sont pas irresponsables (l'assemblée peut cependant demander la suspension des poursuites durant le mandat), mais sont inviolables sauf si la mesure est autorisée par le bureau de leur assemblée (autorisation inutile en cas de crime ou délit flagrant ou encore en cas de condamnation définitive) ; même en cas d'autorisation, l'assemblée peut demander la suspension des mesures durant le mandat (art. 26 al. 2 et 3 C).

L'organisation et le fonctionnement des assemblées sont régis en partie par leur règlement (obligatoirement contrôlé par le Cons. const.) ; elles gèrent leur budget et leur personnel de façon autonome.

La Constitution prévoit toutefois le régime des sessions : depuis 1995, les assemblées siègent en **session ordinaire unique** (art. 28 C) de neuf mois du premier jour ouvrable d'octobre au dernier jour ouvrable de juin (le Premier ministre peut prolonger la session). Pour limiter la puissance du Parlement, les constituants de 1958 avaient instauré deux sessions de trois mois chacune environ, mais cela entravait trop le travail parlementaire. Durant ces sessions, les chambres organisent librement leur travail par leur règlement (jours, horaires des séances…). À la demande du Premier ministre ou de la majorité des membres de l'Assemblée nationale, une **session extraordinaire** peut être ouverte sur un ordre du jour déterminé, par décret du président de la République compétent également pour clore cette session (art. 29 et 30 C). Elle est en pratique quasi-automatique afin de terminer l'examen des textes en cours.

Les séances sont publiques et le compte rendu intégral des débats est publié au JO (art. 33 C).

Les chambres désignent leur président (art. 32 C), et leur règlement prévoit différents organes de direction et de travail (bureau, conférence des présidents, commissions, groupes parlementaires).

4. Exercice – Commentaire d'arrêt (4)

Conseils méthodologiques

Le commentaire d'arrêt (4) : la rédaction

Remarque préalable : il est indispensable de **relire** le devoir (au fur et à mesure de la rédaction afin que ce travail paraisse moins fastidieux) pour corriger toutes les fautes d'orthographe et de syntaxe.

Le devoir se présente comme suit :

Introduction : rédigée au brouillon, et donc seulement recopiée ; elle se termine par l'annonce des deux parties du commentaire.

Titre du I (il apparaît clairement dans le devoir)

Chapeau introductif

Le chapeau contient 2 éléments :

– la formulation et l'explication de l'intitulé de la partie.

– l'annonce des A et B.

Titre du A (titre apparent dans le devoir)

Développements du A

Pour plus de clarté, et afin d'éviter tout développements dont l'objet serait autre que le commentaire de la solution, il est possible de découper la sous-partie ainsi :

– citer ou résumer la partie de la solution qui va être commentée dans ce A.

– expliquer cette partie de la solution à l'aide des connaissances personnelles (droit écrit, jurisprudence, pratique, positions doctrinales…).

– proposer un indispensable commentaire de la solution à la lumière des explications données, qui n'est pas nécessairement très long, mais qui fera du devoir un commentaire d'arrêt et non une simple paraphrase.

=>*Transition A/B*

La transition fait brièvement le lien entre la sous-partie qui vient d'être rédigée et celle qui va débuter.

Titre du B (titre apparent)

Développements du B (idem que A)

=>*Transition I/II*

Elle fait le lien entre les deux parties.

Titre du II (titre apparent)

Chapeau introductif (idem que le chapeau introductif du I)

Titre du A (titre apparent)

Développements du A (idem que A et B de la partie I)

=>*Transition A/B* (idem que dans la partie I)

Titre du B (titre apparent)

Développements du B (idem que A et B de la partie I)

La conclusion n'est pas indispensable, mais peut permettre d'insister sur le principal commentaire ou de faire le lien avec une question connexe.

Sujet : Cons. const., n° 2014-689 DC du 13 févr. 2014, *Loi organique interdisant le cumul de fonctions exécutives locales avec le mandat de député ou de sénateur*

(...) 13. (...) que le législateur organique a estimé que le mandat de député ou de sénateur ne pouvait plus être cumulé avec l'exercice de mandats exécutifs locaux ainsi que de certaines fonctions de présidence ou de vice-présidence d'assemblées délibérantes de collectivités territoriales ; qu'il a précisément défini la liste des mandats dont le cumul est ainsi interdit ; qu'il lui était loisible de renforcer les incompatibilités entre fonctions électives, dès lors qu'il estimait que le cumul de tels mandats ou fonctions, en particulier le cumul du mandat parlementaire avec des fonctions exécutives locales, ne permettait pas à leur titulaire de les exercer de façon satisfaisante ; (...)

15. Considérant que, si le législateur peut prévoir des incompatibilités entre mandats électoraux ou fonctions électives et activités ou fonctions professionnelles, la restriction ainsi apportée à l'exercice de fonctions publiques doit être justifiée, au regard des exigences découlant de l'article 6 de la Déclaration de 1789, par la nécessité de protéger la liberté de choix de l'électeur, l'indépendance de l'élu ou l'indépendance des juridictions contre les risques de confusion ou de conflits d'intérêts (...) ;
19. Considérant que le législateur a institué des interdictions qui, par leur portée, n'excèdent pas manifestement ce qui est nécessaire pour protéger la liberté de choix de l'électeur, l'indépendance de l'élu ou prévenir les risques de confusion ou de conflits d'intérêts (...) ;

22. Considérant que pour le député qui se trouve dans un des cas d'incompatibilité avec l'exercice de mandats locaux ou de fonctions électives locales, la possibilité de démissionner dans un délai de trente jours est restreinte à la démission d'un des mandats ou de la fonction détenus antérieurement (...) ;

23. Considérant que les dispositions de l'article 6, qui ne méconnaissent aucune exigence constitutionnelle, sont conformes à la Constitution ; (...)

36. Considérant que le législateur organique a ainsi étendu aux démissions résultant de l'application des dispositions des articles L.O. 137, L.O. 137-1, L.O. 141 et L.O. 141-1 ainsi qu'aux démissions d'office résultant de l'application des dispositions des articles L.O. 136-2, L.O. 151-2 et LO. 151-3, la disposition prévoyant le remplacement du parlementaire élu au scrutin

Exercice

majoritaire par la personne élue en même temps que lui à cet effet ; que les dispositions des paragraphes I, II et III de l'article 8 de la loi organique, qui maintiennent l'interdiction du remplacement du parlementaire par la personne élue en même temps que lui à cet effet en cas d'annulation de l'élection, ne méconnaissent aucune exigence constitutionnelle ; qu'elles sont conformes à la Constitution ; (…)

42. Considérant qu'aux termes de l'article 12 de la loi organique : « La présente loi organique s'applique à tout parlementaire à compter du premier renouvellement de l'assemblée à laquelle il appartient suivant le 31 mars 2017 » ; qu'il en résulte notamment une entrée en vigueur de l'ensemble des dispositions de loi déférée aux sénateurs lors du renouvellement du Sénat de septembre 2017 ; que les dispositions de la loi organique seront applicables à l'ouverture de la session ordinaire qui suit cette élection tant aux sénateurs faisant l'objet d'une nouvelle élection qu'aux sénateurs élus lors du renouvellement de septembre 2014 ; que l'article 12 de la loi organique est conforme à la Constitution (…non-conformité partielle).

Corrigé

S'inscrivant dans l'objectif de moralisation de la vie publique, les lois ordinaire et organique du 14 févr. 2014 étendent les interdictions de cumul des mandats et introduisent en particulier le non-cumul, très attendu pour certains et fortement contesté par d'autres, entre le mandat de parlementaire (national et européen) et le mandat exécutif local. Progressivement introduites dans le droit français à partir de 1985, les règles relatives au non-cumul des mandats semblaient manifestement insuffisantes en 2012 puisque, ainsi que le rapport réalisé par la Commission de rénovation et de déontologie de la vie publique présidée par L. Jospin le relevait, environ 80 % des parlementaires restaient en situation de cumul, dont, pour plus de la moitié, avec des fonctions exécutives locales. Les longs débats au Parlement (neuf mois) ont finalement abouti au vote de ces deux textes validés presqu'entièrement par le Cons. const. La loi organique concerne les incompatibilités avec le mandat des parlementaires nationaux, conformément à l'art. 25 C et doit être obligatoirement contrôlée par le juge constitutionnel devant ainsi examiner si les incompatibilités introduites et leurs conséquences étaient bien conformes aux principes constitutionnels régissant les élections politiques, en particulier, l'égalité devant le suffrage et le libre choix de l'électeur. Laissant une grande marge d'appréciation au législateur, le Cons. const. a, dans sa décision peu prolixe du 13 févr. 2014, validé très largement le texte et ainsi approuvé la démarche du législateur. Le Cons. const. a confirmé le contrôle minimum qu'il effectue sur les incompatibilités avec le mandat parlementaire (I) et s'est contenté de ratifier les conséquences induites par les nouveaux cas de non-cumul (II).

I. La confirmation du contrôle minimum effectué par le juge sur les incompatibilités avec le mandat parlementaire

[*Chapeau*] La loi organique soumise au juge élargit les incompatibilités entre le mandat parlementaire et d'autres fonctions tant électives que professionnelles ; le Conseil accorde dans les deux cas un pouvoir discrétionnaire au législateur, très large dans le premier (A) plus modéré dans le second (B).

A. Le large pouvoir discrétionnaire accordé au législateur en matière d'incompatibilités entre des fonctions électives

[*Résumé de la partie de la solution commentée*] Le Cons. const. déduit de la liste d'incompatibilités introduite par l'art. LO 141-1 du code électoral la volonté du législateur d'empêcher le cumul entre le mandat parlementaire et le mandat d'exécutif local entendu largement comme incluant les fonctions d'adjoint et de vice-président, y compris des établissements publics de coopération intercommunale. Il se contente de constater la précision de la liste puis de rappeler qu'il est « loisible » au législateur de renforcer les incompatibilités entre fonctions électives afin que leur titulaire puisse les exercer « de façon satisfaisante ».

[*Explications à la lumière de ses connaissances*] Le cumul entre le mandat au Parlement et la fonction d'exécutif local était très fréquent (par ex. les fameux députés-maires ou sénateurs-maires) bien que particulièrement critiquable. La volonté politique affichée de renforcer la confiance des citoyens dans leurs élus ne peut plus s'accommoder avec le constat des bancs vides des assemblées parlementaires, ou du cumul (bien que plafonné) des indemnités de fonction ; en outre, l'idée même de décentralisation et de division des pouvoirs qu'elle implique est méconnue par ces cumuls. Les lois antérieures restaient trop timides : l'interdiction de cumul du mandat parlementaire avec plus d'un mandat d'élu local notamment ne s'était pas attaqué au principal cas de cumul comme diverses études, dont le rapport de la Commission Jospin, l'ont mis en lumière.

[*Commentaires*] En laissant au législateur un pouvoir discrétionnaire particulièrement large, le Conseil indique qu'il reste à l'écart de cette question politique dès lors que la loi est précise et claire. Il reconnaît toutefois implicitement le motif politique poursuivi par le législateur (l'exercice satisfaisant des fonctions) et, en validant les nouvelles dispositions, semble se rallier à la position du législateur.

[*Transition*] Tout en laissant une liberté à la loi pour définir les incompatibilités professionnelles, le juge la modère légèrement.

B. Le pouvoir discrétionnaire modéré accordé au législateur en matière d'incompatibilités professionnelles

L'incompatibilité avec des fonctions professionnelles, en empêchant l'accès à des emplois publics, peut heurter l'art. 6 DDHC (égal accès à ces emplois sans autre distinction que les vertus et talents). D'un autre côté, ces incompatibilités assurent la liberté de choix de l'électeur et l'indépendance de l'élu, découlant, même si le Conseil ne le rappelle pas explicitement, de l'art. 3 C (souveraineté du peuple, suffrage égal et secret : l'électeur doit pouvoir faire un choix éclairé entre des candidats aptes à le représenter et donc, à agir dans l'intérêt général). Il convient dès lors de concilier ces deux séries d'exigences, démarche très familière au juge qui se contente d'un contrôle minimum, ne sanctionnant qu'une conciliation « manifestement » déséquilibrée. Rien de tel ici, l'ajout de fonctions au sein de sociétés d'économie mixte et même de fonctions gratuites mais qui font intervenir l'élu *ès qualités* ayant pour objet de prévenir les conflits d'intérêts. Le Conseil applique ici sa jurisprudence désormais constante qui permet au législateur de faire progresser les garanties de probité des élus et, plus largement, du personnel politique et des agents publics.

Après avoir validé les nouvelles incompatibilités, le Cons. const. se borne à ratifier les conséquences qu'elles induisent.

II. La simple ratification par le juge des conséquences induites par les nouveaux cas de non-cumul

Les restrictions à la faculté de choisir entre les fonctions incompatibles (A) et à la tenue d'élections législatives partielles (B) résultant d'une incompatibilité sont validées sans difficulté par le Cons. const. qui se borne à constater la conformité des dispositions de la loi organique à la Constitution.

A. La limitation du choix entre les fonctions incompatibles entérinée par le juge

Jusqu'à la loi organique de 2014, le parlementaire se trouvant dans un cas d'incompatibilité avec un mandat électif local disposait d'un délai de trente jours à compter de l'élection qui le plaçait dans cette situation pour choisir le mandat duquel il démissionnait et, à défaut de choix spontané, le mandat le plus ancien prenait fin de plein droit. La loi organique soumise au juge met fin à cette faculté pour le parlementaire d'opter pour le mandat national ou local duquel il démissionne : en cas d'incompatibilité avec une fonction d'élu local, le parlementaire doit démissionner de l'un des mandats antérieurs dans le même délai de trente jours et, à défaut d'option, le mandat le plus ancien prend fin de plein droit. Logiquement, le législateur a également prévu que si la situation de cumul pouvait perdurer un temps (délai de trente jours), le cumul d'indemnités en revanche n'est pas permis : l'élu ne perçoit que l'indemnité liée à sa fonction de parlementaire et éventuellement l'indemnité liée au mandat local qui n'est pas incompatible avec celui de parlementaire. Constatant simplement que ces dispositions « ne méconnaissent aucune exigence constitutionnelle » le Cons. const. les déclare « conformes à la Constitution ». La loi de 2014 marque ainsi un durcissement : déjà, le délai d'option de trente jours avait été introduit par une loi organique du 14 avr. 2011. Aucun fondement juridique ni motif n'est indiqué par le Cons. const. qui semble approuver ces mesures tendant incontestablement à la moralisation de la vie politique et poursuivant l'objectif d'exemplarité des élus que le législateur s'est assigné depuis quelque temps. Les mandats électifs ne doivent pas donner lieu à des stratégies de la part de leur titulaire ni leur permettre un enrichissement indu. Si les parlementaires auteurs de la saisine du Conseil contre la loi ordinaire du 14 févr. 2014 avaient invoqué la méconnaissance de l'art. 8 DDHC, considérant l'obligation de démissionner du mandat le plus ancien comme une sanction automatique, le Conseil rappelle qu'il n'est aucunement question d'une sanction à caractère de punition à laquelle peut seule s'appliquer cette disposition. Le Conseil aurait même pu aller plus loin et préciser qu'il n'est même pas question de sanction. Quant aux arguments, pour le moins fallacieux, fondés sur les atteintes prétendument portées à la liberté de choix de l'électeur et à l'indépendance de l'élu ou à l'égalité devant la loi, le Conseil les rejette rapidement, rappelant de manière lapidaire que les mesures contestées n'ont d'autre but que de permettre à l'élu d'exercer effectivement son mandat. Dans la décision commentée, le juge ne prend même pas la peine d'écarter ces arguments. Il n'éprouve pas non plus le besoin de justifier la validation de la réduction des élections législatives partielles.

B. La limitation des élections législatives partielles approuvée par le juge

L'art. 25 C rend compétent le législateur organique pour fixer les règles relatives à la suppléance applicables au Parlement. Jusqu'à 2014, il était ainsi prévu que le suppléant élu en même temps que le parlementaire (député et sénateur élu au scrutin majoritaire) remplaçait ce dernier en cas de décès, nomination au Cons. const. ou en tant que Défenseur des droits, prolongation au-delà de six mois d'une mission temporaire confiée par le Gouvernement ; de même le suppléant remplaçait temporairement le parlementaire nommé au Gouvernement. Les élections législatives partielles étaient réservées aux cas d'annulation des opérations électorales d'une circonscription, aux causes de vacance autres et en cas d'inapplicabilité des dispositions relatives à la suppléance. Pour que les élections législatives partielles, perturbatrices du jeu politique, soient exceptionnelles, la loi de 2014 permet qu'en cas de vacance pour cause de démission de mandats électifs incompatibles (qu'elle a donc augmentés), le suppléant remplace le parlementaire, ce que le Conseil se contente de valider sans justification, tant elle paraissait superflue. Entré en vigueur pour tous les parlementaires en 2017, le texte ainsi validé par le Conseil marque une grande avancée pour la démocratie en favorisant le renouvellement des élus, même si les incompatibilités entre mandats électifs (locaux) et non électifs (élu local et membre du Gouvernement) pourraient encore être complétées.

Thème 9

La fonction législative du Parlement

La fonction législative est l'une des deux attributions du Parlement (à côté de la fonction de contrôle de l'Exécutif). Confondue avec le Parlement durant le XIXe siècle au moment où la démocratie s'est consolidée dans le monde, cette fonction est désormais largement **partagée** avec l'Exécutif (*cf.* thème 7), que le régime soit présidentiel ou parlementaire, car elle permet à ce dernier de mettre en œuvre son programme politique.

Lorsque le Parlement est bicaméral, les prérogatives législatives des deux chambres ne sont pas forcément identiques, le **bicamérisme pouvant être égalitaire ou inégalitaire.**

En tout état de cause, la fonction législative du Parlement, même partagée, reste essentielle en ce qu'elle permet aux représentants du peuple de **discuter des textes de lois et de les adopter** par un vote à la majorité.

Définition préalable

L'initiative des lois est le pouvoir de proposer des textes de loi ou d'**amender** les textes de loi en discussion, c'est-à-dire d'en proposer des modifications.

En général, un « projet de loi » est un texte élaboré par l'Exécutif et une « proposition de loi », un texte émanant de parlementaires.

1. La fonction législative du Parlement dans le régime présidentiel

Malgré la séparation rigide des pouvoirs et leur autonomie de principe, l'Exécutif intervient dans la fonction législative, mais son intervention se borne, au début du processus d'élaboration de la loi, à un pouvoir d'initiative, limité, puis, à la fin du processus, à un pouvoir de veto qui doit être manié avec mesure (*cf.* thème 7). Ainsi, le Président américain n'intervient pas durant les débats et le vote des lois par le Congrès. Ce dernier apparaît alors comme un fort contre-pouvoir au Président qui, faute de pouvoirs juridiques pour faciliter l'adoption des lois mettant en œuvre son programme, est contraint sans cesse de convaincre les parlementaires, dont la majorité ne lui est pas toujours favorable, et lorsqu'elle l'est, le bipartisme souple rend incertain son soutien au Président.

Par ailleurs, aux États-Unis, où le bicamérisme est lié au fédéralisme, les deux chambres ont en principe les mêmes pouvoirs législatifs ; autrement dit, le bicamérisme est égalitaire en matière législative.

- **L'initiative des lois**, appartient aux **deux assemblées**. En pratique, les représentants, deux fois plus nombreux que les sénateurs, sont essentiellement à l'origine des projets de lois.

En matière fiscale, la Constitution attribue à la seule Chambre des représentants l'initiative des lois, contrebalancée par le pouvoir d'amendement du Sénat (art. I, sect. 7 C) et par sa faculté de rejeter les textes votés par les représentants.

Constitution des USA

Art. I, sect. 7 : « 1. Tout projet de loi comportant la levée d'impôts émanera de la Chambre des représentants ; mais le Sénat pourra proposer ou y apporter des amendements comme aux autres projets de loi ».

Le **Président** n'a pas l'initiative des lois officiellement, mais il l'exerce par le biais des messages adressés au Congrès (*cf.* thème 7).

Il peut également exercer l'initiative des lois plus indirectement en tentant de convaincre des parlementaires de proposer une loi.

En matière budgétaire, il revient au Président de préparer un projet de budget qu'il présentera au Congrès, depuis le *Budget and Accounting Act* de 1921.

Il faut aussi noter la pression exercée par les ***lobbies*** sur les parlementaires pour déposer des projets de loi.

Passée l'initiative, le Président n'intervient plus dans la procédure législative avant que la loi votée définitivement par le Congrès lui soit transmise pour signature.

– Une fois le projet de loi déposé auprès de la chambre à laquelle appartient le parlementaire qui en est à l'origine, le texte est examiné par l'une des **commissions permanentes** organisées par le règlement intérieur des assemblées (une vingtaine dans chacune des deux assemblées).

Leurs prérogatives sont très étendues ; en particulier, elles peuvent procéder à l'audition de toute personne et, notamment, des membres de l'Administration. En refusant d'examiner les projets de loi, elles ont le pouvoir d'enterrer ces textes ; en pratique, une petite minorité de projets parvient à dépasser ce stade de la procédure législative.

– Après l'examen en commission, le projet de loi doit être inscrit à **l'ordre du jour** pour une discussion en séance plénière par la chambre. À la Chambre des représentants, l'ordre du jour est fixé par la commission des règles, tandis qu'il est déterminé par le chef de la majorité au Sénat.

– Les **débats** en séance plénière s'ouvrent sur le texte adopté par la commission permanente. Ils ont pour caractéristique de ne pas être organisés : les amendements ne sont pas ou peu limités et les textes peuvent ainsi subir de profondes modifications, le temps de parole n'est pas ou peu contrôlé et l'obstruction se pratique largement au Sénat pour empêcher l'adoption des textes, les parlementaires ont une liberté de vote totale. L'efficacité du travail législatif du Parlement s'en trouve très affectée.

– Un texte adopté à la majorité des membres dans la première chambre saisie est transmis à l'autre qui doit l'adopter à l'issue de la même procédure. En cas de désaccord entre les deux assemblées, une commission de conciliation, composée paritairement de membres des deux chambres, peut être réunie afin de voter un texte de compromis qui devra ensuite être approuvé par les chambres ; à défaut, le projet est abandonné (ce qui arrive fréquemment), le bicamérisme égalitaire empêchant de donner le dernier mot à l'une des chambres.

Une fois le texte **adopté à l'identique par les chambres**, il est transmis au Président qui doit signer la loi ou peut opposer son veto.

Ainsi, le Président, même s'il peut être de fait à l'initiative de textes, n'a aucun moyen de s'assurer que le texte soit adopté par le Congrès. Le clivage idéologique entre démocrates et républicains qui semble s'accentuer depuis la présidence de B. Obama, provoque des situations de blocage. En particulier, en matière budgétaire, il revient au seul Congrès de voter les crédits demandés par l'Exécutif dans son projet (art. I, sect. 8 et 9). Il arrive ainsi que le désaccord entre les deux chambres ou entre le Parlement et le Président (qui se manifeste par l'utilisation du droit de veto) conduise à empêcher le budget d'être adopté à temps, et provoque l'arrêt temporaire du fonctionnement de l'Administration (***shutdown***). Cette situation s'est produite une vingtaine de fois déjà, et ces derniers temps, pour des périodes longues (plus d'un mois entre la fin 2018 et le début 2019, la nouvelle majorité démocrate à la Chambre des représentants ayant rejeté le projet de budget, provoquant le plus long *shutdown* connu jusque-là).

Art. I, sect. 8 C: « Le Congrès aura le pouvoir : – De lever et de percevoir des taxes, droits, impôts et excises, de payer les dettes (…) ».

Sect. 9 : « 7. Aucune somme ne sera prélevée sur le Trésor, si ce n'est en vertu d'affectations de crédits stipulées par la loi ».

Le Congrès a donc un vrai pouvoir de décision en matière législative et dispose d'ailleurs de services à la hauteur.

2. La fonction législative du Parlement dans les régimes parlementaires

En raison du lien devant exister entre les deux organes exécutif et législatif en régime parlementaire (*cf.* thème 5), le Gouvernement doit pouvoir compter sur sa majorité parlementaire pour que les lois mettant en œuvre son programme politique soient votées. Par suite, la fonction législative du Parlement fait largement intervenir le Gouvernement, que ce soit directement ou par l'intermédiaire de sa majorité parlementaire. La **rationalisation** de la procédure législative permet de renforcer son rôle mais diminue celui du Parlement. La procédure législative est donc plus ou moins maîtrisée par l'Exécutif. Si la très grande majorité des projets de loi discutée par le Parlement est issue de l'Exécutif, l'équilibre du régime suppose que les chambres ne se bornent pas à entériner les textes mais puissent effectivement délibérer et modifier les projets de l'Exécutif.

– L'initiative des textes est toujours **partagée** entre l'Exécutif et le Parlement, mais celle du Gouvernement est toujours prépondérante en pratique ; il est d'ailleurs doté des services administratifs nécessaires à une rédaction soignée de projets de loi. En outre, le projet de budget, qui permet de financer les actions prévues par le Gouvernement lorsqu'il établit sa politique, est toujours nécessairement préparé par lui.

Parmi les propositions des parlementaires, celles de la majorité ont logiquement plus de chances d'être examinées puis adoptées ; les propositions de l'opposition pourront progresser seulement sur des sujets qui font l'objet d'un consensus politique.

Exemple de l'Allemagne

Art. 76 C : « (1) Les projets de loi sont déposés au Bundestag par le Gouvernement fédéral, par des membres du Bundestag ou par le Bundesrat ».

L'initiative est partagée entre Exécutif et Parlement, mais en pratique, la plupart des lois sont élaborées par l'Exécutif.

*Les parlementaires n'ont **pas d'initiative individuelle** : les propositions de loi émanent soit de la majorité du Bundesrat soit d'un groupe parlementaire du Bundestag ou de 5 % au moins de ses membres.*

« (2) Les projets du Gouvernement fédéral sont d'abord soumis au Bundesrat. Le Bundesrat a le droit de prendre position sur ces projets dans un délai de six semaines. S'il demande une prolongation du délai pour un motif important, tenant notamment à l'ampleur d'un projet, le délai est de neuf semaines. Même lorsque la prise de position du Bundesrat ne lui a pas encore été notifiée, le Gouvernement fédéral peut transmettre au Bundestag après trois semaines un projet qu'il a exceptionnellement qualifié de particulièrement urgent lors de sa transmission au Bundesrat, ou après six semaines lorsque le Bundesrat a formulé la demande prévue à la troisième phrase ; il doit faire parvenir la prise de position du Bundesrat au Bundestag sans délai après réception… ».

« (3) Les projets du Bundesrat sont soumis dans les six semaines au Bundestag par le Gouvernement fédéral. À cette occasion, le Gouvernement fédéral doit normalement exprimer son point de vue. S'il demande une prolongation des délais pour un motif important, tenant notamment à l'ampleur d'un projet, le délai est de neuf semaines. Lorsque, exceptionnellement, le Bundesrat a qualifié un projet de particulièrement urgent, le délai est de trois semaines, ou de six semaines lorsque le Gouvernement fédéral a formulé la demande prévue à la troisième phrase… Le Bundestag doit discuter des projets et se prononcer dans un délai raisonnable ».

Le Gouvernement doit transmettre ses projets au Bundesrat pour avis (en revanche, le projet de budget est soumis en même temps aux deux assemblées : art. 110 al. 3 C).

Inversement les rares propositions du Bundesrat sont communiquées au Gouvernement pour avis.

Après ces avis, projets et propositions sont déposés par le Gouvernement au Bundestag où s'ouvre la discussion.

Les propositions du Bundestag n'ont en revanche pas à être transmises au Bundesrat pour un avis préalable, ce qui rend la procédure plus rapide pour ces propositions, et incite souvent le Gouvernement à passer par sa majorité à la chambre basse pour faire déposer des propositions de loi, en particulier en cas d'urgence.

Au **Royaume-Uni**, les députés peuvent être à l'origine de propositions de loi mais les projets du Gouvernement sont très majoritaires ; en outre, le budget est toujours préparé par le Gouvernement.

En **Italie**, selon l'art. 71 C, l'initiative des lois appartient au Gouvernement et aux parlementaires des deux chambres individuellement (ainsi qu'aux autres organes désignés par la Constitution et au peuple, *cf.* thème 1). En outre, l'art. 70 C précise d'emblée que « La fonction législative est exercée collectivement par les deux chambres », et montre ainsi le **bicamérisme égalitaire** qui règne dans cet État.

– Les projets et propositions de loi sont ensuite **discutés** au Parlement. Le Gouvernement intervient en général pour faire progresser les textes auxquels il tient.

Le texte doit d'abord être inscrit à l'ordre du jour de l'assemblée devant laquelle il est déposé. Il appartient très fréquemment au Gouvernement de décider des textes à discuter en priorité, et même si les organes du Parlement peuvent intervenir, il s'agit de membres qui appartiennent à la majorité ou bien la majorité dispose d'une part prépondérante (par ex., en Allemagne, le comité des doyens fixe l'ordre du jour du Bundestag).

En général, une **commission** examine en premier lieu le projet ou la proposition avant que le débat s'ouvre en **séance plénière**. Souvent les débats sont encadrés (prise de parole et temps de parole) et les amendements limités.

Exemple de l'Allemagne

Le **bicamérisme est ici inégalitaire**, le *Bundesrat* n'a qu'un pouvoir réduit dans la procédure législative.

Par ailleurs, le **Gouvernement n'intervient pas** dans la discussion des textes.

Après son inscription à l'ordre du jour de l'assemblée plénière du *Bundestag*, le projet ou la proposition de loi fait l'objet de **trois lectures**.

Lors de la **première lecture**, soit le comité des doyens ou un groupe parlementaire considère que le texte nécessite déjà des débats (lorsqu'il est controversé, ou parce qu'il est attendu), soit le texte est rapidement examiné afin de le confier à une commission permanente (spécialisée par matière et composée de représentants de tous les groupes parlementaires, y compris donc l'opposition).

La **commission** entame un travail approfondi sur le texte et peut modifier le texte. Le rapport de la commission établi à l'issue des débats est présenté à l'assemblée plénière du *Bundestag*.

S'ouvre alors la **deuxième lecture**, à partir du texte et des propositions de la commission, et permet aux membres de l'assemblée de déposer amendements. La deuxième lecture débute par un examen général puis une discussion article par article bien que souvent, les députés votent sur l'ensemble du texte.

S'ouvre enfin la **troisième lecture** qui permet de voter sur le texte, en principe sans nouveaux débats, sauf à la demande d'un groupe parlementaire ou d'un certain nombre de députés, qui peuvent alors déposer de nouveaux amendements (mais uniquement concernant des dispositions modifiées en deuxième lecture).

En pratique, les débats sont assez rapides et efficaces, les groupes parlementaires assurant une certaine discipline de la majorité.

Si le texte est adopté par le *Bundestag*, il est transmis au ***Bundesrat*** qui peut **soit l'approuver, soit opposer un veto**. En revanche, il ne peut pas modifier la loi adoptée par le *Bundestag*. Il peut seulement, s'il est en désaccord avec le texte, saisir une commission de conciliation composée paritairement de membres des deux assemblées parlementaires. L'absence de compris n'empêche pas le texte d'entrer en vigueur si la chambre basse adopte de nouveau le texte, à la majorité absolue. Elle a donc le **dernier mot**.

Si la Chambre haute oppose son veto (ce qui reste rare en pratique), le *Bundestag* peut le surmonter, selon des conditions de majorité variables : « Si l'opposition est votée à la majorité des voix du Bundesrat, elle peut être levée par une délibération prise à la majorité des membres du Bundestag. Si le

Bundesrat a voté l'opposition à une majorité des deux tiers au moins de ses voix, la levée de l'opposition par le Bundestag requiert une majorité des deux tiers et, au moins, la majorité des membres du Bundestag» (art. 77 al. 4 C).

Toutefois, **pour certaines lois, l'accord du *Bundesrat* est obligatoire** (par ex., logiquement, les lois relatives aux compétences administratives des *Länder*, les lois relatives aux relations entre l'État fédéral et les États fédérés), si bien qu'il dispose alors d'un droit de veto définitif.

La loi est enfin promulguée par le Président fédéral.

Le bicamérisme inégalitaire règne aussi en **Espagne**: le projet ou la proposition doit nécessairement être déposé devant le **Congrès des députés** qui doit en discuter, d'abord **en commission** (sauf pour les textes les plus simples) **puis en séance plénière**. Une fois le texte adopté par le Congrès des députés, il est **transmis au Sénat** (art. 90 al. 1 C) qui peut soit l'approuver dans les mêmes termes, soit opposer son veto, à la majorité absolue, soit introduire des amendements à la majorité simple. Dans le premier cas, le texte est adopté définitivement. Dans les deux autres hypothèses, le texte retourne devant la chambre basse afin qu'elle procède à une **deuxième lecture** (art. 90 al. 2 C). Le Congrès peut alors approuver ou rejeter les amendements du Sénat, à la majorité simple. Pour lever un veto du Sénat, un vote à la majorité absolue est requis (passé un délai de 2 mois, un vote à la majorité relative est cependant suffisant).

L'art. 75 al. 2 C permet aux chambres de déléguer l'examen et l'adoption des projets et propositions à une commission permanente (sauf certains textes comme le budget), mais l'assemblée plénière peut à tout moment revendiquer la discussion et le vote de ce texte.

Par ailleurs, la Constitution espagnole accorde une priorité à l'examen des projets de loi du Gouvernement (art. 89 al. 1 C).

Au **Royaume-Uni**, le Gouvernement détermine l'ordre du jour des assemblées.

Les projets et propositions sont examinés en premier lieu par l'une ou l'autre chambre, et la procédure se déroule en plusieurs étapes. En **première lecture**, le texte est seulement lu afin d'être présenté officiellement à la chambre, mais aucun débat n'a lieu. En **deuxième lecture**, le texte est débattu (sans pouvoir être amendé) et il est soit rejeté soit accepté, et, dans ce cas, transmis pour un examen détaillé à une commission.

Une **commission** est composée pour chaque texte examiné (il n'existe pas de commissions permanentes spécialisées) et comprend des membres de la majorité et de l'opposition.

La commission examine le texte article par article, mais son rôle n'est pas déterminant. À ce stade, des amendements peuvent être déposés, discutés et votés par la commission. À la Chambre des communes, les amendements sont discutés dans un temps imparti et la commission peut choisir de ne pas examiner certains amendements. Les amendements adoptés sont intégrés directement au texte.

La discussion en **séance plénière** s'ouvre ensuite sur le texte adopté par la commission. Le texte ne fait l'objet ici que d'un examen d'ensemble. De nouveaux amendements peuvent être déposés et discutés, même si le *Speaker* peut refuser l'examen de ceux qu'il estime inopportuns (« pratique du kangourou »).

À l'issue de la **troisième lecture** a lieu le vote tendant à l'adoption du texte. La seconde chambre procède alors à l'examen du texte en suivant les mêmes étapes. Si cette chambre adopte un texte différent, alors il est de nouveau soumis à la première chambre saisie, et ainsi de suite (« ping-pong »), jusqu'à adoption d'un texte en termes identiques. La **Chambre des communes a cependant le dernier mot** en adoptant le même texte lors de deux sessions annuelles successives. En outre, la Chambre des Lords ne peut s'opposer en deuxième ou troisième lecture à un projet de loi prévu dans le programme du Gouvernement. Également, les Lords ont perdu presque tous leurs pouvoirs législatifs en matière financière, notamment pour la loi de finances (*Parliament Acts* de 1911 et 1949) : ils n'ont pas d'initiative en la matière (y compris pour amender le projet), ils sont forcément saisis après la chambre basse et ne peuvent rejeter ces textes financiers réputés adoptés par le Parlement un mois après la transmission aux Lords.

Cette inégalité des deux chambres s'explique par le recrutement des Lords (*cf.* thème 8) même si la chambre haute en pratique fait preuve d'une certaine indépendance par rapport à la majorité et peut éviter des excès de sa part ; en outre, son travail sérieux améliore la qualité des textes de loi.

Le **Gouvernement maîtrise largement** le processus ; notamment, il peut limiter le temps d'examen du projet de texte et empêcher la discussion de tous les amendements. Malgré l'institutionnalisation de l'opposition très peu de propositions de lois aboutissent.

En Italie, le **bicamérisme égalitaire** se traduit aussi au stade de la discussion et de l'adoption des lois. Le règlement des assemblées donne au Gouvernement des outils pour contrôler la procédure en particulier lorsque les textes sont urgents ou pour éviter l'obstruction parlementaire.

Constitution italienne

Art. 72 C : « Tout projet de loi, présenté à l'une des chambres est, suivant les dispositions de son règlement, examiné par une commission et ensuite par l'assemblée elle-même qui l'approuve, article par article et par un vote final...

Il [le règlement] peut aussi prévoir dans quels cas et selon quelles formes l'examen et l'approbation des projets de loi sont soumis à des commissions, même permanentes, composées de manière à reproduire la représentation proportionnelle des groupes parlementaires. Même dans ces cas, jusqu'au moment de son adoption définitive, le projet de loi est renvoyé à l'assemblée, si le gouvernement ou un dixième des membres de l'assemblée ou un cinquième de la commission demande qu'il soit discuté et voté par l'assemblée elle-même ou bien qu'il ne soit soumis à son approbation finale que par des déclarations de vote...

La procédure normale d'examen et d'approbation directe par l'assemblée est toujours adoptée pour les projets de loi en matière constitutionnelle et électorale et pour ceux portant délégation législative, autorisation de ratifier des traités internationaux, approbation de budgets et de comptes ».

*L'Italie présente la particularité de permettre **l'adoption de lois (sauf les plus importantes) par des commissions législatives** pour gagner du temps ; ces « petites-loi » sont en pratique très fréquentes.*

3. La fonction législative du Parlement en France

A. La fonction législative du Parlement dans l'histoire constitutionnelle française

De la Révolution française découle la suprématie de la loi (exprimée par la DDHC, *cf.* thème 3), œuvre du Parlement qui représente le souverain. Par conséquent, dans la Constitution de 1791, le domaine de la loi est illimité, l'Assemblée est seule titulaire de l'initiative des lois qu'elle discute et vote sans intervention de l'Exécutif, le roi pouvant seulement « inviter le Corps législatif à prendre un objet en considération » (titre III, ch. III, sect. I, art. 1), notamment lors de l'ouverture de la session parlementaire (titre III, ch. III, sect. IV, art. 1) et opposer un veto suspensif (*cf.* thème 7).

Constitution de 1791

Titre III, ch. II, sect. 1, art. 3 : « Il n'y a point en France d'autorité supérieure à celle de la loi. Le roi ne règne que par elle, et ce n'est qu'au nom de la loi qu'il peut exiger l'obéissance ».

Ch. III, sect. I, art. 1 : « La Constitution délègue exclusivement au Corps législatif les pouvoirs et fonctions ci-après : 1° De proposer et décréter les lois (...) ».

Sect. II, art. 3 : « Aucun acte législatif ne pourra être délibéré et décrété que dans la forme suivante ».

Art. 4 : « Il sera fait trois lectures du projet de décret, à trois intervalles, dont chacun ne pourra être moindre de huit jours ».

Art. 5 : « La discussion sera ouverte après chaque lecture ; et néanmoins, après la première ou seconde lecture, le Corps législatif pourra déclarer qu'il y a lieu à l'ajournement ou qu'il n'y a pas lieu à délibérer ; dans ce dernier cas le projet de décret pourra être représenté dans la même session. Tout projet de décret sera imprimé et distribué avant que la seconde lecture puisse en être faite ».

Art. 6 : « Après la troisième lecture, le président sera tenu de mettre en délibération, et le Corps législatif décidera s'il se trouve en état de rendre un décret définitif, ou s'il veut renvoyer la décision à un autre temps, pour recueillir de plus amples éclaircissements ».

Art. 7 : « Le Corps législatif ne peut délibérer, si la séance n'est composée de deux cents membres au moins, et aucun décret ne sera formé que par la pluralité absolue des suffrages ».

On note l'exigence d'un ***quorum.***

L'assimilation entre l'Assemblée et la loi sera encore plus nette avec la Constitution de 1793 (inappliquée), et maintenue par le Directoire. Le **bicamérisme inégalitaire** introduit par la **Constitution de 1795** conduit à confier des rôles distincts aux deux chambres durant la procédure législative : le **Conseil des Cinq-Cents a seul l'initiative** des propositions de loi (art. 76 et 109 C) qu'il peut, au terme de débats (toujours en trois lectures : art. 77 C), adopter (si le quorum de deux cents membres est respecté : art. 75 C) ; ces « résolutions » (art. 79 C) sont ensuite transmises au **Conseil des Anciens** compétent pour en discuter à son tour, et, au bout de trois lectures (art. 91 C), durant lesquelles **aucun amendement** ne peut être introduit par la chambre, **en bloc** (art. 95

C), **soit les approuver** et leur donner la qualité de lois (art. 92 C) toujours en respectant un quorum de cent vingt-six membres (art. 85 C), **soit les rejeter.** La loi est ensuite promulguée par l'Exécutif qui a perdu son droit de veto.

Sous les régimes de 1799 et 1804, à l'inverse, le pouvoir législatif est confisqué aux chambres par l'Exécutif. Ce dernier a seul l'initiative des lois (art. 25 et 44 C de 1799), épaulé par le Conseil d'État créé en 1799 (et dont les membres sont nommés et révoquée « à volonté » par le Premier consul : art. 41 C) qui rédige les projets. Les projets ne sont pas débattus par les chambres qui ne peuvent pas non plus les amender.

Le Tribunat, à qui sont transmis les projets de loi, en discute mais ne peut qu'émettre un vœu à leur sujet, dépourvu de tout effet contraignant. Quant au Corps législatif, il est ensuite chargé d'adopter ou de rejeter les projets de loi, sans en débattre, mais seulement après avoir entendu des représentants du Gouvernement (membres du Conseil d'État), et des membres du Tribunat. Le Premier consul promulgue les lois finalement.

Constitution de 1799

Art. 28 : « Le Tribunat discute les projets de loi ; il en vote l'adoption ou le rejet. Il envoie trois orateurs pris dans son sein, par lesquels les motifs du vœu qu'il a exprimé sur chacun de ces projets sont exposés et défendus devant le Corps législatif… ».

Art. 29 : « Il exprime son vœu sur les lois faites et à faire, (…). Les vœux qu'il manifeste en vertu du présent article, n'ont aucune suite nécessaire, et n'obligent aucune autorité constituée à une délibération ».

Art. 34 : « Le Corps législatif fait la loi en statuant par scrutin secret, et sans aucune discussion de la part de ses membres, sur les projets de loi débattus devant lui par les orateurs du Tribunat et du gouvernement ».

Art. 52 : « Sous la direction des consuls, un Conseil d'État est chargé de rédiger les projets de lois (…) ».

Constitution de 1804

Art. 81 : « Les séances ordinaires sont composées des membres du Corps législatif, des orateurs du Conseil d'État, des orateurs des trois sections du Tribunat ».

Art. 82 : « En séance ordinaire, le Corps législatif entend les orateurs du Conseil d'État et ceux des trois sections du Tribunat, et vote sur le projet de loi ».

Art. 96 : « Chaque section [du Tribunat] discute séparément et en assemblée de section, les projets de lois qui lui sont transmis par le Corps législatif (…) ».

Art. 97 : « En aucun cas les projets de lois ne peuvent être discutés par le Tribunat en assemblée générale ».

Sous la Restauration et la monarchie de Juillet, de nouveau, les assemblées discutent et votent les lois. Même si le roi reste prépondérant (il propose, promulgue et sanctionne la loi), les prérogatives des chambres s'accroissent, plus notablement en 1830 : elles obtiennent le droit d'initiative et donc d'amendement des projets de lois tandis que sous l'Empire de la Charte de 1814, les chambres pouvaient seulement « supplier le roi de proposer une loi sur quelque objet que ce soit, et d'indiquer ce qu'il leur paraît convenable que la loi contienne » (art. 19), et tout amendement était nécessairement « proposé ou consenti par le roi » (art. 46).

Chartes de 1814 et 1830

Art. 15 puis art. 14 : « La puissance législative s'exerce collectivement par le roi, la Chambre des pairs, et la Chambre des députés des départements ».

Art. 16 : « Le roi propose la loi », qui devient l'**art 15 en 1830** : « La proposition des lois appartient au roi, à la Chambre des pairs et à la Chambre des députés. Néanmoins toute loi d'impôt doit être d'abord votée par la Chambre des députés ».

Art. 17 : « La proposition de la loi est portée, au gré du roi, à la Chambre des pairs ou à celle des députés, excepté la loi de l'impôt, qui doit être adressée d'abord à la Chambre des députés ».

On note dès 1814 la priorité donnée à la chambre basse, représentant le peuple, pour discuter les lois en matière financière.

Art. 18 puis art. 16 : « Toute la loi doit être discutée et votée librement par la majorité de chacune des deux chambres ».

Art. 54 puis art. 46 : « Les ministres peuvent être membres de la Chambre des pairs ou de la Chambre des députés. Ils ont en outre leur entrée dans l'une ou l'autre Chambre, et doivent être entendus quand ils le demandent ».

Le travail du Parlement se fait donc sous la surveillance de l'Exécutif.

Sous la IIe République, l'Assemblée redevient forte : elle détient l'initiative des lois qu'elle partage avec le Président ; indépendante de l'Exécutif, elle discute et vote la loi (le Président n'a pas de droit de veto).

Constitution de 1848

Art. 40 : « La présence de la moitié plus un des membres de l'Assemblée est nécessaire pour la validité du vote des lois ».

Art. 41 : « Aucun projet de loi, sauf les cas d'urgence, ne sera voté définitivement qu'après trois délibérations, à des intervalles qui ne peuvent pas être moindres de cinq jours ».

On retrouve des dispositions inspirées des Constitutions postrévolutionnaires.

Art. 49 : « Il [le Président] a le droit de faire présenter des projets de loi à l'Assemblée nationale par les ministres ».

Art. 75 : « Le Conseil d'État est consulté sur les projets de loi du Gouvernement qui, d'après la loi, devront être soumis à son examen préalable, et sur les projets d'initiative parlementaire que l'Assemblée lui aura renvoyés ».

Le Conseil d'État créé en 1799 est conservé mais ses membres sont nommés par l'Assemblée (art. 72 C). Il est associé par ses avis à la préparation des lois.

En 1852, le Corps législatif est soumis à l'Empereur, si bien que sa faculté de discuter et de voter les lois (art. 39 C) doit être tempérée ; il ne peut proposer des lois (jusqu'en 1867) et ses amendements, pour être discutés, sont nécessairement approuvés au préalable par le Conseil d'État (art. 40 C, toutefois assoupli par le sénatus-consulte du 18 juill. 1866) qui redevient l'auxiliaire de l'Exécutif qu'il était en 1799 (ses membres sont nommés et révoqués par le Président qui le préside ; il élabore les projets de loi et défend les projets au nom du Gouvernement devant l'Assemblée : art. 48 à 51 C). Le Président, qui détient seul l'initiative des lois (art. 8 C) doit sanctionner et promulguer les lois (art. 10 C).

Le sénatus-consulte du 8 sept. 1869 accorde également l'initiative des lois au Corps législatif; en outre, si les amendements de l'Assemblée sont toujours soumis à l'examen du Conseil d'État, celui-ci ne rend qu'un avis qui n'empêche pas la chambre de discuter de cet amendement. La même modification de la Constitution accroît les pouvoirs financiers du Parlement qui vote désormais un budget (dont les dépenses sont détaillées par ministères, chapitres et articles) par chapitres.

La **IIIe République** organise un **bicamérisme égalitaire**, et, par conséquent, les deux chambres du Parlement ont les mêmes attributions en matière législative. L'initiative des lois est ainsi partagée entre le président de la République et les membres des deux assemblées parlementaires (art. 3 de la loi du 25 févr. 1875 relative à l'organisation des pouvoirs publics). La Chambre des députés doit cependant examiner en premier lieu les lois de finances.

La procédure législative, décrite dans le règlement des assemblées, est dès lors maîtrisée par les chambres. L'Exécutif n'intervient pas dans la fixation de l'ordre du jour des assemblées qui peuvent choisir de ne pas examiner les projets de loi gouvernementaux.

Les textes sont examinés d'abord par l'une des **commissions parlementaires, aux larges prérogatives**, qui s'autorisent à en modifier substantiellement le contenu, surtout lorsqu'il s'agit des projets gouvernementaux.

Les débats en séance plénière s'ouvrent à partir du texte remanié par la commission saisie. À l'inverse du Gouvernement, députés comme sénateurs disposent du droit d'amender les textes qui doivent être adoptés en termes identiques par les deux chambres à l'issue d'une éventuelle **navette** parlementaire par laquelle les chambres se renvoient le projet ou la proposition de loi.

La loi est finalement promulguée par le président de la République.

Cette large autonomie législative des chambres a été l'un des instruments de leur domination au sein des institutions de la IIIe République. De nouveau loi et Parlement se confondent alors que ce dernier est devenu le souverain à la place du peuple. Le légicentrisme s'en trouve consolidé. La loi, expression de la volonté générale, peut intervenir dans tout domaine: tout acte voté par le Parlement est donc une loi (définition organique ou formelle de la loi). Le domaine d'intervention du Parlement n'est pas limité par la Constitution.

Loi du 24 févr. 1875, relative à l'organisation du Sénat

Art. 8: « Le Sénat a, concurremment avec la Chambre des députés, l'initiative et la confection des lois. Toutefois, les lois de finances doivent être, en premier lieu, déposées à la Chambre des députés et votées par elle ».

Pourtant, en dépit de sa puissance, le Parlement, divisé, montre son incapacité à voter des mesures efficaces. Cette inadaptation se révèle avec éclat à partir de la Première Guerre mondiale puis de la crise de 1929: l'urgence à agir pour redresser la situation financière conduit le Parlement à donner au Gouvernement le droit d'agir par décrets-lois; ce procédé devient habituel. Le Parlement, par une loi, habilite l'Exécutif à agir par décrets à sa place durant quelques mois et dans certains domaines (en général, en matière économique), y compris pour modifier une loi existante. Une fois édictés par le Gouvernement, les décrets-lois devenaient des lois si le Parlement les ratifiait (assez formellement en pratique). Ainsi, des réformes essentielles sont réalisées par le Gouvernement.

Sous la IVe République, la grande liberté du Parlement dans la confection de la loi et sa souveraineté demeurent. Le Gouvernement n'intervient pas dans la fixation de l'ordre du jour parlementaire, ne peut amender le texte en discussion et les projets peuvent être modifiés largement en commission.

La Constitution de 1946 renoue avec un **bicamérisme inégalitaire**. Le Conseil de la République est très affaibli en matière législative puisqu'en réalité, il n'a pas de pouvoir de décision, simplement un pouvoir consultatif. Si ses membres ont l'initiative des lois, ils ne peuvent diminuer les recettes ou créer des dépenses. En outre, ses amendements peuvent être rejetés par l'Assemblée nationale en deuxième (et dernière) lecture. Enfin, la chambre basse est destinataire en premier lieu des projets gouvernementaux.

La révision constitutionnelle de 1954 redonne la qualité de chambre parlementaire au Conseil de la République : il vote la loi malgré le dernier mot laissée à l'Assemblée nationale au terme de la navette dont la durée est limitée, l'Assemblée n'a plus la priorité d'examen des projets sauf concernant les projets de budget (art. 16 C).

Constitution de 1946

Art. 13 : « L'Assemblée nationale vote seule la loi. Elle ne peut déléguer ce droit ».

Art. 15 : « L'Assemblée nationale étudie les projets et propositions de loi dont elle est saisie, dans des commissions dont elle fixe le nombre, la composition et la compétence ».

Art. 20 issu de la loi constitutionnelle du 7 déc. 1954 : « Tout projet ou proposition de loi est examiné successivement par les deux Chambres du Parlement en vue de parvenir à l'adoption d'un texte identique. À moins que le projet ou la proposition n'ait été examiné par lui en première lecture, le Conseil de la République se prononce au plus tard dans les deux mois qui suivent la transmission du texte adopté en première lecture par l'Assemblée nationale… Si le Conseil de la République ne s'est pas prononcé dans les délais prévus au précédents alinéas, la loi est en état d'être promulguée dans le texte voté par l'Assemblée nationale. Si l'accord n'est pas intervenu, l'examen se poursuit devant chacune des deux Chambres… A défaut d'accord dans un délai de cent jours à compter de la transmission du texte au Conseil de la République pour deuxième lecture… l'Assemblée nationale peut statuer définitivement en reprenant le dernier texte voté par elle ou en le modifiant par l'adoption d'un ou plusieurs amendements proposés à ce texte par le Conseil de la République… ».

L'incapacité persistante du Parlement explique la reconduction et la multiplication des délégations accordées au Gouvernement pour agir par décrets-lois, à la place du législateur, en dépit, au demeurant, de l'art. 13 de la Constitution de 1946.

B. La fonction législative du Parlement sous la Ve République

La rationalisation du régime parlementaire et le fait majoritaire placent le Gouvernement en maître de la procédure législative sous la Ve République, ce qui lui permet de conduire la politique de la nation (art. 20 C) définie par le programme présidentiel. Le Parlement n'en est pas pour autant devenu une simple chambre d'enregistrement, dans la mesure où les parlementaires ont le pouvoir de discuter, de modifier, et de voter les textes (art. 24 C) et, par ce biais, de contrôler l'action de l'Exécutif, rôles renforcés par la révision constitutionnelle du 23 juill. 2008. Cependant, bien que la majorité ne se montre pas toujours docile et que l'opposition dispose de quelques moyens, le Parlement peut difficilement empêcher les excès du Gouvernement.

- Pour rationaliser le régime parlementaire en 1958, les constituants ont avant tout délimité le **domaine de la loi**. En réalité, cette délimitation s'avère peu utile pour limiter le Parlement, puisque la logique de la Ve République veut qu'il revient à l'Exécutif et non plus au Parlement de décider quand il faut légiférer. Par suite, si l'**art. 34 C** énumère les matières dans lesquelles une loi peut être votée, donnant à la loi une compétence d'attribution, le pouvoir réglementaire disposant d'une compétence de droit commun (**art. 37 al. 1 C**), le domaine de la loi reste en pratique **illimité** et la définition de la loi n'est pas devenue matérielle mais reste organique et formelle.

Cette situation, qui sert l'Exécutif et non plus le Parlement (mais qui soulève une autre question, celle de l'inflation législative : *cf.* thème 10), est approuvée par le Cons. const. En effet, la Constitution prévoit deux mécanismes (art. 41 et 37 al. 2 C) permettant au Gouvernement de protéger le domaine réglementaire des empiétements de la loi (ou plutôt du Parlement dans l'esprit des constituants de 1958). Or, le Cons. const., à partir de 1982, a déduit du caractère facultatif de l'utilisation de ces procédures que le constituant n'a pas entendu rendre une loi inconstitutionnelle du seul fait qu'elle est intervenue en matière réglementaire (**n° 82-143 DC, 30 juill. 1982,** ***Blocage des prix et des revenus***).

Art. 41 C: « S'il apparaît au cours de la procédure législative qu'une proposition ou un amendement n'est pas du domaine de la loi ou est contraire à une délégation accordée en vertu de l'article 38, le Gouvernement (…) peut opposer l'irrecevabilité.

En cas de désaccord entre le Gouvernement et le Président de l'Assemblée intéressée, le Conseil constitutionnel, à la demande de l'un ou de l'autre, statue dans un délai de huit jours ».

L'exception d'irrecevabilité *peut être opposée par le Gouvernement à une* ***proposition de loi ou un amendement des parlementaires*** *qui est intervenu en dehors du domaine de la loi (ou dans une matière que le Parlement a déléguée au Gouvernement par ordonnance : cf. infra),* ***durant la discussion du texte*** *qui cesse de ce fait, le temps que le Gouvernement et le président de l'assemblée qui examine le texte déterminent la nature législative ou réglementaire de la disposition en cause ; à défaut d'accord, le Cons. const. pourra être saisi pour, le cas échéant et dans un bref délai, reconnaître le caractère réglementaire du texte, et, par suite, son irrecevabilité. Cette procédure, qui évite le vote d'une loi débordant du domaine législatif, est très rarement mise en œuvre par le Gouvernement.*

Art. 37 al. 2 C : « Les textes de forme législative intervenus en ces matières [celles du domaine réglementaire] peuvent être modifiés par décrets pris après avis du Conseil d'État. Ceux de ces textes qui interviendraient après l'entrée en vigueur de la présente Constitution ne pourront être modifiés par décret que si le Conseil constitutionnel a déclaré qu'ils ont un caractère réglementaire en vertu de l'alinéa précédent ».

Cette procédure de ***déclassement (ou délégalisation)*** *permet au Gouvernement de* ***modifier par voie réglementaire une loi déjà votée*** *mais qui empiète sur le domaine réglementaire. Les lois votées avant la définition d'un domaine de la loi (1958) mais qui, depuis, ne relèvent plus de ce domaine, peuvent être modifiées par décret après avis conforme du CE quant au caractère réglementaire du texte. Pour les lois votées après 1958, le Cons. const. doit préalablement déclarer leur caractère réglementaire.*

- Le Gouvernement qui intervient très largement dans la **procédure législative**, du début à la fin du processus, a les moyens juridiques pour faire voter les lois qu'il souhaite, avec l'appui de la majorité parlementaire. Sans être nulle, la marge de manœuvre du Parlement est dès lors réduite, trop pour faire efficacement contrepoids à l'Exécutif.

– L'**initiative de la loi** (art. 39 C), partagée juridiquement entre le **Premier ministre** (qui en droit est seul compétent au sein de l'Exécutif pour déposer des **projets de loi**, même si en pratique ces projets peuvent traduire la volonté du chef de l'État ou d'un ministre qui aura pu convaincre le Premier ministre) et les parlementaires (pouvant individuellement déposer des **propositions de loi**). En pratique toutefois, même si plusieurs centaines de propositions sont déposées chaque session, 80 à 90 % des lois qui entrent en vigueur sont à l'origine des projets ou des propositions déposées par un parlementaire de la majorité sur demande du Premier ministre (par stratégie politique ou pour éviter l'avis obligatoire du CE). Cela résulte du fait que le Gouvernement dirige la procédure législative mais aussi du fait que les projets sont rédigés par ses nombreux services compétents et bénéficient de l'avis du CE ; ils sont donc plus aboutis.

Art. 39 C : « L'initiative des lois appartient concurremment au Premier ministre et aux membres du Parlement.

Les projets de loi sont délibérés en conseil des ministres après avis du Conseil d'État et déposés sur le bureau de l'une des deux Assemblées. Les projets de loi de finances et de loi de financement de la sécurité sociale sont soumis en premier lieu à l'Assemblée nationale. Sans préjudice du premier alinéa de l'article 44, les projets de loi ayant pour principal objet l'organisation des collectivités territoriales sont soumis en premier lieu au Sénat ».

*Tous les **projets de loi sont obligatoirement soumis à l'avis du CE** : s'il ne lie pas le Gouvernement, il est presque toujours suivi. L'expertise du CE lui permet en particulier, sur le plan formel, de procéder au toilettage du texte (reformulation voire réécriture de parties du texte), et au fond, d'attirer l'attention du Gouvernement sur les risques d'inconstitutionnalité du projet.*

Le Premier ministre peut déposer le projet de loi sur le bureau de l'une des deux assemblées, au choix, sauf en ce qui concerne les projets de loi de finances et ceux qui concernent la décentralisation.

« La présentation des projets de loi déposés devant l'Assemblée nationale ou le Sénat répond aux conditions fixées par une loi organique.

Les projets de loi ne peuvent être inscrits à l'ordre du jour si la Conférence des présidents de la première assemblée saisie constate que les règles fixées par la loi organique sont méconnues. En cas de désaccord entre la Conférence des présidents et le Gouvernement, le président de l'assemblée intéressée ou le Premier ministre peut saisir le Conseil constitutionnel qui statue dans un délai de huit jours ».

La loi organique du 15 avr. 2009 précise que les projets de lois sont précédés d'un ***exposé des motifs*** *(qui expose les raisons d'être du texte) et font l'objet d'une* ***étude d'impact*** *(qui doit notamment exposer le but du texte, son articulation avec le droit existant, les avantages et inconvénients du projet sur les plan économique, social, financier, environnemental). À défaut, le texte risque de ne pas être inscrit à l'ordre du jour de l'assemblée, sanction toutefois peu effective car elle dépend de la conférence des présidents dominée par la majorité.*

« Dans les conditions prévues par la loi, le président d'une assemblée peut soumettre pour avis au Conseil d'État, avant son examen en commission, une proposition de loi déposée par l'un des membres de cette assemblée, sauf si ce dernier s'y oppose ».

À la différence des projets, les propositions ne bénéficient pas obligatoirement de l'expertise technique et juridique du CE ; depuis la révision constitutionnelle de 2008, pour améliorer les chances des propositions de devenir des lois, il est possible, selon des modalités inutilement complexes prévues par la loi du 15 juin 2009, de soumettre les propositions au CE pour avis : la décision revient au président de l'assemblée à laquelle appartient le parlementaire auteur du texte, ce dernier pouvant s'y opposer. En pratique, ***très peu de propositions sont transmises au CE*** *(moins de dix par législature).*

La proposition est déposée sur le bureau de l'assemblée à laquelle appartient son auteur et est précédée d'un exposé des motifs.

– Une fois déposé sur le bureau de l'une des deux assemblées, le projet ou la proposition de loi est examiné par le Parlement. Le Gouvernement peut intervenir à chaque étape.

Le texte fait d'abord l'objet d'un examen par l'une des **commissions** permanentes de la chambre (plus rarement, une commission spéciale, *ad hoc* et temporaire, peut être constituée), dans le cadre de séances qui ne sont **pas publiques**. Le texte est discuté article par article et des amendements peuvent déjà être déposés tant par les parlementaires de la commission que par le Gouvernement (art. 44 C).

Le Cons. const. déduit de cet article notamment le droit, pour le Gouvernement, de participer aux travaux en commission, lorsque sont examinés tant les projets que les propositions de loi ainsi que leurs amendements, et le droit d'être présent lors des votes sur ces textes ; une loi organique ou le règlement des assemblées ne peuvent limiter ou empêcher ce droit (n° 2009-579 DC, 9 avr. 2009).

La commission vote sur les amendements, les articles, puis sur l'ensemble du texte. À l'issue de l'examen du texte, le membre de la commission qui a été désigné comme rapporteur rédige le rapport de la commission, document détaillé contenant une présentation du texte, un compte-rendu des débats de la commission, l'état du droit positif actuel, les changements qu'apporterait le texte, les changements qu'apporterait le texte modifié par les amendements adoptés en commission et divers documents annexes (par ex., le compte-rendu des éventuelles auditions auxquelles la commission a procédé, les amendements rejetés) ; ce rapport fait partie du dossier législatif et est distribué à tous les parlementaires en vue du débat en séance plénière.

Art. 43 C : « Les projets et propositions de loi sont envoyés pour examen à l'une des commissions permanentes dont le nombre est limité à huit dans chaque assemblée.

À la demande du Gouvernement ou de l'assemblée qui en est saisie, les projets ou propositions de loi sont envoyés pour examen à une commission spécialement désignée à cet effet ».

Tous les parlementaires font partie d'une commission permanente, composée proportionnellement au poids des groupes politiques de l'assemblée. Il en existe actuellement huit à l'Assemblée nationale et sept au Sénat; leur domaine de compétences est précisé dans le règlement des chambres.

Pour diminuer le pouvoir du Parlement, les constituants de 1958 avaient limité le rôle des commissions qui, sous les IIIe et IVe Républiques, pouvaient dénaturer les projets de loi : leur nombre avait été porté à six par assemblée, et la discussion en séance plénière s'ouvrait, concernant les projets, non sur le texte tel que remanié par la commission mais sur le texte présenté par le Gouvernement.

La révision constitutionnelle du 23 juill. 2008 a **revalorisé le rôle des commissions** en augmentant leur nombre afin de constituer des groupes moins nombreux et donc plus efficaces, en prévoyant expressément que le droit d'amendement peut s'exercer en commission et enfin en posant la règle selon laquelle le débat en séance plénière s'ouvre sur le texte (projet ou proposition) amendé par la commission (art. 42 al. 1 C), sauf en ce qui concerne les projets de loi de finances et les projets de loi constitutionnelle (art. 42 al. 2 C). La durée du travail en commission a été allongée : l'art. 42 al. 3 C depuis 2008 dispose désormais que « la discussion en séance, en première lecture, d'un projet ou d'une proposition de loi ne peut intervenir, devant la première assemblée saisie, qu'à l'expiration d'un délai de six semaines après son dépôt. Elle ne peut intervenir, devant la seconde assemblée saisie, qu'à l'expiration d'un délai de quatre semaines à compter de sa transmission ».

Le travail de la commission achevé, le texte est prêt à être discuté en séance plénière, à condition qu'il soit inscrit à l'**ordre du jour**. Jusqu'en 1958, le Parlement fixait librement l'ordre du jour de ses séances. La rationalisation du régime en 1958 a conduit dans un premier temps à permettre au Gouvernement d'inscrire prioritairement les projets et propositions de son choix. La révision constitutionnelle de 2008 a mis fin à cet ordre du jour prioritaire au profit d'un partage de la fixation de l'ordre du jour entre le Gouvernement et le Parlement (art. 48 al. 2 C). Malgré tout, le Gouvernement reste privilégié dans la fixation de l'ordre du jour.

Art. 48 C: « Sans préjudice de l'application des trois derniers alinéas de l'article 28, l'ordre du jour est fixé par chaque assemblée ».

L'organe chargé d'arrêter l'ordre du jour est la ***conférence des présidents*** *de l'assemblée : elle comprend le président et les vice-présidents de l'assemblée, les présidents des commissions permanentes (et éventuellement des commissions spéciales), les rapporteurs généraux de certaines commissions (commission des finances, commission des affaires sociales), le président de la commission des affaires européennes, les présidents de groupes, éventuellement, un représentant du Gouvernement. Cet organe se compose donc en grande partie de* ***parlementaires de la majorité****.*

« Deux semaines de séance sur quatre sont réservées par priorité, et dans l'ordre que le Gouvernement a fixé, à l'examen des textes et aux débats dont il demande l'inscription à l'ordre du jour ».

À côté des deux semaines du Gouvernement, les Assemblées peuvent donc désormais décider de l'ordre du jour des séances deux semaines sur quatre ; sur ces deux semaines, une (dite ***semaine de l'Assemblée nationale ou du Sénat****) sera consacrée à l'examen des projets et propositions de loi selon l'ordre du jour décidé par la chambre.*

« En outre, l'examen des projets de loi de finances, des projets de loi de financement de la sécurité sociale et, sous réserve des dispositions de l'alinéa suivant, des textes transmis par l'autre assemblée depuis six semaines au moins, des projets relatifs aux états de crise et des demandes d'autorisation visées à l'article 35 est, à la demande du Gouvernement, inscrit à l'ordre du jour par priorité ». (...)

Par exception, le Gouvernement conserve le pouvoir de faire inscrire par priorité à l'ordre du jour certains textes indispensables à la mise en œuvre de la politique de la nation (textes financiers dont l'examen occupe la majeure partie des séances lors des deux premiers mois de la session, textes discutés par l'autre assemblée depuis un certain temps ou qui présentent un caractère d'urgence : état de crise, déclaration de guerre).

« Un jour de séance par mois est réservé à un ordre du jour arrêté par chaque assemblée à l'initiative des groupes d'opposition de l'assemblée intéressée ainsi qu'à celle des groupes minoritaires ».

*Les groupes qui ne font pas partie de la majorité peuvent, par cette « **niche parlementaire** », maîtriser l'ordre du jour **une séance par mois**. Même si les textes inscrits ont peu de chance d'être votés en raison du fait majoritaire, ils permettent de contrôler le Gouvernement.*

Le projet ou la proposition inscrit à l'ordre du jour fait l'objet d'un **débat en séance plénière, publique**.

Gouvernement et rapporteur de la commission en font une présentation pour que s'engage une discussion générale sur le texte, qui ne donne pas lieu à un vote. Dans les conditions prévues par le règlement de chaque assemblée (inscription préalable, temps de parole limité), des parlementaires de chaque groupe peuvent prendre la parole.

Le texte est ensuite discuté article par article et des amendements peuvent de nouveau être déposés et discutés, tant par le Gouvernement que par les parlementaires (art. 44 C). Les orateurs, préalablement inscrits, peuvent s'exprimer dans un temps limité. Logiquement, la majorité parvient le plus souvent à faire adopter les amendements qu'elle propose, tandis que rares sont les amendements de l'opposition qui sont adoptés.

Le droit d'amendement, bien qu'essentiel pour permettre aux parlementaires d'améliorer le texte et de contrôler l'action du Gouvernement, est souvent un moyen pour l'opposition de faire obstruction au travail de la majorité et de l'Exécutif, ce qui appauvrit la qualité des débats. Pour éviter cette utilisation dilatoire, la recevabilité des amendements est encadrée par la Constitution, complétée par la loi organique, le règlement des assemblées et contrôlée par les organes des assemblées (en commission et en séance publique) puis par le Cons. const. lorsqu'il est saisi du contrôle de la loi.

L'irrecevabilité des amendements

Art. 40 C : « *Les propositions et amendements formulés par les membres du Parlement ne sont pas recevables lorsque leur adoption aurait pour conséquence soit une diminution des ressources publiques, soit la création ou l'aggravation d'une charge publique* ».

Cette **irrecevabilité financière** signifie qu'un amendement parlementaire (ou une proposition de loi) ne peut avoir pour effet soit de diminuer une ressource publique sans compenser par l'augmentation d'une autre, soit d'augmenter une dépense (même en compensant par la diminution d'une autre). Elle est contrôlée systématiquement en commission et en séance.

Art. 41 C: Cet article permet au Gouvernement ou au président de l'assemblée saisie d'opposer (en commission et en séance) l'irrecevabilité des amendements parlementaires qui ne sont pas du domaine de la loi.

Art. 44 C: « *Les membres du Parlement et le Gouvernement ont le droit d'amendement. Ce droit s'exerce en séance ou en commission selon les conditions fixées par les règlements des assemblées, dans le cadre déterminé par une loi organique.*

Après l'ouverture du débat, le Gouvernement peut s'opposer à l'examen de tout amendement qui n'a pas été antérieurement soumis à la commission » *(...).*

L'Exécutif oppose peu en pratique cette irrecevabilité, car **peu d'amendements ne sont pas soumis à la commission.**

Art. 45 C: « *(...) Sans préjudice de l'application des articles 40 et 41, tout amendement est recevable en première lecture dès lors qu'il présente un lien, même indirect, avec le texte déposé ou transmis* ».

La recevabilité des amendements suit la règle de l'« **entonnoir** » : en première lecture, les amendements sont en principe recevables, sauf s'ils constituent un « cavalier législatif » (amendement sans aucun lien avec le texte). En revanche, le Cons. const. impose après la première lecture que les amendements soient en relation directe avec une disposition restant en discussion.

Loi organique n° 2009-403 du 15 avr. 2009

Art. 13: Les amendements sont écrits, sommairement motivés.

Les amendements des parlementaires sont irrecevables en séance s'ils n'ont pas été déposés dans le délai fixé par le règlement de l'assemblée, et, en l'absence de délai prévu dans le règlement, après le début de l'examen du texte. Ne sont pas concernés les amendements du Gouvernement ou de la commission.

Art. 16: Les règlements des assemblées peuvent organiser une procédure d'examen simplifiée d'un texte conduisant à ne discuter en séance que le texte tel qu'adopté en commission, sauf opposition du Gouvernement, du président de la commission ou d'un président de groupe; par ex. au Sénat, la procédure de législation en commission peut s'appliquer à un texte ou une partie du texte; dans ce cas, le droit d'amendement des sénateurs et du Gouvernement ne s'exerce (sauf exception) qu'en commission.

Art. 17: Les règlements des assemblées peuvent organiser une procédure imposant qu'un texte soit examiné en séance dans un délai maximum, réparti entre les groupes majoritaires et non majoritaires (proportionnellement à leur effectif); le temps écoulé, les amendements des parlementaires non discutés sont votés sans débat (par ex., à l'Assemblée nationale, le crédit-temps législatif programmé que la conférence des présidents peut décider d'appliquer à un texte).

Pour chaque article, tous les amendements recevables sont discutés et votés, puis un vote sur l'article a lieu. Au final, les parlementaires procèdent au vote de l'ensemble du texte de loi.

Art. 44 al. 3 C: «Si le Gouvernement le demande, l'Assemblée saisie se prononce par un seul vote sur tout ou partie du texte en discussion en ne retenant que les amendements proposés ou acceptés par le Gouvernement».

*Ce **vote bloqué** que le Gouvernement peut librement imposer à tout moment à l'assemblée plénière conduit à écourter les débats ou les éviter s'ils n'ont pas encore débuté.*

Le projet ou la proposition ainsi adopté en première lecture, il est transmis à la deuxième assemblée qui procède à l'examen du texte de la même manière que la première assemblée saisie (examen en commission, inscription à l'ordre du jour en vue des débats et votes en séance publique).

Si la deuxième assemblée n'adopte pas le texte dans les mêmes termes que la première, alors le texte est de nouveau transmis à cette dernière pour une deuxième lecture (lors de laquelle ne sont discutées que les dispositions que les chambres n'ont pas votées dans les mêmes termes). La **navette** se poursuit jusqu'à adoption du texte en termes identiques, mais le Gouvernement a le pouvoir de l'arrêter.

Art. 45 C: «*Tout projet ou proposition de loi est examiné successivement dans les deux assemblées du Parlement en vue de l'adoption d'un texte identique*». (…)

Les alinéas suivants permettent au Premier ministre d'arrêter la navette, lorsque la loi n'est pas adoptée **en principe après deux lectures** par chaque assemblée ou après une seule lecture si le Gouvernement a engagé la **procédure accélérée** (à laquelle les conférences des présidents des chambres peuvent s'opposer conjointement depuis la révision constitutionnelle de 2008), ce qui est très fréquent.

Le but est de provoquer la réunion d'une **commission mixte paritaire** (CMP) composée de sept députés et sept sénateurs, chargés, en dehors de la présence du Gouvernement, de trouver un texte de compromis sur les dispositions restant en discussion.

Depuis la révision de 2008, pour une proposition de loi, les présidents des deux assemblées peuvent conjointement être à l'initiative de la réunion de la CMP.

Si un texte de compromis est trouvé par la CMP, soit le Gouvernement soumet le texte aux chambres pour approbation (aucun amendement n'est recevable sauf accord du Gouvernement), soit il relance la navette (ce qui est rare).

Si les chambres rejettent le texte de compromis ou si la CMP n'a pas trouvé de texte de compromis, le Gouvernement peut transmettre le texte aux chambres pour une nouvelle lecture dans chacune et donner le **dernier mot à l'Assemblée nationale** (qui reprend le texte de la CMP ou bien le dernier texte qu'elle a voté en incluant si elle l'accepte des amendements adoptés par le Sénat). À défaut, le Gouvernement relance la navette (ce qui est rare).

L'Assemblée nationale ne peut avoir le dernier mot qu'à la majorité absolue de ses membres en ce qui concerne l'adoption des lois organiques (art. 46 C).

Le dernier mot ne peut être laissé à l'Assemblée nationale pour les lois organiques relatives au Sénat (art. 46 C) et pour les lois constitutionnelles (art. 89 C).

Même si les parlementaires modifient les textes de loi soumis à leur discussion et ne se contentent pas de les entériner par un vote automatique, le Gouvernement a donc de nombreux moyens, qu'il peut utiliser cumulativement (Cons. const., 30 mars 2006), pour faire en sorte que soient votés les seuls textes qu'il souhaite voir adopter (ordre du jour, irrecevabilités), en accélérer l'examen et imposer à sa majorité une discipline de vote (vote bloqué, procédure accélérée, réunion de la CMP, dernier mot à l'Assemblée nationale ainsi que procédure de l'art. 49 al. 3 permettant l'adoption d'un texte sans vote de l'Assemblée nationale *cf* thème 10).

Une fois la loi adoptée définitivement par le Parlement, elle est, en principe dans les quinze jours (art. 10 C), promulguée par le président de la République (qui a ici une compétence liée) et devient exécutoire. Le lendemain de sa publication au JO, ou à la date fixée par la loi, elle entre en vigueur (art. 1 du code civil). Le Premier ministre est chargé de son exécution (art. 21 C).

Par une procédure proche de celle des décrets-lois des IIIe et IVe Républiques, le Gouvernement a la possibilité d'intervenir dans le domaine de la loi par le biais d'**ordonnances** (art 38 C). Pensée à l'origine comme une procédure exceptionnelle, permettant au Gouvernement d'agir plus rapidement que par la voie législative ordinaire lorsque l'exécution de son programme l'exige, l'ordonnance est devenue un procédé habituel sous la Ve République ; or, le Parlement est largement tenu à l'écart du processus d'édiction de ces actes par lesquels le Gouvernement exerce le pouvoir législatif. L'utilisation excessive des ordonnances depuis les années 2000 est régulièrement dénoncée par la doctrine et les parlementaires.

La procédure des ordonnances de l'art. 38 C

Le Gouvernement demande au Parlement l'autorisation d'intervenir dans le domaine de la loi par le dépôt d'un **projet de loi d'habilitation**. Ce projet indique notamment les motifs de la demande d'autorisation, la durée pendant laquelle le Gouvernement sera autorisé à édicter des ordonnances.

Si le Parlement **vote la loi d'habilitation** (selon la procédure législative normale), le Gouvernement peut édicter des ordonnances qui doivent être obligatoirement soumises à l'avis du CE (il contrôle notamment leur conformité à la loi d'habilitation) puis délibérées en Conseil des ministres. Le Gouvernement les rédige donc et peut y associer des parlementaires. Elles sont enfin signées par le président de la République (art. 13 C) et entrent en vigueur avec la valeur juridique d'actes administratifs.

Le **délai d'habilitation** écoulé, le Gouvernement devient incompétent pour édicter de nouvelles ordonnances et pour modifier celles qu'il a déjà prises, dès lors qu'elles relèvent du domaine de la loi.

Les ordonnances peuvent **acquérir valeur de loi rétroactivement** : il faut pour cela que le Parlement vote le projet de **loi de ratification** que le Gouvernement doit avoir déposé devant lui dans un délai que prévoit la loi d'habilitation. À défaut de vote de ce projet par le Parlement, les ordonnances conservent leur valeur réglementaire (elles peuvent alors être contrôlées par le juge administratif, mais également par le Cons. const. saisi d'une QPC lorsque les dispositions de l'ordonnance relèvent du domaine de la loi ainsi que l'a admis le Conseil dans sa décision n° 2020-843 QPC du 28 mai 2020). En revanche, si le projet de loi de ratification n'est pas déposé dans le délai imparti, les ordonnances deviennent caduques, elles disparaissent donc de l'ordonnancement juridique rétroactivement.

En pratique, le procédé des ordonnances est devenu critiquable car le Gouvernement s'en sert pour éviter les débats au Parlement, et le Cons. const., qui peut être saisi pour contrôler les lois d'habilitation et de ratification, adopte une jurisprudence compréhensive à l'égard du Gouvernement.

L'habilitation peut résulter de l'adoption par le Parlement d'un amendement introduit dans une loi à l'initiative du Gouvernement (Cons. const., n° 2006-534 DC, 16 mars 2006), chose courante.

Alors que le recours aux ordonnances doit selon l'art. 38 C être motivé par l'exécution du programme de l'Exécutif et, implicitement, par la nécessité d'agir rapidement, les motifs invoqués par le Gouvernement sont largement admis par le juge constitutionnel : par ex., le simple encombrement de l'ordre du jour des assemblées.

Si l'art. 38 C évoque un délai limité d'habilitation, ce délai est devenu en pratique fort long sans que le Cons. const. ne le sanctionne ; il vérifie seulement l'adéquation entre la durée et l'étendue de l'habilitation. Or, sur ce point également, le champ de l'habilitation s'est au fil du temps beaucoup étendu (il ne peut toutefois s'étendre aux domaines que la Constitution réserve aux lois organiques et aux lois de finances), concerne des domaines essentiels (droit pénal, droit du travail...) et la censure du Cons. const. pour imprécision de la loi d'habilitation est rarissime. Les domaines peuvent être indiqués très vaguement et la finalité des mesures rester assez imprécise.

Le Parlement a en réalité une faible capacité de contrôle du Gouvernement : non seulement le fait majoritaire facilite l'adoption des lois d'habilitation et de ratification, mais en outre, le Gouvernement est assez libre du contenu des ordonnances ; si, selon le Cons. const., il doit expliquer les mesures qu'il souhaite prendre par voie d'ordonnances, il n'a pas à exposer le contenu des futures ordonnances (alors même qu'en pratique elles sont prêtes avant l'examen de la loi d'habilitation).

Même si depuis la révision de 2008, la ratification parlementaire des ordonnances ne peut être qu'expresse, elle est largement formelle.

Il n'est pas rare désormais que plus de la moitié des textes intervenus dans le domaine de la loi soient des ordonnances. Une partie de la doctrine plaide ainsi pour un encadrement constitutionnel du procédé.

4. Exercice – Commentaire d'article (1)

Conseils méthodologiques

Le commentaire d'article (1) : travail préalable et introduction

Comme le commentaire d'arrêt, le commentaire d'article consiste à porter une **appréciation sur l'article**, à partir des connaissances de l'étudiant, qui permettront de replacer l'article dans son contexte juridique pour commenter la manière dont il est interprété, appliqué, comment il a évolué.

La nécessité de commenter suppose de dépasser le simple stade de la paraphrase et de l'explication du texte, sans tenir des propos détachés du texte et qui relèveraient davantage d'une dissertation sur le thème de l'article.

Le commentaire d'article étant un sujet de réflexion, de l'analyse du texte doit découler une problématique, fil conducteur du devoir qui sera ordonné dans un plan (annoncé à la fin de l'introduction).

Après une phrase d'accroche indiquant l'objet du propos et sa tonalité générale, l'introduction doit présenter l'article (définition des mots-clés) et son contexte (raison d'être du texte et son évolution, comparaison avec le droit étranger) afin d'en faire ressortir la problématique.

Sujet : commentaire des articles 34 et 37 de la Constitution française

Art. 34 C : « La loi fixe les règles concernant :

- les droits civiques et les garanties fondamentales accordées aux citoyens pour l'exercice des libertés publiques ; la liberté, le pluralisme et l'indépendance des médias ; les sujétions imposées par la Défense nationale aux citoyens en leur personne et en leurs biens ;
- la nationalité, l'état et la capacité des personnes, les régimes matrimoniaux, les successions et libéralités ;
- la détermination des crimes et délits ainsi que les peines qui leur sont applicables ; la procédure pénale ; l'amnistie ; la création de nouveaux ordres de juridiction et le statut des magistrats ;
- l'assiette, le taux et les modalités de recouvrement des impositions de toutes natures ; le régime d'émission de la monnaie.

La loi fixe également les règles concernant :

- le régime électoral des assemblées parlementaires, des assemblées locales et des instances représentatives des Français établis hors de France ainsi que les conditions d'exercice des mandats électoraux et des fonctions électives des membres des assemblées délibérantes des collectivités territoriales ;
- la création de catégories d'établissements publics ;
- les garanties fondamentales accordées aux fonctionnaires civils et militaires de l'État ;
- les nationalisations d'entreprises et les transferts de propriété d'entreprises du secteur public au secteur privé.

La loi détermine les principes fondamentaux :
- de l'organisation générale de la Défense nationale ;
- de la libre administration des collectivités territoriales, de leurs compétences et de leurs ressources ;
- de l'enseignement ;
- de la préservation de l'environnement ;
- du régime de la propriété, des droits réels et des obligations civiles et commerciales ;
- du droit du travail, du droit syndical et de la sécurité sociale. (…)

Les dispositions du présent article pourront être précisées et complétées par une loi organique ».

Art. 37 C : « Les matières autres que celles qui sont du domaine de la loi ont un caractère réglementaire ». (…)

Corrigé

Définir le domaine de la loi en 1958 devait mettre fin à la situation à laquelle les deux précédentes Républiques avaient abouti, décrite par Michel Debré devant le CE le 27 août 1958, comme une « double déviation de notre organisation politique : un Parlement accablé de textes et courant en désordre vers la multiplication des interventions de détail, mais un Gouvernement traitant sans intervention parlementaire des plus graves problèmes nationaux ». L'une des mesures essentielles de la rationalisation du régime parlementaire en 1958 est la délimitation du domaine d'intervention du Parlement, détenant une compétence d'attribution par l'art. 34 C, tandis que l'art. 37 C laisse au Gouvernement une compétence de droit commun pour exercer son pouvoir réglementaire. Ces deux dispositions traduisent un bouleversement de la conception du rôle des deux organes politiques, le Parlement et le Gouvernement. Dans un contexte où, sous les IIIe et IVe Républiques, le Parlement apparaissait souverain, la limitation du domaine de la loi était inconcevable. Dès lors qu'en 1958 il est admis que le Parlement n'est qu'un représentant du peuple souverain, ce dernier ayant approuvé une Constitution, il devient possible d'admettre l'idée d'une répartition du pouvoir normatif entre les deux organes politiques, tous deux soumis au texte suprême ratifié par le peuple souverain. Les articles 34 et 37 C rendent compte de l'acceptation sous la Vᵉ République d'un partage du pouvoir normatif et d'un contrôle de la loi. Cependant, si ces articles ont contribué à l'affaiblissement du Parlement et à éviter la déviation vers un régime d'assemblée, en revanche, ils n'ont pas amélioré la fonction législative parce qu'en réalité, le domaine de la loi demeure illimité (I) et insuffisamment protecteur (II).

I. Un domaine de la loi demeurant en réalité illimité

Le pouvoir normatif est certes réparti entre le Parlement et le Gouvernement, mais de manière déséquilibrée. Le législateur peut de fait intervenir dans tout domaine, si bien que, comme sous les précédentes Républiques, le Parlement exerce mal sa fonction législative tant son ordre du jour est encombré. Cette situation résulte non seulement du fait que le domaine de la loi est, dans le texte et sa pratique, extensivement défini (A) mais aussi de la permission laissée à la loi d'en sortir pour empiéter dans le domaine réglementaire (B).

A. Un domaine de la loi extensivement défini

Le domaine d'attribution du législateur est en réalité très large, tandis que parallèlement, la compétence de droit commun du pouvoir réglementaire est très mince. Par suite, alors que l'art. 37 C consacre un pouvoir réglementaire autonome, en ce que le Gouvernement acquiert la faculté d'intervenir par décret dans un domaine où aucune loi n'existe, en pratique, ce pouvoir est anecdotique tant la loi envahit tout champ d'action.

Cette définition extensive du domaine de la loi résulte de la Constitution elle-même. L'énumération qui peut sembler limitative des matières législatives ne l'est pas : le dernier alinéa de l'art. 34 permet à la loi organique de compléter la liste des matières, matières particulièrement englobantes par ailleurs et qui laissent peu de domaines au pouvoir réglementaire autonome (hormis sans doute la procédure civile, administrative et les contraventions de police). La liste de l'art. 34 a d'ailleurs été étoffée par les révisions du 1ᵉʳ mars 2005 et du 23 juill. 2008. Il est aussi à noter que de très nombreux articles de la Constitution, en dehors de l'art. 34, renvoient à la loi pour la mise en œuvre des dispositions qu'ils consacrent (par ex., l'art. 1 C donne compétence à la loi pour assurer la parité entre hommes et femmes dans l'accès aux mandats électoraux et fonctions électives, responsabilités professionnelles et sociales ; l'art. 35 C dispose que la déclaration de guerre est autorisée par le Parlement, c'est-à-dire la loi ; toutes les dispositions du Préambule renvoient à la loi).

La souplesse de la répartition des compétences entre loi et règlement est encore aggravée par la faculté de la première d'empiéter sur le domaine du second.

B. Un empiétement possible de la loi dans le domaine réglementaire

La loi n'est pas cantonnée à son domaine. D'une part, la loi peut intervenir avec la précision qu'elle juge nécessaire, alors que l'art. 34 C semblait pour partie laisser compétence au règlement pour préciser les détails de certaines réglementations. En effet, si l'art. 34 C opère une distinction entre les matières, apparemment les plus essentielles (libertés notamment), dans lesquelles la loi « fixe les règles », et pourrait ainsi entrer dans les détails, et les matières dans lesquelles elle devrait se borner à déterminer les « principes fondamentaux » et laisser le pouvoir réglementaire régler les détails techniques, en pratique, cette distinction n'a jamais reçu de concrétisation.

D'autre part, le Cons. const., par sa jurisprudence *Blocage des prix et des revenus* (n° 82-143 DC, 30 juill. 1982), en abandonnant sa décision *Taxe radiophonique* (n° 60-8 DC, 11 août 1960) dans laquelle il semblait considérer inconstitutionnelle une loi excédant son domaine d'intervention défini à l'art. 34 C, permet de faire entrer dans le domaine de la loi toute matière, dès lors que le législateur s'en saisit. La définition d'un domaine de la loi apparaît dès lors annihilée.

De fait, l'inflation législative a bientôt été dénoncée sous la Ve République, et cette conséquence ne permet pas à la délimitation du domaine de la loi de jouer un rôle protecteur pour les citoyens.

II. Un domaine de la loi demeurant insuffisamment protecteur

Définir un domaine de la loi permet certes d'encadrer le Parlement, mais permet également d'empêcher le simple pouvoir réglementaire d'intervenir dans certains domaines essentiels qui justifient l'élaboration d'un acte en suivant la procédure législative plus rigoureuse et donc protectrice car elle implique la délibération des représentants du peuple. Or, face à l'inflation législative, le Gouvernement en profite pour se voir déléguer excessivement le pouvoir législatif (A), alors que la qualité de la loi ne fait que se dégrader (B).

A. Un domaine de la loi excessivement délégué

En 1958, la délimitation du domaine de la loi est l'une des manifestations de l'acceptation du contrôle de la loi par rapport à la Constitution et le renforcement subséquent des garanties des citoyens par ce contrôle de constitutionnalité des lois créé en 1958 et qui s'est rapidement développé. En outre, l'empiétement du pouvoir réglementaire dans le domaine de la loi tel qu'il résulte de la Constitution (art. 34 et autres dispositions qui renvoient à la loi) est sanctionné par le Cons. const. lorsqu'il censure l'incompétence négative du législateur qui a laissé une marge de manœuvre trop étendue au pouvoir réglementaire ; le juge administratif bien sûr annule l'acte administratif illégal en ce qu'il intervient à la place de la loi. Cependant, la Constitution de 1958 a permis au Parlement de déléguer une partie de son domaine au Gouvernement pour un temps limité. Ces ordonnances de l'art. 38 C sont la continuation des décrets-lois. Comme sous les deux précédentes Républiques, l'encombrement du Parlement et son incapacité à exercer le pouvoir législatif efficacement et rapidement ont motivé le recours de plus en plus fréquent aux ordonnances, qui permettent au Gouvernement de réglementer des domaines essentiels sans respecter la procédure législative.

De manière plus générale, ce recours excessif aux ordonnances, qui peut mettre en danger les droits et libertés des citoyens, est encouragé par la dégradation de la fonction législative et de la loi, à laquelle l'échec de la définition d'un domaine de la loi empêche de remédier.

B. Un domaine extensif causant une dégradation de la loi

La crise de la loi s'accompagne sous la Ve République de l'affaiblissement du Parlement. Alors qu'elle devrait rester un acte général, la loi entre dans de minutieux détails, que permet la porosité de la frontière avec le domaine réglementaire. La révision de 2008 a introduit des moyens pour tenter d'améliorer la qualité de la loi, mais ils tardent à produire des effets. En particulier, l'irrecevabilité pour cause d'empiétement dans le domaine réglementaire (art. 41 C) peut désormais être opposée à une proposition de loi ou un amendement par le président de l'assemblée saisie. L'objectif de cette modification était précisément de permettre une meilleure délimitation du domaine de la loi en fonction du contenu de la disposition, et plus précisément de son degré de précision. Pour l'heure, seul le président du Sénat s'est saisi de ce pouvoir depuis fin 2015. L'Exécutif est pour beaucoup dans la dégradation de la loi puisqu'il en est essentiellement à l'initiative et dépose de nombreux amendements. Les études d'impact accompagnant obligatoirement ses projets depuis la révision de 2008 pourraient là encore conduire à limiter le dépôt de textes qui pourraient relever du pouvoir réglementaire. Mais cette étude d'impact n'a pas encore montré cette utilité.

Clarifier la distinction entre la loi et le règlement permettrait de renforcer le rôle du Parlement en tant que contrepoids à l'Exécutif.

Thème 10

La fonction de contrôle du Parlement

Outre sa fonction législative, le Parlement détient une fonction de contrôle de l'Exécutif. Elle s'exerce par de nombreux moyens qui peuvent aller, dans les régimes parlementaires, jusqu'à renverser le Gouvernement.

1. Les moyens de contrôle avec mise en jeu de la responsabilité politique du Gouvernement

Les mécanismes de mise en jeu de la responsabilité du Gouvernement par le Parlement sont la caractéristique des régimes parlementaires (*cf.* thème 5). Ils ont cependant vocation à jouer seulement en cas de crise politique. En effet, lorsque le système majoritaire fonctionne correctement, la solidarité de la majorité à l'égard du Gouvernement empêche la réussite des mécanismes, d'autant plus si la rationalisation du régime a conduit à les encadrer pour garantir la stabilité de l'Exécutif. La responsabilité du Gouvernement engagée par l'opposition a peu de chances d'aboutir, mais contraint le Gouvernement à rendre compte de sa politique et permet donc son contrôle. La majorité pour sa part préférera demander des comptes au Gouvernement par des voies non juridiques.

Les mécanismes de mise en jeu de la responsabilité politique du Gouvernement par le Parlement

Sauf en cas de bicamérisme égalitaire, en général, seule la chambre basse a le pouvoir de renverser le Gouvernement.

Les parlementaires peuvent prendre l'initiative de déposer une **motion de censure** pour manifester leur désaccord avec une action ou un projet de loi de l'Exécutif. Si la motion de censure est adoptée par la chambre, le Gouvernement doit démissionner. Il peut répliquer en prononçant la **dissolution** de la chambre qui permet finalement au peuple d'arbitrer le différend (*cf.* thème 7).

Le Gouvernement peut poser une **question de confiance** aux parlementaires pour vérifier le soutien de sa majorité au sujet de la politique menée ou sur un texte ou une action plus précise. En rejetant la question, les parlementaires révoquent leur confiance et le Gouvernement doit démissionner.

Pour éviter que les parlementaires puissent renverser trop facilement le Gouvernement et ainsi empêcher le bon fonctionnement du régime, les mécanismes de **rationalisation** peuvent prévoir différentes règles pour encadrer la révocation du Gouvernement par le Parlement, par ex., un nombre minimum de parlementaires pour déposer une motion de censure, un délai de réflexion avant le vote de confiance pour éviter les décisions prises dans l'empressement, une majorité qualifiée pour voter la révocation du Gouvernement.

Lorsque le **système majoritaire** est solide (et en particulier en cas de bipartisme rigide), ces moyens de rationalisation sont presque inutiles.

A. Exemple du Royaume-Uni

En l'absence de Constitution écrite, il n'existe pas de rationalisation du parlementarisme, mais le bipartisme rigide et la stricte discipline de vote qu'il induit suffisent à permettre une grande stabilité du régime.

L'opposition à la Chambre des communes peut déposer une motion de censure et le Premier ministre peut lui poser une question de confiance, mais le vote de la première et le rejet de la seconde par les députés ont très peu de chances de se produire.

Il peut cependant arriver que le bipartisme fonctionne mal, lorsque, en particulier, l'un des deux grands partis, majoritaire, doit s'allier avec de plus petits pour obtenir la majorité absolue à la Chambre. La stabilité de cette coalition dépend alors du vote des petits partis (deux Gouvernements ont ainsi été renversés, R. MacDonald en 1924, puis en 1979, J. Callaghan a dû quitter ses fonctions : son parti travailliste devait gouverner avec les libéraux et des partis nationalistes écossais et gallois et n'a pu empêcher le vote, à une voix de majorité, de la motion de censure déposée par le leader de l'opposition M. Thatcher).

Par suite, la plupart du temps, le Premier ministre apprécie lui-même s'il bénéficie toujours du soutien de sa majorité. Ainsi, il décidera des suites à donner aux critiques formulées par son parti lors des débats, voire aux rejets de ses projets de loi selon qu'il estime ou non qu'ils témoignent d'un désaveu profond. La démission du Premier ministre résulte donc essentiellement de la circonstance qu'il estime avoir perdu la confiance de son parti, ou bien de l'opinion publique. Autrement dit, les crises gouvernementales interviennent en dehors des mécanismes du jeu parlementaire (**crise sèche**) ; par ex., en 1990, M. Thatcher démissionne car le comportement de son parti montrait qu'il ne la soutenait plus ; de même pour T. May en juin 2019, après avoir subi plusieurs revers de sa majorité sur différents projets de loi.

Jusqu'au *Fixed-term Parliament Act* de 2011, le Premier ministre pouvait anticiper les crises en prononçant la dissolution des Communes. Désormais, cette hypothèse est soit laissée à l'appréciation de la Chambre elle-même, soit conditionnée par l'adoption d'une motion de censure par les Communes et le rejet de sa confiance à un Gouvernement, le Premier ministre pouvant seulement demander à sa majorité de voter une motion de dissolution (à la majorité des deux-tiers des sièges) pour éviter une crise (*cf.* thème 5).

B. Exemple de l'Italie

Le régime est **peu rationalisé**, alors que le multipartisme est propice à créer l'instabilité, d'autant plus que le bicamérisme égalitaire permet aux deux assemblées de renverser le Gouvernement (en retour, les deux chambres peuvent être dissoutes par le président de la République).

Constitution italienne

Art. 94 : « Le gouvernement doit avoir la confiance des deux chambres.

Chaque chambre accorde ou révoque la confiance au moyen d'une motion motivée et votée par appel nominal. (…)

Le vote contraire de l'une ou des deux chambres sur une proposition du gouvernement ne comporte pas l'obligation de démissionner.

La motion de censure doit être signée par un dixième au moins des membres de la chambre et elle ne peut être discutée que trois jours après son dépôt ».

La question de confiance n'est pas rationalisée, à l'inverse de la motion de censure qui l'est mais faiblement : pour être recevable, elle doit être déposée par un certain nombre de parlementaires et elle ne peut être délibérée qu'après un délai de réflexion (art. 94 C). En revanche, aucune majorité qualifiée n'est requise pour son adoption.

En dehors du vote par une chambre de la censure ou du rejet d'une question de confiance portant sur la politique générale, le Gouvernement n'endosse pas nécessairement de responsabilité politique : il n'est pas forcé de démissionner s'il est mis en minorité sur le vote d'un texte.

En pratique, ces procédures conduisent peu souvent au renversement du Gouvernement, car les crises se produisent généralement entre les partis qui forment la coalition majoritaire du moment. Le Premier ministre quitte ses fonctions lorsque la coalition majoritaire qui le soutenait se désagrège.

Le président de la République peut intervenir pour éviter les crises et inciter les partis à se mettre d'accord en menaçant de dissoudre les chambres (ou l'une d'entre elles) ou bien pour régler les conflits en usant effectivement de son droit de dissolution.

C. Exemple de l'Espagne

Constitution espagnole

Art. 108 : « Le gouvernement répond solidairement de sa gestion politique devant le Congrès des députés ».

Le bicamérisme inégalitaire se traduit ici par l'absence de faculté, pour le Sénat, de révoquer le Gouvernement.

Art. 112 : « Le président du gouvernement, après délibération du Conseil des ministres peut poser devant le Congrès des députés la question de confiance sur son programme ou sur une déclaration de politique générale. La confiance est considérée comme accordée par un vote favorable à la majorité simple des députés ».

La question de confiance ne fait donc pas l'objet d'une rationalisation.

Art. 113 : « 1. Le Congrès des députés peut mettre en jeu la responsabilité politique du gouvernement en adoptant une motion de censure à la majorité absolue.

2. La motion de censure doit être proposée par le dixième au moins des députés, et elle doit présenter un candidat à la présidence du gouvernement.

3. La motion de censure ne peut être votée que cinq jours après son dépôt. Dans les deux premiers jours de ce délai, d'autres motions concurrentes peuvent être déposées.

4. Si la motion de censure n'est pas adoptée par le Congrès, ses signataires ne peuvent en présenter une autre pendant la même session ».

La motion de censure est particulièrement rationalisée, puisqu'elle est encadrée par de nombreuses règles. La stabilité du Gouvernement est recherchée, le rapprochement ponctuel de partis d'opposition contre le Gouvernement ne peut suffire à le renverser, une nouvelle majorité doit émerger.

D'abord, la motion n'est recevable que si un certain nombre de députés en sont à l'initiative et elle est ***constructive****, la chambre devant proposer le nom d'un Premier ministre de remplacement.*

Ensuite, un long délai de réflexion doit être observé entre le dépôt et le vote de la motion.

Enfin, l'adoption de la motion de censure n'est acquise qu'à la majorité qualifiée.

Au surplus, les parlementaires signataires d'une motion rejetée ne peuvent en présenter une autre durant le reste de la session.

Art. 114 : « 1. Si le Congrès refuse sa confiance au gouvernement, celui-ci présente sa démission au roi. (...)

2. Si le Congrès adopte une motion de censure, le gouvernement présente sa démission au roi et le candidat présenté par la motion est considéré comme investi (...). Le roi le nomme président du gouvernement ».

Ces mécanismes de mise en jeu de la responsabilité politique du Gouvernement sont rarement utilisés (quatre motions de censures et deux questions de confiances depuis l'adoption de la Constitution de 1978), et emportent encore plus rarement la démission du Gouvernement (une fois en 2018 : le Gouvernement de M. Rajoy est renversé par une motion de censure au profit de P. Sanchez).

Art. 115 : « 2. On ne peut présenter une proposition de dissolution quand une motion de censure est déposée ».

La chambre ne peut être dissoute pour répondre au dépôt d'une motion de censure. Or, la désignation d'un nouveau Gouvernement peut ne pas mettre fin à l'instabilité. En juin 2018 suite à la motion de censure ayant conduit à l'arrivée au Gouvernement de P. Sanchez, l'instabilité était telle que ce Gouvernement n'a pas réussi à gouverner correctement (notamment, rejet au Parlement du projet de loi de finances pour 2019) et a demandé au roi de dissoudre les chambres en févr. 2019, provoquant de nouvelles élections législatives en avr. 2019.

D. Exemple de l'Allemagne

Les deux procédures de motion de censure et de question de confiance sont rationalisées, pour assurer la stabilité du Gouvernement (*cf.* aussi thème 5).

Seule la chambre basse peut renverser le Gouvernement et peut être dissoute.

À l'image de l'Espagne (qui s'est inspirée du modèle allemand), la **motion de censure est constructive** (art. 67 C) ; elle doit être adoptée à la majorité absolue des membres du *Bundestag*, sachant qu'un délai de réflexion de quarante-huit heures doit s'écouler entre le dépôt et le vote de la motion.

Le Chancelier peut poser une question de confiance au *Bundestag* (art. 68 C). Si la confiance n'est pas votée à la majorité absolue des membres de la chambre (sachant qu'un délai de quarante-huit heures doit s'écouler entre le dépôt et le vote de la question), le Chancelier peut demander au Président de dissoudre la chambre, à moins que, dans les vingt-et-un jours, le *Bundestag* élise un nouveau Chancelier à la majorité de ses membres. La conséquence du rejet de la confiance est donc la dissolution de la chambre en principe, ce qui montre avec éclat la volonté de maintenir le Gouvernement dès lors que la chambre ne s'accorde pas sur un remplaçant.

De fait, le régime est très stable : il est remarquable que seulement huit Chanceliers se soient succédés depuis 1949, et une seule fois (en 1982), suite au vote d'une motion de censure (qui n'a en outre été déposée que deux fois, en 1972 puis 1982). Par suite, le changement de Gouvernement est presque toujours le résultat d'une crise au sein du parti majoritaire, qui se règle en dehors des mécanismes parlementaires.

Cependant, la forte rationalisation de la motion de censure, dans un contexte où la majorité est formée d'une coalition de partis, peut mettre le Premier ministre dans une situation inconfortable, contraint de gouverner avec une chambre divisée et incapable de rassembler la majorité qualifiée requise pour renverser le Gouvernement. Ce dernier ne peut répondre facilement par la dissolution de la chambre. En effet, elle n'est possible que suite au rejet de la question de confiance posée par le chef du Gouvernement. Ainsi, en 1972, suite au rejet de la motion de censure le visant, le Premier ministre W. Brandt pose une question de confiance pour tenter de dissoudre la chambre : il demande donc à sa majorité de voter contre lui afin que la confiance lui soit refusée et qu'il puisse demander la dissolution de la chambre et provoquer de nouvelles élections.

En 1982, suite à la censure du Gouvernement (H. Schmidt), le nouveau Chancelier (H. Kohl) pose une question de confiance en demandant à sa majorité de la rejeter pour provoquer de nouvelles élections législatives.

En 2005 également, le Chancelier a posé la question de confiance dans le but qu'elle soit rejetée pour lui permette d'obtenir la dissolution d'une chambre avec laquelle il était devenu difficile de gouverner.

La Constitution a prévu une procédure d'**état de nécessité législative** (art. 81 C) qui permet au Gouvernement de continuer à exécuter son programme sans majorité parlementaire, lorsque la question de confiance a été rejetée mais que le Président n'a pas dissous. Dans cette hypothèse, si le *Bundestag* rejette un projet de loi déclaré urgent par le Gouvernement, celui-ci peut demander au Président de déclarer l'état de nécessité législative, avec l'approbation du *Bundesrat*. À partir de la déclaration de cet état de nécessité, le projet de loi sera considéré comme adopté si le *Bundesrat* le vote, malgré le rejet par le *Bundestag*. D'autres textes peuvent être adoptés ainsi durant six mois (mais aucune révision de la Constitution ne peut avoir lieu). Après quoi il n'est plus possible de déclarer cet état pendant la durée des fonctions du Chancelier. Cette procédure n'a jamais été mise en application peut-être car elle est décidée par le Président; or, s'il a refusé de dissoudre, il est douteux qu'il accepte d'aider le Gouvernement à gouverner sans le *Bundestag*.

Constitution allemande

Art. 81 : « (1) Si, dans le cas prévu à l'article 68, le Bundestag n'est pas dissous, le Président fédéral peut à la demande du Gouvernement fédéral et avec l'approbation du Bundesrat, déclarer l'état de nécessité législative à propos d'un projet de loi que rejette le Bundestag bien que le Gouvernement fédéral l'ait déclaré urgent. Il en est de même lorsqu'un projet de loi a été rejeté bien que le Chancelier fédéral y ait lié la demande prévue à l'article 68. (2) Si, après déclaration de l'état de nécessité législative, le Bundestag rejette à nouveau le projet ou s'il l'adopte dans une rédaction que le Gouvernement fédéral a déclaré inacceptable, la loi est considérée comme définitivement adoptée dans la mesure où le Bundesrat l'approuve. Il en est de même si le projet n'est pas voté par le Bundestag dans un délai de quatre semaines après un nouveau dépôt. (3) Pendant la durée des fonctions d'un Chancelier fédéral, tout autre projet de loi rejeté par le Bundestag peut également être adopté selon les dispositions des alinéas 1 et 2 dans un délai de six mois à compter de la première déclaration de l'état de nécessité législative. À l'expiration de ce délai, l'état de nécessité législative ne pourra pas être déclaré une seconde fois pendant la durée des fonctions du même Chancelier fédéral. (4) La Loi fondamentale ne peut être ni modifiée, ni abrogée, ni suspendue, en totalité ou en partie, par une loi définitivement adoptée en application de l'alinéa 2 ».

2. Les moyens de contrôle sans mise en jeu de la responsabilité politique du Gouvernement

Sans renverser le Gouvernement, le Parlement dispose de divers moyens pour s'informer sur la politique de l'Exécutif, afin éventuellement de dénoncer certaines actions, ou de faire pression sur l'Exécutif pour infléchir ses actions, voire également préparer des propositions de lois. Ces moyens peuvent se révéler un contrepoids efficace à la puissance du Gouvernement et permettent d'éviter les dérives de sa part. Le poids de l'opinion peut être également dissuasif.

A. Les moyens de contrôle du Congrès des États-Unis

Dans le régime présidentiel américain, le Congrès ne peut pas renverser le Président. Cependant, ses moyens de contrôle de l'Exécutif sont particulièrement énergiques et en font un contre-pouvoir efficace.

Outre le contrôle qu'il exerce en quelque sorte sur la politique du Président par le vote ou le refus de voter des lois, il a aussi des moyens plus spécifiques.

Les puissantes commissions législatives du Congrès, épaulées de services administratifs et de moyens financiers très conséquents, peuvent mener des investigations concernant l'action législative de l'Administration présidentielle.

Chaque chambre peut aussi créer des commissions d'enquête, capables d'auditionner toute personne de leur choix, en particulier les membres de l'Exécutif, et pouvant se révéler redoutables et faire plier un Président (par ex., les commissions d'enquête relatives au scandale du *Watergate*, ou aux attentats du 11 sept. 2001). Leurs actions peuvent déboucher sur la mise en accusation du Président ou de certains fonctionnaires fédéraux, même si ce n'est pas très courant (par ex., D. Trump a été mis en accusation après avoir fait l'objet d'enquêtes de la part des démocrates majoritaires à la Chambre des représentants en 2019).

Les pouvoirs que s'octroient les commissions législatives sont parfois contestés car ils s'apparent à des pouvoirs juridictionnels.

Le Sénat particulièrement détient des prérogatives plus larges en matière de contrôle : il doit donner son avis et son consentement à la nomination des fonctionnaires fédéraux par le Président. Il ne fait pas qu'approuver automatiquement le choix du chef de l'État, au contraire, il prend soin d'interroger les candidats (y compris sur leur vie privée) et il lui arrive de refuser le candidat qui a la faveur du Président. Également, le Sénat doit autoriser la ratification des traités internationaux par le Président à la majorité des deux-tiers des voix (ce qui a empêché la ratification de certains traités, notamment le Traité de Versailles).

Constitution américaine

Art. II, sect. 2 : « 2. Il [le Président] aura le pouvoir, sur l'avis et avec le consentement du Sénat, de conclure des traités, sous réserve de l'approbation des deux tiers des sénateurs présents. Il proposera au Sénat et, sur l'avis et avec le consentement de ce dernier, nommera les ambassadeurs, les autres ministres publics et les consuls, les juges à la Cour suprême, et tous les autres fonctionnaires des États-Unis dont la nomination n'est pas prévue par la présente Constitution, et dont les postes seront créés par la loi» (...).

B. Les moyens de contrôle dans les régimes parlementaires

Le contrôle s'exerce en séance ou en dehors des séances au Parlement.

Les questions et les commissions d'enquête sont les procédés classiques de contrôle qu'organisent tous les régimes parlementaires.

L'opposition utilise le plus ces moyens de contrôle pour exercer une pression sur l'Exécutif, s'informer et informer l'opinion.

1. Exemple du Royaume-Uni

En matière de contrôle sans engagement de la responsabilité politique de l'Exécutif, le bicamérisme est plus égalitaire, les deux chambres ayant des attributions similaires.

Les questions aux membres du Gouvernement et les enquêtes constituent les principales voies de contrôle, surtout utilisées par l'opposition.

Les parlementaires peuvent poser des **questions** orales au Gouvernement en séance ou lui adresser des questions écrites (auxquelles le Gouvernement doit répondre dans les sept à dix jours selon la chambre, délais très brefs donc); ce procédé est très utilisé et s'avère dès lors un moyen de contrôle étroit du Gouvernement, par l'opposition en particulier, qui exerce ainsi une pression que le Gouvernement redoute. Aux Communes, chaque séance débute par une heure de questions, qui ont été préalablement déposées plusieurs jours à l'avance et auxquelles le Premier ministre et les membres du Gouvernement, qui auront eu connaissance des questions avant la séance, répondent (le Premier ministre répond lors d'une séance spéciale durant trente minutes le mercredi). À la Chambre des Lords, les ministres sont interrogés durant trente minutes chaque début de séance. Le Gouvernement qui n'a pas pu, par manque de temps, répondre aux questions à l'oral devra y répondre par écrit.

Des **débats** sont organisés dans les deux chambres. Aux Communes, ils sont l'occasion de nouveau de soulever des questions sur la politique générale auxquelles un ministre répond. À la Chambre des Lords, des débats ont lieu un jour par semaine sur des questions générales et presque chaque jour de séance, des débats d'une heure trente se tiennent. Ces débats n'entraînent pas de vote.

Les parlementaires se réunissent en petits groupes dans des **comités** spécialement chargés d'examiner certaines questions. Leurs travaux aboutissent à des rapports et des recommandations pour faire évoluer la législation et l'action du Gouvernement.

Dans les deux chambres, des **commissions permanentes spécialisées** (parfois mixtes, composés de députés et de Lords) contrôlent la politique du Gouvernement, ce dernier devant apporter des réponses et observations suite aux rapports des commissions (en principe il respecte un délai de réponse de deux mois). Ces commissions réalisent elles aussi un contrôle très étroit de l'Exécutif. Par exemple, aux Communes, les comités spéciaux ministériels composés d'un peu plus de dix membres de la majorité et de l'opposition contrôlent spécifiquement la mise en œuvre de la politique par chaque ministère et l'utilisation du budget qui leur est alloué. À la Chambre des Lords, seuls certains ministères sont spécifiquement suivis par des comités restreints. Les réunions des comités sont publiques. Les comités peuvent entendre des experts, convoquer toute personne pour l'auditionner, notamment des agents de l'Administration et des membres du Gouvernement. Leurs rapports font l'objet de débats à la chambre. Les comités peuvent aussi assurer le suivi de leurs recommandations par le Gouvernement.

2. Exemple de l'Allemagne

Les membres du Gouvernement peuvent être présents lors des travaux des chambres (art. 43 et 53 C) soit par leur volonté, soit par ce que l'assemblée l'exige. À ce moment, les députés peuvent contrôler l'Exécutif en lui demandant des explications sur ses textes ou ses actions.

Le contrôle s'exerce plus précisément par le biais des **questions** au Gouvernement : chaque semaine, diverses sortes de questions sont posées au Gouvernement par le *Bundestag*.

Certaines font l'objet d'une réponse écrite, d'autres, d'une réponse orale et sont suivies d'un débat. Très utilisées (notamment par l'opposition qui peut ainsi critiquer le Gouvernement et sa majorité, mais aussi prendre position sur des sujets importants), elles doivent être écrites, déposées par au moins cinq pour cent des députés ou par un groupe parlementaire.

À titre individuel, les députés peuvent adresser un certain nombre de questions écrites chaque mois au Gouvernement qui répond par écrit en respectant un certain délai.

Lors des séances de questions (trois heures par semaine), les députés peuvent poser un certain nombre de questions orales, auxquelles l'Exécutif répond oralement en séance.

En outre, une heure de questions d'actualité peut être demandée par cinq pour cent au moins des députés ou par un groupe parlementaire.

Concernant le *Bundesrat*, il doit être informé spontanément par le Gouvernement (art. 53 C) de la conduite de la politique (projets de texte mais plus généralement, politique générale menée). En revanche il n'utilise pas le procédé des questions au Gouvernement.

Des **commissions d'enquête** peuvent par ailleurs être constituées au *Bundestag* assez facilement y compris par l'opposition, même si en pratique, la majorité domine (art. 44 C).

Constitution allemande

Art. 43 : « (1) Le Bundestag et ses commissions peuvent exiger la présence de tout membre du Gouvernement fédéral.

(2) Les membres du Bundesrat et du Gouvernement fédéral ainsi que leurs délégués ont accès à toutes les séances du Bundestag et de ses commissions. Ils doivent être entendus à tout moment ».

Art. 53 : « Les membres du Gouvernement fédéral ont le droit et, si la demande leur en est faite, l'obligation de prendre part aux débats du Bundesrat et de ses commissions. Ils doivent être entendus à tout moment. Le Bundesrat doit être tenu au courant de la conduite des affaires par le Gouvernement fédéral ».

Art. 44 : « (1) Le Bundestag a le droit et, à la demande d'un quart de ses membres, l'obligation de constituer une commission d'enquête chargée de recueillir les preuves nécessaires en audience publique. Le huis-clos peut être prononcé.

(2) Les règles de la procédure pénale s'appliquent par analogie à l'administration des preuves. Le secret de la correspondance, de la poste et des télécommunications n'est pas affecté.

(3) Les tribunaux et les autorités administratives sont tenus à l'entraide judiciaire et administrative.

(4) Les rapports des commissions d'enquête sont soustraits à l'examen des tribunaux. Les tribunaux sont libres d'apprécier et de juger les faits qui ont fait l'objet de l'enquête ».

3. Exemple de l'Espagne

De manière générale, les assemblées peuvent **demander toute information utile** au Gouvernement et l'obliger à participer à leurs séances.

Elles peuvent également transmettre au Gouvernement des **pétitions** dont elles sont saisies par les citoyens. L'Exécutif devra alors fournir les explications demandées par les chambres le cas échéant.

Art. 109 C: «Les chambres et leurs commissions peuvent demander, par l'intermédiaire de leurs présidents, une information et une aide, qu'ils préciseront, au gouvernement, à ses départements et à toute autorité de l'État et des communautés autonomes».

Art. 110 C: «1. Les chambres et leurs commissions peuvent réclamer la présence des membres du gouvernement».

Art. 77 **C**: «1. Les chambres peuvent recevoir des pétitions individuelles et collectives, toujours par écrit. (...) 2. Les chambres peuvent remettre au gouvernement les pétitions qu'elles reçoivent. Le gouvernement est obligé de s'expliquer sur leur contenu, dès lors que les chambres l'exigent».

En séance plénière, les députés du Congrès et les sénateurs adressent des **questions** orales (sur des points précis) et **interpellations** (qui portent de façon générale sur la politique menée par le Gouvernement et chaque département ministériel) au Gouvernement afin de recueillir des informations ou d'exiger des explications de sa part. Le Gouvernement répond oralement en séance. Des questions peuvent également être posées oralement en commission, ou encore posées par écrit, et conduisent à une réponse gouvernementale publiée.

Par des **motions et des résolutions** (dénuées de portée législative et suscitées souvent par des interpellations), le Congrès et le Sénat prennent position sur un sujet ou une question.

Art. 111 C: «1. Le gouvernement et chacun de ses membres sont soumis aux interpellations et aux questions qu'on leur pose au sein des chambres.

2. Toute interpellation peut donner lieu à une motion par laquelle la chambre indique sa position».

Il faut aussi noter que le Congrès et le Sénat participent à la nomination de certains fonctionnaires de l'État (membres du Conseil général du pouvoir judiciaire, de la Cour constitutionnelle, de la Cour des comptes); la ratification de certains traités internationaux est autorisée par la loi également et, dans tous les cas, les *Cortès* sont informés de la conclusion des traités internationaux.

Art. 122 C : « 2. Le Conseil général du pouvoir judiciaire est l'organe qui dirige celui-ci. (...) 3. Le Conseil général du pouvoir judiciaire est composé du président du Tribunal suprême, qui le préside, et de vingt membres nommés par le roi pour une période de cinq ans. Parmi ces derniers, douze sont choisis parmi les juges et les magistrats de toutes les catégories judiciaires, selon les dispositions de la loi organique, quatre sur la proposition du Congrès des députés et quatre sur la proposition du Sénat, désignés dans ces deux cas à la majorité des trois cinquièmes de leurs membres parmi les avocats et d'autres juristes dont la compétence est reconnue et qui exercent leur profession depuis plus de quinze ans ».

Art. 136 C : « 1. La Cour des comptes est l'organe suprême chargé de contrôler les comptes et la gestion économique de l'État, ainsi que du secteur public. Elle dépend directement des Cortès générales et exerce ses fonctions par délégation de celles-ci pour l'examen et la vérification du compte général de l'État. (...) ».

Art. 159 C : « 1. La Cour constitutionnelle se compose de douze membres nommés par le roi, quatre sur la proposition du Congrès à la majorité de trois cinquièmes de ses membres, quatre sur la proposition du Sénat, à la même majorité, deux sur la proposition du gouvernement, et deux sur la proposition du Conseil général du pouvoir judiciaire ».

Art. 94 C : « 1. L'expression du consentement de l'État à se lier par traité ou convention exige l'autorisation préalable des Cortès générales dans les cas suivants : a) traités à caractère politique ; b) traités ou conventions à caractère militaire ; c) traités ou conventions qui portent atteinte à l'intégrité territoriale de l'État ou aux droits et devoirs fondamentaux reconnus au titre premier ; d) traités ou conventions qui entraînent des obligations financières pour le Trésor public ; e) traités ou conventions qui impliquent la révision ou l'abrogation d'une loi ou exigent des mesures législatives pour leur exécution.

2. Le Congrès et le Sénat sont immédiatement informés de la conclusion des autres traités ou conventions ».

Les deux chambres peuvent créer des **commissions d'enquête** pour mener des investigations, dotées du pouvoir d'auditionner les personnes de leur choix qui doivent se rendre aux convocations sous peine de sanction.

Art. 76 C : « 1. Le Congrès et le Sénat, et le cas échéant, les deux chambres conjointement, peuvent nommer des commissions d'enquête sur n'importe quelle affaire d'intérêt public. Leurs conclusions ne lient pas les tribunaux ni n'affectent les décisions de justice, sans préjudice du fait que le résultat de l'enquête soit communiqué au ministère public pour qu'il intente, s'il y a lieu, les actions nécessaires.

2. Il est obligatoire de comparaître à la demande des chambres. La loi réglemente les sanctions qui peuvent être infligées pour l'inexécution de cette obligation ».

3. La fonction de contrôle du Parlement en France

A. La fonction de contrôle dans l'histoire constitutionnelle française

Le régime instauré par la Constitution de 1791, inspiré par le modèle de séparation rigide des pouvoirs, apparaît déséquilibré au profit de l'Assemblée. Les quelques moyens d'action dont elle dispose à l'égard de l'Exécutif lui permettent de le dominer, ce dernier n'ayant pour sa part qu'une faculté limitée d'empêcher l'Assemblée (par le veto, *cf.* thème 7).

Logiquement, aucun mécanisme de responsabilité politique de l'Exécutif devant le Parlement n'est organisé ; la responsabilité pénale des ministres devant la Haute Cour nationale a toutefois pu en pratique susciter une forme de responsabilité politique (démission des ministres suite à la mise en accusation du ministre Delessart pour haute trahison en 1792).

Les ministres pouvaient être contraints de donner des explications aux parlementaires.

Enfin, le roi était compétent en matière de relations extérieures mais le Corps législatif devait ratifier certains traités et décidait de déclarer la guerre.

Constitution de 1791

Titre III, ch. III, sect. 1, art. 1 : « La Constitution délègue exclusivement au Corps législatif les pouvoirs et fonctions ci-après : (...) 10° De poursuivre devant la haute Cour nationale la responsabilité des ministres et des agents principaux du Pouvoir exécutif » (...).

Art. 2 : « La guerre ne peut être décidée que par un décret du Corps législatif, rendu sur la proposition formelle et nécessaire du roi, et sanctionné par lui ».

Art. 3 : « Il appartient au Corps législatif de ratifier les traités de paix, d'alliance et de commerce ; et aucun traité n'aura d'effet que par cette ratification ».

Sect. 3, art. 3 : « Il appartient au roi d'arrêter et de signer avec toutes les puissances étrangères, tous les traités de paix, d'alliance et de commerce, et autres conventions qu'il jugera nécessaire au bien de l'État, sauf la ratification du Corps législatif ».

Sect. 4, art. 10 : « Les ministres du roi auront entrée dans l'Assemblée nationale législative ; (...) Ils seront entendus, toutes les fois qu'ils le demanderont sur les objets relatifs à leur administration, ou lorsqu'ils seront requis de donner des éclaircissements. Ils seront également entendus sur les objets étrangers à leur administration, quand l'Assemblée nationale leur accordera la parole ».

La situation est similaire durant le **Directoire** où l'Exécutif reste soumis aux chambres. Ces dernières peuvent lui demander des comptes et éclaircissements qui seront fournis par écrit (art. 161 C), et chaque année, le Directoire doit présenter aux chambres, par écrit, l'aperçu des dépenses, la situation des finances (art. 162 C).

Les directeurs sont pénalement responsables : les chambres peuvent les mettre en accusation devant la Haute Cour de justice (art. 265 C).

Si le Directoire négocie et signe les traités (art. 331 C), ces actes doivent être ratifiés par les chambres (art. 333 C).

Le Directoire propose de déclarer la guerre mais les assemblées en décident (art. 326 C).

Sous le Consulat (1799) puis l'Empire (1804) à l'inverse, l'Exécutif mène une dictature qui ne laisse pas de place au contrôle par le Parlement.

La **Restauration** inaugure l'apparition en pratique de mécanismes de contrôle de l'Exécutif par le Parlement, conduisant éventuellement à l'engagement de la responsabilité politique du Gouvernement, et, ainsi, à la naissance du parlementarisme. Les assemblées forcent l'Exécutif à démissionner lorsqu'elles lui sont hostiles à partir de 1818.

Les députés s'autorisent à discuter les actions de l'Exécutif, à s'informer sur elles et à faire pression sur l'Exécutif, lors des débats sur les lois notamment. Ainsi, en s'inspirant du fonctionnement du régime britannique, les députés prennent l'habitude de réagir au Discours du trône prononcé par le roi à l'ouverture de la session parlementaire par le vote de **l'adresse**. Elle exprimait le point de vue des députés sur le programme politique qui transparaissait du discours du roi ; par ce biais, les députés pouvaient ainsi formuler des critiques contre le roi.

Cette pratique de mise en jeu de la responsabilité politique du Gouvernement a été maintenue sous la **monarchie de Juillet** et d'autres mécanismes de contrôle sont apparus, sans que la Constitution n'en prévoie.

Les chambres posaient des **questions** au Gouvernement. Apparaissent des questions particulières, dénommées **interpellations**, auxquelles le Gouvernement devait répondre à la date fixée par l'assemblée. Les réponses et explications données par le Gouvernement étaient suivies d'un débat parlementaire puis d'un vote permettant à l'assemblée de faire connaître son point de vue, et également d'exprimer sa confiance ou sa défiance à l'encontre du Gouvernement qui était forcé de démissionner dans ce dernier cas.

De manière générale, le Gouvernement estimait qu'il devait démissionner lorsqu'il pensait ne plus être soutenu par la chambre. Il pouvait prendre l'initiative de poser des **questions de confiance** à la Chambre des députés pour exercer une pression sur la majorité parlementaire, en menaçant de démissionner en cas de rejet de la confiance par la Chambre.

Sont également apparues les **enquêtes** parlementaires pour assurer l'information du Parlement.

De nouveau, sous la **IIe République**, les pouvoirs sont largement indépendants à l'image d'un régime de séparation rigide, mais la Constitution évoque une responsabilité du président de la République et des ministres, qui peut éventuellement s'entendre comme ayant une nature politique (la formule de l'art. 68 est toutefois très laconique), mais sans en décrire le mécanisme, ni même préciser par quel organe cette responsabilité peut être engagée.

L'art. 69 C permet aux ministres de prendre la parole devant l'Assemblée qui a par ce biais un moyen de contrôler le Gouvernement.

En tout état de cause, on sait que le chef de l'État s'imposera par un coup d'État.

Constitution de 1848

Art. 68 : « Le président de la République, les ministres, les agents et dépositaires de l'autorité publique, sont responsables, chacun en ce qui le concerne, de tous les actes du gouvernement et de l'administration ».

Art. 69 : « Les ministres ont entrée dans le sein de l'Assemblée nationale ; ils sont entendus toutes les fois qu'ils le demandent, et peuvent se faire assister par des commissaires nommés par un décret du président de la République ».

Sous le **Second Empire**, le contrôle du Parlement réapparaît lorsque le fonctionnement du régime prend une tournure plus libérale. Le Parlement ne peut renverser le Gouvernement, mais peut s'informer, exprimer sa position sur la politique de l'Exécutif lorsque lui est de nouveau permis de voter l'**adresse** (décret impérial du 24 nov. 1860) puis de recourir aux **interpellations** (décret impérial du 19 janv. 1867), sans pouvoir toutefois obliger l'Exécutif à démissionner.

Sous la **IIIe République**, l'installation du régime parlementaire se traduit par l'introduction dans la Constitution d'une référence à une **responsabilité politique des ministres devant les deux chambres du Parlement**. En pratique, le Sénat a assez peu fréquemment utilisé son pouvoir de renverser le Gouvernement, tandis que la Chambre des députés en a abusé et s'est ainsi imposée en déstabilisant l'Exécutif et en l'empêchant de mener toute politique durable.

Pour tenter de discipliner la majorité et faire adopter les lois, lors de la procédure législative, le Gouvernement prend souvent l'initiative d'une **question de confiance**, pourtant risquée, puisqu'en l'absence de toute procédure l'encadrant, la question de confiance obligeait le Gouvernement à démissionner dès lors qu'à la **majorité simple** des suffrages exprimés, les députés ou les sénateurs refusaient de voter la confiance au Gouvernement. Cette même raison tenant au caractère très elliptique de la Constitution a permis à chaque membre du Gouvernement isolément de prendre l'initiative d'engager la responsabilité de l'ensemble du Gouvernement en posant une question de confiance, sans même en référer au Président du conseil ou au Conseil des ministres.

En outre, en **pratique**, le Gouvernement démissionnait très facilement sans même y être contraint par un vote de censure, voire, en dehors de toute mise en œuvre d'un mécanisme de responsabilité. La forte précarité des coalitions majoritaires conduisait en fait l'Exécutif à anticiper les difficultés en démissionnant lorsque l'un des partis de la coalition majoritaire du moment décidait de ne plus accorder son soutien à l'Exécutif ou lorsqu'il essuyait une simple critique d'une partie des parlementaires, y compris lorsqu'une difficulté mineure surgissait, ne compromettant pas *a priori* sa conduite de la politique du pays, ou encore lorsque l'une des chambres refusait de voter une loi.

Les chambres contrôlent aussi le Gouvernement par le biais des **commissions d'enquête** : l'une des commissions législatives était désignée pour procéder à des investigations sur une action du Gouvernement, un sujet touchant à la politique du pays.

Les procédés classiques des **questions** écrites comme orales sont utilisés mais ne donnent pas lieu à des débats et des votes portant sur la responsabilité de l'Exécutif, à l'inverse des **interpellations** couramment pratiquées également par les assemblées pour exprimer leur défiance à l'encontre du Gouvernement.

Loi constitutionnelle du 25 févr. 1875

Art. 6 : « Les ministres sont solidairement responsables devant les chambres de la politique générale du Gouvernement, et individuellement de leurs actes personnels ».

Loi constitutionnelle du 16 juill. 1875

Art. 6 : « …Les ministres ont leur entrée dans les deux chambres et doivent être entendus quand ils le demandent. Ils peuvent se faire assister par des commissaires désignés, pour la discussion d'un projet de loi déterminé, par décret du Président de la République ».

Sous la **IVe République**, le **régime parlementaire rationalisé** a consisté à encadrer les mécanismes de question de confiance et de motion de censure (qui remplace les interpellations). La question de confiance est souvent posée par le Premier ministre, à l'occasion du vote d'un texte ou au sujet de sa politique, mais aucune motion de censure n'a été adoptée durant cette période.

Toutefois, les règles ne sont pas respectées en pratique, car le Gouvernement doit toujours faire face à l'instabilité des partis politiques qui provoque des crises indépendamment de la mise en œuvre des mécanismes constitutionnels pourtant rationalisés : comme sous la IIIe République, les Gouvernements démissionnent alors même qu'aucune question de confiance n'a été rejetée, qu'aucune motion de censure n'a été votée ni même déposée, mais simplement car l'assemblée les met en difficulté sur un texte (en refusant éventuellement de le voter) ou bien encore pour éviter les difficultés à venir avec l'assemblée ; en somme le Gouvernement appréciait s'il bénéficiait toujours du soutien d'une majorité de députés. Le vote de la confiance signifiait seulement qu'une majorité absolue n'était pas hostile à l'Exécutif, mais ne lui assurait pas un soutien de l'assemblée pour gouverner dans de bonnes conditions. Au demeurant, l'Assemblée prenait garde d'éviter de voter la démission du Gouvernement dans les conditions des art. 49 et 50 C pour ne pas créer les conditions permettant au chef de l'État de prononcer sa dissolution (*cf.* thème 7), par la pratique dite des **votes calibrés**.

Autrement dit, c'est de nouveau le jeu des partis qui détermine sous la IVe République le maintien ou la démission du Gouvernement, si bien que les crises se déroulaient en dehors des procédures constitutionnelles, rendant inutiles les mécanismes de rationalisation.

Constitution de 1946

Art. 48 : « Les ministres sont collectivement responsables devant l'Assemblée nationale de la politique générale du Cabinet et individuellement de leurs actes personnels.

Ils ne sont pas responsables devant le Conseil de la République ».

L'engagement de la responsabilité politique du Gouvernement par la chambre haute n'est pas possible, au contraire de la IIIe République.

Art. 49 : « La question de confiance ne peut être posée qu'après délibération du Conseil des ministres ; elle ne peut l'être que par le président du Conseil.

Le vote sur la question de confiance ne peut intervenir qu'un jour franc après qu'elle a été posée devant l'Assemblée. Il a lieu au scrutin public.

La confiance ne peut être refusée au Cabinet qu'à la majorité absolue des députés à l'Assemblée.

Ce refus entraîne la démission collective du Cabinet ».

*Toujours en réaction à la précédente République, **l'ensemble des ministres** doit délibérer de la décision d'engager la responsabilité du Gouvernement et les ministres seuls ne peuvent plus poser la question de confiance.*

*Un **délai de réflexion** entre le dépôt et le vote de la question de confiance est imposé : d'un jour franc, il est limité à vingt-quatre heure avec la révision constitutionnelle du 7 déc. 1954 (art. 9).*

*Enfin, seul un rejet à la **majorité qualifiée** (majorité absolue des membres de l'Assemblée) oblige le Gouvernement à démissionner.*

Art. 50 : « Le vote par l'Assemblée nationale d'une motion de censure entraîne la démission collective du Cabinet.

Ce vote ne peut intervenir qu'un jour franc après le dépôt de la motion. Il a lieu au scrutin public.

La motion de censure ne peut être adoptée qu'à la majorité absolue des députés à l'Assemblée ».

L'Assemblée nationale peut prendre l'initiative de déposer une motion de censure contre le Gouvernement. Ce dernier doit démissionner si la motion est adoptée dans les mêmes conditions que la question de confiance (ainsi que le formulera plus simplement l'art. 50 suite à la révision de 1954).

Art. 53 : « Les ministres ont accès aux deux Chambres et à leurs commissions. Ils doivent être entendus quand ils le demandent.

Ils peuvent se faire assister dans les discussions devant les Chambres par des commissaires désignés par décret ».

*Les mécanismes classiques de contrôle sans engagement de la responsabilité de l'Exécutif existent aussi, notamment la possibilité pour les deux chambres de poser des **questions** lors des débats sur les textes de loi en cours de discussion.*

B. La fonction de contrôle du Parlement sous la Ve République

Le contrôle avec mise en jeu de la responsabilité du Gouvernement est prévu dans la Constitution de 1958 mais la rationalisation combinée au fait majoritaire font qu'en pratique, l'Assemblée nationale, qui peut seule renverser le Gouvernement, n'y parvient jamais. Cependant, ces moyens de contrôle restent nécessaires pour permettre aux représentants du peuple de critiquer l'action du Gouvernement et le forcer à s'expliquer. Trois procédures sont décrites par l'art. 49 C :

La question de confiance (simple) – art. 49 al. 1 C : « *Le Premier ministre, après délibération du Conseil des ministres, engage devant l'Assemblée nationale la responsabilité du Gouvernement sur son programme ou éventuellement sur une déclaration de politique générale* ».

La procédure est peu rationalisée. Il appartient au seul **Premier ministre**, après **délibération en Conseil des ministres**, de prendre l'initiative d'engager la responsabilité du Gouvernement devant l'Assemblée sur son programme ou sur une déclaration de politique générale (deux expressions synonymes selon le Cons. const.). Une **majorité simple des suffrages exprimés** suffit à renverser le Gouvernement.

Le Premier ministre n'est pas tenu de solliciter la confiance de la Chambre à son entrée en fonction (*cf.* thème 6). Au total, l'article a été utilisé une quarantaine de fois depuis 1958, mais n'a **jamais conduit au renversement du Gouvernement**, même si parfois, ce fut de justesse (par ex. lors de la cohabitation, trois questions de confiance ont été votées à une dizaine de voix près seulement en 1986 et 1987). Finalement, la question de confiance est utilisée davantage durant ses fonctions par le Gouvernement pour renforcer sa position politiquement lorsqu'il est sûr du soutien de sa majorité (la majorité simple présentant un risque pour lui).

La motion de censure (spontanée) – art. 49 al. 2 C : « *L'Assemblée nationale met en cause la responsabilité du Gouvernement par le vote d'une motion de censure. Une telle motion n'est recevable que si elle est signée par un dixième au moins des membres de l'Assemblée nationale. Le vote ne peut avoir lieu que quarante-huit heures après son dépôt. Seuls sont recensés les votes favorables à* *la motion de censure qui ne peut être adoptée qu'à la majorité des membres composant l'Assemblée. Sauf dans le cas prévu à l'alinéa ci-dessous, un député ne peut être signataire de plus de trois motions de censure au cours d'une même session ordinaire et de plus d'une au cours d'une même session extraordinaire*».

La procédure, à l'initiative de l'Assemblée, est **très rationalisée** depuis 1958 afin de stabiliser le Gouvernement : un **certain nombre de députés doit signer** la motion pour qu'elle soit recevable (soit 58 députés en principe, si bien qu'un seul groupe d'opposition ne peut en déposer) ; un **délai de réflexion** est imposé entre le dépôt et le vote de la motion ; la motion est adoptée à la **majorité des membres de l'Assemblée** et non pas des suffrages exprimés, sachant que les députés qui ne votent pas expressément (abstention, vote blanc ou nul) sont considérés comme ayant voté contre la motion (concrètement, le nombre de voix à réunir pour l'adoption de la motion est calculé par rapport à l'effectif de la chambre, actuellement, 288, et seuls les députés favorables à la motion votent) ; le nombre de motions qu'un même député peut signer sur le fondement de cet alinéa chaque session est limité.

Souvent déposée, la motion n'a été **adoptée qu'une seule fois** sous la Ve République (même si en 1992 par ex., elle a échoué à trois voix près), en 1962, davantage pour censurer le recours par le Président de Gaulle à l'art. 11 C pour réviser la Constitution. Ce dernier a dissous l'Assemblée en retour et les élections législatives anticipées lui ont donné une majorité favorable.

La motion de censure provoquée – art. 49 al. 3 C : «*Le Premier ministre peut, après délibération du Conseil des ministres, engager la responsabilité du Gouvernement devant l'Assemblée nationale sur le vote d'un projet de loi de finances ou de financement de la sécurité sociale. Dans ce cas, ce projet est considéré comme adopté, sauf si une motion de censure, déposée dans les vingt-quatre heures qui suivent, est votée dans les conditions prévues à l'alinéa précédent. Le Premier ministre peut, en outre, recourir à cette procédure pour un autre projet ou une proposition de loi par session*».

Par cette procédure, le Premier ministre engage la **responsabilité du Gouvernement sur le vote d'un texte** ; pouvant être déclenchée à tout moment en cours de procédure législative, elle provoque la suspension des débats sur le texte et conduit à **l'adoption de la loi sans vote de l'Assemblée nationale** sur ce texte, sauf si cette dernière dépose, dans un délai de vingt-quatre heures, une motion de censure puis, en application de la procédure de l'al. 2, renverse le Gouvernement.

Depuis la révision de 2008, le Premier ministre ne peut recourir à l'art. 49 al. 3 que sur les **textes financiers** (soit, le projet de loi de finances, le projet de loi de financement de la sécurité sociale, les éventuels projets de loi de finances rectificative, le projet de loi de règlement) **et sur un seul projet ou une seule proposition de loi par session** (sachant qu'outre la session ordinaire, se tiennent presque toujours en pratique deux sessions extraordinaires, en juillet et septembre), à chaque lecture devant l'assemblée. Cette limitation s'explique par le recours devenu trop systématique à l'art. 49 al. 3 (notamment entre 1988 et 1992, trente-neuf utilisations) pour forcer la majorité des députés lorsqu'elle est divisée (ils sont forcés soit de se ranger du côté du Gouvernement, soit de maintenir leur mécontentement au risque de provoquer une crise politique), mais aussi, et contrairement à l'intention des constituants de 1958, en dehors d'une division de la majorité, pour éviter la discussion de nombreux amendements, le Gouvernement arguant de l'obstruction de l'opposition lorsqu'elle dépose une multitude d'amendements.

Malgré la restriction de son utilisation en 2008, l'Exécutif continue d'opposer cette procédure pour ses textes les plus importants (par ex. en févr. 2020, concernant le projet de loi relatif à la réforme des retraites ; en 2016, aux trois lectures sur la « loi travail »), et interroge sur la légitimité démocratique de ce mécanisme lorsqu'il est utilisé pour éviter les débats parlementaires. Il devrait également susciter des réflexions de la part de l'opposition, afin de rendre son action constructive au lieu de jouer l'obstruction systématique, de toute façon inefficace face aux pouvoirs du Gouvernement.

Finalement ces moyens de contrôle ont les mêmes objectifs que ceux qui ne permettent pas l'engagement de la responsabilité du Gouvernement.

Le contrôle sans mise en jeu de la responsabilité du Gouvernement peut être réalisé par les deux assemblées, dans des conditions comparables (largement prévues par leur règlement). Ces moyens sont **nombreux.** Ils permettent un contrôle **en séance ou en dehors** des séances. Depuis la révision de juill. 2008, l'art. **48 al. 4 C** dispose qu'**une semaine de séance sur quatre** est réservée par priorité et dans l'ordre fixé par chaque assemblée au contrôle de l'action du Gouvernement et à l'évaluation des politiques publiques. Ces contrôles portent sur la politique menée de façon générale par le Gouvernement ou sur des politiques publiques particulières ou encore sur des thèmes et sujets précis, et sur l'application des lois votées. Sans être réellement contraignants pour le Gouvernement, ces moyens permettent d'**informer** le Parlement et l'opinion, et sont en mesure éventuellement d'**infléchir** l'action de l'Exécutif.

Outre les informations que recueillent les chambres lors de l'examen des projets et propositions de lois, les principaux moyens de contrôle sont les suivants :

– Les **questions** constituent probablement la voie principale de contrôle, en particulier pour l'opposition, dont les modalités sont essentiellement régies par le règlement de chaque chambre. Questions (écrites comme orales) et réponses sont publiées au journal officiel et sont également accessibles sur le site Internet des assemblées. Elles ne donnent pas lieu à des votes puisqu'elles n'engagent pas la responsabilité du Gouvernement.

Des questions orales peuvent être posées individuellement par un parlementaire à un membre du Gouvernement lors d'une séance de contrôle, et le ministre ou le Premier ministre y répond lors de cette séance. Elles sont consacrées à l'**art. 48, der. al. C** qui impose qu'une séance par semaine au moins soit réservée aux questions orales y compris lors des sessions extraordinaires. Elles sont préalablement déposées, transmises au ministre concerné et inscrites à l'ordre du jour.

Les **questions orales** sont pratiquées par les deux chambres (deux séances par semaine de contrôle à l'Assemblée nationale, une séance par mois au Sénat, lors desquelles peuvent être posées environ trente questions, réparties entre tous les groupes ; le temps de formulation des questions et des réponses est limité à cinq ou six minutes selon les chambres). Ces questions sont déposées au préalable. Au Sénat, à la suite de la réponse, trente sénateurs peuvent demander l'organisation d'un **débat** à la chambre qui sera inscrit d'office à l'ordre du jour de la plus prochaine séance. À l'Assemblée nationale en revanche, les questions orales avec débat sont tombées en désuétude.

Les deux assemblées pratiquent les **questions d'actualité au Gouvernement**, retransmises sur les chaînes parlementaires (une séance par semaine dans chaque assemblée, deux heures à l'Assemblée nationale lors desquelles une trentaine de questions est posée, les deux-tiers par les groupes d'opposition, une heure au Sénat et quinze questions posées, réparties en fonction du poids des groupes ; le temps imparti pour la question et la réponse est de quatre minutes en tout). Elles sont posées spontanément sans avoir été déposées à l'avance ni notifiées au Gouvernement et ne sont pas suivies d'un débat.

Les parlementaires peuvent poser des **questions écrites** individuellement à un ministre ou au Premier ministre qui répond par écrit, sur un sujet précis ou sur la politique générale de l'Exécutif. Le contrôle se fait alors en dehors des séances de l'assemblée (et désormais par voie électronique). Elles ne sont pas limitées et sont dès lors très nombreuses ; elles permettent au parlementaire d'obtenir une information sur l'application d'une règle de droit par exemple, ou de solliciter une explication sur un aspect de sa politique. Les réponses n'ont pas de force juridique contraignante. L'abondance des questions écrites (plusieurs milliers par session) allonge le délai de réponse (environ six mois) et toutes les questions n'obtiennent pas de réponse (environ 20 à 30 %). Pour inciter le Gouvernement à répondre, à l'Assemblée nationale, les questions restées sans réponse au-delà de deux mois peuvent faire l'objet d'un signalement au journal officiel qui impose aux ministres de répondre dans un délai de dix jours ; au Sénat les questions restées sans réponse dans les deux mois sont transformées en questions orales si leur auteur le souhaite.

– Les parlementaires peuvent créer des **commissions d'enquête**, consacrées par l'**art. 51-2 C**, depuis la révision de 2008, afin de réunir des informations sur des faits précis ou sur la gestion des services publics ou des entreprises nationales. La loi fixe les règles d'organisation et de fonctionnement des commissions (ordonnance du 17 nov. 1958, art. 6) et le règlement de la chambre, leurs conditions de création. Il s'agit également d'un moyen de contrôle classique, portant souvent sur des sujets d'une importance particulière (scandale, sujet grave…).

Un ou plusieurs parlementaires peuvent être à l'initiative de la création d'une telle commission en déposant une proposition de résolution, indiquant l'objet de l'enquête qu'ils souhaitent voir mener et les motifs de cette demande. La proposition de résolution est examinée par la commission permanente compétente puis en séance plénière et votée par la chambre. Cette procédure n'est pas appliquée lorsque les groupes exercent leur **droit de tirage** prévu par les règlements des assemblées et leur donnant le droit d'obtenir chacun la création d'une telle commission par session. L'opposition est donc désormais assurée de pouvoir créer des commissions d'enquête.

Afin de protéger l'indépendance de l'autorité judiciaire, une commission ne peut pas être créée ou maintenue pour enquêter sur des faits pour lesquels des poursuites judiciaires sont en cours.

Les parlementaires composant la commission sont désignés à la proportionnelle des groupes. La commission est dissoute à l'issue de ses travaux ou six mois après sa création ; aucune autre ne peut être créée sur le même objet dans l'année qui suit.

Les prérogatives d'enquête des commissions sont étendues. Le **rapporteur** désigné en son sein effectue des **contrôles sur pièces et sur place** : il a le droit de se faire communiquer tout document (sauf ceux qui sont couverts par le secret) et les personnes qu'il convoque (y compris des membres de l'Exécutif) doivent se présenter pour être auditionnées, en principe publiquement, sous serment, le tout sous peine de sanctions pénales dissuasives (deux ans d'emprisonnement et 7 500 euros d'amende).

Le **rapport** rédigé à l'issue des travaux est adopté par la commission et rendu public en principe ; il peut en outre faire l'objet d'un débat (sans vote) en séance publique et susciter des questions. Il contient des **propositions** à l'attention du Gouvernement le cas échéant, et dont la mise en œuvre peut être suivie six mois après la publication du rapport, par un membre de la commission permanente compétente. La commission peut saisir la justice des faits délictueux qu'elle relève durant son enquête.

– Les assemblées peuvent créer des **missions d'information**, temporaires, dont les attributions se limitent à réunir des informations, éventuellement en procédant à des auditions. La création de ces missions entre en compte pour l'exercice du droit de tirage. Les rapports d'information auxquels elles aboutissent peuvent être débattus (sans vote) en séance et susciter des questions, voire, des propositions ou projets de lois.

– Depuis la révision de 2008, l'art. **34-1 C** permet aux assemblées de voter des **résolutions**, sans limitation, à condition que le Gouvernement ne les juge pas comme de nature à mettre en cause sa responsabilité ou comme contenant des injonctions à son égard (dans ce cas, la résolution en cause sera déclarée irrecevable et ne sera pas inscrite à l'ordre du jour). La proposition de résolution est à l'initiative de tout parlementaire ou de tout groupe. Elle est irrecevable si une précédente résolution examinée durant la session porte sur le même objet. Examinée et votée en séance (sans amendement), la résolution constitue une prise de position de la chambre sur une question, afin de tenter d'influencer le Gouvernement.

– Depuis 2008 également, le Gouvernement peut, spontanément ou sur demande d'un groupe parlementaire, en vertu de l'art. **50-1 C**, faire des **déclarations** sur un sujet, qui peuvent donner lieu à un débat puis, si l'Exécutif le décide, à un vote mais sans engager sa responsabilité (par ex. en avr. et mai 2020, déclarations suivies de débats et d'un vote devant chaque chambre, relatives au plan de déconfinement suite à l'épidémie de COVID-19).

– Des **offices et des délégations parlementaires sont également créés par la loi** pour renforcer les capacités d'information et de contrôle des assemblées. Ces instances peuvent être communes aux deux chambres. Une loi du 12 juill. 1999 a ainsi créé une délégation aux droits des femmes à l'Assemblée nationale et une au Sénat, composées de trente-six parlementaires désignés à la proportionnelle des groupes. Elles tiennent informées les chambres de la politique menée dans leur domaine de compétences. Elles rédigent des rapports (rendus publics) contenant des recommandations à propos des textes de loi liés à leur champ de compétence. Leur rapport public annuel comporte également des propositions pour faire évoluer le droit. La délégation au renseignement (huit parlementaires), créée par la loi du 9 oct. 2007, est pour sa part commune aux deux assemblées. Eu égard à son domaine de compétences, ses travaux sont couverts par le secret. Chaque assemblée dispose aussi d'une délégation aux outre-mer, et l'Assemblée nationale d'une délégation aux collectivités territoriales. L'Office parlementaire d'évaluation des choix scientifiques et technologiques est pour sa part commun aux deux chambres.

– Les **commissions permanentes** constituent également un moyen de contrôle : elles procèdent fréquemment, en dehors de toute procédure législative, à l'audition de membres du Gouvernement notamment ; elles peuvent créer des missions d'information et se constituer en commissions d'enquête. Les commissions peuvent assurer un suivi de leurs propositions.

– Enfin, **l'art. 49 al. 4 C** permet au Premier ministre de prendre l'initiative de demander au Sénat l'approbation d'une déclaration de politique générale, un vote négatif du Sénat n'entraînant pas la démission du Gouvernement. Cette procédure permet essentiellement au Gouvernement de renforcer sa position par rapport à la chambre haute, mais peut être un moyen d'information et de contrôle pour cette assemblée.

4. Exercice – Commentaire d'article (2)

Conseils méthodologiques

Le commentaire d'article (2) : élaboration du plan et rédaction[1]

Le plan du commentaire d'article doit être choisi de façon à mettre le mieux en évidence l'objet de la disposition.

Quelques conseils pratiques :

- Éviter de distinguer le droit dans une partie de sa pratique dans l'autre, les deux étant indissociables.
- Si cela est pertinent, il est possible de « **découper** » l'article et de consacrer une partie à chaque élément de l'article.

La formulation des intitulés, qui doit être la plus claire possible, doit aussi indiquer le **sens** du commentaire proposé par l'étudiant.

Au fil de la rédaction, il faut toujours se souvenir de **relire** son devoir régulièrement.

Sur la forme, le commentaire d'article se présente comme tout devoir juridique théorique :

Introduction : recopiée à partir du brouillon et se terminant par l'annonce des deux parties du commentaire.

Titre du I (apparent)

Chapeau introductif

Le chapeau contient toujours les 2 éléments suivants :

- la formulation et l'explication de l'intitulé de la partie.
- l'annonce des A et B.

Titre du A (apparent)

Développements du A

Pour plus de clarté, et afin d'éviter tout développements dont l'objet serait autre que le commentaire de l'article, il est possible de procéder comme pour le commentaire d'arrêt :

- citer la partie de l'article qui est commentée dans ce A.
- expliquer ce fragment à l'aide des connaissances personnelles (droit écrit, jurisprudence, pratique, positions doctrinales…).

1. Se reporter également aux conseils donnés pour le commentaire d'arrêt.

– proposer un indispensable commentaire de l'article à la lumière des explications données, pour ne pas en rester à une simple paraphrase.

=>*Transition A/B*

La transition fait brièvement le lien entre la sous-partie qui vient d'être rédigée et celle qui va débuter.

Titre du B (apparent)

Développements du B (idem que A)

=>*Transition I/II*

Elle fait le lien entre les deux parties.

Titre du II (apparent)

Chapeau introductif (idem que le chapeau introductif du I)

Titre du A (apparent)

Développements du A (idem que A et B de la partie I)

=>*Transition A/B* (idem que dans la partie I)

Titre du B (apparent)

Développements du B (idem que A et B de la partie I)

La conclusion n'est pas indispensable, mais, comme pour tout autre type d'exercice théorique, peut permettre d'insister sur l'essentiel et d'ouvrir sur un sujet connexe.

Sujet : Commentaire de l'article 24 al. 1 de la Constitution française

Art. 24 al. 1 C : « Le Parlement vote la loi. Il contrôle l'action du Gouvernement. Il évalue les politiques publiques ».

Corrigé

Moderniser les institutions de la Ve République, tel était l'objet de la révision constitutionnelle du 23 juill. 2008. Au cœur de cette modernisation, le rôle du Parlement, désormais clairement consacré à l'art. 24 al. 1 C : le Parlement vote de la loi, contrôle l'action du Gouvernement et évalue les politiques publiques. Les deux premières fonctions sont celles qui sont classiquement attribuées à l'organe législatif ; la troisième fonction apparaît en revanche plus novatrice et symbolise cette idée centrale de revalorisation du Parlement. En effet, la fonction législative est largement dominée par le Gouvernement, et la fonction de contrôle ne permet plus au Parlement de renverser le Gouvernement. Pour conserver au Parlement son rôle essentiel de contre-pouvoir, il était dès lors indispensable de redonner une utilité à ses fonctions traditionnelles. La troisième mission du Parlement qui apparaît dans l'art. 24 al. 1 semble donner une nouvelle dimension aux deux fonctions classiques. L'idée d'une évaluation des politiques publiques correspond à la vision nouvelle de l'État qu'a introduit, en matière budgétaire, la loi organique relative aux lois de finances (LOLF) du 1er août 2001 : il s'agit de mener une politique performante, basée sur une logique de résultats, qui suppose de fixer des objectifs à atteindre et de mobiliser les moyens nécessaires en fonction de ces buts. L'intérêt essentiel est qu'en fin d'exercice, un bilan peut être dressé quant aux effets des décisions prises pour réaliser les objectifs prévus, et une amélioration des actions peut être envisagée pour l'avenir si besoin. Cette logique est généralisée en 2008, et il revient au Parlement principalement de réaliser cette évaluation de l'action publique. Le constituant lui en a d'ailleurs donné les moyens, par ex. en lui permettant de demander l'assistance de la Cour des comptes (aux termes de l'art. 47-2 C, elle « assiste le Parlement dans le contrôle de l'action du Gouvernement… ainsi que dans l'évaluation des politiques publiques »). L'évaluation consiste donc à s'informer, critiquer mais aussi proposer, et donc collaborer avec l'Exécutif. L'imbrication entre les deux organes est indispensable au bon fonctionnement du régime mais rend nécessaire un contrôle efficace de l'Exécutif qui décide de la politique. Par cette fonction d'évaluation, le constituant de 2008 a souhaité placer le Parlement en « contrôleur permanent » (O. Duhamel) du Gouvernement. La majorité comme l'opposition au Parlement peuvent par cette mission d'évaluation se placer en contrepoids à l'Exécutif, de manière constructive en tentant d'infléchir les décisions de l'Exécutif pour renforcer leur efficacité. L'opposition est au demeurant constitutionnalisée depuis 2008, l'art. 51-1 C imposant aux règlements des assemblées de déterminer des « droits spécifiques » aux groupes d'opposition, et l'art. 48 al. 5 C imposant qu'un jour de séance par mois soit réservé à un ordre du jour fixé par les groupes qui ne sont pas la majorité. La fonction d'évaluation transcende en réalité les deux fonctions classiques du Parlement et leur redonne une utilité. En pratique, le Parlement s'approprie très progressivement ce rôle. Il semble qu'il est encore difficile de dire que le Parlement ou l'opposition peut influencer les décisions de l'Exécutif. On reste largement au stade de l'information, même si l'évolution n'est pas terminée. On assiste à une mutation de la fonction législative (I) et de la fonction de contrôle (II) du Parlement.

I. La mutation de la fonction législative du Parlement

La procédure législative étant largement maîtrisée par le Gouvernement, les constituants de 2008 ont tâché de restaurer l'utilité du Parlement dans le cadre de l'élaboration de la loi en envisageant cette fonction plus largement : le vote de la loi vu par le prisme de l'évaluation des politiques publiques permet d'intégrer, au stade de la discussion, le contrôle de la qualité de la loi (A), puis, après le vote, le contrôle de l'application des lois (B).

A. La fonction législative incluant le contrôle de la qualité de la loi

La « crise de la loi » dénoncée de longue date affaiblit le Parlement. Trop de lois, trop détaillées, incohérentes, « lois émotionnelles », sans portée normative (« lois mémorielles »), votées par des assemblées vides, lois inappliquées, instables, autant de défauts dénoncés régulièrement tant par la doctrine que le juge et les parlementaires dans de nombreux rapports. Le Cons. const. a d'ailleurs fait de l'intelligibilité et de l'accessibilité de la loi un objectif de valeur constitutionnelle. L'Exécutif, à l'origine de la plupart des lois votées, contribue largement à entretenir ces défaillances. Le constituant de 2008 dans ce contexte a voulu faire du Parlement l'organe permettant de corriger les excès de l'Exécutif lors de la discussion des textes de loi et contribuant à améliorer la qualité des lois. Ainsi, en permettant au président de l'assemblée devant laquelle est discuté une proposition de loi ou un amendement parlementaire d'opposer l'irrecevabilité de l'art. 41 C (*cf.* thème 9), le constituant a souhaité encourager le Parlement à mieux distinguer les textes devant nécessairement prendre la forme de lois de ceux dont le contenu, détaillé et mettant en œuvre les principes de la loi, peut être édicté par voie réglementaire. Depuis 2015, le président du Sénat utilise désormais cette possibilité fréquemment et fait admettre au Gouvernement l'inutilité de légiférer. De même, en permettant au Parlement de voter des résolutions (art. 34-1 C), le constituant a cherché à empêcher le vote de lois non normatives en incitant les parlementaires à réfléchir à la pertinence d'une nouvelle loi tout en lui permettant d'attirer l'attention de l'Exécutif sur une question. Concernant l'Exécutif, la révision de 2008 a imposé l'étude d'impact (pour les projets de loi), dont l'un des buts est précisément de s'assurer de la pertinence d'une nouvelle législation. Plus généralement aussi, la revalorisation du travail en commission (*cf.* thème 9), incite à réfléchir en amont à la qualité des textes, à l'utilité de nouvelles lois. Pour l'heure cependant, il semble que, de l'avis de la doctrine, ces études ne soient pas faites avec suffisamment de rigueur. En somme, il n'existe pas d'évaluation systématique de la loi avant son vote, mais les quelques évolutions prévues en 2008 pourraient être davantage exploitées dans cette optique. La fonction législative du Parlement inclut aussi le contrôle de l'application des lois après leur adoption.

B. La fonction législative prolongée par le contrôle de l'application des lois votées

La fonction législative du Parlement ne se limite pas au vote de la loi : l'évaluation des politiques publiques implique la nécessité pour le Parlement de contrôler la bonne application des lois qu'il vote, c'est-à-dire en premier lieu, de veiller que les mesures d'application concrètes des lois soient élaborées par le Premier ministre (comme l'indique l'art. 21 C). Les chambres ont renforcé ce contrôle en incluant l'évaluation des politiques publiques. Il revient essentiellement aux commissions permanentes de réaliser ce suivi, par le biais des rapports d'application des lois qui nécessitent, pour s'appliquer, des règlements d'application. Dès avant 2008, six mois après l'entrée en vigueur d'une loi, le rapport sur la mise en application de la loi doit être présenté à la commission compétente. Il est élaboré par deux parlementaires, dont un membre de l'opposition, et recense les règlements d'application publiés, les circulaires édictées pour la mise en œuvre de ladite loi, ainsi les dispositions qui n'auraient pas fait l'objet des textes d'application nécessaires. Des investigations, des auditions, peuvent être réalisées dans ce cadre et l'étude d'impact qui accompagne les projets de loi peut être utilisée. Ce travail peut servir de base pour l'exercice de la fonction de contrôle : il peut en effet donner lieu, lors des séances publiques, à un débat, et à des questions. Ces rapports contiennent des propositions pour améliorer l'application des lois ; les commissions peuvent même se rapprocher du Gouvernement pour établir en concertation avec lui les moyens d'appliquer les lois. Par ailleurs, les moyens de contrôle classiques sont mobilisés pour contrôler la mise en application des lois : les missions d'information peuvent examiner les conditions d'application des lois, les commissions d'enquête peuvent jouer ce rôle, tout comme les délégations et offices. Également, en matière d'application des lois de finances, la mission d'évaluation et de contrôle à l'Assemblée nationale (et l'équivalent en matière de lois de financement de la sécurité sociale : la MECSS, à l'Assemblée nationale et au Sénat) contrôle et évalue l'application des lois financières. De nombreux rapports thématiques sont rédigés, et l'opposition y participe toujours. Des propositions à l'intention de l'Exécutif sont ainsi faites.

Finalement la fonction législative inclut le contrôle de l'Exécutif.

II. La mutation de la fonction de contrôle du Parlement

Classiquement, dans un régime parlementaire, le contrôle du Gouvernement par le Parlement se fait par l'engagement de la responsabilité politique (A) ou par des moyens d'information (B). Ces moyens de contrôle peuvent être réorientés dans la perspective de l'évaluation des politiques publiques.

A. La réorientation du contrôle avec mise en jeu de la responsabilité du Gouvernement

La rationalisation et le fait majoritaire assurent la stabilité du régime en empêchant l'Assemblée nationale de renverser facilement le Gouvernement. Elle recourt toujours cependant à la motion de censure pour dénoncer les excès du Gouvernement, pour provoquer un débat, même en sachant que le Gouvernement ne sera pas renversé, cela n'étant pas l'objectif des motions déposées. Par ailleurs, en limitant l'utilisation de l'art. 49 al. 3 C (*cf supra*), le constituant de 2008 a privé l'Exécutif d'un moyen d'éviter trop systématiquement les débats parlementaires et leur contrôle. Avec l'évaluation des politiques publiques, c'est surtout les moyens de contrôle sans mise en jeu de la responsabilité qui ont vocation à permettre au Parlement de faire contrepoids.

B. La réorientation du contrôle sans mise en jeu de la responsabilité du Gouvernement

Le contrôle sans mise en jeu de la responsabilité du Gouvernement doit désormais s'étendre à l'évaluation des politiques publiques. Les assemblées recourent aux moyens classiques dont elles disposent, en incluant l'aspect lié à l'évaluation des politiques (commissions d'enquête ou missions d'information ont aujourd'hui pour mission d'évaluer les politiques sectorielles). Dès 1999, en matière financière, la MEC (au sein de la commission des finances de l'Assemblée nationale) est chargée d'évaluer certaines politiques publiques (et la MECSS depuis 2004) ; la majorité et l'opposition y sont représentées. Des outils spécifiques et plus transversaux ont été créés pour mieux assurer la fonction d'évaluation. Ainsi, le comité d'évaluation et de contrôle des politiques publiques (CEC) a été mis en place en 2009 par une modification du règlement de l'Assemblée nationale, et est dédié spécialement à la fonction d'évaluation des politiques publiques. Les trente-six membres sont désignés chaque législature à la proportionnelle des groupes; les commissions permanentes y sont aussi représentées. Dans le cadre de son contrôle obligatoire des règlements des assemblées, le Cons. const. a précisé les prérogatives dont pouvait disposer ce CEC pour que son contrôle n'empiète pas sur la fonction qui revient au Gouvernement aux termes de l'art. 20 C de déterminer et de conduire la politique de la nation (Cons. const., n° 2009-581 DC du 25 juin 2009). Il doit se borner à informer, si bien que le règlement ne pouvait prévoir que la présentation de son rapport donnait lieu à un débat contradictoire en présence des responsables de la politique publique en cause. En outre, la présence de ces personnes ne peut être imposée par le CEC, puisque seules les commissions permanentes ont le pouvoir de convoquer des personnes. Enfin, si le CEC peut adresser au Gouvernement, à l'issue de son travail, un rapport contenant des recommandations et en assurer le suivi, il ne peut adresser des injonctions au Gouvernement. Dans ces limites, le CEC a pour rôle de procéder à l'évaluation de politiques publiques transversales, soit à son initiative, soit sur demande d'une commission permanente. L'intérêt de son existence réside dans le fait que son examen porte sur des thèmes plus larges que ceux qui sont confiés aux commissions. De nouveau, l'opposition est associée car chaque groupe politique de l'Assemblée a le droit d'obtenir que soit réalisée une évaluation par le CEC chaque session ordinaire. Le CEC est en lien avec les missions d'information dont il est informé des conclusions. Cela est important pour la coordination de l'ensemble des travaux réalisés par les diverses structures de contrôle. Là encore, le travail du CEC peut servir de base pour la fixation de l'ordre du jour d'une semaine de contrôle (organisation de débats et de questions relatifs à ses rapports). De même un lien peut être réalisé avec le travail législatif: un parlementaire peut saisir le CEC pour qu'il procède à l'évaluation d'un amendement, afin de renforcer la qualité des textes. Enfin, depuis 2018, l'Assemblée nationale a lancé en matière financière un « printemps de l'évaluation », à l'occasion de l'examen du projet de loi de règlement. L'objectif est de croiser l'ensemble des travaux menés en matière d'évaluation des politiques publiques. Des rapporteurs spéciaux sont désignés chaque année pour évaluer un thème en utilisant des moyens d'enquête et d'audition. La commission des finances entend les ministres sur les missions dont ils ont la charge et sur la manière dont les crédits affectés aux missions ont été utilisés. Puis, des séances de questions et des débats sont organisés en séance publique pour notamment adopter des résolutions.

Il manque sans doute à l'ensemble de ces mécanismes le caractère contraignant qui obligerait l'Exécutif à rendre des comptes au Parlement dont le rôle de contre-pouvoir serait ainsi restauré effectivement.

Partie 3

Le contrôle juridictionnel du pouvoir

Le respect de la démocratie suppose d'assurer la protection de la Constitution, norme suprême par laquelle le peuple souverain limite le pouvoir politique (*cf.* partie 1). Les actes édictés par les organes politiques, qui s'imposent au peuple, pour organiser la société, doivent dès lors respecter la hiérarchie des normes et, à son sommet, la Constitution. L'efficacité d'un tel contrôle de constitutionnalité impose son caractère juridictionnel, dans la mesure où il conduit à en confier l'exercice à des organes indépendants des organes politiques, qui effectuent un contrôle en droit et non en opportunité. Le contrôle de constitutionnalité (thème 11) qu'exercent les juges constitutionnels (thème 12) l'État de droit.

Partie 3

Thème 11

Le contrôle de constitutionnalité

1. La légitimité du contrôle de constitutionnalité et les modèles de justice constitutionnelle

Le contrôle du respect de la hiérarchie des normes garantit l'**État de droit**, c'est-à-dire la soumission de l'État au droit. Chaque norme correspond à l'exercice d'un pouvoir par un organe. Le peuple souverain, organe suprême, détient le pouvoir constituant pour faire et réviser la Constitution, norme suprême, selon une procédure plus complexe que la procédure législative ordinaire. Le Parlement, composé des représentants du peuple détient le pouvoir législatif pour voter les lois qui doivent respecter la Constitution. L'Exécutif, détient le pouvoir réglementaire pour édicter, selon une procédure plus simple, des actes administratifs devant respecter l'ensemble des normes supérieures. Le contrôle de constitutionnalité permet de s'assurer que les normes infra-constitutionnelles respectent la Constitution, et, à défaut, de les sanctionner en empêchant leur application, ou de provoquer une révision de la Constitution, afin que, dans tous les cas, le pouvoir constituant, souverain ait le dernier mot.

Définition : l'État de droit

La notion d'État de droit a été systématisée par les juristes allemands à la fin du XIXe siècle. Elle s'oppose à l'État de police, dans lequel les règles de droit ne sont pas un moyen de limiter l'État et l'administration, les citoyens ne pouvant s'en prévaloir ni en invoquer la violation. L'État de police ne donne pas aux citoyens de mécanisme juridique pour les protéger des abus des gouvernants, et n'est par suite pas démocratique. Dans un État de droit, les règles de droit sont un moyen d'action des gouvernants mais constituent aussi la limite de leurs pouvoirs puisque les citoyens peuvent contester la méconnaissance de ces règles par les gouvernants. Bien sûr, le caractère démocratique d'un État de droit suppose que les règles de droit soient inspirées par un système de valeurs fondé sur la protection des droits et libertés (thèmes 1 à 3). L'Autrichien H. Kelsen en a déduit la nécessité d'une hiérarchie des normes dont le respect doit être assuré par un contrôle juridictionnel réalisé soit par le juge ordinaire soit par un juge spécialisé (cette dernière solution ayant la faveur du juriste). La Constitution, norme suprême consacrant les droits et libertés, n'est protégée que s'il est possible pour le citoyen de faire annuler les actes qui lui sont contraires. La loi doit donc aussi être contrôlée, et seule une juridiction peut effectuer un contrôle efficace, indépendant du Parlement qui vote la loi.

La **justice constitutionnelle** désigne tous les procédés de nature juridictionnelle permettant de contrôler le respect de la Constitution par l'ensemble des normes inférieures. L'enjeu de la justice constitutionnelle réside essentiellement dans la protection des droits et libertés constitutionnels ainsi que le respect de la séparation des pouvoirs tant horizontale (par le contrôle de la répartition des compétences entre les organes politiques de l'État, Exécutif et Parlement) que verticale (par le contrôle de la répartition des pouvoirs entre l'État central et les entités infra-étatiques). On ne peut donc parler de justice constitutionnelle que lorsque le contrôle de constitutionnalité de la loi est assuré. Or, ce contrôle a été difficile à admettre en Europe.

Techniquement, le contrôle de la conformité des lois à la Constitution n'est pas différent du contrôle de la conformité des actes administratifs à la loi et à la Constitution que réalise le juge administratif ou judiciaire. Mais sur le plan politique, la censure d'une loi par un juge est difficile à accepter dans les systèmes européens où le juge est considéré comme inférieur à la loi, acte voté par le Parlement, et exprimant la volonté générale du souverain (*cf.* thème 5) ; au contraire dans la conception américaine, le juge est un pouvoir égal aux deux autres et la Constitution est essentielle, en particulier car elle assure la pérennité du fédéralisme (*cf.* thèmes 4 et 5). Le légicentrisme a été mis en cause après les régimes fascistes que le Parlement n'a pas empêchés (par ex., en France, la loi du 10 juill. 1940 a permis au maréchal Pétain d'accéder au pouvoir).

Cette justice constitutionnelle a émergé sous deux formes originairement distinctes, le modèle américain, le plus ancien, et le modèle européen, inspiré des idées de H. Kelsen.

– Dans le **modèle américain** de justice constitutionnelle, le **juge ordinaire** est compétent pour contrôler la constitutionnalité de la loi. Ce modèle est une création prétorienne. La Constitution américaine de 1787 ne prévoit expressément aucun mécanisme de contrôle de constitutionnalité des lois, mais dès **1803**, dans son célèbre arrêt ***Marbury vs Madison***, la Cour suprême américaine, par une interprétation constructive de la Constitution, s'est reconnue compétente pour contrôler la constitutionnalité des lois fédérales. C'est une simple affaire relative à l'absence de notification de la nomination de juges qui a donné l'occasion au président de la Cour, le juge Marshall, dans son opinion, de développer l'idée selon laquelle la loi inconstitutionnelle contredit la place suprême de la Constitution. Par conséquent, même s'il n'existe pas de mécanisme spécifique dans la Constitution, tout juge doit pouvoir, à l'occasion d'un litige dont il est saisi, contrôler la constitutionnalité d'une loi et ne pas l'appliquer au cas litigieux si elle s'avère contraire à la loi fondamentale (*judicial review*). La Cour admet qu'elle-même peut exercer ce contrôle de la constitutionnalité des lois fédérales par voie d'exception. Elle admettra ensuite, à partir de 1816, sa compétence pour contrôler la conformité des lois des États fédérés par rapport à la Constitution fédérale et imposera ses décisions aux Cours suprêmes des États fédérés.

Constitution américaine

Art. III, sect. 1 : « Le pouvoir judiciaire des États-Unis sera confié à une Cour suprême et à telles cours inférieures dont le Congrès pourra périodiquement ordonner l'institution… »

Sect. 2 : « 1. Le pouvoir judiciaire s'étendra à tous les cas de droit et d'équité ressortissant à la présente Constitution, aux lois des États-Unis, aux traités déjà conclus, ou qui viendraient à l'être sous leur autorité…

2. Dans tous les cas concernant les ambassadeurs, les autres ministres publics et les consuls, et ceux auxquels un État sera partie, la Cour suprême aura juridiction de première instance. Dans tous les autres cas susmentionnés, elle aura juridiction d'appel, et pour le droit et pour le fait, sauf telles exceptions et conformément à tels règlements que le Congrès aura établis » (…).

Le contrôle de constitutionnalité des lois dans le modèle américain de justice constitutionnelle présente ainsi les caractéristiques suivantes :

– Il est **diffus** (ou décentralisé) dans le sens où ce contrôle peut être réalisé par tout juge fédéral ou étatique.

– Il est réalisé par **voie d'exception** : à l'occasion d'un litige, une partie peut soulever le moyen tiré de l'inconstitutionnalité de la loi que l'on veut lui appliquer. Le juge saisi de cette question est compétent pour la trancher (il s'agit donc d'une question préalable pour lui).

Puisque le contrôle se fait à l'occasion de l'application d'une loi à un cas particulier, il est dit **concret** (ou *in concreto*) et comme la loi est en vigueur, le contrôle est effectué ***a posteriori***.

La loi déclarée inconstitutionnelle n'est pas annulée mais elle n'est pas appliquée à l'affaire ; la déclaration d'inconstitutionnalité est donc revêtue de l'**autorité relative de chose jugée** (elle a un effet ***inter partes***). Par suite, cette déclaration d'inconstitutionnalité pourra être contredite par une autre juridiction. Cependant, cet inconvénient doit être relativisé du fait de l'application dans le système de *Common Law* de la règle du précédent qui donne en pratique à la décision un effet équivalent à une annulation.

– Dans le modèle européen (ou kelsenien) de justice constitutionnelle, une **juridiction spéciale** détient le monopole pour contrôler la constitutionnalité des lois. Ce modèle est apparu en Autriche en 1920 sous l'influence de H. Kelsen qui est à l'origine de l'introduction, dans la Constitution de cet État, d'une Cour constitutionnelle spécialement chargée du contrôle de constitutionnalité des lois. La même année, ce type de système est créé en Tchécoslovaquie (1920). Le contrôle présente alors les caractéristiques suivantes :

– Il est **concentré** puisqu'une seule juridiction est compétente pour l'effectuer. Ce système s'explique par le fait que dans les États de tradition de droit romain, l'absence de règle du précédent aurait fait du système américain un système incertain en raison des risques de contradiction entre les décisions des juridictions.

– Il est exercé par **voie d'action** : la Cour constitutionnelle est directement saisie d'un litige dont l'objet est de trancher la question de la constitutionnalité de la loi.

– Il conduit à l'annulation des lois inconstitutionnelles par un jugement ayant l'autorité absolue de chose jugée (effets ***erga omnes***).

– Dans la logique de Kelsen, il est **abstrait**, et peut être exercé *a priori* ou *a posteriori* ; mais il peut aussi être **concret** (et donc exercé *a posteriori* par voie d'exception) : dans ce cas, le juge saisi de la question de la constitutionnalité devra renvoyer cette **question préjudicielle**, qu'il est incompétent pour trancher, à la Cour constitutionnelle, et surseoir à statuer sur le litige au fond en attendant le jugement relatif à la validité de la loi.

Cour suprême et Cour constitutionnelle

– La Cour constitutionnelle est une juridiction qui se trouve en dehors de la hiérarchie juridictionnelle classique de l'État. On peut considérer qu'elle constitue un ordre juridictionnel à elle seule.

Elle peut être saisie directement par des requérants (souvent tout citoyen ne peut pas la saisir) ou par des juges et statue spécifiquement sur la constitutionnalité de la loi sans statuer sur le litige principal le cas échéant.

– Le Cour suprême se trouve au sommet de la hiérarchie judiciaire. Elle surmonte l'ensemble de la hiérarchie judiciaire américaine qui comprend la structure judiciaire fédérale (juridictions de première instance et d'appel) et le système judiciaire des États fédérés (juridictions de première instance d'appel ainsi que Cours suprêmes étatiques).

Elle est saisie d'un recours en appel contre un jugement d'une juridiction inférieure (sauf pour les rares compétences qu'elle détient en tant que juridiction de première instance). En droit américain, ce recours en appel signifie que la Cour rend un jugement en dernier ressort, en droit et en fait. En outre, la Cour n'est pas obligée de statuer sur les affaires dont elle est saisie ; elle choisit de trancher discrétionnairement les cas en fonction de l'importance, l'enjeu de la question posée (sa portée fédérale notamment). À cette occasion elle peut être amenée à effectuer un contrôle de constitutionnalité des lois comme tout autre juge américain.

Les arrêts de la Cour s'imposent aux juridictions inférieures en raison de sa position dans le système juridictionnel et de la règle du précédent (si bien qu'en fait, ses décisions ont l'autorité absolue de chose jugée) : ainsi, la loi déclarée inconstitutionnelle par la Cour suprême sera en réalité privée d'effet et les juridictions inférieures ne pourront plus l'appliquer, car elles sont liées par la décision de la Cour. La loi existe toujours mais n'est plus appliquée et finira par être abrogée par le Congrès.

En pratique, le modèle européen donne lieu à de multiples variations.

Le **contrôle abstrait** (et donc par voie d'action) est en général déclenché par des autorités publiques. Il est rarement réalisé ***a priori*** : en **Autriche** ce contrôle porte sur les lois et actes administratifs et a essentiellement pour objet de régler un conflit de compétences entre le niveau fédéral et les États fédérés, sur saisine du Gouvernement fédéral ou d'un État. En **Italie**, le contrôle porte sur les lois régionales et a pour objet le respect de la répartition des compétences entre l'État central et les régions. En **Allemagne** il est limité à l'examen des lois portant ratification d'un traité, sur saisine du Gouvernement fédéral ou d'un *Land*, ou de membres du *Bundestag*. En **Espagne**, ce contrôle concerne les traités, sur saisine du Gouvernement ou d'une chambre. Au **Portugal** il est un peu plus large (*cf. infra*).

Le contrôle abstrait est très fréquemment exercé ***a posteriori***. En **Autriche**, il porte sur les lois fédérales et celles des *Länder* et est déclenché par les Gouvernements (fédéral et des États) et des parlementaires. De même en **Allemagne**, la constitutionnalité de la loi fédérale peut être contrôlée sur saisine des Gouvernements (État fédéral et fédérés) et des parlementaires. En **Espagne**, les lois peuvent subir ce contrôle sur saisine du Premier ministre, d'un certain nombre de députés ou sénateurs, du défenseur du peuple. En **Italie**, il s'agit d'un contrôle déclenché par un Gouvernement régional contre une loi nationale qui aurait empiété sur son domaine de compétence. Au **Portugal** de nouveau ce contrôle est large (*cf. infra*).

Le **contrôle concret** se pratique parfois. La **Cour autrichienne** se reconnaît la faculté d'examiner d'office la constitutionnalité d'une loi qui est la base de l'une de ses décisions. Elle peut aussi être saisie par une question préjudicielle posée par la Cour administrative, la Cour suprême et une juridiction d'appel ou une chambre administrative indépendante (*Länder*). En **Espagne**, toute juridiction peut renvoyer à la Cour constitutionnelle la question de la constitutionnalité d'une norme qui sera le cas échéant annulée. La situation est similaire en **Italie**. Pour l'Allemagne et le Portugal, *cf. infra*.

Parfois enfin, la Cour peut être saisie de **requêtes individuelles** : en **Autriche**, en cas de violation des droits fondamentaux et après épuisement des voies de recours, les particuliers peuvent saisir la Cour d'une loi ou d'un règlement (contrôle *a posteriori* et abstrait). En Allemagne *cf. infra*. En **Espagne**, le recours d'*amparo* permet aux citoyens de saisir la Cour en cas de violation des droits et libertés constitutionnels après épuisement des voies de recours mais une loi ne peut en principe pas être contestée par ce biais.

La Cour constitutionnelle dispose souvent d'autres attributions que le contrôle de constitutionnalité. Elle peut être **juge des principales élections** (élection des parlementaires par ex. en Autriche ; en Allemagne, la Cour est compétente en appel pour l'élection des membres du *Bundestag* qui statue en première instance ; élection du président de la République, par ex. au Portugal ; référendums comme au Portugal) ; elle peut avoir des **attributions répressives** (par ex., en Autriche, elle peut prononcer la déchéance des titulaires des fonctions exécutives au niveau fédéral ou au niveau des États fédérés en cas de violation fautive du droit dans l'exercice de leurs fonctions ; en Allemagne, le chef de l'État mis en accusation par l'une des deux chambres pour violation de la Constitution est jugé par la Cour constitutionnelle ; en Italie, le Président ou les membres du Gouvernement mis en accusation par le Parlement sont jugés par la Cour constitutionnelle à laquelle sont adjoints des juges élus par le Parlement) ; elle peut régler les **conflits de compétences** entre les organes constitutionnels (Allemagne), entre l'État central ou fédéral et les États fédérés ou les collectivités territoriales (Allemagne, Autriche, Espagne, Italie, Portugal), entre les tribunaux (Autriche).

Le modèle européen s'est progressivement étendu en Europe après la Seconde Guerre mondiale, puis dans les démocraties nouvellement consacrées après la dislocation du bloc de l'URSS.

Le modèle américain s'est exporté aussi, par ex. la Haute Cour d'Australie ; le Tribunal fédéral suprême du Brésil (même s'il réalise aussi un contrôle concentré) ; la Cour suprême d'Irlande (qui réalise aussi un contrôle *in abstracto*).

Il arrive de fait assez souvent que les **deux modèles se combinent**. Par ex., la Cour constitutionnelle d'Afrique du sud est compétente pour les questions relatives à la constitutionnalité de la loi mais d'autres juridictions peuvent également trancher cette question si bien que le contrôle est en partie concentré et en partie diffus.

En revanche, il n'est évidemment pas question de contrôle de constitutionnalité des lois au Royaume-Uni où la Constitution n'est pas écrite. La Cour suprême s'assure cependant de la conformité des lois à la CEDH notamment, et protège ainsi les droits et libertés contre les abus des gouvernants. En Suisse, les juges ne peuvent pas exercer de contrôle de constitutionnalité des lois de l'État. En Europe du Nord, il existe rarement de Cour constitutionnelle et les juges ordinaires contrôlent en pratique peu la constitutionnalité des lois. Le contrôle de conventionnalité des lois pallie en partie cette lacune.

2. Illustrations : la justice constitutionnelle dans quelques États étrangers

A. Exemple du Canada

La justice constitutionnelle au Canada est organisée selon le **modèle américain**. Le contrôle de constitutionnalité est diffus et la Cour suprême canadienne, qui chapeaute l'ensemble du système judiciaire, est compétente pour statuer en appel sur toute matière, y compris constitutionnelle, à l'image de son homologue américain. Comme aux États-Unis, la Cour suprême du Canada a un pouvoir discrétionnaire pour choisir les affaires sur lesquelles elle statue : elle ne tranche que les questions qui lui semblent essentielles et de portée fédérale. Il se peut dès lors qu'elle soit amenée à trancher une question relative à la constitutionnalité des lois, mais il s'agit d'une très petite part de son activité. Si la loi est inconstitutionnelle, la Cour en écarte l'application en l'espèce. Son contrôle de constitutionnalité est donc concret.

Loi constitutionnelle de 1982

« Primauté de la Constitution du Canada

Art. 52 : (1) La Constitution du Canada est la loi suprême du Canada ; elle rend inopérantes les dispositions incompatibles de toute autre règle de droit ».

La Cour suprême du Canada dispose également d'une compétente consultative qui la distingue de la Cour suprême américaine et qui lui donne des **attributions non juridictionnelles notamment en matière constitutionnelle**. Le Gouvernement fédéral peut la consulter sur une question relative à la constitutionnalité d'une loi (fédérale ou loi d'une province) lors de l'élaboration d'une loi ou à l'occasion de son application. Un contrôle abstrait *a priori* ou *a posteriori* peut donc être effectué par la Cour (mais il s'agit d'une activité mineure). Son avis pourra alors prévenir de futurs contentieux.

Loi sur la Cour suprême du Canada

Art. 53 : « (1) Le gouverneur en conseil peut soumettre au jugement de la Cour toute question importante de droit ou de fait touchant : a) l'interprétation des Lois constitutionnelles ; b) la constitutionnalité ou l'interprétation d'un texte législatif fédéral ou provincial ; (...). (3) Les questions touchant les matières visées aux paragraphes (1) et (2) sont d'office réputées être importantes quand elles sont ainsi déférées à la Cour par le gouverneur en conseil ».

B. Exemple de la Grèce

Bien qu'étant un État européen, la Grèce a adopté un **contrôle diffus** de constitutionnalité, par voie d'exception. Tout juge administratif (le Conseil d'État est la juridiction suprême en matière administrative) comme judiciaire (la Cour de cassation chapeaute les juridictions civiles et pénales) peut contrôler la constitutionnalité des lois à l'occasion d'un litige dont il est saisi et en cas d'inconstitutionnalité de la loi, en écarter l'application au cas d'espèce. Ce contrôle a été **admis par la Cour de cassation** opérant un revirement de jurisprudence en 1897, et s'est ainsi appliqué comme coutume avant d'avoir été **consacré dans la Constitution écrite de 1975.**

Constitution grecque

Art. 87 : « 2. Dans l'exercice de leurs fonctions, les magistrats sont soumis seulement à la Constitution et aux lois ; ils ne sont en aucun cas obligés de se conformer à des dispositions prises en violation de la Constitution ».

Art. 93 : « 1. On distingue les tribunaux administratifs, civils et pénaux ; ils sont organisés par des lois spéciales. 4. Les tribunaux sont tenus de ne pas appliquer une loi dont le contenu est contraire à la Constitution ».

Outre les juridictions administratives et judiciaires, il existe une **Cour supérieure spéciale** qui dispose d'attributions évoquant celles d'un Tribunal des conflits (art. 100, al. 1, d. C) mais aussi d'une Cour constitutionnelle. Elle est juge de certaines élections (législatives, référendums : art. 100, al. 1, a. et b. C), juge du mandat des députés (art. 100, al. 1, c. C) et a une compétence spéciale en matière constitutionnelle (art. 100, al. 1, e. C). Cependant, il s'avère qu'il s'agit seulement d'une compétence très limitée lui permettant de **trancher un désaccord entre les juridictions de cassation concernant l'inconstitutionnalité d'une loi** et ses décisions ne revêtent pas une portée essentielle en pratique. De même, depuis la révision de 2001, l'art. 100 al. 5 C introduit également une compétence spéciale pour les **assemblées plénières du Conseil d'État et de la Cour de cassation** qui doivent être saisies des questions relatives à l'inconstitutionnalité des lois ; cependant, ce contrôle n'empêche pas celui qu'exercent les juges du fond. Tout au plus, le système grec permet d'attirer l'attention sur le fait que la distinction entre les deux modèles américain et européen de justice constitutionnelle n'est pas forcément hermétique et que les caractéristiques des deux peuvent se mêler.

Art. 100 C : « 1. Il est constitué une Cour supérieure spéciale, à laquelle ressortissent : a) Le jugement des recours prévus à l'article 58. b) Le contrôle de la validité et des résultats d'un référendum effectué conformément à l'article 44, paragraphe 2. c) Le jugement sur les incompatibilités ou la déchéance d'un député conformément aux articles 55, paragraphe 2, et 57. d) Le règlement des conflits d'attributions entre les juridictions et les autorités administratives, ou entre le Conseil d'État et les tribunaux administratifs ordinaires d'une part, et les tribunaux civils et pénaux d'autre part, ou, enfin, entre la Cour des comptes et les autres juridictions. e) Le règlement des contestations sur l'inconstitutionnalité de fond ou sur le sens des dispositions d'une loi formelle, au cas où le Conseil d'État, la Cour de cassation ou la Cour des comptes ont prononcé des arrêts contradictoires à leur sujet (…).

5. Quand une chambre ou un département du Conseil d'État ou de la Cour de cassation civile et criminelle ou de la Cour des comptes juge qu'une disposition législative est contraire à la Constitution, il est obligatoire de soumettre cette question à leur assemblée plénière respective, à moins qu'elle ait été jugée par une décision préalable de l'assemblée plénière ou de la Cour supérieure spéciale du présent article (…) ».

C. Exemple du Portugal

Dans cet État, le contrôle de constitutionnalité apparaît multiforme, combinant nettement contrôle diffus et concentré, ce qui assure l'efficacité du contrôle. Le **Tribunal constitutionnel est à la fois une Cour suprême et une Cour constitutionnelle.** Le contrôle diffus a précédé dans la Constitution de 1911 le contrôle concentré consacré dans la Constitution de 1976.

Constitution portugaise

Art. 204 : « Les tribunaux ne peuvent appliquer aux faits soumis à leur jugement des normes qui enfreignent les dispositions de la Constitution ou les principes qui y sont inscrits ».

Le **contrôle diffus** peut être réalisé par tout tribunal (de l'ordre judiciaire ou administratif, chacun étant chapeauté par un Tribunal suprême), à l'occasion d'un litige porté devant lui. Le juge peut soulever d'office la question de l'inconstitutionnalité si le défendeur ne le fait pas. La norme inconstitutionnelle sera écartée du litige.

Dans le prolongement d'un contrôle diffus, la question de constitutionnalité peut être portée devant le Tribunal constitutionnel, spécialement compétent pour ces questions, dans trois cas.

Le Tribunal est obligatoirement saisi par le ministère public lorsque le juge ordinaire a refusé d'appliquer notamment une loi, motif pris de son inconstitutionnalité, ou encore lorsqu'il a appliqué une norme déjà jugée inconstitutionnelle par le Tribunal auparavant.

En outre, après épuisement des voies de recours, la partie au litige qui a invoqué l'inconstitutionnalité d'une norme au cours d'un procès peut saisir le Tribunal lorsque le juge ordinaire a refusé de la considérer inconstitutionnelle.

Dans ces trois hypothèses, le **Tribunal saisi par voie d'action effectue un contrôle concret** portant sur la constitutionnalité de la norme et la façon dont les juges du fond l'ont interprétée. L'essentiel de l'activité du Tribunal concerne ce contrôle concret.

L'effet de sa décision est limité à l'affaire et s'impose aux juges du fond qui se sont prononcés sur le cas et dont le jugement pourra donc être annulé par le Tribunal qui exerce une sorte de contrôle de cassation.

En outre, lorsque le Tribunal, dans trois décisions rendues dans le cadre de ce contrôle concret, conclut à l'inconstitutionnalité d'une norme, cette décision peut donner lieu, si le Parquet du Tribunal ou l'un de ses juges le demande, à un contrôle abstrait (*cf. infra* art. 281 al. 3 C) qui donnera à la déclaration d'inconstitutionnalité l'autorité absolue de chose jugée.

L'action du Tribunal a l'avantage de dépasser celle d'une Cour suprême en harmonisant la jurisprudence des juges ordinaires en matière d'inconstitutionnalité.

Art. 280 C : « 1. Il est possible d'introduire un recours devant le Tribunal constitutionnel contre les décisions des tribunaux : a) qui se refusent à appliquer une norme en invoquant son inconstitutionnalité ; b) qui appliquent une norme dont l'inconstitutionnalité a été invoquée au cours du procès. (...)

3. Quand la norme dont l'application a été refusée figure dans une convention internationale, dans un acte législatif ou un décret réglementaire, les recours prévus à l'alinéa a) du paragraphe 1er (...) sont obligatoirement exercés par le ministère public.

5. Il est également possible d'introduire un recours devant le Tribunal constitutionnel contre les décisions des tribunaux qui appliquent une norme déjà jugée inconstitutionnelle ou illégale par le Tribunal constitutionnel. Dans ce cas, le ministère public doit obligatoirement exercer le recours.

6. Les recours devant le Tribunal constitutionnel portent exclusivement sur la question de l'inconstitutionnalité ou de l'illégalité, selon les cas ».

Le Tribunal constitutionnel effectue, plus rarement en pratique, un **contrôle abstrait** de constitutionnalité des normes dont les lois, **par voie d'action**, qui le rattache davantage à la catégorie des cours constitutionnelles du modèle européen. Ce contrôle se fait ***a priori*** pour les lois et les traités seulement, sur saisine du président de la République et empêche le cas échéant la promulgation de la loi, décision que le Parlement peut surmonter à la majorité des deux-tiers (art. 278 C). Il peut aussi être déclenché ***a posteriori*** (art. 281 C) contre un plus grand nombre d'actes (lois comprises) par des autorités publiques, y compris l'opposition, mais pas par le citoyen. Les décisions ont ici autorité absolue de chose jugée (la norme disparaît rétroactivement de l'ordonnancement juridique en principe, mais le juge peut moduler cet effet).

Art. 277 C : « 1. Les normes qui enfreignent les dispositions de la Constitution ou les principes qui y sont inscrits sont inconstitutionnelles ».

Art. 278 C : « 1. Le président de la République peut demander au Tribunal constitutionnel l'examen préventif de la constitutionnalité de toute norme d'un traité international qui lui aura été soumis pour ratification, de tout décret qui lui aura été adressé pour être promulgué sous forme de loi ou de décret-loi, ainsi que de tout accord international dont le décret d'approbation lui aura été remis pour signature. (...)

3. L'examen préventif de la constitutionnalité doit être demandé dans un délai de huit jours à compter de la date de la réception du texte. (...)

8. Le Tribunal constitutionnel doit se prononcer dans un délai de vingt-cinq jours. Dans le cas visé au paragraphe 1er, le délai peut être abrégé par le président de la République pour raison d'urgence ».

Art. 279 C : « 1. Quand le Tribunal constitutionnel se prononce pour l'inconstitutionnalité d'une norme de tout décret ou de tout accord international, le texte devra faire l'objet d'un véto du président de la République (...) et être renvoyé à l'organe qui l'avait approuvé.

2. Dans le cas prévu au paragraphe 1er, le décret ne pourra être promulgué ou signé sans que l'organe qui l'a approuvé l'expurge de la norme jugée inconstitutionnelle ou, s'il y a lieu, le confirme à la majorité des deux-tiers des députés présents, dès lors que celle-ci est supérieure à la majorité absolue des députés effectivement en fonction ». (...)

Art. 281 C : « 1. Le Tribunal constitutionnel apprécie et déclare avec force obligatoire générale : a) l'inconstitutionnalité de toute norme...

2. La déclaration d'inconstitutionnalité ou d'illégalité, avec force obligatoire générale, peut être demandée au Tribunal constitutionnel par les personnes ou organismes suivants : a) le président de la République ; b) le président de l'Assemblée de la République ; c) le premier ministre ; d) le médiateur ; e) le procureur général de la République ; f) un dixième des députés de l'Assemblée de la République (…).

3. Le Tribunal constitutionnel examine et déclare également, avec force obligatoire générale, l'inconstitutionnalité ou l'illégalité de toute norme, dès lors qu'il l'aura jugée inconstitutionnelle ou illégale dans trois cas concrets ».

Le Tribunal effectue même un **contrôle de constitutionnalité par omission** (rarissime en pratique) sur saisine du président de la République ou du médiateur consistant à constater l'absence, dans la loi, de dispositions nécessaires à l'application de la Constitution et à en informer le législateur (art. 283 C).

D. Exemple de l'Allemagne

Dans le cadre du **modèle européen** de justice constitutionnelle, la **Cour constitutionnelle fédérale** détient un monopole pour prononcer l'inconstitutionnalité des lois : les juges ordinaires peuvent contrôler la constitutionnalité de la loi par voie d'exception mais doivent surseoir à statuer si la loi leur semble inconstitutionnelle et renvoyer cette question préjudicielle à la Cour qui, seule, peut annuler la loi.

La Cour tranche les litiges concernant la répartition des compétences entre les organes constitutionnels comme l'Exécutif ou le Parlement (art. 93, al. 1, 1. C), la constitutionnalité du droit fédéral ou d'un *Land* sur saisine d'autorités politiques, Gouvernement ou membres du *Bundestag* (art. 93, al. 1, 2. C), la répartition des compétences notamment entre l'État fédéral et les États fédérés (art. 93, al. 1, 2a., 3. et 4 C).

On note en particulier la **possibilité pour le citoyen de saisir directement la Cour** de la question de l'inconstitutionnalité d'une loi, d'un acte administratif ou d'un jugement après épuisement des voies de recours et si est en cause la violation d'un droit ou d'une liberté fondamentale (art. 93, al. 1, 4a. C).

Art. 93 C : « (1) La Cour constitutionnelle fédérale statue : 1. sur l'interprétation de la présente Loi fondamentale, à l'occasion de litiges sur l'étendue des droits et obligations d'un organe fédéral suprême… ; 2. en cas de divergence d'opinion ou de doutes sur la compatibilité formelle et matérielle, soit du droit fédéral ou du droit d'un Land avec la présente Loi fondamentale,…sur demande du Gouvernement fédéral, d'un Gouvernement de Land, ou d'un quart des membres du Bundestag; (...) 3. en cas de divergence d'opinion sur les droits et obligations de la Fédération et des Länder (...); 4 a. sur les recours constitutionnels qui peuvent être formés par quiconque estime avoir été lésé par la puissance publique dans l'un de ses droits fondamentaux ou dans l'un de ses droits garantis par les articles 20, al. 4, 33, 38, 101, 103 et 104» (...).

Art. 100 C: «(1) Si un tribunal estime qu'une loi dont la validité conditionne sa décision est inconstitutionnelle, il doit surseoir à statuer et soumettre la question...à la décision de la Cour constitutionnelle fédérale s'il s'agit de la violation de la présente Loi fondamentale. (...) (3) Si, lors de l'interprétation de la Loi fondamentale, le tribunal constitutionnel d'un Land entend s'écarter d'une décision de la Cour constitutionnelle fédérale ou du tribunal constitutionnel d'un autre Land, il doit soumettre la question à la décision de la Cour constitutionnelle fédérale».

3. La justice constitutionnelle en France

A. L'émergence progressive d'un État de droit en France

Les règles coutumières que constituaient les Lois fondamentales du royaume sous l'**Ancien Régime** ne peuvent en rien être assimilées à une Constitution fondant un État de droit puisqu'elles ne bornaient pas le pouvoir du roi: vagues, elles ne consacraient aucun droit pour les citoyens. Les **Parlements**, qui exerçaient des attributions judiciaires, revendiquaient le droit de contrôler si les décisions du roi (édits et ordonnances) étaient conformes aux Lois fondamentales, avant de les enregistrer (droit de **remontrances**). Cependant, ces cours prétendaient alors exercer un pouvoir politique et ne peuvent dès lors pas être comparées à des cours constitutionnelles. Leur opposition farouche au roi et à ses réformes a fait naître une méfiance du pouvoir à l'encontre des juges judiciaires qui a perduré après la Révolution.

À la Révolution française, les bases de l'État de droit sont admises, dans la mesure où les débats à l'Assemblée constituante font émerger le fait que la Constitution doit limiter le pouvoir des gouvernants et que les normes émanant des différents pouvoirs doivent être hiérarchisées (*cf.* aussi thèmes 1 à 3): la Constitution et la DDHC se trouvent au sommet de l'édifice, puis les lois doivent garantir les règles constitutionnelles et les actes de l'Exécutif appliquent ces lois et doivent donc les respecter. Cependant, la supériorité de la Constitution n'est pas effective puisque la loi (qui fixe le régime juridique de tous les droits et libertés constitutionnels) est considérée comme l'expression de la volonté générale (**art. 6 DDHC**) et la Constitution de 1791 précise qu'elle est l'autorité suprême (Ch. II, sect. 1, art. 3). Ce **légicentrisme** donne lieu à la conception française de la séparation des pouvoirs qui, associée à la méfiance persistante envers les juges, conduit à rejeter deux idées: celle d'introduire un contrôle des lois, actes du Parlement, par un juge, et celle de confier au juge (judiciaire, le seul existant à l'époque) le contrôle des actes de l'Exécutif afin de le maintenir à l'écart des affaires politiques (l'interdiction est fermement affirmée par la **loi des 16 et 24 août 1790**, rappelée par le **décret du 16 fructidor An III**). Ainsi, les principes de l'Ancien Régime perdurent ici: l'Édit de Saint-Germain de 1641 avait déjà interdit vigoureusement au juge judiciaire de connaître des affaires publiques. Par conséquent, le règlement des litiges de l'administration appartient à l'Administration elle-même (système du **ministre-juge** ou de l'administrateur-juge).

En l'An III, dans le cadre de la préparation de la nouvelle Constitution, Sieyès présente à la Convention nationale (discours des 2 et 18 Thermidor) un projet tendant à créer un **Jury constitutionnaire** (de 108 membres nommés par le Corps législatif), auquel il assignait trois fonctions: juger, en tant que tribunal de cassation, la constitutionnalité des lois, sur saisine d'une assemblée ou d'un citoyen; proposer, tous les dix ans, des améliorations à la Constitution afin de l'actualiser; trancher un litige sur renvoi d'un tribunal qui rencontre une difficulté pour juger en raison d'une lacune des textes. Ce projet a été repoussé en raison du pouvoir omnipotent qu'il donnait au Jury: à la fois Cour constitutionnelle et Cour suprême, détenteur d'une compétence juridictionnelle étendue (lui donnant le pouvoir de juger en équité dans le silence des textes) mais aussi du pouvoir constituant dérivé et donc d'un pouvoir politique. En somme, le risque de mettre en place une institution dotée d'un pouvoir arbitraire était trop fort. Cependant, il s'agit de la première idée de protection juridictionnelle de la Constitution, accessible aux citoyens directement.

Le système du ministre-juge empêche le contrôle juridictionnel des actes administratifs; pour y remédier, l'art. 52 de la Constitution de l'an VIII crée le **Conseil d'État** (CE), à la fois conseiller de l'Exécutif (à l'image du Conseil du roi de l'Ancien Régime) et juge administratif.

Constitution de 1799, art. 52: « Sous la direction des consuls, un Conseil d'État est chargé de rédiger les projets de lois et les règlements d'administration publique, et de résoudre les difficultés qui s'élèvent en matière administrative ».

Cependant, il n'est pas mis fin au système du ministre-juge, le CE n'exerçant qu'une **justice retenue**, dès lors que les ministres restaient les juges de droit commun sauf si un texte réservait la compétence aux Conseils de préfecture (juges administratifs de première instance créés par la loi du 17 févr. 1800) ou au CE, qui était donc essentiellement juge d'appel des décisions des ministres.

Concernant le contrôle des lois, le projet de Sieyès de 1795 influence la création, par la Constitution de 1799, du Sénat conservateur (titre II).

Constitution de 1799

Art. 15 : « Le Sénat conservateur est composé de quatre-vingts membres, inamovibles et à vie, âgés de quarante ans au moins… ».

Art. 16 : « La nomination à une place de sénateur se fait par le Sénat, qui choisit entre trois candidats présentés, le premier par le Corps législatif ; le second, par le Tribunat ; et le troisième par le Premier consul… ».

Art. 17 : « Le Premier consul sortant de place, soit par l'expiration de ses fonctions, soit par démission, devient sénateur de plein droit et nécessairement… ».

Art. 18 : « Un sénateur est à jamais inéligible à toute autre fonction publique ».

Le Sénat ne se présente pas comme une institution indépendante du pouvoir politique, ce qui jette un doute sur l'efficacité de son contrôle de constitutionnalité.

Art. 21 : « Il [le Sénat] maintient ou annule tous les actes qui lui sont déférés comme inconstitutionnels par le Tribunat ou par le gouvernement… ».

Art. 28 : « …Il [Le Tribunat] défère au Sénat, pour cause d'inconstitutionnalité seulement, les listes d'éligibles, les actes du Corps législatif et ceux du gouvernement ».

Art. 37 : « Tout décret du Corps législatif, le dixième jour après son émission, est promulgué par le Premier consul, à moins que, dans ce délai, il n'y ait eu recours au Sénat pour cause d'inconstitutionnalité. Ce recours n'a point lieu contre les lois promulguées ».

*Le Sénat est donc chargé d'effectuer un **contrôle a priori de constitutionnalité** des lois et actes administratifs, s'il est saisi par des institutions politiques.*

La modification de la Constitution en l'An X (1802) multiplie les pouvoirs du Sénat : il peut compléter et expliquer la Constitution par des sénatus-consultes organiques et exerce donc un pouvoir constituant ; par sénatus-consultes simples il peut annuler les jugements des tribunaux s'ils portent atteinte à la sûreté de l'État, notion très vague lui donnant un pouvoir discrétionnaire très large. Il est donc à la fois une assemblée politique et un juge de cassation ainsi qu'une Cour constitutionnelle. En outre, sa dépendance par rapport au Premier consul s'accroît, ce dernier obtient davantage de pouvoirs dans la nomination des sénateurs.

Sous le Ier Empire, le recours en inconstitutionnalité reste dans la Constitution de 1804 et le Sénat peut désormais s'opposer à la promulgation des lois pour des raisons d'opportunité qui rendent son pouvoir arbitraire. Ses liens avec l'Empereur se renforcent encore.

Constitution de 1804

Art. 70: « Tout décret rendu par le Corps législatif peut être dénoncé au Sénat par un sénateur,... 3° comme n'ayant pas été délibéré dans les formes prescrites par les constitutions de l'Empire, les règlements et les lois... ».

Art. 71 : « Le Sénat, dans les six jours qui suivent l'adoption du projet de loi, délibérant sur le rapport d'une commission spéciale, et après avoir entendu trois lectures du décret dans trois séances tenues à des jours différents, peut exprimer l'opinion qu'il n'y a pas lieu à promulguer la loi. Le président porte à l'Empereur la délibération motivée du Sénat ».

Art. 72: « L'Empereur, après avoir entendu le Conseil d'État, ou déclare par un décret son adhésion à la délibération du Sénat, ou fait promulguer la loi ».

Durant le Ier Empire, (en 1806) est créée au sein du CE une Commission du contentieux compétente pour donner un avis à l'Exécutif sur les litiges administratifs, ce qui conduit à différencier les fonctions contentieuses des fonctions consultatives du CE.

Sous la Restauration, la monarchie de Juillet et la IIe République, aucun contrôle de constitutionnalité des lois n'est organisé, en revanche, malgré les fortes critiques dont il est l'objet, le CE se maintient et se transforme peu à peu en juge, sans perdre ses fonctions consultatives : une loi de 1849 lui confie une justice déléguée. Cependant, le Second Empire restaure la justice retenue. La Constitution de 1852 rétablit le Sénat, dont les membres sont nommés par l'Empereur à vie, et qui est présenté comme le gardien de la Constitution et des libertés. Son pouvoir reste écrasant : il peut compléter la Constitution, en proposer des modifications et les adopter avec l'accord de l'Exécutif, il peut déposer des projets de loi, et contrôler la constitutionnalité des lois avant promulgation ; par un contrôle de constitutionnalité *a posteriori* il peut annuler tout acte qui lui est déféré par le Gouvernement ou par pétition citoyenne. Cependant, au fil des modifications de la Constitution, il perdra ses attributions en matière de contrôle de constitutionnalité.

Constitution de 1852

Art. 25 : « Le Sénat est le gardien du pacte fondamental et des libertés publiques. Aucune loi ne peut être promulguée avant de lui avoir été soumise ».

Art. 26 : « Le Sénat s'oppose à la promulgation. 1° Des lois qui seraient contraires ou qui porteraient atteinte à la Constitution, à la religion, à la morale, à la liberté des cultes, à la liberté individuelle, à l'égalité des citoyens devant la loi, à l'inviolabilité de la propriété et au principe de l'inamovibilité de la magistrature… ».

Art. 29 : « Le Sénat maintient ou annule tous les actes qui lui sont déférés comme inconstitutionnels par le gouvernement, ou dénoncés, pour la même cause, par les pétitions des citoyens ».

Lors de la mise en place des institutions de la IIIe République, la **loi du 24 mai 1872** attribue définitivement au CE la **justice déléguée**. Il s'affirme alors comme un véritable juge à qui il appartient de contrôler la conformité des actes de l'Administration à toutes les normes supérieures jusqu'à la Constitution : par le **recours pour excès de pouvoir**, il fait respecter le **principe de légalité** par l'Exécutif. Ce recours n'a cessé de s'étendre du fait du CE lui-même (recevabilité entendue de manière de plus en plus extensive, contrôle du pouvoir discrétionnaire de l'administration, création des PGD à valeur supérieure à tous les actes administratifs).

En revanche, malgré plusieurs **propositions de création d'une Cour suprême** sur le modèle américain sous la IIIe République, un contrôle des lois n'est pas instauré. En 1903, quelques députés présentent un projet de révision de la Constitution pour constitutionnaliser la DDHC (face à l'absence de déclaration des droits et de dispositions relatives aux droits et libertés) et créer une Cour suprême afin que les citoyens puissent porter devant elle des contestations concernant la violation de leurs droits par le pouvoir exécutif ou législatif. Il était proposé que la Cour de cassation, toutes chambres réunies, soit cette Cour. Le projet n'a jamais été voté par le Parlement qui a écarté toute institution capable de le censurer. De son côté, la doctrine a tenté de faire admettre l'idée d'un contrôle par voie d'exception exercé par les juges ordinaires, mais elle n'a trouvé aucun écho au Parlement. L'idée selon laquelle, notamment sous la pression de l'opinion et de la presse, le Parlement ne peut violer la Constitution, perdure.

Ainsi, la France reste un « État légal » (R. Carré de Malberg), le CE n'étant que le censeur des actes administratifs ; si la loi limite le pouvoir de l'administration, la Constitution ne prévaut pas face à la loi.

L'idée de contrôler la loi revient sous le régime de **Vichy**, durant lequel un **projet de Cour suprême** est rédigé mais n'a jamais été promulgué. Parmi ses attributions (jugement du chef d'État, des ministres mis en accusation, juge des élections des parlementaires, prononcé des immunités et déchéances des parlementaires) figurait le contrôle de constitutionnalité des lois par voie d'exception : saisie de cette question préjudicielle, la Cour devait rendre un arrêt obligatoire pour les juges du fond.

À la chute du régime de Vichy, et après les différentes tentatives et expériences pour instaurer un contrôle des lois, il apparaît qu'un tel contrôle n'a été admis que durant des périodes de dictature de l'Exécutif et qu'il a contribué à limiter le pouvoir du Parlement. Pourtant, on se rend compte que l'arrivée au pouvoir du maréchal Pétain a été autorisée par le Parlement qui a voté la loi constitutionnelle du 10 juill. 1940 et qu'ainsi, le Parlement peut être liberticide et doit donc être contrôlé quand bien même il représente le peuple. Par suite, la **Constitution de 1946** institue un **Comité constitutionnel** chargé d'un contrôle des lois. Sa dénomination n'évoque pas la création d'une juridiction (il n'est pas désigné comme une Cour) et rend compte sans doute de la division des membres de l'Assemblée constituante quant à l'instauration d'un contrôle des lois. Certains y restent farouchement opposés pour la raison que le Parlement représente la nation. D'autres l'admettent mais se séparent quant aux modalités du contrôle : est évoqué un contrôle politique par la voie d'une deuxième chambre, un contrôle par le peuple au moyen du référendum, ou encore un contrôle par une Cour suprême sur le modèle américain. La Constitution s'est finalement inspirée du modèle européen de justice constitutionnelle, même si elle en propose une forme très atténuée, suivant une procédure très lourde, qui prouve toutes les réticences à l'encontre de ce système.

Constitution de 1946

Art. 91 : « Le Comité constitutionnel est présidé par le président de la République. Il comprend le président de l'Assemblée nationale, le président du Conseil de la République, sept membres élus par l'Assemblée nationale au début de chaque session annuelle à la représentation proportionnelle des groupes, et choisis en dehors de ses membres, trois membres élus dans les mêmes conditions par le Conseil de la République.

Le Comité constitutionnel examine si les lois votées par l'Assemblée nationale supposent une révision de la Constitution ».

Le Comité est nommé par des autorités politiques.

Art 92 : « Dans le délai de promulgation de la loi, le Comité est saisi par une demande émanant conjointement du président de la République et du président du Conseil de la République, le Conseil ayant statué à la majorité absolue des membres le composant.

Le Comité examine la loi, s'efforce de provoquer un accord entre l'Assemblée nationale et le Conseil de la République et, s'il n'y parvient pas, statue dans les cinq jours de la saisie. Ce délai est ramené à deux jours en cas d'urgence.

Il n'est compétent que pour statuer sur la possibilité de révision des dispositions des titres Ier à X de la présente Constitution ».

Art. 93 : « La loi qui, de l'avis du Comité, implique une révision de la Constitution est renvoyée à l'Assemblée nationale pour nouvelle délibération.

Si le Parlement maintient son premier vote, la loi ne peut être promulguée avant que la présente Constitution n'ait été révisée dans les formes prévues à l'article 90.

Si la loi est jugée conforme aux dispositions des titres Ier à X de la présente Constitution, elle est promulguée… ».

Le Comité exerce un contrôle a priori, sur saisine d'autorités politiques, et très encadré.

Le Préambule et tous les droits et libertés qu'il concentre sont exclus de ses normes de référence.

S'il juge une loi inconstitutionnelle, il doit tenter de concilier les chambres pour rendre la loi constitutionnelle ; à défaut, il statue sur sa constitutionnalité dans un bref délai et renvoie la loi à l'examen du Parlement qui, s'il choisit de maintenir son texte, doit mener une révision de la Constitution. Il n'a rendu qu'une seule décision en 1948 qui a provoqué la conciliation des chambres.

B. La consécration de l'État de droit sous la Ve République

Les constituants de 1958, sans conclure à l'inutilité du Comité constitutionnel de la IVe, souhaitent en renforcer l'efficacité. Il est alors envisagé de créer un **Conseil constitutionnel** devant contribuer à la rationalisation du régime, autrement dit, à la limitation du Parlement. Loin d'avoir été pensé comme le gardien de la Constitution (mission appartenant déjà au président de la République selon l'art. 5 C), il avait vocation à être le « chien de garde de l'Exécutif» (M. Debré). À ce titre, on lui confie diverses attributions (comme les cours constitutionnelles étrangères peuvent en exercer, sans toutefois que le Conseil soit comparé en 1958 à ces juridictions) pour qu'il puisse réguler l'activité des pouvoirs publics (ainsi qu'il l'a lui-même reconnu dans sa décision n° 62-20 DC du 6 nov. 1962, *Loi référendaire*). Parmi elles, sans s'en démarquer, figure le contrôle de constitutionnalité (des lois ordinaires et organiques, des traités, des règlements des assemblées), *a priori*, abstrait et par voie d'action, sur le modèle européen.

Les compétences du Cons. const. en dehors du contrôle de constitutionnalité

- Le Cons. const. intervient à l'occasion de **certaines élections.** Selon **l'art. 58 C**, il veille à la régularité de l'élection présidentielle, examine les réclamations et proclame les résultats du scrutin. Il exerce donc des **compétences non contentieuses** (par ex., vérification de l'éligibilité des candidats, des parrainages, établissement de la liste des candidats, rôle en vertu de l'art. 7 C en cas de décès ou d'empêchement d'un candidat, surveillance du déroulement des élections, avis au Gouvernement avant l'élection sur l'organisation des élections, après l'élection propositions de réformes éventuelles) et **contentieuses** (il juge des recours contre la liste des candidats, les opérations électorales, les décisions de la commission nationale des comptes de campagne et des financements politiques).

  Aux termes de **l'art. 60 C**, le Conseil veille à la régularité des opérations de **référendum** et en proclame les résultats. Il est là aussi appelé à exercer des compétences non contentieuses (avis au Gouvernement sur l'organisation des opérations électorales, surveillance du scrutin) et tranche les recours contentieux.

  Il est **juge de l'élection des parlementaires** selon **l'art. 59 C** et tranche ainsi les contestations portant sur la régularité de l'élection des députés et des sénateurs et du compte de campagne (sur saisine de la CNCCFP ou contre ses décisions).

- En vertu du code électoral, il **contrôle le mandat des parlementaires** : il constate la déchéance du mandat d'un parlementaire dont l'inéligibilité est apparue après l'élection et déclare démissionnaire d'office le parlementaire qui se trouve en situation de cumul de fonctions incompatibles. Depuis la loi organique du 15 sept. 2017, le Conseil peut déclarer inéligible ou démissionnaire d'office le parlementaire qui n'a pas satisfait à ses obligations fiscales.

- Conformément à l'art. 7 C, il constate **l'empêchement du président de la République** (ne s'est jamais produit) et a déclaré la **vacance** de la présidence en 1969 (démission de de Gaulle) et en 1974 (décès de G. Pompidou) déclenchant l'intérim et l'ouverture du délai d'organisation de nouvelles élections.
- Il donne son **avis** obligatoire avant la mise en œuvre de **l'art. 16 C** par le président de la République, puis, durant l'application de l'article, sur les mesures prises par le chef de l'État, et, depuis 2008, il peut rendre un avis facultatif sur la durée de mise en application de cet article (*cf.* thème 7).
- Il contrôle le respect du **domaine de la loi** par le Parlement pour protéger le domaine réglementaire (*cf.* thème 9) : il est appelé à déclarer le caractère législatif ou réglementaire d'une disposition de loi en vigueur (art. 37 al. 2 C) ou à statuer (très rare) sur le caractère législatif ou réglementaire d'une proposition de loi ou d'un amendement (art. 41 C).
- Dans le cadre de **l'art. 39 C**, depuis 2008, il peut être saisi (une fois en 2014) pour statuer sur le respect, par un projet de loi, des règles de présentations prévues par la loi organique (exposé des motifs et étude d'impact essentiellement *cf.* thème 9).

Mis en place en mars 1959, le Conseil fait preuve, au début de la Ve, de très peu d'audace, d'autant qu'il reste politiquement contesté dans sa mission de contrôleur des lois et que, juridiquement, il ne peut être saisi que par un petit nombre d'autorités politiques pour effectuer le contrôle des lois ordinaires. Entendant en outre sa compétence strictement, il refuse par exemple de donner un avis au président de l'Assemblée nationale sur la question de savoir si une motion de censure pouvait être déposée durant l'application de l'art. 16 C, cette disposition ne permettant pas au président de la chambre de saisir le Cons. const. (n° 61-1 du 14 sept. 1961). L'année suivante, il se déclare incompétent pour examiner la constitutionnalité de la loi référendaire relative à l'élection du Président au suffrage direct (n° 62-20 DC du 6 nov. 1962). Deux dates déclenchent cependant la transformation du Cons. const. en contre-pouvoir, gardien des droits et libertés constitutionnels et censeur tant du Parlement que de l'Exécutif grâce au **contrôle de constitutionnalité** :

- Le **16 juill. 1971**, le Conseil rend sa **décision *Liberté d'association*** (*cf.* thème 3). En dégageant une règle non écrite sur le fondement du Préambule de la Constitution pour censurer la loi dont il était saisi par le président du Sénat, ce qui ne lui avait pas été interdit comme à son prédécesseur de 1946, il a donné valeur constitutionnelle à l'ensemble des droits et libertés inscrits dans la DDHC et le Préambule de 1946. La censure de la loi revenait à **sanctionner le Gouvernement** à l'origine du projet de loi modifiant la loi de 1901 relative à la liberté d'association afin de soumettre la déclaration de création d'une association à un contrôle préalable (et ainsi contourner la décision du juge administratif qui avait jugé qu'un tel contrôle préalable était contraire à la loi de 1901).

– La **révision constitutionnelle du 29 oct. 1974** ouvre la saisine du Conseil dans le cadre du contrôle des lois ordinaires à soixante députés au moins ou soixante sénateurs au moins, et permet à l'**opposition** de provoquer le contrôle de constitutionnalité des lois. La révision du 25 juin 1992 étend cette modification au contrôle des traités.

À partir de ce moment, le contrôle de constitutionnalité se distingue des autres fonctions du Conseil et prend un essor que les constituants n'avaient pas imaginé en 1958, grâce à la jurisprudence constructive du Conseil qui a étoffé le bloc de constitutionnalité et donc les normes de référence de son contrôle, pour mieux encadrer le Parlement et l'Exécutif (*cf.* thème 3) et grâce à la révision constitutionnelle de 2008 qui a ajouté un contrôle *a posteriori*. La Constitution (titre VII, art. 61 à 63 C) complétée par une loi organique (ordonnance du 7 nov. 1958) en précise les modalités. Le contrôle de constitutionnalité est obligatoire ou facultatif.

– Pour trois types d'actes, la saisine du Conseil est **obligatoire** aux fins de contrôler leur constitutionnalité (art. 61 al. 1 C). Il statue dans le délai d'un mois voire huit jours si le Gouvernement estime qu'il y a urgence (art. 61 al. 3 C), par un contrôle ***a priori***.

Concernant les **lois organiques** la saisine du Conseil appartient au Premier ministre et suspend le délai de promulgation (art. 61 al. 4 C).

Les **propositions de loi** tendant à l'organisation d'un **référendum d'initiative partagée** (*cf.* thème 1) sont transmises par le Président de l'assemblée concernée.

Enfin, le Président de chaque assemblée transmet au Conseil le **règlement de la chambre** ainsi que chaque modification qui y est apportée.

Art. 61 al. 1 C : « Les lois organiques, avant leur promulgation, les propositions de loi mentionnées à l'article 11 avant qu'elles ne soient soumises au référendum, et les règlements des assemblées parlementaires, avant leur mise en application, doivent être soumis au Conseil constitutionnel, qui se prononce sur leur conformité à la Constitution ».

– Le Cons. const. exerce un **contrôle de constitutionnalité facultatif des traités** internationaux.

Art. 54 C : « Si le Conseil constitutionnel, saisi par le Président de la République, par le Premier ministre, par le président de l'une ou l'autre assemblée ou par soixante députés ou soixante sénateurs, a déclaré qu'un engagement international comporte une clause contraire à la Constitution, l'autorisation de ratifier ou d'approuver l'engagement international en cause ne peut intervenir qu'après la révision de la Constitution ».

Le Conseil peut être saisi avant la ratification du traité, de la même manière que pour le contrôle *a priori* des lois ordinaires. Il est en pratique rarement saisi et l'est par le Président essentiellement.

L'inconstitutionnalité du traité prononcée par le Conseil empêche sa ratification, sauf à réviser la Constitution.

– **Le contrôle facultatif de constitutionnalité des lois *a priori*** (abstrait et par voie d'action) est prévu depuis 1958 à l'art. 61 al. 2 C. Comme dans le cadre du contrôle obligatoire, le Cons. const. statue dans le délai d'un mois (ou huit jours) et la saisine suspend le délai de promulgation.

Art. 61 al. 2 C : « Aux mêmes fins [contrôler leur conformité à la Constitution], les lois peuvent être déférées au Conseil constitutionnel, avant leur promulgation, par le président de la République, le Premier ministre, le Président de l'Assemblée nationale, le Président du Sénat ou soixante députés ou soixante sénateurs ».

Jusqu'à la révision préc. de 1974, la saisine limitée à quatre autorités politiques (président de la République, Premier ministre et présidents des assemblées), appartenant le plus souvent à la même majorité, expliquait la faible activité du Conseil (neuf saisines facultatives sur des lois). Depuis, presque toutes les lois font l'objet d'une saisine, essentiellement par des députés et sénateurs de l'opposition.

À l'issue de son contrôle, le Conseil peut déclarer la loi conforme à la Constitution ; elle doit alors être promulguée conformément à l'art. 10 C. En revanche, **une disposition déclarée inconstitutionnelle ne peut être promulguée** (art. 62 al. 1 C) : si la disposition est déclarée inséparable du reste de la loi, cette dernière ne peut être promulguée ; si la disposition est déclarée séparable du reste de la loi (qui reste compréhensible indépendamment d'elle), ou si le Conseil ne déclare pas la disposition inséparable du reste de la loi, le président de la République choisit soit de promulguer la loi la loi, amputée de la disposition inconstitutionnelle, soit de demander une nouvelle lecture aux chambres (art. 23 de l'ord. du 7 nov. 1958 préc.) qui pourront remédier à l'inconstitutionnalité, mais le Président le fait très exceptionnellement (deux fois jusqu'à présent).

– Le **contrôle facultatif de constitutionnalité des lois *a posteriori*** a été introduit par la révision constitutionnelle de 2008 et est en vigueur depuis le 1er mars 2010. Il s'agit d'un contrôle **concret** qui s'exerce **par voie d'exception** au moyen d'une **question prioritaire de constitutionnalité** (QPC), ayant pour effet d'abroger une loi violant les droits et libertés protégés dans la Constitution.

Art. 61-1 C: « Lorsque, à l'occasion d'une instance en cours devant une juridiction, il est soutenu qu'une disposition législative porte atteinte aux droits et libertés que la Constitution garantit, le Conseil constitutionnel peut être saisi de cette question sur renvoi du Conseil d'État ou de la Cour de cassation qui se prononce dans un délai déterminé.

Une loi organique détermine les conditions d'application du présent article ».

La réforme est issue de l'idée de **permettre aux citoyens de provoquer un contrôle de constitutionnalité de la loi en vigueur**, la seule saisine *a priori* par des autorités politiques étant apparue de plus en plus insuffisante. La révision de 2008 reprend largement le procédé imaginé dès 1990 par R. Badinter et qui avait été traduit dans un projet de loi constitutionnelle (et de loi organique) abandonné par le Gouvernement face au désaccord des chambres. L'idée est reprise dans un nouveau projet (plus large) déposé en 1993, mais la nouvelle majorité ne conserve pas cette idée qui a enfin abouti en 2008.

Le citoyen ne peut pas directement saisir le Cons. const. d'une QPC ; ainsi que la Constitution complétée par la loi organique du 10 déc. 2009 le prévoient, **lors d'un procès** devant tout juge ordinaire (dès lors que ses décisions relèvent du CE ou de la Cour de cassation, sauf la Cour d'assise), un requérant peut soulever l'inconstitutionnalité d'une loi, y compris en appel ou en cassation pour la première fois. Pour le juge ordinaire, il s'agit d'une question préjudicielle qui doit être tranchée par le Cons. const., seul juge à pouvoir prononcer l'inconstitutionnalité d'une loi. Cependant, avant de parvenir au Cons. const., la QPC est **filtrée** par les juges ordinaires.

D'abord, la QPC n'est recevable que si elle est présentée dans un mémoire distinct de la requête principale, et le juge ne peut la soulever d'office.

Si la QPC est recevable, la juridiction saisie doit vérifier sans délai la réunion de **trois conditions** cumulatives qui la conduira à transmettre la QPC au CE ou à la Cour de cassation (s'ils ne sont pas saisis directement bien sûr) et surseoir à statuer sur la requête principale : l'applicabilité au litige de la disposition de loi contestée ou le fait qu'elle soit le fondement des poursuites, l'absence de déclaration de conformité à la Constitution de la disposition par le Conseil dans les motifs et le dispositif d'une de ses décisions (sauf changement de circonstances de droit comme de fait) et enfin le fait que la question ne soit pas dépourvue de caractère sérieux.

Lorsque le CE ou la Cour de cassation reçoivent une QPC d'une juridiction du fond ou d'un requérant, ils doivent à leur tour, dans un délai de trois mois, vérifier la réunion de trois conditions avant de transmettre la QPC au Cons. const. : les deux premières conditions sont identiques à celles que vérifient les juges du fond et la troisième est plus stricte puisque le juge de cassation doit vérifier que la question est nouvelle ou présente un caractère sérieux (les juges du fond vérifiant seulement son caractère manifestement sérieux).

Devant les juges ordinaires, du fond ou de cassation, la QPC est **prioritaire** en ce que la question de sa transmission est examinée avant l'examen du moyen tiré de l'inconventionnalité de la loi.

Le Cons. const. saisi statue dans un délai de trois mois sur la QPC. Il utilise tous les éléments du bloc de constitutionnalité qui contiennent un droit ou une liberté.

Malgré ce double filtre, la procédure reste rapide car elle est enserrée dans de brefs délais.

Si le Conseil juge la loi inconstitutionnelle, elle est **abrogée** (art. 62 al. 2 C).

La procédure qui était très attendue a immédiatement été très utilisée (100 décisions rendues la première année) et a permis l'abrogation de plusieurs lois très controversées (par ex., dispositions du code de procédure pénale sur la garde à vue, composition de certaines juridictions spécialisées).

La QPC a ainsi renforcé l'efficacité du contrôle de constitutionnalité des lois.

Toutes les décisions du Conseil sont revêtues de **l'autorité absolue de chose jugée**, elles « ne sont susceptibles d'aucun recours. Elles s'imposent aux pouvoirs publics et à toutes les autorités administratives et juridictionnelles » (art. 62 al. 3 C). En l'absence de sanction toutefois, il se peut que certaines autorités soient réticentes à appliquer les décisions du Conseil. Par ex., le président de la République lui-même avait demandé à la Cour de cassation en 2008 d'envisager une application immédiate de la loi relative à la rétention de sûreté alors que son caractère rétroactif avait été censuré par le Cons. const. La Cour n'a pas répondu à cette invitation portant gravement atteinte à la séparation des pouvoirs : seul le pouvoir constituant peut surmonter l'inconstitutionnalité prononcée par le juge constitutionnel.

Sous la Ve, tant l'inconventionnalité de la loi (*cf.* thème 3) que son inconstitutionnalité sont donc contrôlées respectivement par le juge ordinaire et le juge constitutionnel.

> Attention, le Cons. const. refuse de contrôler la constitutionnalité de deux types de lois tant *a priori* qu'*a posteriori* :
>
> – les lois référendaires (Cons. const., n° 62-20 préc.) qui sont l'expression directe de la souveraineté du peuple à laquelle le Conseil refuse à juste titre de se substituer.
>
> – les lois constitutionnelles (Cons. const., n° 2003-469 DC du 26 mars 2003) qui expriment la volonté du pouvoir constituant, suprême.

4. Exercice – Commentaire de texte (1)

Conseils méthodologiques

Le commentaire de texte (1) : travail préalable et introduction

Il s'agit toujours, comme pour le commentaire d'arrêt ou d'article, de porter une **appréciation sur le texte**, à partir des connaissances de l'étudiant, et après avoir replacé le texte dans son contexte juridique. L'auteur développe une idée, une thèse, qu'il convient d'identifier et d'expliquer puis d'en faire une appréciation critique, qui ne se borne pas à paraphraser le texte ou à en faire abstraction.

Lors du travail préalable **au brouillon**, il faut en premier lieu repérer les informations essentielles relatives au texte, car elles donnent un éclairage sur le texte :

- **nature** du texte : le texte à commenter, plus ou moins long, peut revêtir de multiples formes, en particulier, il peut être intéressant de savoir s'il s'agit d'un écrit (article – ou extrait – de doctrine, de journal, extrait d'ouvrage, etc.) ou s'il est tiré d'un discours prononcé oralement.
- **auteur** du texte : il peut être intéressant de savoir si l'auteur est un juriste pour relier le texte à commenter au courant théorique auquel appartient son auteur éventuellement. Si l'auteur est un homme politique, il faut tenir compte du fait qu'il peut attribuer à une notion ou à un mot un

sens différent de celui qui lui est donné en droit. De manière générale, il importe de s'interroger sur la renommée de l'auteur, son œuvre, son action qui peuvent aider à comprendre le texte à commenter.

- **date** du texte et époque à laquelle l'auteur appartient : repérer si le texte et son auteur sont anciens ou contemporains est indispensable pour replacer les propos dans leur contexte.
- **objet** du texte : déterminer à quelle occasion l'auteur a rédigé le texte ou prononcé le discours à commenter permet aussi de le replacer correctement dans son contexte.
- **idée générale** développée par l'auteur : c'est elle qui constitue la base de la réflexion pour construire le commentaire, plus précisément pour déterminer le fil conducteur du devoir. Il est donc primordial de bien comprendre le sens du texte afin d'éviter tout contresens. C'est pourquoi, tous les éléments de contextualisation évoqués précédemment sont essentiels. Il faut ensuite **lire très attentivement** le texte, en cerner les **mots-clés** pour en fixer minutieusement la définition et s'interroger sur leur éventuelle polysémie. La lecture du texte permet de repérer sa **structure**, les différents arguments avancés par l'auteur.

Le fil conducteur du devoir et le plan du commentaire découlent de cette analyse du texte, de la même manière que pour le commentaire d'arrêt.

L'**introduction** du commentaire de texte a le même objectif que celle de n'importe quel commentaire d'arrêt ou d'article : celui de présenter le texte et de dégager l'idée conductrice qui organisera les propos.

Elle débute classiquement par une **phrase d'accroche** qui donne au lecteur une indication quant au sujet abordé par le texte et une idée générale de son sens.

Elle se poursuit par la **présentation** du texte et de son auteur à l'aide des éléments repérés dans le cadre du travail préalable au brouillon, afin **de dégager la problématique** du devoir.

L'introduction se termine classiquement par l'**annonce du plan** du devoir.

Sujet

« L'équilibre démocratique repose sur une répartition des compétences se limitant les unes les autres et dont l'effectivité est assurée par les juridictions de nature diverse. Mais il faut bien qu'au-delà de ce réseau de compétences distribuées, il existe un lieu juridique où la souveraineté démocratique s'exerce sans partage. Ce lieu est celui du pouvoir constituant. Le pouvoir constituant dérivé n'est pas un pouvoir d'une autre nature que le pouvoir constituant initial : la Constitution lui donne sa procédure (qui, d'ailleurs, peut faire l'objet elle-même d'une révision comme le prouve la loi constitutionnelle du 3 juin 1958) elle ne borne point son étendue (car même la prohibition concernant la forme républicaine du Gouvernement portée à l'article 89, dernier alinéa, serait tenue en échec par une révision de ce même dernier alinéa). C'est cette plénitude du pouvoir de révision constitutionnelle qui légitime le contrôle de la constitutionnalité des lois. À celui qui se plaint que la loi votée par les représentants de la Nation ne soit pas souveraine comme la Nation elle-même, on répond que "la loi n'exprime la volonté générale que dans le respect de la Constitution" » (G. Vedel, « Schengen et Maastricht, à propos de la décision n° 91-294 DC du Conseil constitutionnel du 25 juillet 1991 », *RFDA*, 1992, p. 173, extrait).

Remarque sur l'analyse du texte :

- *le fil conducteur qui innerve tout l'extrait réside dans l'idée que le contrôle de constitutionnalité est légitime car, en faisant primer le pouvoir constituant souverain, il est un rouage du fonctionnement démocratique des institutions.*
- *deux idées-forces étayent cette thèse principale :*
  - *le contrôle de constitutionnalité permet d'assurer le respect de la hiérarchie des normes jusqu'à la Constitution élaborée par le souverain.*
  - *le contrôle de constitutionnalité permet l'expression de la souveraineté du pouvoir constituant*

Corrigé

[*Accroche*] Bien qu'ayant fait de la France un État de droit et non plus seulement un « État légal », le contrôle de constitutionnalité des lois reste la proie de critiques, tout comme le Conseil constitutionnel qui l'effectue. Le spectre du « gouvernement des juges » ternit encore aujourd'hui leur raison d'être.

[*Présentation du texte et de l'auteur*] En marge d'un commentaire relatif à la décision du 25 juill. 1991 rendue par le Conseil constitutionnel, le Professeur G. Vedel rappelle les fondements de la légitimité de ce contrôle de la loi par le juge constitutionnel. Il faut dire qu'en tant qu'universitaire, G. Vedel (mort en 2002) a marqué par ses écrits démontrant l'apport du droit constitutionnel qui irradie toutes les branches du droit, et qu'en tant que membre du Conseil constitutionnel de 1980 à 1989, il a pu apprécier le rôle de ce juge qu'il défend ici. Alors que l'idée d'un contrôle des lois en France n'a pu s'imposer qu'en 1958, les difficultés à admettre que les actes des représentants du peuple puissent être censurés, par un juge qui plus est, restent d'actualité et inspirent à G. Vedel ce rappel ferme du bien-fondé du contrôle.

[Fil conducteur] Cette justification, il la synthétise ici en rappelant que la justice constitutionnelle contribue tout simplement à la démocratie puisqu'elle laisse au souverain le pouvoir de décider en dernier ressort.

[*Annonce du plan*] D'une part en effet, le contrôle ne fait que protéger la norme élaborée par le pouvoir constituant (I) et d'autre part, le contrôleur est lui-même soumis au pouvoir constituant (II).

I. La légitimité du contrôle des lois fondée sur la protection de la norme élaborée par le pouvoir constituant

Sans contrôle des lois, la suprématie de la Constitution n'est qu'un vœu pieux. Or, la Constitution est l'œuvre du pouvoir constituant, autrement dit, du peuple souverain. Le contrôle des lois est donc indispensable au respect de la hiérarchie des normes (A) ; en ouvrant la voie à la révision de la Constitution, le contrôle des lois respecte la souveraineté du peuple (B).

A. Le contrôle des lois indispensable au respect de la hiérarchie des normes

G. Vedel rappelle les fondements de notre démocratie : le souverain confie l'exercice de la souveraineté à des représentants ; la « répartition des compétences » permet de limiter leur pouvoir pour qu'il respecte la volonté du souverain ; celle-ci est contenue dans la Constitution, au sommet de la hiérarchie des normes. Si bien que, comme l'auteur le redit, « la loi n'exprime la volonté générale que dans le respect de la Constitution ». Cette assertion figure déjà dans la décision n° 85-197 DC du 23 août 1985, *Loi sur l'évolution de la Nouvelle-Calédonie* rendue par le Cons. const. alors que G. Vedel en était membre (il a d'ailleurs rapporté sur cette affaire). Autrement dit, la loi est certes l'expression de la volonté du peuple souverain exprimée par le biais de ses représentants (conformément aux art. 3 C et 6 DDHC), mais force est de constater que la Constitution l'est également et que le peuple la considère comme supérieure à la loi. Si bien que la contradiction qui peut venir à l'esprit de prime abord et selon laquelle le contrôle des lois fait primer la Constitution mais contredit la démocratie en autorisant la censure de la loi, votée par les représentants du souverain, doit être surmontée : sanctionner la loi inconstitutionnelle garantit la volonté du peuple souverain qui a souhaité que certaines règles ne soient pas contredites par le législateur lorsqu'il adopte une loi ordinaire. La logique de la hiérarchie des normes inclut un aspect procédural. La norme suprême est élaborée par le pouvoir constituant ; s'il désigne en réalité le Parlement, qui par ailleurs adopte les lois ordinaires, cet organe est soumis au respect d'une procédure plus complexe lorsqu'il adopte les lois constitutionnelles. Cette procédure garantit la protection des normes constitutionnelles. Seule une révision de la Constitution peut autoriser les représentants du peuple à adopter une norme dont le contenu contredit la Constitution.

B. La révision de la Constitution indispensable au respect de la souveraineté du peuple

C'est la « plénitude du pouvoir de révision constitutionnelle qui légitime le contrôle de la constitutionnalité des lois » affirme G. Vedel, puisque le pouvoir constituant est souverain. L. Favoreu dira en d'autres termes qu'en censurant l'inconstitutionnalité de la loi, le Conseil constitutionnel n'est qu'un « aiguilleur », car le contrôle des lois se résume à un problème de procédure. Déclarer une loi inconstitutionnelle revient à dire que la procédure législative ordinaire n'était pas la bonne procédure à suivre pour adopter la règle contenue dans la loi puisqu'elle contrevient à une règle constitutionnelle ; pour adopter une telle règle il est donc nécessaire d'adopter une loi constitutionnelle. Le contrôle des lois apparaît alors clairement comme une garantie de l'expression de la souveraineté du peuple. L'inconstitutionnalité d'une loi n'empêche pas la règle d'entrer dans l'ordonnancement juridique à condition qu'elle y soit intégrée après avoir respecté la procédure d'adoption des lois constitutionnelles. Le contrôle n'empêche pas le Parlement, représentant du peuple, d'agir. Encore faut-il que la révision de la Constitution ne soit pas de fait insurmontable. La Constitution doit dès lors être rigide mais pas au point d'empêcher de mener une révision. Engager une procédure d'adoption d'une loi constitutionnelle doit donner aux représentants du peuple le pouvoir d'accepter ou de refuser la règle et donc d'avoir le dernier mot. Or, la procédure de l'art. 89 C semble de ce point de vue assurer un équilibre entre rigidité et souplesse du texte fondamental. En acceptant une révision de la Constitution, le pouvoir constituant tranche définitivement, puisque la loi constitutionnelle n'est pas contrôlée (le Cons. const. s'y refuse à juste titre : *cf. supra*). Par suite, le pouvoir constituant est en mesure de modifier toute disposition de la Constitution, comme le note G. Vedel, même l'art. 89 dernier alinéa, interdisant de modifier la forme républicaine de la France. Toute idée de supra-constitutionnalité est bannie et, ainsi, le contrôle de constitutionnalité des lois ne limite en rien la souveraineté du pouvoir constituant.

Si le contrôle des lois peut apparaître légitime du point de vue de la hiérarchie des normes, il peut encore être contesté du point de vue de l'autorité qui contrôle la loi. Or, ce contrôleur de la loi est soumis au pouvoir constituant.

II. La légitimité du contrôleur des lois fondée sur sa soumission au pouvoir constituant

La légitimité du Cons. const. à effectuer le contrôle de constitutionnalité des lois pose encore parfois question, alors qu'il montre depuis plus de soixante ans sa soumission au pouvoir constituant qui encadre ses pouvoirs (A) ; il se place dans un simple rôle de contre-pouvoir (B) néanmoins essentiel à « l'équilibre démocratique » évoqué par l'auteur.

A. Les pouvoirs du contrôleur encadrés par la volonté du pouvoir constituant

La crainte que peut inspirer le Cons. const. réside dans les prérogatives dont il dispose pour contrôler et censurer éventuellement la loi et donc l'œuvre des représentants du peuple, alors qu'il n'est pas lui-même un représentant du peuple. En contrôlant la conformité des lois à la Constitution, il interprète le texte comme tout juge au demeurant qui applique les règles de droit. Ce pouvoir d'interpréter la Constitution pour invalider la loi le cas échéant lui confère un large pouvoir, d'autant plus que les règles constitutionnelles restent assez générales voire vagues. Il peut donc faire prévaloir son interprétation, et ainsi compléter le texte, en orienter le sens, bref, se substituer au pouvoir constituant. Cependant, le Cons. const. a depuis l'origine rappelé qu'il avait une compétence d'attribution d'une part (*cf. supra*). D'autre part, depuis sa décision *IVG* du 15 janv. 1945, il rappelle régulièrement « que l'article 61 de la Constitution ne confère pas au Conseil constitutionnel un pouvoir général d'appréciation et de décision identique à celui du Parlement, mais lui donne seulement compétence pour se prononcer sur la conformité à la Constitution des lois déférées à son examen ». En d'autres termes, il se refuse à porter une appréciation sur l'opportunité politique des lois, aspect réservé aux représentants du peuple. Certes, il est souvent bien artificiel de faire abstraction du contexte politique des lois. Cependant, cela est vrai de tout juge. Il importe seulement que le Cons. const. justifie rigoureusement ses décisions en droit, ce qu'il s'astreint de faire, souvent en s'inspirant des règles constitutionnelles étrangères parfois plus récentes (par ex., il tire du Préambule de 1946 le droit de disposer d'un logement décent, droit que les textes fondamentaux consacrent à l'étranger, comme au Portugal) ; le dialogue des juges qui s'instaure entre les juges internes et européens contribue d'ailleurs à une meilleure justification des décisions du Conseil. Par ex. on sait qu'il hésite depuis longtemps à créer des principes non écrits (*cf.* thème 3). En outre, son interprétation peut toujours être remise en cause par une révision de la Constitution. Également, sa jurisprudence montre une volonté de ne pas empêcher l'action du législateur par les réserves d'interprétation qui sauvegardent la constitutionnalité de la loi (*cf.* thème 12), par son souci d'assurer la conciliation entre la loi et les normes constitutionnelles (par ex., il concilie le droit de propriété avec la réquisition de logements vacants dans sa décisions n° 98-403 DC du 29 juill. 1998, *Lutte contre les exclusions*).

L'action du Conseil est d'autant plus légitime qu'il apparaître comme un contre-pouvoir.

B. Le rôle du contrôleur limité à l'exercice d'un contre-pouvoir

Certes, le Conseil n'est pas un représentant du peuple au même titre que les parlementaires, élus par le peuple. Cependant, la légitimité ne réside pas uniquement dans l'élection. Dans la mesure où le Cons. const. ne censure pas le souverain, mais se pose en contre-pouvoir soumis à la volonté du souverain, sa légitimité n'a pas besoin d'être fondée sur l'élection. De fait elle est davantage fondée sur son indépendance par rapport aux organes politiques qu'il contrôle à travers la loi. Sur ce plan, des progrès restent à accomplir (*cf.* thème 12) afin que sa composition soit dépolitisée. D'énormes avancées ont déjà eu lieu, entraînées par la réforme de la QPC qui a contraint le Conseil à se comporter encore davantage comme une juridiction. Il est évident que la légitimité du Conseil se renforce au fur et à mesure de sa juridictionnalisation. Quoi qu'il en soit, le Conseil en tant que contre-pouvoir, est indispensable. En contrôlant la loi, il contrôle la majorité ; il donne concrètement à l'opposition (qui le saisit le plus souvent) un moyen juridique d'éviter les excès de la majorité. Il appartient à une majorité qualifiée (dans le cadre de la procédure de révision de la Constitution) d'adopter la règle censurée pour son inconstitutionnalité. La Constitution n'est pas immuable mais seule une majorité renforcée, qui dépasse le clivage politique entre majorité et opposition, peut décider de la modifier : la Constitution n'est pas simplement l'expression d'une politique du moment mais le pacte fondamental entre l'État et les citoyens. C'est l'expression même de l'État de droit dont le Conseil constitutionnel est le gardien. Le fait qu'il soit craint par le pouvoir politique prouve sans doute l'efficacité de son action.

Thème 12

Les juges constitutionnels

L'efficacité du contrôle de constitutionnalité des lois dépend de l'organe qui en est chargé. Les deux modèles américain et européen de justice constitutionnelle confient cette fonction à une juridiction afin d'assurer un **contrôle indépendant** à l'égard du pouvoir politique dont émanent les lois contrôlées. Pourtant, cours constitutionnelles comme cours suprêmes sont des **juridictions politisées.** Ce caractère peut s'expliquer par la singularité du contrôle des lois et des autres missions confiées aux cours constitutionnelles. Alors même que les cours suprêmes sont intégrées dans la hiérarchie judiciaire classique de l'État, leur politisation existe aussi en raison du rôle spécial de ces juridictions ; il faut aussi tenir compte du fait que le modèle américain prend place dans un contexte où il n'y a pas de corps de magistrats, les juges n'étant pas désignés suite à l'obtention d'un diplôme spécialement requis pour exercer cette fonction. Finalement, les juges des deux modèles de justice constitutionnelle sont assez semblables. Ils sont **rarement des magistrats professionnels**, et leur désignation fait en règle générale intervenir le pouvoir politique. Cependant, leur indépendance est garantie par le fait que le choix des autorités politiques n'est pas discrétionnaire : des règles, constitutionnelles la plupart du temps, imposent des critères pour que soient désignées des personnes dont les compétences leur permettront d'agir en toute indépendance ; une fois désignés, les juges constitutionnels bénéficient d'un **statut** en mesure de les protéger des pressions politiques dans l'exercice de leurs missions à la cour. Quelques illustrations mettent en évidence ces convergences.

1. Les juges des cours suprêmes

A. Exemple de la Cour suprême américaine

La Cour suprême américaine est très ancienne et s'insère dans le pouvoir judiciaire auquel la tradition américaine reconnaît une place aussi importante qu'aux deux autres pouvoirs. Le rôle politique de la Cour suprême est patent.

La Constitution américaine consacre un très court passage à la composition de la Cour.

Constitution américaine

Art. II, sect. 2, al. 2 : « (...) Il [le Président] proposera au Sénat et, sur l'avis et avec le consentement de ce dernier, nommera (...) les juges à la Cour suprême, (...) ».

Art. III, sect. 1 : « (...) Les juges de la Cour suprême et des cours inférieures conserveront leurs charges aussi longtemps qu'ils en seront dignes et percevront, à échéances fixes, une indemnité qui ne sera pas diminuée tant qu'ils resteront en fonction ».

La loi ordinaire contient donc la majeure partie des règles relatives à la composition et au statut des juges, à commencer par leur nombre : depuis 1869, il s'élève à **neuf** dont le président de la Cour, le ***Chief Justice*** (actuellement, John G. Roberts Jr), qui est le deuxième personnage de l'État après le Président des États-Unis.

Les juges de la Cour suprême américaine sont **nommés par le Président des États-Unis**, mais il est **lié par l'avis du Sénat** à qui il soumet un candidat lorsqu'il y a lieu de désigner un juge à la Cour. Le Sénat n'hésite pas à procéder à une audition (parfois éprouvante pour la personne proposée), à une sorte d'enquête de moralité concernant tant la vie personnelle que professionnelle du candidat. La plupart du temps, le Sénat approuve le choix du Président (à la majorité simple), même si cela n'a rien d'automatique : l'histoire a montré qu'il pouvait faire obstacle à la nomination du candidat pressenti par le Président (une dizaine de fois sur plus de cent nominations depuis l'installation de la Cour en 1790).

Dans la Constitution, aucune qualification n'est requise des juges, ni de formation ou d'âge minimum. En pratique cependant, les juges choisis sont toujours des personnalités **diplômées en droit** d'une grande Université, qui ont fait une carrière dans le domaine juridique et ont une certaine renommée (par ex. magistrats, professeurs de droit, avocats).

Malgré tout, le choix des juges est clairement partisan : les Présidents proposent toujours des candidats qui se revendiquent de leur parti politique.

Le statut des juges garantit leur indépendance une fois nommés. Ils **siègent à vie et sont inamovibles** (art. III, sect. 1 C), si bien qu'ils n'ont rien à espérer ou à redouter des autorités politiques pour la suite de leur carrière. Mise à part la procédure d'*impeachment* pouvant être engagée contre eux, et qui n'a concerné qu'un juge en 1804, les juges décident seuls de quitter leurs fonctions en démissionnant ou parce qu'ils souhaitent prendre une retraite. Ils perçoivent un traitement qui ne peut diminuer tout le temps qu'ils sont juges à la Cour (art. III, sect. 1 C), et qui garantit leur indépendance financière.

Une fois désignés, les juges ne reçoivent aucune instruction des autorités de nomination. Cependant, ils sont des **personnalités politiquement marquées**, et si certains ont pu se départir de leurs opinions politiques, celles-ci influencent nettement le sens de leurs votes au sein de la Cour. Selon que la majorité des juges est démocrate ou conservatrice, la jurisprudence de la Cour est plus ou moins libérale.

B. Exemple de la Cour suprême du Canada

La Cour suprême du Canada ressemble à son homologue américaine. Ancienne également (instituée en 1875) elle est régie par la loi sur la Cour suprême.

Elle comprend **neuf juges** dont un juge en chef. Tous sont nommés par le Gouverneur général (qui représente la Reine) sur recommandation du ministre de la Justice. Ils sont nécessairement des juristes (**juges ou avocats** depuis au moins dix ans). Ils ne sont donc pas forcément des magistrats de carrière mais cela est compréhensible dans le cadre du système anglo-saxon dont s'inspire le Canada.

Leur statut assure leur indépendance : ils sont **inamovibles** et siègent jusqu'à la **limite d'âge** (soixante-quinze ans) ; ils ne peuvent exercer d'autres activités professionnelles.

Depuis 2016 et pour dissiper les doutes quant au caractère politique des nominations, un **comité consultatif sélectionne les candidats** en fonction de critères relatifs à leurs compétences juridiques et les soumet au ministre de la Justice.

C. Exemple de la Cour suprême de Norvège

Existant depuis 1815, la Cour suprême norvégienne comprend un **grand nombre de juges (vingt)** et siège en général en formation plénière pour les questions relatives à la constitutionnalité des lois.

La loi précise les modalités de désignation des juges à la Cour suprême qui sont en réalité désignés comme les autres juges de l'État (et à la manière des juges anglo-saxons).

Les juges sont **nommés par le roi après avis du conseil des ministres.** Toutefois, cette nomination n'est que formelle car les candidats sont **sélectionnés par un comité**. Cette instance se compose de trois juges de la Cour suprême, d'un avocat, d'un juriste et de deux membres non juristes. Trois candidats sont sélectionnés et auditionnés par le comité, le président de la Cour suprême et un autre juge. Les juges de la Cour suprême rendent par ailleurs un avis public sur le candidat qu'ils estiment le plus apte à être désigné.

Les juges de la Cour suprême sont **nécessairement titulaires d'un diplôme de droit** et doivent être âgés d'au moins trente ans. En pratique sont choisis des magistrats, des avocats, des professeurs de droit, voire d'anciens fonctionnaires du ministère de la Justice.

Les juges sont **inamovibles** et siègent à la Cour jusqu'à ce qu'ils atteignent la limite d'âge de soixante-dix ans.

2. Les juges des cours constitutionnelles

A. Exemple de la Cour constitutionnelle d'Autriche

La composition de la Cour constitutionnelle et les principes généraux relatifs au statut des membres sont garantis par la Constitution.

Constitution de l'Autriche

Art. 147 : « (1) La Cour constitutionnelle comprend un président, un vice-président, douze autres membres et six membres suppléants.

(2) Le président, le vice-président, six autres membres titulaires et trois membres suppléants sont nommés par le président fédéral sur proposition du gouvernement fédéral ; ces membres doivent être choisis parmi les juges, les fonctionnaires de l'administration et les professeurs d'université enseignant une discipline juridique. Les six autres membres et les trois autres membres suppléants sont nommés par le président fédéral, sur proposition du Conseil national, qui soumettra les noms des candidats aux postes de trois membres titulaires et de deux suppléants, et du Conseil fédéral, qui soumettra les noms des candidats aux postes de trois membres titulaires et d'un suppléant. Trois des membres titulaires et deux des suppléants doivent avoir leur domicile permanent en dehors de la capitale fédérale, Vienne. Les

fonctionnaires de l'administration en activité qui sont nommés membres ou membres suppléants de la Cour constitutionnelle doivent être mis en disponibilité sans traitement. Ceci ne s'applique pas aux fonctionnaires de l'administration nommés membres suppléants qui sont exempts de toute activité dans l'accomplissement de laquelle ils sont liés par des instructions, pour la durée de leur exemption ».

*Les **quatorze juges** titulaires et six suppléants sont tous **nommés par le Président fédéral** : la moitié des titulaires (dont le président et le vice-président de la Cour) et des suppléants sont **proposés par le Gouvernement fédéral** ; l'autre moitié par **les deux chambres** (chacune propose trois titulaires et un suppléant – pour la chambre haute – ou deux – pour la chambre basse). Tous les organes politiques de l'État fédéral interviennent donc.*

« (3) Le président, le vice-président, les autres membres titulaires et les membres suppléants doivent avoir terminé leurs études de droit et sciences politiques et avoir une expérience d'au moins dix ans dans une profession pour laquelle ces études sont requises ».

*Les membres de la Cour ne sont pas désignés de manière totalement discrétionnaire puisque tous doivent non seulement être **diplômés en droit ou en sciences politiques** mais en outre avoir une **expérience professionnelle de dix ans en tant que juriste** (ces juges sont notamment choisis parmi des avocats, juges, juristes d'entreprises, notaires…).*

Une condition supplémentaire s'impose au Gouvernement puisque les membres qu'il propose sont nécessairement des juges, fonctionnaires ou professeurs de droit.

En somme, des compétences juridiques sont exigées ainsi qu'une expérience conséquente.

En outre, une condition relative au lieu de résidence des juges doit être respectée : une partie des membres ne doivent pas résider dans la capitale politique.

*Ainsi, une certaine **mixité** est recherchée dans la composition : choix des juges par des autorités politiques diverses, origines géographiques diverses, origines socioprofessionnelles diverses.*

« (4) Ne peuvent appartenir à la Cour constitutionnelle : les membres du gouvernement fédéral ou d'un gouvernement de Land ; les membres du Conseil national, du Conseil fédéral ou d'une autre assemblée représentative générale ou du Parlement européen ; pour les membres de ces assemblées représentatives qui sont élus pour une législature ou un mandat d'une durée déterminée, l'incompatibilité dure, même en cas de démission avant terme jusqu'à l'expiration de la période pour laquelle ils ont été élus. Enfin, ne peuvent appartenir à la Cour constitutionnelle les salariés ou d'autres fonctionnaires d'un parti politique.

(5) Ne peut être nommé président ou vice-président de la Cour constitutionnelle celui qui a exercé une des fonctions mentionnées au paragraphe 4 ci-dessus au cours des cinq dernières années ».

Sauf les fonctionnaires en principe (al. 2), les juges nommés à la Cour conservent leur activité professionnelle par ailleurs.

Cependant, des ***incompatibilités*** *protègent l'indépendance de ces juges par rapport au pouvoir politique (al. 4) : il n'est pas possible, logiquement, d'être juge à la Cour et membre de l'Exécutif national ou local, ou parlementaire national ou local, ou encore employé dans un parti politique. Les incompatibilités s'appliquent longtemps après la fin de ces diverses fonctions pour le président et le vice-président de la Cour (al. 5).*

« (6) Les paragraphes 1 et 2 de l'articles 87 et le paragraphe 2 de l'article 88 s'appliquent mutatis mutandis aux membres et aux membres suppléants de la Cour constitutionnelle ; les modalités en sont fixées par la loi fédérale prévue à l'article 148. Les fonctions des membres de la Cour constitutionnelle prennent fin le 31 décembre de l'année au cours de laquelle ils atteignent leur 70e année.

(7) Lorsqu'un membre de la Cour ou un suppléant n'a pas répondu à trois convocations consécutives à une audience de la Cour constitutionnelle sans fournir une excuse suffisante, la Cour constate ce fait après audition du juge en question. Ce constat entraîne la perte de la qualité de membre ou de suppléant ».

Les membres de la Cour bénéficient d'un statut protégeant leur indépendance une fois nommés à la Cour, même lorsqu'ils ne sont pas des magistrats professionnels :

- *le* ***principe d'indépendance*** *qui s'applique aux juges professionnels (art. 87) s'applique aux membres de la Cour constitutionnelle, et leur interdit de recevoir des instructions, notamment de la part des autorités qui les ont désignés.*
- *ils sont* ***inamovibles*** *comme les juges de carrière (art. 88, al. 2) : ainsi, les membres de la Cour constitutionnelle sont nommés à vie, leurs fonctions ne peuvent cesser que du fait de l'atteinte de la limite d'âge (soixante-dix ans), ou en cas de décès, démission ou bien encore suivant une décision de la Cour elle-même (par ex. dans le cas prévu par l'al. 7).*

Art. 148 : « Les modalités concernant l'organisation et la procédure de la Cour constitutionnelle sont déterminées par une loi fédérale spéciale et par un règlement intérieur adopté par la Cour sur la base de cette loi ».

Concernant l'organisation et le fonctionnement de la Cour, la Constitution renvoie à la loi relative à la Cour constitutionnelle et au règlement intérieur qu'adopte la Cour. **L'autonomie de la juridiction** est préservée par ces textes.

Ainsi, le président de la Cour (remplacé par le vice-président en cas d'empêchement), dirige les services administratifs de la Cour et gère son budget. Il organise par ailleurs l'activité juridictionnelle : il répartit les affaires entre les divers rapporteurs désignés par la Cour, il préside les audiences, prend part à la rédaction des jugements.

La Cour tient des séances de jugement lorsqu'elle est en session (en principe, quatre sessions de trois semaines par an). Elle instruit les dossiers en dehors des sessions.

La Cour siège en formation plénière en principe mais en pratique, en formation restreinte (quatre membres en plus du président et du vice-président), tout membre pouvant demander la réunion de la Cour plénière. Les suppléants remplacent un membre qui ne peut siéger par ex. lorsqu'il a dû se déporter pour cause de partialité.

Elle prend ses décisions à la majorité simple en principe. Le président ne vote, avec voix déterminante, qu'en cas de partage des voix.

Les audiences ne sont en principe pas publiques, et le délibéré est secret.

Par sa jurisprudence bien acceptée, la Cour a progressivement encadré étroitement le législateur.

B. Exemple de la Cour constitutionnelle fédérale allemande

La **Loi fondamentale allemande** contient très peu de dispositions relatives à la **Cour constitutionnelle fédérale** : l'art. 94 indique seulement que la Cour comporte pour partie des juges fédéraux et que ses membres sont **élus par les deux chambres** du Parlement. Elle indique aussi l'incompatibilité entre les fonctions à la Cour d'une part et celles de parlementaire et membre du Gouvernement (au niveau fédéral et des État fédérés) d'autre part. Une politisation de la composition de la Cour ressort de ces dispositions, atténuée par la présence de magistrats et par les incompatibilités.

La loi relative à la Cour constitutionnelle règle donc l'essentiel de sa composition, du statut des membres, de l'organisation et du fonctionnement de la Cour.

Art. 94 : « (1) La Cour constitutionnelle fédérale se compose de juges fédéraux et d'autres membres. Les membres de la Cour constitutionnelle fédérale sont élus pour moitié par le Bundestag et pour moitié par le Bundesrat. Ils ne peuvent appartenir ni au Bundestag, ni au Bundesrat, ni au Gouvernement fédéral, ni aux organes correspondants d'un Land.

(2) Une loi fédérale règle son organisation ainsi que sa procédure et détermine les cas dans lesquels ses décisions ont force de loi. Elle peut imposer l'épuisement préalable des voies de recours juridictionnel comme condition du recours constitutionnel et prévoir une procédure d'admission ».

Les **seize membres** de la Cour, qui forment **deux chambres** de huit juges, sont élus pour moitié par le *Bundesrat* et pour l'autre moitié par le *Bundestag*, à la **majorité qualifiée des deux-tiers** des suffrages exprimés (qui au *Bundestag*, doit en outre correspondre à au moins la moitié des membres de la chambre). En pratique, les partis s'entendent pour que la composition de la Cour reflète la composition de la chambre. Au *Bundestag* les juges sont choisis par une commission spéciale dont les membres sont désignés à la représentation proportionnelle à partir des listes constituées par les groupes politiques de la chambre. Le Président fédéral nomme ensuite formellement les juges (il ne fait qu'entériner les choix des chambres).

La désignation des membres de la Cour n'est pas discrétionnaire puisque le choix se fait, pour six juges de la Cour, **parmi les magistrats des cinq plus hautes juridictions fédérales** des différents ordres juridictionnels (Cour fédérale de justice, Cour fédérale administrative, Cour fédérale des finances, Cour fédérale du travail et Cour fédérale du contentieux social) qui exercent depuis au moins trois ans, et, pour les dix autres, parmi les personnes âgées d'au moins quarante ans et qui possèdent les **diplômes nécessaires pour être magistrat ou la qualification de juriste diplômé** permettant l'accès aux professions juridiques. Les compétences juridiques et l'expérience des membres sont donc des critères obligatoires qui confortent l'indépendance des membres une fois élus. Même si en droit les magistrats ne sont pas forcément majoritaires, en pratique, quasiment tous les juges de la Cour sont des magistrats ou des professeurs d'Université.

Cette indépendance est favorisée aussi par un **mandat long (douze ans), non renouvelable et une limite d'âge (soixante-huit ans)**. Les juges sont **inamovibles** et ne peuvent cumuler leurs fonctions à la Cour avec un emploi privé ou public (sauf celui de professeur de droit en raison de l'indépendance de cette fonction).

Le siège de la Cour (Karlsruhe) la tient géographiquement éloignée du lieu du pouvoir politique (Berlin ou Bonn) ; son **indépendance organique** est consacrée dans la loi. En qualité d'organe constitutionnel autonome, elle n'est soumise au contrôle d'aucun ministère, elle dispose de son budget et de son personnel, elle adopte son règlement intérieur. Par ailleurs, sa **nature juridictionnelle** est consacrée par la loi.

En principe, la formation de jugement comprend trois juges. La Cour plénière se réunit exceptionnellement (lorsqu'une chambre veut s'écarter d'une position prise par l'autre). Les décisions relatives à la constitutionnalité des lois sont prises à la majorité simple, et en cas de partage des voix, la règle est déclarée constitutionnelle.

Elle statue à l'issue d'une **procédure juridictionnelle**, orale en principe, et contradictoire.

L'autorité de la Cour est très forte et respectée ; elle protège incontestablement la Constitution en général et les droits constitutionnels en particulier. Elle a inspiré les cours constitutionnelles des nouvelles démocraties des années 1970 (Espagne, Portugal, Grèce) notamment.

C. Exemple de la Cour constitutionnelle belge

Tant la composition que l'organisation et le fonctionnement de la Cour constitutionnelle belge sont régis par la loi spéciale, l'art. 142 de la Constitution belge se contentant de consacrer l'existence de la Cour et ses compétences. La loi spéciale n'est pas une loi ordinaire mais un texte adopté selon une double majorité dans chaque chambre : deux-tiers des suffrages exprimés et majorité des suffrages de chaque groupe linguistique (francophone et néerlandophone), étant entendu que le vote n'est valable que si un quorum de deux-tiers dans chaque chambre est respecté. Elle a valeur supra-législative.

Les **douze juges sont nommés par le roi, à vie.** Quand il y a lieu de nommer un juge, l'une des deux chambres du **Parlement** (par alternance) élit une liste de deux noms à la **majorité des deux-tiers** des suffrages exprimés (art. 31 et 32 de la loi spéciale) ; en pratique, la politisation l'emporte malgré cette majorité qualifiée : les chambres veillent que la composition de la Cour soit calquée sur la composition des chambres. Le roi choisit l'un des deux noms, mais en pratique, il nomme la personne dont le nom figure en tête.

La composition de la juridiction est fondée sur la recherche d'une **mixité** (art. 34 de la loi spéciale) :

- La moitié des douze juges est francophone, l'autre moitié néerlandophone ;
- La moitié des juges de chaque groupe linguistique doit avoir exercé un mandat **parlementaire** (national ou local) durant au moins cinq ans, l'autre moitié doit avoir pendant au moins cinq ans exercé une **profession juridique** (à raison d'un juge de la Cour de cassation ou du Conseil d'État,

d'un référendaire à la Cour constitutionnelle – assistant les juges –, et d'un professeur de droit), dont un ayant une connaissance suffisante de l'allemand.

– La cour ne peut pas compter plus de deux-tiers de juges du même sexe.

Les juges doivent être âgés d'au moins quarante ans (art. 34 de la loi spéciale) et une limite d'âge de soixante-dix ans est indiquée dans la loi relative aux traitements et pensions des juges.

Une fois nommés, les juges sont **inamovibles** (seule la Cour peut destituer l'un de ses membres) ; ils exercent leurs fonctions à l'abri des pressions politiques : ils ne reçoivent aucune directive des autorités politiques qui n'ont pas d'influence sur le déroulement de leur carrière à la Cour. Leurs fonctions sont **incompatibles** avec l'exercice de toute fonction judiciaire, de tout mandat électif, de toute fonction publique ou de nature politique, et avec les fonctions de notaire, huissier, avocat, militaire (art. 44 de la loi spéciale).

La Cour gère son budget et dispose d'un personnel qui lui est propre.

Elle statue en formation de sept juges en principe, et de nouveau la mixité doit être respectée (trois juges du groupe linguistique française et trois du groupe néerlandais ; au moins deux juges doivent être des professionnels du droit et au moins deux autres d'anciens parlementaires).

L'instruction est écrite, contradictoire et les audiences publiques (art. 79 et 104 de la loi spéciale). Les décisions sont prises à la majorité.

La Cour joue un rôle incontournable en matière de protection des droits et libertés fondamentaux.

D. Exemple de la Cour constitutionnelle du Luxembourg

Constitution du Luxembourg

Art. 95 ter : « *(1) La Cour Constitutionnelle statue, par voie d'arrêt, sur la conformité des lois à la Constitution.*

(2) La Cour constitutionnelle est saisie, à titre préjudiciel, suivant les modalités à déterminer par la loi, par toute juridiction pour statuer sur la conformité des lois, à l'exception des lois portant approbation de traités, à la Constitution.

(3) La Cour constitutionnelle est composée :

1° de neuf membres effectifs :

a) le Président de la Cour Supérieure de Justice, le Président de la Cour administrative ;

b) deux conseillers à la Cour de Cassation et cinq magistrats nommés par le Grand-Duc, sur l'avis conjoint de la Cour Supérieure de Justice et de la Cour administrative ;

2° de sept membres suppléants nommés par le Grand-Duc, sur l'avis conjoint de la Cour Supérieure de Justice et de la Cour administrative ».

La Cour constitutionnelle luxembourgeoise est remarquable en ce qu'elle est composée **uniquement de magistrats de carrière** empruntés à d'autres juridictions de l'État (ils exercent à la fois à la Cour constitutionnelle et dans leur juridiction d'origine) :

- sont membres de droit les présidents des deux plus hautes juridictions des deux ordres judiciaire et administratif, qui sont respectivement président et vice-président de la Cour constitutionnelle ; sont également membres de droit les deux magistrats de la Cour de cassation les plus anciens ;
- cinq autres magistrats sont proposés par la Cour supérieure de justice et la Cour administrative qui se réunissent en assemblée générale conjointe. Cette dernière présente trois candidats pour chaque place vacante. Les sept suppléants sont désignés de la même façon.

Tous les juges effectifs et suppléants sont nommés formellement par le Grand-Duc.

« *Les dispositions des articles 91, 92 et 93 leur sont applicables* ».

Les juges de la Cour bénéficient dans leurs fonctions de juges constitutionnels des mêmes règles statutaires constitutionnelles qu'en tant que juge : ils sont inamovibles (art. 91), perçoivent un traitement (art 92) et ils ne peuvent accepter aucune activité rémunérée du Gouvernement (art. 93).

En outre, en tant que magistrats, les juges de la Cour sont soumis aux incompatibilités qui s'imposent à eux dans le cadre de ce statut (essentiellement, incompatibilité avec le mandat de député, avec toute fonction salariée publique ou privée).

Par ailleurs, aucune durée de mandat n'est indiquée mais la loi précise que les juges de la Cour cessent de l'être lorsqu'ils ne sont plus magistrats (essentiellement donc à l'âge de la retraite).

« *(4) La Cour Constitutionnelle siège en chambre de cinq membres. Lorsque la Cour Constitutionnelle estime qu'une affaire, dont elle est saisie, revêt une importance particulière, elle siège en formation plénière de neuf membres.*

(5) L'organisation de la Cour Constitutionnelle et la manière d'exercer ses attributions sont réglées par la loi ».

Il résulte de la loi que l'instruction contradictoire est écrite, l'audience est publique et les parties peuvent plaider par le biais d'un avocat.

Le siège de la Cour est à Luxembourg. Elle partage son greffe avec celui de la Cour supérieure de justice. La Cour élabore son règlement intérieur. Le budget de l'État doit prévoir le budget nécessaire à son fonctionnement.

E. Exemple du Tribunal constitutionnel portugais

Au Portugal, le Tribunal constitutionnel se compose de treize juges : **dix élus par l'Assemblée à la majorité des deux-tiers** sous réserve qu'elle soit supérieure à la majorité absolue des députés effectivement en fonction, et **trois cooptés** par les premiers, élus à la majorité de sept voix (art. 222 al. 1 C).

Six sont choisis parmi les **juges**, les sept autres doivent être **juristes** (art. 222 al. 2 C), c'est-à-dire être titulaires d'un diplôme universitaire en droit.

Les juges sont désignés pour un **mandat de neuf ans non renouvelable** (art. 222 al. 3 C).

L'art. 222 al. 5 C consacre l'indépendance, l'inamovibilité, l'impartialité et l'irresponsabilité des juges constitutionnels par ailleurs soumis aux mêmes incompatibilités que tout magistrat. La loi précise spécifiquement l'interdiction d'être élu ou titulaire d'une fonction exécutive aux niveaux national et local, l'interdiction d'exercer toute activité publique ou privée et d'exercer toute activité liée à une organisation politique.

La Constitution (art. 224 C) renvoie à la loi le soin de préciser l'organisation et le fonctionnement du Tribunal. Il est à la fois un organe constitutionnel indépendant des organes politiques et une juridiction.

Le Tribunal dispose ainsi d'une autonomie budgétaire (il élabore son budget et ses ressources sont mentionnées à part dans le budget de l'État) et administrative. Il élabore son règlement intérieur.

F. Exemple de la Cour constitutionnelle italienne

Aux termes de l'art. 135 de la Constitution, la Cour constitutionnelle comprend **quinze juges** désignés pour un tiers par le président de la République (exerçant semble-t-il en pratique un pouvoir propre malgré le contreseing du Premier ministre), pour un tiers par le Parlement (les deux chambres réunies, et la désignation se fait en principe à la majorité des deux tiers des membres) et pour un tiers par les magistratures suprêmes ordinaire et administratives, c'est-à-dire par des magistrats de la Cour de cassation, des conseillers d'État et conseillers à la Cour des comptes. Ainsi, pour atténuer la politisation de la composition de la Cour, **des magistrats professionnels interviennent dans la nomination d'une part des juges de la Cour constitutionnelle.**

En outre, les juges de la Cour constitutionnelle sont tous obligatoirement des juristes expérimentés : ils doivent être **choisis parmi les magistrats**, même en retraite, des juridictions supérieures, ordinaire et administratives, **les professeurs** titulaires des facultés de droit et les **avocats** comptant vingt ans d'exercice de leur activité professionnelle.

Le mandat des juges de la Cour est de **neuf ans et n'est pas renouvelable.**

La loi prévoit des incompatibilités protégeant l'indépendance des juges et la Constitution mentionne l'incompatibilité notamment avec le mandat parlementaire et avec l'exercice de la profession d'avocat.

La Cour dispose de son personnel administratif et gère son budget de manière autonome.

G. Exemple du Tribunal constitutionnel espagnol

Les **douze membres** du Tribunal constitutionnel sont nommés formellement par le roi : le Congrès des députés et le Sénat en proposent quatre chacun à la majorité qualifiée des trois cinquièmes de leurs membres, le Gouvernement deux, ainsi que le **conseil général du pouvoir judiciaire** (l'équivalent du Conseil supérieur de la magistrature français) ; l'intervention de l'organe qui gère le corps des magistrats tempère le risque de politisation de la nomination des juges (art. 159 al. 1 C).

Les juges sont nommés pour un mandat de **neuf ans** et renouvelés par tiers tous les trois ans ; seul le renouvellement immédiat est interdit selon la loi organique relative au Tribunal (art. 16 al. 4).

Tous les juges sont des **juristes confirmés** : ils doivent être choisis « parmi les magistrats et les procureurs, les professeurs des universités, les fonctionnaires publics et les avocats, tous seront des juristes à la compétence reconnue, exerçant leur profession depuis plus de quinze ans » (art. 159 al. 2 C).

Les incompatibilités applicables aux juges s'appliquent aux membres de la Cour constitutionnelle, et la Constitution en précise certaines (incompatibilité avec l'exercice de tout mandat représentatif, de toute fonction politique ou liée à un parti politique ou à un syndicat, avec toute activité professionnelle, art. 159 al. 4).

La Constitution consacre l'indépendance et l'inamovibilité des juges constitutionnels (art. 159 al. 5 C).

L'autonomie (administrative et budgétaire) du Tribunal est assurée.

Ainsi, l'ensemble des exemples montre que malgré le caractère politique des nominations de la plupart des juges constitutionnels, la nature juridictionnelle des cours ne fait pas de doute et la volonté de préserver l'indépendance des juges et des juridictions constitutionnels transparaît clairement de tous les textes.

3. Le Conseil constitutionnel français

Introduit dans la Constitution de 1958, et installé en mars 1959, le Conseil constitutionnel (Cons. const.) est un organe **nouveau** dans le paysage des institutions constitutionnelles de la Ve République. Vaguement inspiré du Comité constitutionnel de la IVe République, il s'en éloigne beaucoup, tant par sa composition que par ses missions.

Pour autant, la nature de l'organe créé en 1958 ne relève pas de l'évidence. Si les constituants lui confient le contrôle de constitutionnalité des lois, il n'est pas dans leur intention d'instituer à travers lui une justice constitutionnelle. M. Debré, dans son discours devant le Conseil d'État le 27 août 1958 rappelle ainsi qu'« il n'est ni dans l'esprit du régime parlementaire, ni dans la tradition française, de donner à la justice, c'est-à-dire à chaque justiciable, le droit d'examiner la valeur de la loi ». Au demeurant, dans les débats précédant l'adoption de la Constitution, le Cons. const. n'est nullement comparé aux cours constitutionnelles étrangères, et, si la Cour suprême américaine est évoquée, c'est pour mieux l'en distinguer.

Ni sa dénomination (« Conseil »), ni sa place dans la Constitution (un titre VII lui est consacré) n'incitent à le ranger dans la catégorie des institutions juridictionnelles, contrairement aux autres cours constitutionnelles, clairement de nature juridictionnelle : par ex., en Allemagne, la « Cour » constitutionnelle figure dans le titre de la Constitution relatif au pouvoir judiciaire, la « Cour » constitutionnelle italienne est composée de « juges ».

Tout le vocabulaire utilisé pour désigner le Cons. const. est neutre (on parle d'une « institution », d'un « organe ») et entretient l'idée d'une **nature ambivalente**. Pour M. Debré, le Conseil est une « institution particulière », « une arme contre la déviation du régime parlementaire » (discours du 27 août 1958 préc.). Au sein du Comité consultatif constitutionnel, P. Coste-Floret le qualifie d'« organe politico-juridique ayant compétence pour statuer du point de vue juridique et du point de vue de l'opportunité politique ». Le Cons. const. lui-même se définit, dans sa décision du 6 nov. 1962, comme un « organe régulateur de l'activité des pouvoirs publics ». Le contrôle de constitutionnalité des lois apparaît comme une mission somme toute assez secondaire parmi ses nombreuses autres fonctions et ne fait pas du Conseil le gardien de la Constitution (*cf.* thème 11). Le caractère politique du Conseil ressort davantage en 1958.

Rapidement, la mission de contrôle des lois permet au Cons. const. de s'ériger en cour constitutionnelle, si bien qu'aujourd'hui, son caractère juridictionnel ne peut plus être sérieusement contesté, et lui-même se présente comme une juridiction. Pourtant, cette transformation du Conseil n'a pas été complètement traduite dans les textes. La composition du Cons. const., qui n'a pas évolué depuis 1958, ne correspond plus à la juridiction qu'il est devenu. La **juridictionnalisation** du Conseil est aujourd'hui inachevée : la politisation de ses membres tranche avec la procédure juridictionnelle qu'il suit.

A. Les membres du Conseil constitutionnel

La composition du Cons. const. n'a pas changé depuis 1958 ; or, elle atteste d'une **politisation** de cet organe et apparaît aujourd'hui anachronique.

Art. 56 C : « Le Conseil constitutionnel comprend neuf membres, dont le mandat dure neuf ans et n'est pas renouvelable. Le Conseil constitutionnel se renouvelle par tiers tous les trois ans. Trois des membres sont nommés par le Président de la République, trois par le président de l'Assemblée nationale, trois par le président du Sénat. La procédure prévue au dernier alinéa de l'article 13 est applicable à ces nominations. Les nominations effectuées par le président de chaque assemblée sont soumises au seul avis de la commission permanente compétente de l'assemblée concernée.

En sus des neuf membres prévus ci-dessus, font de droit partie à vie du Conseil constitutionnel les anciens présidents de la République.

Le Président est nommé par le président de la République. Il a voix prépondérante en cas de partage ».

Il résulte de l'**art. 56 C** que le Cons. const. comprend deux types de membres :

– **neuf membres nommés discrétionnairement par des autorités politiques** qui, en général, appartiennent à la même majorité.

Compte tenu du renouvellement partiel du Conseil, chacune des trois autorités nomme un membre tous les trois ans.

Juridiquement, aucun critère de choix (ni dans la Constitution, ni dans la loi organique qui la complète) n'encadre ces nominations. Le juge administratif ne contrôle pas les actes de nomination au Conseil qu'il qualifie d'actes de gouvernement (CE Ass. 9 avr. 1999, *Mme Ba*). Il résulte seulement de l'art. 10 de l'ord. du 7 nov. 1958 portant loi organique sur le Cons. const. que les membres doivent jouir de leurs droits civils et politiques.

Le chef de l'État procède à ces nominations en vertu d'un pouvoir propre qui n'a rien de formel (*cf.* thème 7).

La seule évolution depuis 1958 date de la révision de 2008. Elle a consisté à appliquer aux nominations au Conseil la **procédure consultative** de l'art. 13 al. 5 C: les personnes pressenties pour faire partie du Conseil sont soumises aux **commissions parlementaires** permanentes compétentes (commissions des lois) qui peuvent, après auditions éventuelles des candidats, empêcher leur nomination à la majorité des 3/5e des suffrages exprimés (la commission de chaque assemblée doit réunir cette majorité qualifiée pour que le président de la République soit contraint d'abandonner son choix). Toutefois, aucun avis négatif n'a encore empêché la nomination des personnes choisies, la majorité qualifiée étant difficile à réunir; en tout état de cause, cette procédure n'est pas appropriée pour empêcher les nominations fondées sur des choix politiques.

En pratique, la **politisation de la composition** du Conseil a été tout de suite dénoncée. Au lendemain des premières nominations, C. Eisenmann publie dans *Le Monde* son article au titre percutant, « Palindrome ou stupeur », visant en particulier le président du Conseil, Léon Noël, nommé par de Gaulle et dont il était un proche sur le plan politique.

Les choix partisans sont atténués en pratique par les compétences juridiques des membres nommés. Dès 1959, la majorité a un diplôme en droit ou en sciences politiques (par ex. Léon Noël était docteur en droit, tout comme, plus tard, J.-L. Debré), certains ont été des juristes de profession (avocats, magistrats). Depuis 1959, d'illustres juristes ont d'ailleurs siégé au Conseil: des professeurs de droit reconnus (par ex., M. Waline, G. Vedel, F. Luchaire, R. Badinter, J. Robert, J.-C. Colliard), des magistrats renommés du Conseil d'État ou de la Cour de cassation (par ex., R. Cassin, R. Denoix de Saint-Marc, G. Canivet). Le plus souvent les juristes ont été majoritaires au Conseil.

Cependant, depuis une dizaine d'années, les critiques se sont ravivées: en mars 2010, entrent au Conseil trois hommes politiques en exercice (M. Charasse, H. Haenel et J. Barrot); de 2007 à 2013, pour la première fois depuis 1959, aucun professeur de droit ne siège au Conseil, et il en est de même actuellement (depuis la démission de N. Belloubet nommée ministre en 2017). Les trois dernières nominations confirment ce retour en arrière (en févr. 2019 sont nommés L. Fabius, J. Mézard et F. Pillet). Les diplômes en droit de la plupart des membres compensent mal leur carrière essentiellement politique ou dans la haute fonction publique, et leur proximité avec le pouvoir politique qui ne peut que jeter un doute sur leur aptitude à faire preuve d'indépendance au sein du Conseil.

Les actuels membres nommés du Cons. const.

L. FABIUS (président du Cons. const., nommé par le président de la République en févr. 2016) : notamment agrégé de Lettres, diplômé de l'ENA ; carrière politique presque exclusivement (membre du CE de 1973 à 1981).

C. BAZY MALAURIE (nommée par le Président de l'Assemblée nationale en févr. 2013) : notamment maîtrise en droit, diplômée de l'ENA ; carrière essentiellement dans la haute fonction publique et la magistrature financière (Cour des comptes).

N. MAESTRACCI (nommée par le président de la République en févr. 2013) : essentiellement magistrate.

M. PINAULT (nommé par le Président du Sénat en févr. 2016) : diplômé de l'ENA notamment ; fonctions dans le secteur privé puis conseiller d'État principalement.

C. LUQUIENS (nommée par le Président de l'Assemblée nationale en févr. 2016) : diplôme de droit et de l'IEP de Paris ; fonctionnaire parlementaire.

D. LOTTIN (nommée par le Président du Sénat en oct. 2017) : magistrate.

J. MEZARD (nommé par le président de la République en févr. 2019) : diplômé en droit ; avocat et carrière politique principalement.

F. PILLET (nommé par le Président du Sénat en févr. 2019) : diplômé en droit ; avocat et carrière politique.

A. JUPPE (nommé par le président de l'Assemblée nationale en févr. 2019) : agrégé de Lettres et diplômé de l'ENA ; essentiellement carrière politique.

On peut par ailleurs noter que la première femme est entrée au Conseil en 1992 (N. Lenoir) ; actuellement, quatre femmes siègent, soit presque la moitié des membres, mais avant elles, seulement six ont fait partie du Conseil depuis 1992 (dont S. Veil par ex.).

– des **membres de droit** qui ne sont autres que les **anciens présidents de la République** siégeant *ès qualités* et à vie au Cons. const.

En 1958, cette présence des membres de droit se justifie par la volonté d'offrir une fin de carrière honorable aux anciens présidents de la IVe République, R. Coty et V. Auriol, mais aussi par le fait que le Conseil pourrait ainsi bénéficier de l'expérience de ceux qui auront éprouvé, au plus haut niveau de l'État, le fonctionnement des institutions et appliqué le texte de la Constitution.

Cependant, aujourd'hui, la présence d'une personnalité aussi marquée politiquement dans une juridiction est devenue inadmissible et compromet gravement la légitimité du Conseil en tant que juge gardien des droits et libertés.

R. Coty a siégé au Conseil de 1959 à 1962 (date de son décès) et V. Auriol jusqu'en 1960. Quant aux anciens Présidents de la Ve, certains n'y ont jamais siégé (de Gaulle, Pompidou, qui est décédé durant son mandat de chef d'État, F. Mitterrand. Pour l'instant, F. Hollande n'a pas manifesté son intention d'y siéger). D'autres y ont siégé pour un temps (J. Chirac, de 2007 jusqu'à sa condamnation dans l'affaire des emplois fictifs à la Ville de Paris en 2011 ; N. Sarkozy, quelques mois jusqu'à l'invalidation de ses comptes de campagne confirmée par le Cons. const. en 2013).

Actuellement, le seul ancien Président (depuis 1981) qui siège effectivement est V. Giscard d'Estaing.

Ce dernier, comme V. Auriol l'avait fait avant lui, ne siège pas constamment. Ce comportement rend d'autant plus suspicieuse la présence des anciens Présidents : on peut se demander si par leur présence ils ne souhaiteraient pas influencer la décision du Conseil. Ainsi, V. Auriol en 1960 avait décidé de ne plus faire partie du Conseil pour monter sa désapprobation face à son absence de réaction suite au refus du Président de Gaulle de convoquer le Parlement en session extraordinaire malgré la demande qui lui en avait été faite par la majorité de l'Assemblée nationale et alors que l'art. 30 C lui donne une compétence liée : V. Auriol jugeant que le chef de l'État avait violé la Constitution, propose au président du Conseil de s'autosaisir, mais ce dernier n'en fait rien. V. Auriol retourne siéger en 1962 lorsque le Conseil est saisi de la loi référendaire relative à l'élection du président de la République au suffrage universel direct, jugeant l'affaire essentielle. Quant à V. Giscard d'Estaing, dès 1982 il dit ne vouloir siéger que lorsque le Conseil est saisi de questions essentielles méritant la présence d'un ancien Président. Mais, dès 1984, ses mandats électifs l'obligent à s'abstenir de siéger au Conseil (pour cause d'incompatibilité *cf. infra*). Depuis 2004, il se consacre à ses fonctions au Conseil, mais semble ne siéger qu'à l'occasion des contrôles *a priori* de constitutionnalité.

Créant une intolérable confusion entre le pouvoir politique et la juridiction constitutionnelle, la présence des membres de droit devrait cesser. La suppression des membres de droit a été envisagée dans le projet de loi constitutionnelle de

1990 (abandonné) puis dans celui de 1993 (mais la mesure n'a pas été maintenue par la nouvelle majorité élue à l'Assemblée nationale) et de nouveau dans celui de mars 2013 (abandonné également). L'actuel projet de loi constitutionnelle pour un renouveau de la vie démocratique l'intègre également, mais semble pour l'heure en passe d'être lui aussi abandonné.

Parmi ces membres, nommés ou de droit (art. 1 de l'ord. de 1958 préc.), le président de la République désigne le président du Cons. const. (art. 56 al. 3 C), en général, l'un des membres qu'il a lui-même nommé.

L'absence de critères de choix des membres du Conseil et la présence des anciens Présidents sont des caractéristiques devenues incompatibles avec le rôle de contre-pouvoir juridictionnel acquis par le Conseil. Il est difficile de ne pas douter de la faculté de ces membres de se départir de leurs influences politiques lorsqu'ils ont fait toute une carrière en politique. Sans effacer les inconvénients de cette composition, **le statut** des membres les préserve, une fois nommés, des pressions du pouvoir politique notamment.

Une garantie de fait réside dans la **moyenne d'âge élevée** des membres : les textes n'indiquent pas d'âge minimum, mais en pratique, les membres ont tous plus de soixante ans (soixante-dix ans en moyenne actuellement). Outre l'expérience que cet âge apporte, il signifie aussi que les membres sont en fin de carrière en général. Cependant, ce n'est pas toujours le cas en pratique et par ex. on a pu se demander si certaines positions prises par N. Lenoir au sein du Conseil ne lui avaient pas valu sa nomination ensuite comme ministre. De même plus tard pour N. Belloubet. En l'absence de tradition d'indépendance, les textes sont indispensables pour garantir l'indépendance des membres du Conseil.

En application de l'art. 3 de l'ord. de 1958, les membres du Cons. const., sauf les membres de droit, prêtent **serment** devant le président de la République à leur entrée en fonction : « Ils jurent de bien et fidèlement remplir leurs fonctions, de les exercer en toute impartialité dans le respect de la Constitution et de garder le secret des délibérations et des votes et de ne prendre aucune position publique, de ne donner aucune consultation sur les questions relevant de la compétence du Conseil ». Le serment n'a pas qu'une portée symbolique, les obligations qu'il contient étant sanctionnées (*cf. infra*).

La Constitution ne contient que très peu de garanties statutaires d'indépendance. L'art. 56 indique la **durée du mandat** : long (neuf ans) et **non renouvelable**, ce mandat montre une volonté de donner aux membres une sérénité dans l'exercice de leurs fonctions au Conseil, même si les perspectives de carrière future ailleurs qu'au Conseil peuvent atténuer en pratique l'efficacité de cette garantie.

Par exception, un membre peut faire partie du Conseil environ douze ans au maximum ; en effet, si un membre décède ou démissionne, son remplaçant est nommé pour achever son mandat et peut, à l'issue de ce remplacement, être renommé pour neuf ans mais seulement s'il a remplacé l'ancien membre moins de trois ans (art. 12 de l'ord. préc.).

Hormis le serment, membres de droit et membres nommés sont soumis aux mêmes règles statutaires.

L'**art. 57 C** indique pour sa part une **incompatibilité** entre les fonctions au Conseil d'une part et les fonctions de ministre ou membre du Parlement d'autre part. L'article laisse à la loi organique le soin de préciser les autres incompatibilités. L'art. 4 de l'ord. de 1958 préc. en dresse la liste, qui a été étoffée à plusieurs reprises.

Art. 4 de l'ord. du 7 nov. 1958 : (al. 1) « Les fonctions de membre du Conseil constitutionnel sont incompatibles avec celles de membre du Gouvernement ou du Conseil économique, social et environnemental, ainsi qu'avec celles de Défenseur des droits. Elles sont également incompatibles avec l'exercice de tout mandat électoral ».

On note que membre du Gouvernement est plus large que Ministre indiqué dans l'art. 57 C.

L'incompatibilité avec la fonction de Défenseur des droits a été ajoutée par la loi org. du 29 mars 2011.

La dernière phrase de cet alinéa a été ajoutée par une loi du 19 janv. 1995.

(al. 2) « Les membres du Gouvernement ou du Conseil économique, social et environnemental, le Défenseur des droits ou les titulaires d'un mandat électoral nommés au Conseil constitutionnel sont réputés avoir opté pour ces dernières fonctions s'ils n'ont pas exprimé une volonté contraire dans les huit jours suivant la publication de leur nomination ».

(al. 3) « Les membres du Conseil constitutionnel nommés à des fonctions gouvernementales ou aux fonctions de Défenseur des droits, désignés comme membres du Conseil économique, social et environnemental ou qui acquièrent un mandat électoral sont remplacés dans leurs fonctions ».

(al. 4) « L'exercice des fonctions de membre du Conseil constitutionnel est incompatible avec l'exercice de toute fonction publique et de toute autre activité professionnelle ou salariée ».

(al. 5) « Les membres du Conseil constitutionnel peuvent toutefois se livrer à des travaux scientifiques, littéraires ou artistiques ».

(al. 6) « Les fonctions de membre du Conseil constitutionnel sont incompatibles avec l'exercice de la profession d'avocat ».

Ces trois derniers alinéas résultent de la loi org. du 11 oct. 2013. La loi du 19 janv. 1995 avait déjà rendu applicables les incompatibilités des parlementaires aux membres du Conseil (parmi lesquelles les fonctions publiques). Ainsi, les membres du Conseil sont soumis à des incompatibilités très similaires à celles qui s'imposent aux magistrats.

La sanction des incompatibilités est la ***démission d'office*** *prononcée par le Conseil (art. 10 de l'ord. de 1958).*

Aucune inéligibilité n'est en revanche prévue pour les membres du Conseil. L'art. 4 du décret du 13 nov. 1959 sur les obligations du Cons. const. prévoit simplement que le membre du Conseil « qui entend solliciter un mandat électif doit demander sa mise en congé pour la durée de la campagne électorale. La mise en congé est de droit ». Cependant, l'implication de membres du Conseil dans une campagne politique entretient cette suspicion quant à leur indépendance, et a donné lieu à des controverses à chaque fois que cela s'est produit (par ex. S. Veil et V. Giscard d'Estaing en 2005 pour leur engagement dans la campagne du référendum pour la « Constitution européenne »).

Les membres du Conseil sont **inamovibles**, ils ne peuvent être forcés à quitter leurs fonctions au Conseil. Ils peuvent spontanément démissionner (art. 9 de l'ord. de 1958). Par ailleurs, seul le Conseil lui-même peut les déclarer démissionnaires d'office dans des cas prévus par l'ord. de 1958 : lorsqu'ils conservent une fonction incompatible avec leur qualité de membre du Conseil, ou s'ils ont perdu leurs droits civils ou politiques (art. 10 de l'ord.), en cas d'incapacité physique permanente qui les empêche définitivement d'exercer leurs fonctions (art. 11 de l'ord.), enfin, au scrutin secret et à la majorité simple de ses membres, le Conseil peut déclarer démissionnaire d'office un membre qui a manqué à ses obligations générales (*cf. infra*). En dehors de ces cas, les membres ne peuvent être obligés de partir (par ex., R. Dumas, mis en accusation dans une affaire judiciaire, n'entrait dans aucun de ces cas de figure : il a fini par démissionner spontanément en 2000).

Une fois en fonction, les membres sont soumis au respect d'**obligations** qui les protègent de pressions extérieures. Ainsi, selon l'art. 1 du **décret du 13 nov. 1959 sur les obligations du Cons. const.**, ils ont « pour obligation générale de s'abstenir de tout ce qui pourrait compromettre l'indépendance et la dignité de leurs fonctions ». L'art. 2 donne des exemples : ils ne peuvent prendre aucune position publique ou consulter sur des questions ayant fait ou étant susceptibles de faire l'objet de décisions de la part du Conseil ; occuper au sein d'un parti ou groupement politique tout poste de responsabilité ou de direction et, de façon plus générale, d'y exercer une activité inconciliable avec l'obligation générale ; laisser mentionner leur qualité de membre du Conseil constitutionnel dans tout document susceptible d'être publié et relatif à toute activité publique ou privée. Autrement dit, les membres du Conseil sont soumis à une **obligation de réserve**, résultant d'ailleurs de leur prestation de serment.

Le manquement à ces obligations résultant des art. 1 et 2 est apprécié par le Conseil au scrutin secret à la majorité simple, membres de droit compris (art. 5 et 6 du décret) ; la sanction peut être la démission d'office.

De plus, durant leur mandat au Conseil, les membres ne peuvent être nommés à un emploi public, ni, s'ils sont fonctionnaires, recevoir une promotion au choix (art. 5 de l'ord.). Ainsi, les membres du Conseil ne peuvent tirer profit de leurs fonctions pour bénéficier d'avantages dans le déroulement de leur carrière dans la fonction publique ou dans l'accès à la fonction publique.

Les membres du Conseil reçoivent un traitement (art. 6 de l'ord.), contribuant à leur indépendance.

En dépit de l'amélioration du statut des membres du Conseil, la porosité avec le pouvoir politique ne peut plus se justifier dès lors que le contrôle de constitutionnalité des lois est devenu la mission essentielle du Conseil qui le place en gardien de l'État de droit ; ce défaut est encore renforcé depuis l'instauration de la QPC qui multiplie les risques que les membres aient en tant qu'anciens élus ou membres de l'Exécutif, contribué au vote de la loi contrôlée. Il est grand temps de mettre en conformité la composition du Conseil avec sa mission, d'autant que le Conseil fonctionne déjà comme une juridiction.

B. L'organisation et le fonctionnement du Conseil constitutionnel

Le Cons. const. bénéficie d'une **autonomie organique** : il dispose de son budget et de ses services administratifs.

Le président du Conseil fixe le budget de la juridiction qui est inscrit dans la mission « pouvoirs publics » de la loi de finances.

Le **secrétaire général** du Conseil, nommé par décret du chef de l'État, sur proposition du président du Conseil (art. 1 du décret du 13 nov. 1959 relatif à l'organisation du secrétariat général du Cons. const.), dirige les services administratifs du Conseil sous l'autorité du président (art. 2 du décret préc.). Il s'agit en règle générale d'un conseiller d'État (actuellement J. Maïa), dont le rôle est techniquement indispensable au fonctionnement du Conseil (et lui vaut parfois le surnom de « 10ᵉ membre du Conseil ») puisqu'il prend toutes les mesures nécessaires à la préparation et à l'organisation des travaux du Conseil (art. 3 du décret préc.) : il prépare les projets de décisions, rédige les procès-verbaux et communiqués de presse ainsi que le commentaire officiel des décisions du Conseil, dirige la revue du Conseil (« *Titre VII* » désormais uniquement en version numérique).

Le Cons. const. rend ses décisions à l'issue d'une **procédure juridictionnelle** dont quelques éléments seulement figurent dans l'ord. de 1958.

Dans le cadre du contrôle de constitutionnalité *a priori*, l'ord. se contente d'indiquer que le Conseil est saisi par une ou plusieurs **lettres de saisine** des autorités compétentes, qu'il informe de cette saisine le président de la République, le Premier ministre et les présidents des Assemblées, qu'un rapporteur est désigné et que la décision du Conseil est motivée et publiée au JO (art. 18 à 20).

L'essentiel de la procédure suivie par le Conseil résulte de la pratique, et non pas de textes. Le Conseil a largement pris modèle sur la procédure administrative contentieuse (la procédure est écrite, inquisitoriale et contradictoire), qu'il a adaptée au contentieux du contrôle des lois. Ainsi, lorsque le Conseil est saisi (il ne s'autosaisit pas), la lettre de saisine est transmise à un **rapporteur** (désigné par le président du Conseil). En général, des parlementaires de l'opposition sont à l'origine de la saisine ; le secrétariat général du Gouvernement pourra faire parvenir au rapporteur ses **observations écrites** qui sont transmises aux auteurs de la saisine et aux autres autorités pouvant saisir le Conseil afin qu'ils puissent le cas échéant transmettre des observations en réponse.

Une fois la saisine parvenue au Conseil, aucun désistement n'est possible. Dès le début, face au peu ou à l'absence de motivation juridique des lettres de saisine (« saisines blanches »), le Conseil a estimé (contrairement au juge ordinaire) qu'il n'était pas lié par les moyens des requérants, et, qu'ainsi, il pouvait contrôler l'ensemble de la loi en soulevant d'office des moyens non invoqués par les requérants. Désormais, les saisines contiennent le plus souvent des arguments juridiques détaillés et sont d'ailleurs anticipées, et préparées parallèlement au déroulement de la procédure législative. Cela n'enlève rien à la faculté du Conseil de statuer ***ultra petita***.

À l'issue de l'instruction, le rapporteur rédige son **rapport et le projet de décision**, transmis aux autres membres du Conseil pour préparer la séance plénière (convoquée par le président). Il n'y a **pas d'audience publique**. Les débats sont dirigés par le président et les membres votent les décisions à la majorité simple des voix (sachant qu'un quorum de sept membres doit être respecté : art. 14 de l'ord.) ; le président du Conseil a voix prépondérante en cas de partage. Les décisions sont publiées au JO ainsi que les observations du Gouvernement.

Le Conseil doit statuer dans un délai d'un mois en principe (mais aucune sanction n'est attachée à cette règle). Formellement, les décisions du Conseil sont rédigées comme des décisions du Conseil d'État (y figurent essentiellement, le nom des juges ayant siégé, le visa des textes applicables, les motifs, un dispositif rédigé en articles).

En matière de QPC, la procédure suivie est en tout point juridictionnelle : elle est prévue en partie par l'ord. de 1958 (art. 23-8 à 23-12) et le Conseil l'a complétée dans un **règlement intérieur** adopté le 4 févr. 2010, à l'occasion de l'entrée en vigueur de la QPC.

L'instruction de la QPC est confiée à un rapporteur.

La **procédure est écrite et contradictoire** : les parties au procès principal sont informées de la saisine du Conseil, ainsi que le président de la République, le Premier ministre et les présidents des Assemblées, par un avis qui indique le délai dans lequel elles peuvent déposer des observations accompagnées de pièces. Une copie de ces documents est transmise aux autres parties et autorités pour qu'elles puissent répliquer dans les délais qui leur sont impartis par le Conseil. Tout moyen que le Conseil souhaite soulever d'office est communiqué aux parties et autorités pour qu'elles puissent présenter d'éventuelles observations. L'ensemble de ces échanges a lieu en principe par voie électronique, contribuant à la célérité de la procédure (tout comme les délais impartis pour déposer des observations).

Le Conseil reste saisi de la QPC malgré l'extinction éventuelle de l'instance principale. Le Conseil est ici limité par les moyens soulevés par les requérants.

Le Conseil a dû modifier ses habitudes afin d'organiser des **audiences publiques** (retransmises par voie audiovisuelle), en présence des parties et de leurs avocats qui sont avisés de la date de l'audience lors de laquelle ils peuvent être entendus. Une partie peut demander la **récusation** d'un membre du Conseil dont l'impartialité fait défaut (en revanche, le règlement intérieur précise que le fait pour un membre d'avoir pris part à l'élaboration de la loi contrôlée n'est pas une cause de récusation). Spontanément, un membre du Conseil peut **s'abstenir** de siéger (il en informe alors le président).

Le Conseil statue dans un délai de trois mois avec les mêmes règles de quorum et de majorité que pour le contrôle *a priori*. Le **délibéré est secret**, la décision du Conseil motivée est publiée au JO ; elle est aussi notifiée aux parties, communiquée au Conseil d'État, à la Cour de cassation, à la juridiction saisie initialement de la QPC, au président de la République, au Premier ministre et aux présidents des Assemblées. La décision comporte, comme tout jugement, « le nom des parties et de leurs représentants, les visas des textes applicables et des observations communiquées, les motifs sur lesquels elles reposent et un dispositif. Elles mentionnent le nom des membres qui ont siégé » (art. 12 du règlement intérieur).

Les méthodes du Conseil sont également très proches de celles utilisées par le juge administratif dont il semble s'inspirer. Ainsi, il fait varier l'intensité de son contrôle pour laisser plus ou moins de pouvoir discrétionnaire au législateur : il exerce un contrôle de l'erreur manifeste lorsqu'il souhaite laisser une marge de manœuvre étendue au législateur, à l'inverse, il peut appliquer un contrôle de proportionnalité pour encadrer davantage la loi.

Le Conseil utilise très fréquemment depuis les années 1980 la technique des **réserves d'interprétation** empruntée à certaines cours constitutionnelles étrangères (en particulier la Cour allemande), tant dans son contrôle *a priori* qu'*a posteriori*. Par ce biais, il déclare une disposition de loi conforme à la Constitution sous réserve d'une interprétation de la disposition qu'il donne dans sa décision. Si ce procédé ne bloque pas les pouvoirs publics, la loi étant déclarée conforme, il est souvent critiqué parce qu'il conduit le juge constitutionnel à réécrire la loi en quelque sorte et contraint le pouvoir réglementaire qui devra tenir compte des réserves d'interprétation pour édicter les actes d'application des lois, au risque de voir l'acte réglementaire annulé par le juge administratif. Les réserves sont revêtues de l'autorité absolue de chose jugée.

Ex. : Cons. const., n° 2019-778 DC, 21 mars 2019,
Loi de programmation 2018-2022 et de réforme pour la justice

L'une des dispositions de la loi contestée subordonne à une tentative de règlement amiable préalable la recevabilité de demandes tendant au paiement d'une somme n'excédant pas un certain montant ou relatives à un conflit de voisinage. La loi précise que cette condition de recevabilité n'est pas opposable « lorsque l'absence de recours à l'un des modes de résolution amiable est justifiée par un motif légitime », comme « l'indisponibilité de conciliateurs de justice dans un délai raisonnable ».

Le Cons. const. indique alors qu'« il appartiendra au pouvoir réglementaire de définir la notion de "motif légitime" et de préciser le "délai raisonnable" d'indisponibilité du conciliateur de justice à partir duquel le justiciable est recevable à saisir la juridiction, notamment dans le cas où le litige présente un caractère urgent. Sous cette réserve (…) le grief tiré d'une méconnaissance du droit à un recours juridictionnel effectif doit être écarté ». La réserve émise par le Conseil s'adresse ici directement au pouvoir réglementaire lorsqu'il édictera des règlements d'application de la loi.

Une autre disposition de la loi contestée dispose que toute personne ayant fait l'objet d'une perquisition ou d'une visite domiciliaire en application des dispositions du code de procédure pénale et qui n'a pas été poursuivie devant une juridiction d'instruction ou de jugement au plus tôt six mois après l'accomplissement de cet acte peut saisir le juge des libertés et de la détention d'une demande tendant à son annulation. Or, le même code indique par ailleurs que ce même juge des libertés et de la détention peut être saisi aux fins d'autoriser une perquisition ou une visite domiciliaire. Le Cons. const. précise alors que le juge des libertés qui a ordonné la décision contestée ne pourra pas être aussi le juge des libertés qui statue sur la contestation de cette décision, sous peine de méconnaître le principe constitutionnel d'impartialité (art. 16 DDHC). Cette réserve d'interprétation s'adresse ici aux autorités judiciaires qui appliqueront les dispositions de la loi.

Comme le juge administratif, le Conseil reporte parfois dans le temps les effets de l'inconstitutionnalité qu'il prononce. Il a pu le faire dans le cadre du contrôle *a priori*: tout en constatant une inconstitutionnalité, il permet au législateur de la corriger sans invalider la loi, car cette dernière solution présenterait plus d'inconvénients. En matière de QPC, l'art. 62 al. 2 C autorise expressément le Conseil à différer les effets de l'abrogation et à en moduler les effets dans le temps.

Art. 62 al. 2 C: « Une disposition déclarée inconstitutionnelle sur le fondement de l'article 61-1 est abrogée à compter de la publication de la décision du Conseil constitutionnel ou d'une date ultérieure fixée par cette décision. Le Conseil constitutionnel détermine les conditions et limites dans lesquelles les effets que la disposition a produits sont susceptibles d'être remis en cause ».

Ex: Cons. const., n° 2010-14/22 QPC, 30 juill. 2010, *Garde à vue*

Le Conseil abroge les dispositions relatives à la garde à vue car elles ne contiennent pas assez de garanties pour le justiciable. Rappelant qu'il « ne dispose pas d'un pouvoir général d'appréciation de même nature que celui du Parlement » et qu'ainsi « il ne lui appartient pas d'indiquer les modifications des règles de procédure pénale qui doivent être choisies pour qu'il soit remédié à l'inconstitutionnalité constatée », le Conseil en déduit que « si, en principe, une déclaration d'inconstitutionnalité doit bénéficier à la partie qui a présenté la question prioritaire de constitutionnalité, l'abrogation immédiate des dispositions contestées méconnaîtrait les objectifs de prévention des atteintes à l'ordre public et de recherche des auteurs d'infractions et entraînerait des conséquences manifestement excessives; qu'il y a lieu, dès lors, de reporter au 1er juillet 2011 la date de cette abrogation afin de permettre au législateur de remédier à cette inconstitutionnalité; que les mesures prises avant cette date en application des dispositions déclarées contraires à la Constitution ne peuvent être contestées sur le fondement de cette inconstitutionnalité ».

4. Exercice – Commentaire de texte (2)

Conseils méthodologiques

Le commentaire de texte (2) : élaboration du plan et rédaction[1]

Le plan du commentaire de texte doit faire ressortir les deux idées-forces qui découlent plus ou moins directement du texte et qui répondent à la problématique générale posée par le texte.

La formulation des intitulés est à la fois assez simple pour être comprise aisément par le lecteur mais doit également contenir le sens du commentaire proposé par l'étudiant.

Quant à la rédaction du devoir, on rappelle au préalable la nécessité de bien relire son devoir au fur et à mesure de sa rédaction.

La présentation formelle du commentaire de texte est identique à celle des autres exercices juridiques théoriques :

Introduction

Titre du I

Chapeau introductif

Titre du A

Développements du A

=>*Transition A/B*

Titre du B

Développements du B

=>*Transition I/II*

1. Se reporter également aux conseils donnés pour le commentaire d'arrêt.

Titre du II

Chapeau introductif

Titre du A

Développements du A

=>***Transition A/B***

Titre du B

Développements du B

Conclusion éventuelle

Sujet

« Chacune des décisions du Conseil constitutionnel en matière de QPC peut être évoquée, avec une importance variable, afin de démontrer la consistance de cette nouveauté apportée dans notre droit. La possibilité de contester une loi en vigueur constitue à l'évidence une véritable révolution au plan des principes, dans un pays au légicentrisme multiséculaire et au césaro-papisme multimillénaire. Le bouleversement ne se cantonne pas à la sphère théorique. Il porte en lui une portée pratique incontestable et, parfois, très consistante » (extrait de l'article d'O. Duhamel, « La QPC et les citoyens », *Pouvoirs* 2011, n° 137, p. 183-191).

Remarque sur l'analyse du sujet en vue de réaliser le plan :

L'auteur loue l'utilité de la QPC sous deux aspects qui se dégagent assez facilement du texte ; d'une part sur le plan théorique, la QPC scelle la fin du légicentrisme et force à reconnaître dans le Cons. const. un contre-pouvoir effectif; d'autre part, sur le plan pratique, la QPC promeut l'accessibilité à la justice et consolide les droits et libertés fondamentaux.

Corrigé

Parmi ses multiples activités (avocat, parlementaire européen jusqu'en 2004), le Professeur de droit public Olivier Duhamel est l'auteur de plusieurs manuels de droit constitutionnel. Il a par ailleurs cofondé et il codirige actuellement la revue *Pouvoirs* dans laquelle est paru l'article dont l'extrait commenté est issu. Il contribue activement et depuis longtemps à la réflexion sur l'avenir des institutions de la Ve République, puisqu'il a fait partie en 1992 et 1993 du Comité consultatif pour la révision de la Constitution, présidé par G. Vedel et qui, entre autre, avait proposé l'instauration du contrôle de constitutionnalité des lois par voie d'exception, puis, en 2007, il est nommé membre du Comité Balladur de réflexion et de proposition sur la modernisation et le rééquilibrage des institutions qui, de nouveau, préconise, avec succès cette fois-ci, d'introduire un contrôle de constitutionnalité des lois *a posteriori*. La révision constitutionnelle du 23 juill. 2008 traduit dans le texte constitutionnel ce contrôle en ajoutant l'art. 61-1 décrivant la procédure de la question prioritaire de constitutionnalité. Environ un an après l'entrée en vigueur du mécanisme de la QPC, le n° 137 de la revue *Pouvoirs* dresse un premier bilan de son application. Dans son article, qui envisage la QPC du point de vue du citoyen, O. Duhamel souligne son utilité concrète. Réellement novatrice au regard de la théorie juridique, la QPC présente aussi un intérêt palpable pour le citoyen. Trente ans avant la création de la QPC, J. Rivero avait déjà affirmé dans cette même revue que la révision constitutionnelle de 1974 étendant la saisine du Cons. const. avait parachevé l'évolution faisant de ce juge un contre-pouvoir ; la QPC ne fait que rendre cet aboutissement encore plus tangible ainsi qu'O. Duhamel le démontre. Dix ans après la création de la QPC, le constat fait par O. Duhamel ne peut qu'être confirmé et approuvé, tant les potentialités théoriques que renferme la QPC se concrétisent (I) et tant son utilité pratique est sans cesse démontrée (II).

I. Les potentialités théoriques de la QPC concrétisées

O. Duhamel note à quel point permettre aux citoyens de contester la constitutionnalité d'une loi en vigueur constitue « une véritable révolution » au regard des principes théoriques, puisqu'il s'agit de consacrer une fois pour toutes l'État de droit en France : à partir de 2010, même la loi votée et entrée en vigueur peut être contestée et abrogée pour la raison qu'elle viole les droits et libertés constitutionnels. Ce « bouleversement » annoncé en 2011 par l'auteur est toujours à l'œuvre aujourd'hui. La QPC force à intégrer l'extinction définitive du légicentrisme (A) et à admettre la limitation du pouvoir (B).

A. La QPC ou l'extinction définitive du légicentrisme

Si la consécration du contrôle de constitutionnalité des lois avant leur promulgation avait déjà largement entamé la tradition légicentriste française, la QPC l'a anéantie. Le contrôle *a priori* permet la contestation de la loi votée, mais sa mise en œuvre reste réservée à des autorités politiques, et sauf pour quelques décisions médiatisées, le citoyen n'a que peu conscience du rôle du Conseil comme gardien de l'État de droit par le biais du contrôle *a priori*. En outre, l'existence de ce seul contrôle n'affecte finalement que relativement l'autorité de la loi dans la mesure où une fois promulguée, la loi restait juridiquement parfaite et, par suite, incontestable par le citoyen. Or, l'État de droit suppose le droit pour les citoyens de contester les actes juridiques lorsqu'ils sont contraires à des normes supérieures à eux dans la hiérarchie des normes. En outre, le contrôle *a priori* n'est pas totalement efficace : bien que protégeant la sécurité juridique par son caractère préventif, il n'en demeure pas moins qu'il n'est pas effectué systématiquement puisque le contrôle des lois ordinaires est facultatif, et, de fait, quelques lois affectant les droits et libertés y ont échappé. Comment ne pas donner l'exemple éloquent de la loi du 20 nov. 2015 prorogeant l'état d'urgence et des lois ultérieures qui ont prolongé l'application de ce régime ayant pour objet la restriction des droits et libertés? Le Premier ministre lui-même avait demandé aux parlementaires de s'abstenir de saisir le Conseil exprimant sa crainte de voir certaines dispositions déclarées inconstitutionnelles. Cette lacune s'accompagne aussi de lacunes quant à l'étendue du contrôle *a priori* : son caractère nécessairement abstrait empêche le Conseil d'anticiper complètement les inconstitutionnalités qui pourraient se révéler lors de la mise en œuvre de la loi ; les réserves d'interprétation ne comblent qu'imparfaitement le risque que des inconstitutionnalités échappent au juge constitutionnel. En somme, la primauté de la Constitution n'était pas absolue avant la QPC. Beaucoup d'auteurs dénonçaient au demeurant et depuis longtemps le paradoxe tenant à ce que l'on permettait au citoyen de contester l'inconventionnalité d'une loi en vigueur mais pas sa non-conformité à la Constitution, norme pourtant suprême dans notre édifice juridique. La QPC, qui conduit à abroger une loi en vigueur en raison de son inconstitutionnalité soulevée par un justiciable lors d'un procès, porte un véritable coup d'arrêt au légicentrisme. Le citoyen a un rôle actif dans la contestation de la loi et le Conseil de son côté peut censurer une disposition législative méconnaissant les droits et libertés constitutionnels mais qui lui aurait échappé dans le cadre de son contrôle *a priori*. L'usage extrêmement courant, banalisé comme a pu le dire la doctrine, de la QPC, a révélé depuis 2010 à quel point le constitutionnalisme est devenu une réalité. La Constitution devient la norme sacrée à la place de la loi. Plus largement encore, la QPC contribue à admettre définitivement la nécessaire limitation du pouvoir.

B. La QPC ou l'admission définitive de la limitation du pouvoir

Depuis la création de la QPC, le Cons. const. apparaît avec de plus en plus d'évidence comme le garant de la Constitution contre les atteintes que peut lui porter le pouvoir politique. Ce rôle désormais reconnu du Conseil conduit à renforcer sa juridictionnalisation. La QPC a immédiatement encouragé le Conseil à adopter le fonctionnement d'une juridiction, si bien que son appartenance à la catégorie des organes de nature juridictionnelle devient davantage incontestable. Une réforme de sa composition devient à cet égard urgente tant l'imprégnation du Conseil par le pouvoir politique risque de lui ôter sa crédibilité comme protecteur des droits et libertés. La QPC a érigé le Cons. const. en juridiction suprême (et unique) de l'ordre constitutionnel à côté du Conseil d'État et de la Cour de cassation. Le Conseil est devenu la juridiction qui contrôle le pouvoir politique. Sa jurisprudence toujours pragmatique favorise l'acceptation, par le pouvoir, de son contrôle. Le Conseil veille toujours à se montrer compréhensif à l'égard du législateur tout en défendant la garantie des droits et libertés constitutionnels. Au-delà même des apports théoriques de la QPC, son utilité pratique est sans cesse démontrée depuis sa création il y a plus de dix ans.

II. L'utilité pratique de la QPC sans cesse démontrée

L'intérêt de la QPC tient beaucoup dans le fait qu'elle donne des garanties concrètes aux justiciables et plus largement aux citoyens. Le justiciable peut désormais provoquer la saisine du Cons. const. dont les décisions, qui consolident les droits et libertés fondamentaux, ont une portée *erga omnes* bénéficiant à tous les citoyens. La QPC rend dès lors la justice constitutionnelle accessible au citoyen (A) et provoque un renforcement des droits et libertés des citoyens (B).

A. Des décisions QPC rendant la justice constitutionnelle accessible au citoyen

Depuis la QPC, le Cons. const. fait preuve du souci constant de se rapprocher du justiciable. La QPC était particulièrement attendue et a immédiatement connu un succès indéniable (une centaine de QPC jugée au Conseil en un an environ, plus de 800 depuis dix ans). Certes, il s'agit d'un moyen de défense que peut opposer une partie au procès ; autrement dit, elle apparaît au premier abord comme intéressant seulement les avocats, et constitue un moyen supplémentaire, à côté de l'exception d'inconventionnalité, pour contester l'application d'une loi. Cependant, le juge constitutionnel œuvre pour que la QPC ne reste pas une affaire d'initiés mais qu'elle puisse rapprocher la justice constitutionnelle du justiciable. L'adoption d'un règlement QPC n'a été qu'un premier pas dans cette direction. Elle s'est accompagnée de changements dans les habitudes du Conseil pour laisser entrer le justiciable dans son prétoire. Il a fallu que le Conseil organise des audiences publiques auxquelles il n'était pas familiarisé. Les avocats plaident et l'accès à la salle d'audience est libre, l'audience retransmise sur le site Internet du Conseil. Le public est d'ailleurs assez présent aux audiences QPC. Les décisions du Conseil ont été modifiées en 2016 pour être plus lisibles par les justiciables et les citoyens plus largement : la motivation a été développée, la rédaction en considérants a été délaissée, les moyens des parties sont récapitulés dans la décision. Le site Internet du Conseil met la QPC au premier plan et contient des fiches explicatives et informatives à l'intention des citoyens ; depuis le début de l'année 2018, le Conseil se déplace en province pour tenir des audiences délocalisées afin de physiquement se rapprocher des justiciables et des citoyens en général. Il a ainsi tenu des audiences à Pau, à Metz, à Nantes puis, le 4 mars 2020, à la Cour administrative d'appel de Lyon et le 12 mars son président a tenu une conférence suivie d'un échange avec les étudiants dans une Université lyonnaise pour faire un retour sur les QPC examinées le 4 mars. Le Conseil mène diverses actions pour sensibiliser les citoyens à l'existence des droits et libertés constitutionnels (par ex. le concours « découvrons notre Constitution » à destination d'élèves; ou encore «la nuit du droit» qui consiste, à l'occasion de l'anniversaire de la Constitution, chaque 4 octobre, depuis 2018, à inciter l'organisation de manifestations destinées à faire connaître la Constitution aux citoyens, dans divers lieux où s'exprime la justice: Universités, tribunaux...). Avec la QPC, le Conseil est de plus en plus connu des justiciables, et leurs droits, ainsi que ceux de l'ensemble des citoyens, sont substantiellement renforcés.

B. Des décisions QPC renforçant les droits et libertés des citoyens

L'apport des décisions QPC est indéniable et la consolidation des droits et libertés fondamentaux a été immédiate. Le Conseil a tout de suite fait preuve d'audace face aux lois dont il a été saisi et s'est ainsi posé en défenseur de la Constitution; sans bloquer l'action des pouvoirs publics, il n'en évite pas moins les abus. La première QPC a ainsi, sur le fondement du principe d'égalité, remis en cause la très contestée cristallisation des pensions des anciens combattants et militaires étrangers vivant dans nos anciennes colonies (décision n° 2010-1 QPC du 28 mai 2010). Le Conseil a enfin mis un terme à cette situation intolérable. De même, il n'a pas hésité à abroger les dispositions du code de procédure pénale relatives à la garde à vue comme étant contraires aux droits de la défense, mettant fin là encore, à une inconstitutionnalité inadmissible dans une démocratie moderne (décision n° 2010-14/22 QPC du 30 juill. 2010). Plus récemment, il a rappelé que la fraternité est l'un des termes de la devise même de notre République et qu'il en découle « la liberté d'aider autrui, dans un but humanitaire, sans considération de la régularité de son séjour sur le territoire national » ; le législateur doit concilier ce principe avec l'objectif de valeur constitutionnelle de sauvegarde de l'ordre public; cependant, une telle conciliation n'est pas réalisée de manière équilibrée par la loi qui réprime « toute aide apportée à la circulation de l'étranger en situation irrégulière, y compris si elle constitue l'accessoire de l'aide au séjour de l'étranger et si elle est motivée par un but humanitaire » (décision 2018-717/718 QPC du 6 juill. 2018). C'est aussi l'indépendance de la Justice que le Conseil a réaffirmée en censurant la composition de certaines juridictions spécialisées (par ex. les juridictions de l'aide sociale qui comportaient parmi leurs membres des fonctionnaires et élus alors que le Conseil d'État pour sa part restait bien trop timoré et admettait une telle composition, décision 2010-110 QPC du 25 mars 2011). Ces quelques exemples, qui pourraient être multipliés, montrent que le Cons. const., grâce à la QPC, empêche efficacement la violation des droits et libertés les plus élémentaires par le pouvoir politique.

Index alphabétique

G

H

I

M

N

O

P

Table des matières

Partie 2

L'organisation du pouvoir de l'État

Imprimé en France en octobre 2020
sur les presses numériques de l'Imprimerie Maury S.A.S.
Z.I. des Ondes – 12100 Millau
N° d'impression : I20/60109L
Dépôt légal : octobre 2020